Consequences of Modernity in Contemporary Legal Theory

IVR
17th World Congress
Bologna 1995
Proceedings

RECHTSTHEORIE

Zeitschrift für Logik, Methodenlehre, Normentheorie und Soziologie des Rechts

Beiheft 19

Consequences of Modernity in Contemporary Legal Theory

Edited by
Eugene E. Dais / Roberta Kevelson / Jan M. Van Dunné

Preface by
Dieter Wyduckel

Duncker & Humblot · Berlin

Die Deutsche Bibiothek – CIP-Einheitsaufnahme

[Rechtstheorie / Beiheft]
Rechtstheorie : Zeitschrift für Logik, Methodenlehre, Normentheorie und Soziologie des Rechts. Beiheft. – Berlin : Duncker und Humblot
Früher Schriftenreihe
Reihe Beiheft zu: Rechtstheorie

19. Consequences of modernity in contemporary legal theory. – 1998

Consequences of modernity in contemporary legal theory / ed. by Eugene E. Dais ... Pref. by Dieter Wyduckel. – Berlin : Duncker und Humblot, 1998
(Rechtstheorie : Beiheft ; 19)
ISBN 3-428-09240-6

Fremddatenübernahme: Klaus-Dieter Voigt, Berlin
Druck: Berliner Buchdruckerei Union GmbH, Berlin
Printed in Germany

ISSN 0720-6933
ISBN 3-428-09240-6

Gedruckt auf alterungsbeständigem (säurefreiem) Papier
entsprechend ISO 9706 ♾

RECHTSTHEORIE, Beiheft 19, S. V - VI
Duncker & Humblot, 12165 Berlin

EDITORIAL PREFACE

It is a great pleasure and an honour for me to present the proceedings of the 17th World Congress of the International Association of Legal and Social Philosophy (IVR) held in Bologna from 16th to 21st June, 1995. Over seven hundred scholars from all five continents took part in the Congress, which was structured in four plenary sessions, six parallel sessions, a special session devoted to document logistics (legal and civic computer science applications), and 81 working groups.

The IVR was founded in 1909 and now counts over three thousand members in 44 sections located all over the world. Forthcoming congresses will be held in La Plata/Buenos Aires (Argentina) in 1997, New York (USA) in 1999, and Amsterdam (The Netherlands) in 2001. As current President of the IVR, and a member for 30 years, I am happy to see that by 2001 the Association will have reached its 20th official World Congress.

The goal of the 17th world Congress was to focus on the major legal, political and social issues currently addressed by legal and social philosophy. This was reflected in its far-reaching, stimulating titel, "Challenges to Law at the End of the 20th Century".

Congress papers were grouped under four main topics: "Rights and other legal protections"; "New forms of sovereignty and citizenship"; "New and ancient sources of law"; "Technology and the environment". The debate focussed on the latest issues tackled by the legal and social philosophy milieu. First and foremost, a strictly formalist concept of law no longer fulfills the need to safeguard equality and protect basic human rights. In addition, the notions of sovereignty and citizenship have been reassessed in relation to the crisis of the nation state and the globalisation of economic and cultural problems along-side the tension between the idea of sovereignty and the inviolability of human rights.

The wide-ranging topic of the sources of law was also handled by many speakers, as was the relation between the theory of interpretation and the theory of sources, weighing "sceptic" theories against "cognitive" theories of interpretation and comparing different legal systems in historical terms and from a comparative law standpoint.

Last but not least, a number of speakers discussed the problem of the protection of rights with a view to revising traditional cultural categories in the wake of burgeoning technological development. Topics ranged from bioethics to environmental protection, the problems of computer science applications to law and the issue of legislative technique in relation to the computerization of law.

The Proceedings of the Bologna Congress are published in part by *Archiv für Rechts- und Sozialphilosophie* (Franz Steiner Verlag, Stuttgart/Germany), in part by *Rechtstheorie* (Duncker & Humblot, Berlin/Germany), and in part by The *European Journal of Law, Philosophy and Computer Science* (Clueb, Bologna/Italy).

ARSP publishes four volumes: "Rights" - Beiheft 67 (eds. Rex Martin and Gerhard Sprenger, introduction by Zenon Bankowski and Burkhard Schaefer), "Law, Justice and Culture" - Beiheft 68 (eds. André-Jean Arnaud and Peter Koller, introduction by Tom Campbell), "The Sources of Law and Legislation" - Beiheft 69 (eds. Elspeth Attwooll and Paolo Comanducci, introduction by Joxerramon Bengoextea), and "Legal Systems and Legal Science" - Beiheft 70 (eds. Marijan Pavčnik and Gianfrancesco Zanetti, introduction by Hendrik Ph. Visser't Hooft).

Rechtstheorie publishes three volumes: "Rule of Law - Political and Legal Systems in Transition" - Beiheft 17 (eds. Werner Krawietz, Enrico Pattaro, Alice Erh-Soon Tay, introduction by Ota Weinberger), "Changing Structures in Modern Legal Systems and the Legal State Ideology" - Beiheft 18 (eds. Eugenio Bulygin, Burton M. Leiser, Mark Van Hoecke, introduction by Aulis Aarnio), and "Consequences of Modernity in Contemporary Legal Theory" - Beiheft 19 (eds. Eugene E. Dais, Roberta Kevelson, Jan M. Van Dunné, introduction by Dieter Wyduckel).

The *European Journal of Law, Philosophy and Computer Science* publishes two volumes: "From Practical Reason to Legal Computer Science" - Volume (eds. Alberto Artosi, Manuel Atienza, Hajime Yoshino, introduction by Neil MacCormick), and "Law and Politics Between Nature and History" - Volume 3 (eds. Ralf Dreier, Carla Faralli, Wladik S. Nersessiants, introduction by Roberto Vernengo.

On behalf of the International Association of Legal and Social Philosophy, I would like to thank all those who have worked on the editing of these Proceedings.

Enrico Pattaro
(IVR President)

RECHTSTHEORIE, Beiheft 19, S. VII - XI
Duncker & Humblot, 12165 Berlin

PREFACE/VORWORT

Verhältnis von Moderne und Postmoderne in der zeitgenössischen Rechtstheorie

Recht und Rechtswissenschaft stehen am Ende des 20. Jahrhunderts vor vielfältigen Herausforderungen, denen Rechnung zu tragen ist, soll nicht juristisches Terrain preisgegeben oder gar die Anschlußfähigkeit an neuere Entwicklungen in Staat und Gesellschaft verpaßt werden. Nicht nur der rasche weltweite politische, gesellschaftliche und technologische Wandel, sondern auch der Verlust bisher vorausgesetzter Orientierungsgewißheiten haben Recht und Staat vor eine Reihe drängender Fragen gestellt, die zu einer Neubesinnung ebenso wie einer Neubestimmung Anlaß geben und offenbar nicht mehr nur mit den bisher zu Gebote stehenden Mitteln zu bewältigen sind. In besonderer Weise sind die Grundlagendisziplinen des Rechts aufgerufen, sich der anstehenden Probleme anzunehmen und für eine umfassende orientierende Standortbestimmung Sorge zu tragen. Nicht von ungefähr hat sich auf diesem Hintergrund der XVII. Weltkongreß der Internationalen Vereinigung für Rechts- und Sozialphilosophie 1995 in Bologna den „Challenges to Law at the End of the 20th Century" zugewandt. Einer dieser Themenkomplexe ist den vielfältigen und in ihren Auswirkungen noch kaum abschätzbaren Problemen gewidmet, die das moderne Rechts- und Gesellschaftssystem heraufgeführt hat und die uns in ihren positiven wie negativen Aspekten zur Reflexion nachhaltiger nötigen denn je.

Versucht man, eine Bilanz der Moderne in Recht, Staat und Gesellschaft zu ziehen, so sind Zweifel unübersehbar, ob das herkömmliche begrifflich-theoretische Instrumentarium den sich allenthalben abzeichnenden neuen Fragestellungen und Problemen, wie sie sich beispielhaft auf den Gebieten der Gentechnologie und Biomedizin, der neuen Medien und Kommunikationstechniken oder der Ökologie zeigen, noch adäquat ist. Das tradierte Ordnungsmodell der Moderne beruht auf der zentralen regulativen Funktion von Recht und Staat, der herausgehobenen Stellung des Individuums sowie nicht zuletzt dem Glauben an eine universale fortschrittsorientierte Vernunft. Diesem Modernitätskonzept ist inzwischen ein ganz anderes, postmodernes Verständnis von Recht und Gesellschaft zur Seite getreten, in dem die Akzente und Perspektiven charakteristisch verschoben sind. Die Umrisse des postmodernen Selbstverständnisses sind in ihren Konturen noch unscharf, lassen sich jedoch im ersten Zugriff als Verlust der Zentralität von Recht und Staat, als Zurücktreten der dominierenden Rolle des Individuums und in weiterem Sinne als Versagen des Vernunftanspruchs sowie als Fragmentierung der Rationalität beschreiben. Das Projekt der Aufklärung wäre von daher ebenso wie der kantische Universalismus als gescheitert anzusehen. Entsprechendes gilt für die identitätsbildende Funktion des Nationalstaates sowie die Eingriffs- und Verteilungsmodalitäten interventions- und wohlfahrtsstaatlich orientierter Politik. Das Augenmerk postmoderner Reflexion richtet sich demgegenüber mehr auf das Regionale und Lokale samt seiner soziokulturellen Besonderheiten und zielt in erkenntnistheoretischer Hinsicht auf den Relativismus, die Kontingenz, ja die Beliebigkeit bis hin zu Formen eines ausgesprochen antirationalen Denkens, das mitunter irrationale Züge annimmt. Die Moderne erscheint in dieser Perspektive als ein weitgehend erschöpftes Ordnungs- und Denkmodell, dem weder praktisch noch theoretisch etwas abzugewinnen ist und dem man sich allenfalls in ironischer Absicht zuwenden kann.

Das Bild der Postmoderne, wie es sich zur Zeit abzeichnet, ist schillernd, nicht ohne Widersprüche und weist eine wohl bewußte Unverbindlichkeit auf. Widersprüchlichkeit und Beliebigkeit erscheinen aber wiederum als Tugenden, wenn man bedenkt, daß postmoderner Einsicht folgend die Entwicklung zu offenen und variablen Ordnungen eine Rekonstruktion des Ganzen offenbar nicht mehr zuläßt. Freilich scheint die Postmoderne ein angemessenes Selbstverständnis noch nicht gefunden zu haben. Vielleicht ist dies aber auch gar nicht beabsichtigt. Die postmoderne Selbstbeschreibung legt vielmehr den Schluß auf eine durchaus bedachte Unschärfe nahe, die schon terminologisch auf eine Nach- oder Übergangsphase deutet, deren genauere Verortung in der Schwebe bleibt. Assoziationen an ein neues, merkwürdig unentschiedenes mittleres Zeitalter sind nicht von der Hand zu weisen, freilich mit dem Unterschied, daß das europäische Mittelalter, auf das die Anspielung zielt, sich selbst so nicht bezeichnete, auch nicht bezeichnen konnte, weil es erst in der Rückschau einer sich neu bewußt werdenden Epoche als solches erschien.

Es ist noch unklar, welche Perspektiven sich auf diesem Hintergrund eröffnen. Entweder ist davon auszugehen, daß die Moderne sich tatsächlich so erschöpft hat, daß ihr keine Entwicklungsmöglichkeiten mehr bleiben und darüber hinaus vielleicht sogar angenommen werden muß, daß die Geschichte im herkömmlich-westlichen Sinne überhaupt an ihr Ende gelangt ist. Es wäre aber auch denkbar, daß die Moderne sich in einem – allerdings tiefgreifenden – Wandlungsprozeß befindet, in dem sie ihre Möglichkeiten erst noch ausloten müßte, um zu einem neuen Selbstverständnis zu kommen. Das postmoderne Bewußtsein wäre dann zeitgemäßer Ausdruck dieses Wandels, dessen Selbstreflexion noch nicht zu einer angemessenen Selbstbeschreibung gefunden hat.

Eine modifizierte und zu sich selbst gekommene Moderne ließe sich freilich nicht allein unter zeitlichem Aspekt begreifen, sondern müßte sich in Auseinandersetzung mit aktuellen Herausforderungen, aber auch der je eigenen Geschichte transtemporal immer wieder neu bestimmen und sinnhaft entwerfen. Daß dies unter den Bedingungen der Globalisierung nicht nur unter lokalem oder regionalem Blickwinkel geschehen kann, liegt auf der Hand. Andererseits werden weltweit auftretende Probleme sich nicht zureichend bewältigen lassen, wenn nicht zugleich den unterschiedlichen regionalen und soziokulturellen Gegebenheiten in zureichender Weise Rechnung getragen wird.

Weitgehende Klarheit dürfte darüber bestehen, daß eine der globalen Komplexität angemessene Problemanalyse heute nicht mehr allein aus europazentrischer Sicht erfolgen kann. Damit ist nicht gesagt, daß die alteuropäisch-universalen rechtlichen und moralischen Ansprüche schlechthin unberechtigt wären. Dies gilt vor allem für die Menschenrechtsidee, die sich aufgrund ihres umfassenden Geltungsanspruchs nicht ohne Schaden regionalisieren läßt.

So hat der menschenrechtliche Universalismus, wenn er nicht individualistisch-liberal oder ideologisch übersteigert wird und sich auch dem Gemeinschaftsbezug verpflichtet weiß, sehr wohl eine innere Berechtigung, es sei denn, man wollte grundlegende rechtliche Gewährleistungen, wie sie im übrigen längst im Weltmaßstab weithin Geltung erlangt haben, ganz bewußt vom Zufall der Geburt oder des Aufenthalts im Bereich eines bestimmten geographischen Längen- und Breitengrads abhängig machen. Freilich bedarf es einer Erweiterung des modernen Subjektbegriffs, der sich mehr als bisher nicht oder nur am Rande einbezogenen Personengruppen sowie Kollektivpersönlichkeiten öffnen müßte. Auch dürften die eigentlichen Probleme weniger auf theoretisch-reflexiver als vielmehr praktisch-politischer Ebene liegen, weil es weltweit vor allem an der rechtlichen und politischen Umsetzung als universal reklamierter Geltungsansprüche mangelt. Der Universalismus der Moderne wäre somit keineswegs aus dem Spiel, müßte im Zeichen der Globalisierung allerdings beim Wort genommen und jeweils am Maß seiner – freilich stets unvollkommenen – Einlösung gemessen werden.

Eine derart wohlverstandene Modernität wird bestehende Widersprüchlichkeiten und Inkonsistenzen nicht überspielen, könnte sie aber auch nicht in postmoderner Absicht einfach zum integrierenden Bestandteil des Systems erklären, sondern hätte sie in ein differenzierendes Konzept einzubringen, das regionale und globale Perspektive miteinander verknüpft und zugleich im Verhältnis von Zentrum und Peripherie neu verortet. Auf Vernunft und Rationalität kann hierbei nicht verzichtet werden. Das heißt nicht, einem Totalitätsanspruch gesetzgeberischer Vernunft das Wort zu reden, der die jeweils eigene Perspektive ohne weiteres auf ganz andere Verhältnisse und Befindlichkeiten überträgt und damit fundamentalistischen oder nationalistischen Widerspruch heraufbeschwört, sondern zielt vielmehr darauf, die jeweilige Standpunkt- und Standortabhängigkeit bewußt zu halten, d.h. Regionalität und Weltkomplexität als wechselseitig aufeinander bezogene Größen rational zu reflektieren.

Das Recht als Ordnungs- und Regelungsinstrument wird auch in diesem größeren Rahmen weiter bedeutsam sein, sich jedoch in verstärktem Maße gesellschaftlicher Selbstregulierungsmechanismen bedienen. Dies bedingt ein Zurücktreten der primären Funktion des Staates, weichere und offenere Formen der Souveränität nach innen wie nach außen sowie eine föderale Politikgestaltung, die auch sozietale Aspekte der Gemeinschaftsbildung miteinbezieht. Ein rechtspositivistisches Trennungsdenken, welches das ‚Reich des Rechts' reduktionistisch von seinen politischen, gesellschaftlichen und ethischen Bezügen isoliert, dürfte den neuen Gegebenheiten wissenschaftlich-theoretisch nicht angemessen sein. Gefragt sind vielmehr Formen eines vernetzenden Denkens, das Ansätze anderer Disziplinen konzeptionell in sich aufzunehmen und für sich nutzbar zu machen versteht.

Moderne und Postmoderne müssen so gesehen nicht in unauflöslichem Widerspruch stehen. Mit einer bloßen Verabschiedung der Moderne allein ist es freilich nicht getan. Gewiß weist die westlich-abendländische Moderne unbestrittene Defizite und Fehlentwicklungen auf. Doch ist die moderne Tradition sehr viel reicher, als ihre prononcierten Vertreter mitunter glauben machen wollen. Postmoderne Unter- und Gegenströmungen haben, auch wenn sie nicht hinreichend durchdringen konnten oder wahrgenommen wurden, die rechtliche und gesellschaftliche Moderne als Alternativentwürfe stets begleitet. Ein postmodern geläutertes Modernitätsverständnis wäre in der Lage, eindimensionale Sichtweisen korrigierend zu ergänzen, gegenläufige Tendenzen optimierend in sich aufzunehmen und so seine wissenschaftliche Leistungsfähigkeit zu steigern.

Im Bezugsrahmen von Moderne und Postmoderne ist auch der wissenschaftlich-technologische Fortschritt neu zu vermessen. Die Risikogesellschaft stellt uns vor die schwierige Aufgabe, die heute zu Gebote stehenden Möglichkeiten einerseits auszuschöpfen, um sie andererseits zugleich in verantwortbare Bahnen zu lenken. Auf ein gleichsam naturwüchsiges und ungesteuertes Fortschreiten wird man sich hierbei kaum einlassen können. Dies empfiehlt sich schon deshalb nicht, weil Natur und Umwelt nicht nur objekthaften Status haben, sondern der Mensch als Subjekt in diesen objektiven Zusammenhang unausweichlich eingebunden ist. Auf Orientierungsleistungen, wie sie der Philosophie und Theorie in diesem Zusammenhang abgefordert werden, kann bei einer Ortsbestimmung der Moderne nicht verzichtet werden. Dies wird nicht ohne weltweit zu entwickelnde ethische Maßstäbe zu machen sein, an denen technologisches Handeln sich zu legitimieren und zu bewähren hätte.

Es ist nicht eben leicht zu sagen, welche Lehren oder Folgerungen aus der modernen Entwicklung von Recht, Staat und Gesellschaft zu ziehen sind. Es wird zum einen darauf ankommen, regionales rechtliches und politisches Handeln ins Licht globalen Denkens zu setzen, zum anderen darauf, das Recht nicht nur als statischen oder gar hemmenden Faktor, sondern als dynamischen Mittler im langfristigen Zeitablauf zu begreifen. Gerade weil uns die Signatur der Zukunft verborgen ist, käme es darauf an, sich vor Augen zu führen, daß das Recht stets sowohl ein Produkt der Geschichte als auch die gestaltbare Voraussetzung für die Zukunft gegenwärtiger und künftiger Generationen darstellt – eine Einsicht, die für modernes ebenso wie für postmodernes Denken gleichermaßen von Bedeutung sein kann.

Dieter Wyduckel

RECHTSTHEORIE, Beiheft 19, S. XIII - XVI
Duncker & Humblot, 12165 Berlin

CONTENTS

I. Religious and Secularized Forms of Democratic Communities

II. Modernity of Legal Post-Modernism

I. Religious and Secularized Forms of Democratic Communities

RECHTSTHEORIE, Beiheft 19, S. 3 - 20
Duncker & Humblot, 12165 Berlin

NATURE, RAISON ET RÉVÉLATION DANS LA PHILOSOPHIE DU DROIT DES AUTEURS SUNNITES

Par Yadh Ben Achour, Tunis

L'Islam s'est historiquement divisé sur plusieurs points fondamentaux de la pensée religieuse. Certains concernent le dogme lui-même,[1] d'autres concernent le droit: son sens, ses sources, ses méthodes. Les querelles autour du droit, comme autour du dogme d'ailleurs, dépendent évidemment du contexte général de la société. Les tensions politiques, les crises économiques, les conflits sociaux harcèlent le religieux. Pour cette raison, simple à comprendre, les querelles d'hier et celles d'aujourd'hui ne peuvent avoir la même nature.

Les querelles anciennes se situaient à l'intérieur d'un cercle de culture, de pensée et de civilisation relativement homogène, dans lequel l'échelle des normes juridiques et celle du pouvoir politique étaient tenues pour séparées. Les normes ayant formellement leur sources propres, extérieures au pouvoir politique. Les disputes autour des sources du droit étaient des querelles d'agencement et de techniques d'interprétation à l'intérieur d'une même parenté. Il n'en est plus ainsi aujourd'hui. L'institution de l'Etat depuis le XIXe siècle a tout bouleversé et a brisé la parenté. L'Etat prétend être la source et l'opérateur du droit. Il veut confondre l'échelle des normes et celle du pouvoir, ce qui constitue en soi un mouvement vers l'exclusion du religieux. Cela explique les crispations actuelles du monde musulman autour des normes. L'exclusion du religieux par l'étatisme entraîne un appel, ou une réactivation de schémas juridiques déclassés, éteints ou n'ayant jamais existé. Les querelles d'aujourd'hui ne sont plus des querelles autour des sources du droit, mais de la Source.

Dans la présente étude, je vais me contenter de situer le débat sur les sources du droit dans son cadre classique préétatique, en mettant en lumière son unité et sa diversité. L'unité est constituée par une philosophie particulière, une version islamique, du droit naturel. La diversité se révèle au niveau de la prévalence des fondements du droit et des méthodes d'élaboration de la règle.

---

1 Statut du Coran, créé ou incréé. Vision de Dieu. Reconnaissance et légitimité des imams descendants de Ali. Reconnaissance des hadiths du prophète.

I. Philosophie de Base du Droit Naturel chez les Sunnites

Ni les fuqaha, ni les usulistes n'utilisent explicitement l'expression «droit naturel». Un seul droit, une seule loi, existe pour eux: la shari'a. Elle est constituée par l'ensemble des règles obligatoires posées par la Coran et la Sunnah. Le sujet de cette loi est appelé, terminologiquement, un «obligé», un «chargé de...» (mukallaf). Un seul droit, une seule science du droit existe: le fiqh. Elle consiste à formuler les règles applicables aux cas pratiques. Le fiqh est donc la science pratique du droit ou jurisprudence. Tâj addine a Subki, le grand auteur Shafiite le définit ainsi dans son Jam'al Jawami': «Le fiqh est la connaissance des normes sharaïques pratiques (al ahkâm a shar'ia al 'amaliyah) acquise à partir de leurs indices (références) (adillah) particuliers.»[2] Cette science est destinée aux praticiens qui sont dans le système institutionnel islamique les jurisprudents (muftis) habilités à fournir des consultations juridiques et les juges chargés de les appliquer. La science du droit est donc en général une science interprétative textuelle.

Il est vrai qu'il existe du droit, reconnu et pratiqué, en dehors des textes révélés divins et prophétiques. Ce droit est l'aboutissement d'un effort de la raison juridique (ijtihâd). Taj addine a Subki range l'ensemble des méthodes rationnelles d'investigation sous un titre unique: la recherche des indices (al istidlal). Il en fait la cinquième source du droit après le Coran, la Sunnah, le consensus (ijma'), l'analogie (qiyâs) qui sont des sources scripturaires et littérales. La raison juridique cherche à connaître l'équitable, à saisir le bien commun, à tenir compte du nécessaire et de l'habituel, de l'équité, du bien commun, de la nécessité, des législations et de la sagesse des nations qui nous ont précédés (shar' man qablana). Tous ces éléments sont en effet considérés par la majeure partie des auteurs comme des sources du droit (usul). Et c'est par leur intermédiaire que la raison juridique investit le champ de la shari'a et que le rationnel s'institue comme source du droit à côté du révélé. Nous pouvons même affirmer, sans aucun excès, que l'apparition de cette raison légiférante constitue l'essentiel de cette autre science du droit qu'est la «science des sources» (Ilm al usul). La science des sources du droit en effet est la science des indices (adillah) des jugements valides de droit. Elle consiste à poser d'abord les deux principes de la prévalence absolue du Coran et de la Sunnah; à établir ensuite le sens grammatical, logique, étymologique, terminologique de leurs termes et de leurs phrases; à harmoniser leurs divergences; à résoudre leurs contra-

---

2 *Tâj addine a Subki,* Jam'al Jawami' (Le recueil des traités), reproduit dans le commentaire de Ibn Qâcim (al âyât al bayinât) sur le commentaire de Mahalli sur le Jam'al jaw'ami', 1ere ed., p. 61. Même définition chez *Qarâfi,* l'auteur malikite; cf. shar'h tanqîh al fusûl fi ikhtisâr al mahsûl, 1er éd., p. 3.

dictions. Elle consiste également à valider ou invalider tel ou tel autre motif des jugements de droit, le jugement fondé sur le consensus (ijma'), le jugement par analogie, le jugement établi en considération du bien commun (maslaha), ou des pratiques établies (àmal), ou du plus convenable (istihsan), ou du nécessaire, ou du changement de circonstances etc.

Objectivement, c'est-à-dire extérieurement, il est parfaitement possible d'analyser cela comme une intrusion du profane dans l'espace du sacré. Il est parfaitement possible et légitime de supposer, comme l'ont fait, par exemple, I. Goldziher,[3] Joseph Schacht,[4] Chafik Chehata,[5] Mohamed El Shakankiri,[6] Roger Arnaldez,[7] Mohamed Arkoun[8] que, par ce gigantesque effort, les fuqaha islamisaient, sacralisaient, après coup, toutes sortes de règles juridiques coutumières arabes pré-islamiques, ou des législations d'origine persane, byzantine, canonique ou juive qui étaient pratiquées par les peuples dont les territoires furent islamisés. De ce point de vue, comme le dit M. Arkoun, la raison théologique transcendantalise et annule l'historicité. Mais, du point de vue de l'interprète, c'est-à-dire sur le plan de l'analyse interne, ce travail demeure enserré dans le champ du religieux pour les raisons que voici: d'abord par le rôle primordial de l'analogie qui consiste à trouver la solution d'un cas ou d'un litige inédit, à partir d'une analogie avec la règle révélée; ensuite, parce que l'interprète, quelque soit sa distance objective à l'égard du texte, se pose lui-même et reste compris par ses coreligionnaires et sa société, comme un interprète recherchant à scruter et comprendre les desseins de Dieu. Ce n'est plus l'exégése littérale du texte, mais cela reste toujours une intention exégétique. Les sciences religieuses donnent des sens aux faits et, dans ce domaine, ce sont les convictions et non les faits en eux-mêmes qui comptent.

Etant donné cette structure particulière de pensée, il semble, à première vue, légitime d'exclure l'idée même d'un droit naturel en islam. Cette position est d'autant plus vraisemblable que, comme je l'ai indiqué précédemment, il n'existe pas expressément d'expression équivalente à «droit naturel» ou «droit de la nature» dans les écrits des fuqaha ou ceux

---

3 *I. Goldziher,* Le dogme et la loi en Islam, Lib. P. Geuthner, trad. F. Arin, 1920.

4 *J. Schacht,* Introduction au droit musulman, trad. P. Kempf et A. Turki, Maisonneuve et Larose 1983, pp. 25, 27, 29, 33, 36, 37.

5 *Chafik Chehata,* Etudes de droit musulman, PUF 1971, pp. 11 et s.

6 *M. El Shakankiri,* Loi divine, loi humaine et droit dans l'histoire juridique de l'Islam, en: Rev. Int. Droit. Comparé 1981, p. 767.

7 *R. Arnaldez,* La loi musulmane à la lumière des sciences coraniques, en: Archives de philosophie du droit 38, Droit et religion, Sirey 1993, pp. 83 et s.

8 *M. Arkoun,* Ouvertures sur l'Islam, J. Grancher éditeur 1989, pp. 40 et 41. Pour une critique de la raison islamique, Maisonneuve et Larose 1984, pp. 73. Sur ces points *V. Slim Laghmani,* Eléments d'histoire de la philosophie du droit, CERES production 1993, pp. 167 et s.

des usulistes. Chafik Chehata a pu écrire à ce propos: «En somme, la théologie islamique orthodoxe n'admet pas l'existence d'un droit naturel, soit d'un droit issu de la nature et de la raison, et comme tel indépendant de la révélation et des dogmes religieux. Si Dieu l'avait voulu, répétent à satiété les théologiens, il aurait inspiré à son Prophète une loi toute différente qui serait tout autant juste que celle qui est prescrite.»[9]

Pourtant, à y voir de plus près, le concept de droit naturel nous semble constituer un concept de base de la philosophie juridique islamique. C'est un concept qui ne se révèle pas immédiatement aux yeux du chercheur. Il faut aller le chercher dans les présupposés, épisodiquement révélés au détour des textes.

Ces présupposés sont néanmoins évidents et clairs. Pour les trouver, il n'est nul besoin de forcer le sens des textes, et de les faire parler au delà de leurs possibilités. Il suffit de s'appesantir un peu dans la lecture. Il apparaît à ce moment que le droit naturel constitue en réalité un terrain d'entente entre les différentes tendances de la pensée juridique islamique. Celles-ci admettent l'existence d'un droit découlant de la nature, en tant qu'ordre établi des choses, voulu par Dieu. Les préceptes et principes de ce droit naturel peuvent être saisis par l'intelligence humaine. Et ces préceptes peuvent donc servir de clés d'interprétation de la révélation ou de source du droit sur les questions non couvertes par la révélation. Et ces questions, comme nous le savons, sont fort nombreuses.

La philosophie sous-jacente à cet ordre naturel s'articule autour des idées fondamentales suivantes.

1. L'ordre naturel constitue, en soi, la démonstration de l'existence, de la puissance et de l'intelligence de Dieu. L'univers est absolument prodigieux, grandiose et ordonné et implique nécessairement, pour tout être raisonnable, affirme Ghazâli, l'existence d'un créateur pour le concevoir et d'un Agent pour l'ordonner.[10] L'ordre naturel est l'évidence du Créateur pour des êtres doués de raison (âyâtun li qawmin ya'qilûn). Et la création de l'être humain est le prodige des prodiges et l'évidence des évidences, comme l'expliquera Fakhr addine Arrâzi dans son exégèse du Coran.[11]

2. Il n'y a donc pas d'aberration dans l'univers (sa création et son fonctionnement). L'univers est ordonné selon un plan mystérieux mais dont on peut deviner certaines finalités. L'univers n'est ni arbitraire, ni aberrant. Cette thèse qui est en fait celle des théologiens rationalistes de

---

9 *Chafik Chehata,* La religion et les fondements du droit en Islam, en: Archives de philosophie du droit XVIII, Dimensions religieuses du droit, Sirey 1973, p. 17.

10 *Ghazâli,* Ihya 'ulum addine vol. 1, p. 105.

11 1ere éd., vol. I, pp. 208 et s.

l'islam (les mu'tazilites) est couramment acceptée par les sunnites puisqu'elle tire ses références du Coran lui même.[12] Dieu n'a pas fait l'univers par acte gratuit (âbath) ou par jeu.

3. Etant ordonné, l'univers est explicable et compréhensible. Son explication, c'est qu'il constitue un don de Dieu (Ni'ma), dont les manifestations essentielles sont la vie elle même, le bonheur terrestre sous toutes ses formes, mais surtout la vie suprème.[13] L'univers a donc, comme l'explique Râzi, une double explication: du point de vue religieux et du point de vue terrestre. Le don divin est total pour le musulman. Pour le non musulman, c'est un don simplement terrestre.[14]

4. Cet ordre doit nécessairement être suivi de normes (ahkâm) destinées à sa conservation. L'ordre est donc explicatif des normes. La norme (hukm) est conservatrice de l'ordre, gardienne de ce que Dieu a instauré. L'idée d'Instauration divine est fondamentale. La norme, en effet, a pour objet de réinstaurer, ce que l'homme a désinstauré, par le jeu de ses passions. Elle constitue, à ce titre, un fardeau (thaqîlatun 'ala a nufûs).[15] La norme, de ce fait, sanctionnera les crimes contre-nature (travestissement, homosexualité, auto-jouissance, bestialité, contacts charnels avec un cadavre etc.) parce qu'ils violent l'harmonie naturelle des choses,[16] canalisera l'expression des instincts par le jeu des règles de prohibition et de prescription, (nawâhi et awâmir), organisera le fonctionnement des institutions conformément à la nature du corps politique. Nous y reviendrons.

5. Ces normes sont donc, sauf exception, elles-mêmes explicables et compréhensibles. Il n'y a pas de faille entre nature et droit (voir 7).

6. La raison et la révélation se conjuguent donc pour confirmer l'harmonie à l'intérieur de la nature et du droit et dans leurs rapports réciproques (voir 7).

7. La caractère obligatoire de la norme vient, entre autres considérations, de ce qu'elle est un dict de la nature, car c'est une contradiction absolue de supposer que les dispositions obligatoires qui règlent la vie peuvent aller à l'encontre de la nature qui est l'essence de la vie. La volonté législatrice (celle de Dieu) ne contredit pas la nature. La norme est donc le produit de la volonté législatrice et de la nature. Cette idée

---

12 Sourate des Croyants, 115. Sourate Sâd, 27. Sourate de la Fumée, 38, 39. cf. *Shâtibi,* Muwâfaqât, vol. 1, t. 2, p. 131. *Ghazali,* Mustasfâ, vol. I, Dar al Márifa, Beyrouth, p. 105. *Sheikh Tahar ibn Ashûr,* Maqâcid a sharî'a al islamiya (Les fins ultimes de la loi islamique), Tunis: S. T. D. 1978, p. 13.

13 *Fakhr addine Arrazi,* Tafsir, vol. I, 1ere ed., pp. 480 et s.

14 Ibid.

15 *Shâtibi,* Muwâfaqat, vol. I, t. 2, p. 131.

16 *Abdelwahab Bouhdiba,* La sexualité en Islam, P. U. F. 1975, pp. 44 et s.

fondamentale est nettement avancée par l'un des grands théologiens et érudits musulmans de notre siècle dans un livre spécialement consacré à la philosophie islamique du droit.[17] L'auteur écrit: «Si nous considérons convenablement l'objectif général de la Shar'Õa ... nous voyons qu'il ne fait rien d'autre que tendre à la conservation du naturel (Fitra) et la mise en garde contre sa violation ou son déséquilibre (ikhtilâl). Il est même probable que ce qui le viole gravement soit considéré par le droit (Shar') comme répréhensible et interdit; ce qui tend à son intégrité, soit considéré comme obligatoire; ce qui est en deçà, dans les deux cas, soit blâmable ou recommandé dans l'ensemble; et ce qui est sans rapport avec (le naturel) soit permis.»[18] Le droit révélé par le Coran ou la Sunnah ou déduit de leurs principes a pour objet de sauvegarder les prèceptes de la nature, dont l'homme raisonnable et civilisé est le centre. Il en est ainsi des règles du mariage, de la filiation, de la pudeur, du respect de la vie et de l'honneur, de la recherche de la science et de la civilisation.[19]

8. Cependant, l'être humain, contrairement à l'animal, est un être intelligent et qui se sait voué à Dieu et à la reconquéte de la vie éternelle. Cela l'oblige à sortir en partie de ses déterminismes naturels, et d'être ainsi un «être réglé» un «être obligé» (mukallaf). Le concept de Taklîf (charger l'homme d'obligations; fardeau de la responsabilité) est un concept central de la science juridique islamique. Bazdawi,[20] Sadr asharî'a (ubaïd allah Ibn Mass'ûd),[21] Taftazâni,[22] Ghazâli,[23] Qarâfi,[24] Shâtibi,[25] Subki[26] définissent la norme (hukm) comme une adresse de Dieu aux «obligés», aux chargés d'obligations. Subki, pour ne prendre que son seul exemple, définit la norme de la manière suivante: La norme, quant à elle, c'est l'adresse (le discours) (khitâb) de Dieu concernant l'action de l'obligé (mukallaf), en tant qu'il est obligé». L'homme est un

17 *Sheikh Tâhar Ibn 'Ashûr*, 'Maqâcid a shari'a al islamiya (Les fins ultimes de la loi islamique. Le mot ‹loi› est ici choisi volontairement pour tenir compte d'une spécification de sens donnée par l'auteur lui-même, p. 9), Tunis: S. T. D. 1979. La théorie du droit naturel chez *Sheikh Tâhar* est encore plus explicite dans son ouvrage; usûl a nidhâm al ijtimâ'i fil islam (Les fondements de l'ordre social en Islam), Tunis: S. N. E. D. 1964, p. 15 à 22.

18 Op. cit., p. 59.

19 Ibid.

20 Faqîh hanâfite du XIe siècle à Samarkant. Son ouvrage en science des sources du droit est intitulé 'Kinz al usûl'.

21 Faqîh hanâfite du XIVe siècle à Bukhâra. Auteur du Tanqîh et de son commentaire, le Tawdhîh.

22 Théologien du XIVe siècle au Khorassân. Auteur d'une glose sur le Commentaire de 'Adhud addine sur le Mukhtacâr d'ibn al Hâjib.

23 Théologien, philosophe, faqîh célébrissime des XIe - XIIe siècle.

24 Faqih et usuliste du XIIIe siècle.

25 Faqih grenadin malékite du XIVe siècle.

26 Faqih et juge du XIVe siècle au Shâm.

obligé, par seconde nature en quelque sorte. En effet, il est à la fois plongé dans la nature première, la recherche du bonheur et la satisfaction de ses passions, instincts et appétits qui doivent recevoir leur juste part, mais il doit les dépasser et les réfréner, grâce à sa raison, et la révélation des règles religieuses, morales et juridiques. L'investissement total de l'être humain dans la nature conduit à la bestialité. Il est donc de la nature de l'homme d'aller à l'encontre de sa nature immédiate, de la «régler». Tel est l'objet de la norme (hukm); empêcher la nature d'engloutir la partie incorporelle de l'homme, c'est-à-dire sa raison, sa conscience, son intelligence, son sens de la divinité.

La consommation des nourritures terrestres (tayyibât), des biens matériels (khayrât, amwâl), le commerce charnel, le divertissement, représentent la part légitime destinée à satisfaire la nature immédiate, celle des corps et des désirs. La norme tracera les limites, interdira la chose ou ses excés, prescrira l'action bonne, l'acte obligatoire etc.

L'ordre naturel et humain contient ainsi des finalités, des sens, des essences, des hiérarchies, des catégories, des fonctions qui doivent normalement trouver une expression dans le système des règles de droit. Ce sont donc en quelque sorte des déterminismes qui à la fois aboutissent aux règles de droit, les expliquent, et les justifient. Ces déterminismes sont les suivants.

II. Les Présupposés du Droit Naturel

Le plus important concerne la nature et le sens de l'ordre qui est institué pour être le semoir de l'au-delà, d'après la formule de Ghazali.[27] «La vie terrestre», écrit Shatibi, «est instituée pour la vie dernière».[28] L'univers, c'est l'art d'un Maïtre. Vivre, c'est témoigner que nous sommes consacrés à ce Maïtre, que nous lui appartenons totalement. En tant qu'êtres doués d'intelligence et de volonté nous devons concrétiser ce témoignage par la conviction, au niveau de la conscience, et par des actes symboliques corporels tels que les prières, le jeûne, le pèlerinage. Le déroulement de la vie individuelle, sociale et naturelle est rapporté à cette fin suprème. Il n'y a aucun bien supérieur par lui-même sur terre. Ce présupposé va rejaillir sur le sens du droit lui même en tant que législation et en tant que science.[29]

27 Ihyâ 'ulum addine, vol. 2, Beyrouth: Dâr al ma'rifa, p. 60; et vol. 3, p. 9.

28 *Shatibi,* muwafaqât, Vol. I, T. 2, p. 29.

29 Sur ces points, cf. les commentaires de *Fakhr addine Arrâzi* sur la Fâtiha (1ere sourate du Coran). A tafsîr al kabîr, 1ere ed., pp. 205 et s.

Le sens du droit en tant que législation, c'est qu'il est un guide pour l'être humain, afin qu'il soit totalement la possession, «l'esclave» (Abd) de Dieu. L'objectif du droit (shar') écrit Shatibi dans ses Muwâfaqât est de «faire échapper l'homme aux appels de ses passions, afin qu'il se constitue Esclave de Dieu par son propre arbitre, comme il l'est par nécessité».[30] La législation, comme nous l'avons déjà indiqué, est un fardeau; mais un fardeau salutaire, comme la tempérance. Et en cela, il n'y a pas de différence entre la législation juridique et la législation morale: ce sont deux formes de justice qui consistent à faire contrepoids à l'appel des passions, pour tenir ‹la balance› droite. Ghazâli affirme, à ce propos: «quant à la force de justice-tempérance (quwat al'adl), elle consiste à placer l'appétit et la passion sous le contrôle de la raison et de la révélation».[31] La maladie de l'âme devient son reméde, lorsque l'âme résiste à ses passions,[32] notamment les plaisirs du ventre et de la chair.[33] La législation est donc une grâce et un don divins (Rahma).

Quant à la science du droit (fiqh), son statut est celui de toutes les sciences religieuses: un moyen au service de notre consécration au divin. Toute science du shar', écrit encore Shâtibi, «n'a pas d'autre motif que celui d'être une voie vers l'adoration de Dieu. Si un autre motif apparaît, ce n'est pas à titre essentiel mais accessoirement.[34] C'est bien là la raison pour laquelle, ajoute l'auteur, Dieu a envoyé les prophètes. Parmi les règles juridiques qui découlent directement de ce présupposé de base, il faut évoquer en premier lieu celles qui concernent le corps, en tant que tel, mais aussi en tant que support matériel et expression de l'intelligence croyante. Les gestes, les paroles, les pulsions, les besoins naturels, la pureté et l'impureté du corps font l'objet des chapitres de base de tout manuel ou traité de droit. Le corps n'est plus livré à lui même. Des règles lui sont dictées pour adorer (prières, jeûne), se purifier (grandes et petites ablutions et leurs succédanés), témoigner de l'unicité divine et de la sainte prophétie (shahâda qui doit être prononcée), demander l'aide de la divine souveraineté, formuler les voeux, répondre à ses pulsions, remercier le seigneur pour leurs satisfactions, couvrir le corps et le vétir, le nourrir, le parfumer, le coiffer, l'embaumer, l'enterrer etc. Ces gestes, ces paroles, ces contacts ne sont pas arbitraires. Ils situent le corps humain, support matériel dégradable mais surtout expression des forces sensitives et intelligentes, à sa place dans l'ensemble de la création et par rapport à Dieu. «Le corps, dit Râzi, est le foyer des actes qui doivent aider l'âme à

30 *Shâtibi,* muwafaqât, Vol. I, T. 2, p. 128.
31 *Ghazâli,* Ihya, t. 3, p. 54. V. également, p. 65.
32 Op. cit., p. 66.
33 Op. cit., p. 79.
34 *Shatibi,* muwafaqât, Vol. I, p. 41.

acquérir les bonheurs spirituels.»[35] Ce corps est celui d'un être adorateur, remerciant, en phase d'examen pour gagner la vraie vie, celle qui viendra après cette chute qu'est la vie terrestre. Nous avons dit «sa place dans l'ensemble de la création»; cette place est celle d'un privilégié, c'est ce qui en fait un être remerciant, (shâkiran et sa forme accentuée shakûran).

Le deuxième présupposé fondamental est, en effet, que l'homme est la créature privilégiée du monde. Il en est le centre. Il en résulte que le but primordial des normes consiste à préserver ses intérêts (masâlah) qu'ils soient terrestres ou célestes. Le shar' est donc compris comme étant au service de ces intérêts. Shâtibi écrit: «Toute législation est posée en vue des intérêts immédiats et lointains de l'homme.»[36] Et cette législation comprend les règles relatives à l'interdit, au licite, au blâmable et au recommandable. En tant que centre privilégié de l'univers, fait à l'image de Dieu, l'homme se trouve au sommet de la hiérarchie du vivant et de la matière. Les signes animal et végétal, la matière, les astres, la pluie du ciel sont consacrés à l'homme. L'homme est le roi du monde, le possesseur de la nature qui est là pour le servir, le nourrir, le chauffer, le désaltérer, offrir à sa contemplation toutes sortes de merveilles, à ses appétits toutes sortes de joies, à sa raison une cause incommensurable de satisfaction intellectuelle. Ces appétits, ces besoins, devront être satisfaits mais dans les limites de la morale et du droit. Le shar' est là pour déterminer ces limites. «Le but ultime de la loi, écrit Sheikh Tahar Ibn 'Âshûr, est de sauvegarder l'ordre de la communauté et de maintenir sa convenance par la rectitude de celui qui en est le possesseur, c'est-à-dire le genre humain.»[37]

Le troisième présupposé est que l'homme porte en lui la double tendance au mal (Fasâd) dont le ressort est constitué par les appétits (Shahawât) et au bien dont les indicateurs sont la raison et la révélation. Les règles de l'illicite, les sanctions pénales et disciplinaires sont destinés à réinstaurer (Islâh) ce que l'homme, par ses actions nuisibles, a désinstauré. Elles doivent protéger la religion (les droits de Dieu) ainsi que la vie, la personne, la raison et les biens de l'homme, en tant que centre de l'univers. Shâtibi affirme: «La nation islamique (ummah) et même tous les peuples (milal) sont d'accord pour dire que la législation (Sharia) a été posée pour protéger les cinq éléments nécessaires que voici: la religion, la vie, la procréation, les biens et la raison.[38] (dîn, nasfs, nasl, mâl,

---

35 Op. cit., vol. I, p. 142.

36 *Shâtibi*, muwâfaqât, Vol. I, T. 2, p. 4. Ou encore: «Le droit (shar') est venu clarifier d'une manière complète et parfaite la manière avec laquelle les affaires terrestres et dernières de l'homme seront bonnes», Vol. I, T. 1, p. 34. *Sheikh Tahar Ibn Âshûr*, op. cit., pp. 14, 17.

37 Op. cit., p. 63.

38 *Shâtibi*, muwâfaqât, Vol. I, T. 1, p. 26.

'aql). Sheikh Ibn'Âshûr les raméne à trois éléments: la raison, les actes, les biens,[39] ce qui lui permet de limiter son analyse au Tashrî', c'est-à-dire la législation proprement juridique (qânûn) sans considérer le domaine de la foi et des rites, ni celui du blâmable et du recommandé.[40]

Le quatrième présupposé concerne l'ordre social proprement dit dont les hiérarchies, clivages et classements naturels sont productifs de règles. Certains, les plus importants, concernent l'ordre de la procréation, d'autres concernent l'ordre économique, d'autres enfin concernent l'ordre constitutionnel. Dans le premier cas, les hiérarchies fondamentales sont celles du masculin et du féminin,[41] celle des ascendants et descendants, celle des pères et des fils. Dans le deuxième cas, celui de l'ordre économique, les classifications fondamentales sont celles des biens et des personnes, de la matière et de la volonté, des riches et des pauvres. Dans l'ordre constitutionnel les catégories essentielles sont celles du Pasteur (Râ'i) et du troupeau; de la communauté (Ummah) de la majorité (Jama'a) et des dissidents (Firaq); de l'instauration, de la désinstauration (fasâd) et de la restauration (Islâh); de la loi et de la violence (ou du livre et la glaive chez Ibn Taymiya);[42] de la masse (âmmah) et de l'élite (khâssah).

Telles sont les présupposés fondamentaux de l'ordre naturel. Le droit, qui est défini comme une science pratique, légifère donc à partir de ces présupposés, les règles juridiques concernant les relations sexuelles, la filiation, les successions, les conditions de pureté des corps, le droit et la violence pénale, les règles de l'impôt, les principes fondamentaux du droit constitutionnel dérivent de ces présupposés, tissent sur cette trame. Il n'y a pour la philosophie juridique islamique majoritaire aucune contradiction entre nature, raison et révélation, donc aucune contradiction entre droit naturel (et rationnel) et droit révélé. La querelle autour des sources du droit se trouve par conséquent limitée à deux questions: la prévalence, au niveau du fondement, entre la raison et la révélation et les méthodes d'élaboration de la règle de droit.

39 Op. cit., p. 66.

40 Op. cit., p. 9.

41 Pour un exemple significatif de législation positive reproduisant les préceptes de la nature, cf. *Abbas Mahmûd Al'Aqâd,* al Mar'atu fil qur'ân (la femme dans le Coran), dâr al hilâl. La nature qui sert ici de référence est à la fois la nature biologique et la nature du corps social.

42 *Ibn Taymiya,* asiyâsa ashar'ia..., 4e éd., dâr al kitâb al arabi 1969.

III. Les Disputes Autour du Fondement et des Méthodes d'Élaboration de la Règle de Droit

La première question est celle de savoir à qui, entre le texte et la tradition établie d'un côté et la raison de l'autre côté, revient la prévalence. La deuxième, conséquente à la première, est relative à la validité des sources et techniques non textuelles telles que l'analogie, le jugement préférentiel pour raison d'équité ou de l'intérêt bien compris, l'effet du changement de circonstances ou du fait générateur sur la règle de droit, les coutumes, les lois anciennes telles que la Thora.

Sur la première question, il existe une opposition entre les théologiens rationalistes (mu'tazilites) et les théologiens fidéistes. Les thèses principales des premiers sur la philosophie du fondement du droit sont les suivantes, en résumé:

1. Dieu est juste; il ne peut être l'origine du mal.
2. Il l'est obligatoirement. Il ne peut être autrement.
3. L'homme est doué de libre-arbitre et de raison.
4. Il est donc responsable de ses actes. Le Taklîf, que nous avons déjà évoqué, ne se comprendrait pas autrement.
5. Cette même raison est à même de saisir le bien (husn) et le mal (qubh). Elle est donc le fondement premier du droit.
6. La révélation n'est qu'une consécration du droit tiré de la raison.
7. Le licite et l'interdit existeraient donc de toute éternité indépendamment de toute révélation.

La théologie fidéiste réfute ces points dans leur ensemble. Elle adopte tout d'abord l'idée de la prédestination des hommes; elle pose ensuite le principe selon lequel Dieu n'est pas justiciable des catégories de la morale humaine; elle refuse enfin la raison comme fondement du droit. Le droit et le tort sont des spécifications des révélations successives et il n'y a ni interdit, ni licite en dehors des révélations. Ce sont là les thèses centrales de Ash'ari, Bâquillani, Baghdâdi, Ibn Hazm etc. Ces thèses ash'arites ont influencé considérablement le sunnisme, attaché au texte, plaidant, comme Ibn Hazm, pour une complétude sans faille du Shar', s'insurgeant contre l'idée d'une obligation de justice à la charge de Dieu, appuyant la pleine et infinie souveraineté de Dieu. L'idée d'une complétude de la révélation a été posée par Shafi'i,[43] considéré habituellement comme le fondateur de la science des sources. Il affirme dans sa Rissala: «Nulle affaire ne peut advenir à quelque fidèle, sans que l'indice de sa

---

43 150 - 204 H. 767 - 820 J. C. Fondateur de l'une des grandes écoles juridiques sunnites.

bonne résolution ne soit compris dans le livre de Dieu.»[44] Dieu a clarifié la voie des fidéles, y compris les normes de droit, dans le Coran; puis par la voie de l'inspiration divine du Prophète, puis, par ce que le Prophète lui-même a posé, enfin par la voie de l'Ijtihâd. Nous avons donc affaire à une législation en cascade: la parole directe du législateur divin, l'inspiration au Prophète de la législation (deuxième source de la révélation), la législation d'initiative proprement prophétique à laquelle le croyant est tenu d'obéir, enfin la législation humaine, déduites des textes, par Ijma'(consensus) ou Qiyâs (analogie).[45]

Comme nous l'avons précédemment fait observer l'opinion majoritaire, celle des Sunnites, est d'avis que nature, raison et révélation conduisent aux mêmes résultats, leur harmonie provenant de leur source commune, la volonté de Dieu. La prévalence restant cependant, contrairement à ce que pensent les philosophes, et les Mûtazilites, celle du texte. Shâtibi écrit encore à ce propos: «Les indicateurs (adillah) des jugements de droit tirés du shar' ne contredisent pas les préceptes rationnels pour les raisons suivantes. La première est que si elles les contredisaient, elles ne pourraient pas être des sources pour une quelconque règle sharaïque ou autre. Ce sont pourtant des sources par l'accord même des hommes raisonnables, ce qui prouve leur adéquation aux préceptes rationnels. Il est clair que ces sources ont été admises par la shari'a pour être comprises par des sujets raisonnables ... La deuxième est que si elles les contredisaient, les obligations qui en résulteraient ne seraient pas supportables, car cela reviendrait à charger (les sujets) de croire à l'irrationnel, à l'inconcevable ... La troisième est que l'origine de l'obligation est la raison. Ceci est établi sans conteste, puisque la perte de la raison supprime l'obligation à sa base...»[46] Le même Shâtibi classe les sources du shar' en sources démonstratives, rationnelles, et en sources admises sans examen, sur la seule foi au miracle prophétique. Lorsque le savant a recours aux premières, il agit à titre créatif, comme s'il était législateur;[47] lorsqu'il se fonde sur les secondes il les admet sur la base de la conviction.[48] Les grands auteurs sunnites sont loin de nier le rôle de la raison. Il s'agit pour eux, cependant, comme nous le verrons plus loin, non d'une raison fondatrice, mais d'une raison instrumentale, pour la simple connaissance de la loi. C'est en ce sens que Ghazâli écrit: «On ne peut, par la raison, se passer d'audition;[49] comme on ne peut, par audi-

---

44 *Rissala,* 1ere éd. A. Mohamed Châkir, 1940, p. 20.

45 Op. cit., p. 39.

46 *Shatibi,* muwafaqât, Vol. II, T. 1, p. 19.

47 Ibid., p. 38.

48 Ibid.

49 Il s'agit de l'audition des textes révélés et inspirés au Prophète et des prédédents établis par les différentes écoles.

tion, se passer de raison. Celui qui appelle à la seule imitation, sans aucun égard pour la raison, est un ignorant. Et celui qui se contente de la seule raison, au détriment des lumières du Coran et de la Sunnah se fait des illusions. Méfie-toi de faire partie de l'un ou l'autre clan, et prends soin de joindre les deux sources; les sciences rationnelles sont comme les nourritures et les sciences religieuses, comme les remèdes ... Croire que les sciences rationnelles contredisent les sciences religieuses et que leur union est impossible relève du pur aveuglement...»[50]

Un auteur comme Qarâfi ira plus loin. Dans la section VII[51] du chapitre premier de son Tanqîh, il écrit: «On entend par bonté (husn) ou laideur (qubh) d'une chose, ce qui sied à la *nature* ou y contrevient, comme par exemple, le sauvetage des naufragés ou la condamnation des innocents; ainsi que le fait pour eux deux d'être signe de *perfection ou d'imperfection,* comme par exemple que la science est bonne et l'ignorance est mauvaise; ou encore le fait d'impliquer la *louange ou le blâme,* du point de vue du Shar'. Les deux premiers cas reposent sur la raison, comme l'admet l'opinion unanime. Le troisième, d'après nous, relève du Shar'. Il n'est ni connaissable, ni établi, que par le Shar'. Le mal (qabîh) est ce contre quoi Dieu a mis en garde. Le bien est son contraire. Chez les Mu'tazilites, il est rationnel et ne dépend pas de l'établissement des lois révélées (Sharâ 'i'). La raison l'établit, en toute autonomie, avant les prophètes. Les lois révélées ne font que confirmer le jugement de la raison (hukm al 'aql) relatif à ce qu'il connait.»[52] Commentant ensuite ses propres dires, Qarâfi met l'accent sur le fait que sur les deux premiers points, rien ne l'oppose aux Mu'tazilites. Le seul point de désaccord se situe, dit-il, au niveau de la rétribution dernière. Savoir si Dieu punit tel acte ou le récompense relève du seul Shar', et non de la raison comme le prétendent les Mu'tazilites. Dans le sauvetage d'un naufragé, poursuit-il, il y a deux aspects: «le premier est que les natures saines (a tibâ' a salîma) y trouvent satisfaction. Ceci est rationnel. Le deuxième est que Dieu lui accordera une juste rétribution. Et c'est là que se situe le conflit (avec les Mu'tazilites). Il en est de même de celui qui noie une personne injustement. Deux aspects également. Le premier est qu'une nature saine en souffre et ceci est rationnel. Le deuxième est que Dieu le punira. Et c'est là que se situe le conflit.»[53]

---

50 *'Ihya,* Vol. III, p. 17.

51 Section consacrée à la question du bien moral et du mal et de leurs rapports avec la législation révélée.

52 *Qarâfi,* Sharh Tanqîh al fusûl fi' khtisâr al mahsûl, 1ère ed., 1306 H, p. 41. Classification ternaire reprise par *Sadr a shari'a* (kitâb a tawdhîh fi halli ghaw â midh a tanqîh) et *Taftazâni,* (a talwîh fi kashfi haqâ'iq a tanqîh), ed. 1310 H, p. 328.

53 Op. cit., p. 42.

A travers ces textes de Qarâfi, nous constatons, en définitive, que sur le fondement du droit, l'opposition entre Sunnites et Mu'tazilites est moins radicale qu'il n'y parait. La question est limitée au seul droit positif révélé et non à tout le droit. Qarâfi semble admettre clairement l'existence d'un droit profane issu de la nature des choses et de la raison, indépendant du droit positif divin.

Il reste cependant vrai que, mis à part quelques exceptions, la hantise des Sunnites, c'est précisément de trop «jouer» avec les textes par l'intermédiaire de la raison. D'où leur principale revendication: que la raison ne s'institue pas en raison véritablement législatrice et qu'elle reste cantonnée dans son rôle de raison instrumentale et non de raison fondatrice. Au fond, la querelle entre Mu'tazilites et Sunnites, c'est qu'ils ne parlent pas de la même raison. Pour les Sunnites, en règle générale et sauf exception, la raison est plutôt l'intelligibilité et la compréhension des choses; c'est une simple capacité à l'intérieur de l'homme; mais ces choses peuvent être ainsi qu'elles sont ou autrement, selon la libre volonté de Dieu. La raison est donc, dans ce cadre, un problème de méthodologie, une question simplement intellectuelle, une capacité distinctive et non pas le fondement des choses. Dès le début de son Ihkâm, Ibn Hazm mettra en relief les caractères et les fonctions de cette raison.[54] Pour les Mu'tazilites, il s'agit d'une raison, c'est-à-dire en fait de lois immuables, dans l'ordre même de l'univers. Pour eux, c'est une sorte d'obligation de rationalité, à l'extérieur de l'être humain; il s'agit de la rationalité de Dieu lui-même, rejaillissant sur l'ordre de l'univers, qui rejaillit lui-même sur l'ordre des lois. A cette raison externe, s'ajoute évidemment pour les Mûtazilites la raison interne.

L'hostilité des Sunnites à l'égard de la raison législatrice constitue un trait courant de pensée dans leurs écrits. 'Adhûd addine al îjî[55] dans son commentaire sur le manuel (mukhtaçar) d'Ibn al Hâjib note: «L'objet (de cette science des sources) est d'élaborer les normes à partir (des indices tirés de l'audition). En effet, la raison n'a rien à voir avec les normes.»[56] La raison exclue est évidemment la raison fondatrice et non pas la raison dialectique dont Ibn al Hâjib et 'Adhûd addine font d'ailleurs un usage abondant conceptuel, linguistique et grammatical. Ceci va permettre à Taftazâni dans son propre commentaire sur 'Adhûd addine de préciser: «Il ('Adhud a addine) n'a pas voulu dire que la raison n'a absolument rien à voir. Comment l'aurait – il fait, alors même qu'il a admis que les normes pouvaient être tirées en dehors du Shar'?»[57]

---

54 *Ibn Hazm,* Al Ihkâm fi usûl al ahkâm, Dar al â faq al Jadidah, 2e ed., p. 13 à 29.

55 Mort en 756 H.

56 Commentaire sur le *Muktaçar d'Ibn al Hajîb,* 1ère éd, 1316, p. 8.

57 Glore de Taftazâni sur le commentaire de Adhûd addine, op. cit., p. 8.

Dans ce contexte, il ne faut donc pas s'étonner de voir Shâtibi dont on a vu les positions en faveur de la raison écrire: «Les indices rationnels, lorsqu'ils sont utilisés dans cette science, ne peuvent qu'être greffés sur les indices tirés de l'audition, ou comme adjuvents, ou pour confirmer leur contenu etc, et non point comme source indépendante. En effet, il s'agit ici de statuer sur une affaire de législation (Shar'), or la raison n'est pas législatrice (al'aql layssa bi Shâri')...»[58] Il ajoutera plus loin: «La raison statue en deçà du Shar.»[59] Audition et tradition (naql) doivent donc précéder l'argument de raison. Et Shâtibi explique ce principe par trois arguments qui révèlent la peur d'une raison législatrice:

a) Cela rendrait inutile les définitions et qualifications légales de la Shari'a.

b) Il a été prouvé que la raison ne peut déterminer le bien et le mal.

c) Cela pourrait annihiler tout le système du Shar'.[60]

A première vue, les thèses de l'auteur semblent être contradictoires, puisqu'à la fois il défend et rejette la raison. Mais là encore, il faut se souvenir qu'il ne s'agit pas de la même raison. Dans l'hypothèse que nous avons analysée au début de cette troisième partie, il s'agissait en réalité d'une raison dialectique, «argumentaire». Dans l'hypothèse que nous venons d'évoquer, il s'agit de la raison législatrice, c'est-à-dire de la raison fondement du droit. La raison méthodologique est acceptée, la raison ontologique, qui déborde sur l'essence du droit, est rejetée. C'est vraisemblablement cela qui explique les contradiction apparentes des auteurs sunnites sur le problème de la raison.

Les questions fort nombreuses relatives à l'acceptation ou au rejet de telle ou telle «source» ou «indices» sont des questions techniques qui ne nous intéressent ici que sur le plan de la philosophie générale du droit dans la civilisation islamique.

Ces questions dépendent de la réponse que chaque tendance ou école donnent aux interrogations suivantes:

1. Quel est le meilleur art pour comprendre un texte?

Les usulistes théoriciens du droit, sont des linguistes, des grammairiens, des philologues d'une très grande envergure. La ‹science des sources› ('ilm al 'usûl) est essentiellement une science des mots et de leurs choses, de leurs polyvalences, de leurs ambiguités, de leurs contradictions. L'énorme science du Naskh (abrogation) est née de cet inlassable effort d'harmoniser de l'ambigu, du divers, du divergent et du contradic-

58 Muwâfaqât, Vol. II, T. 1, p. 24.

59 Op. cit., p. 25.

60 Op. cit., p. 61.

toire. La non moins énorme question du Qiyâs[61] est également une réponse à cette même interrogation. Enfin la science de l'exégése coranique (tafsîr) est également venue répondre à cette interrogation capitale.

2. *Quelle est la force légale et l'authenticité d'un texte?*

Le problème de l'authenticité se posera en particulier pour les hadiths (paroles et gestes du Prophète).[62] Les Sunnites, les Kharéjites et les Shiites ne reconnaissent pas les mêmes sources. A l'intérieur d'un même système, il existe également divers degré d'authenticité. Ainsi, le hadith est-il dit, Mutawâtir,[63] Sahih Mashhûr,[64] Sahih Ghair Mashhûr,[65] Hasan,[66] Dha'îf,[67] selon son degré d'authenticité. Ces différents degrés d'authenticité vont évidemment rejaillir sur la force légale des différentes espéces de jurisprudence prophétique. Le mutawâtir est quasiment irréfragable. Ce n'est pas le cas des Akhbâr al 'âhâd[68]: dans ce dernier cas le Sahîh a évidemment une force supérieure à celle du Hasan et du Dha'îf. Ces recherches, d'une infinie complexité, ont donné naissance à une discipline autonome: la science du hadith.[69]

3. *Que faire en l'absence de texte?*

A ce niveau, les querelles n'ont plus de limites entre les sectes, écoles, à l'intérieur d'une même école etc. Les techniques de substitution au texte sont autant diversifiées que contestées. Même le consensus (Ijma'), pourtant considéré avec faveur par l'ensemble des auteurs, fait l'objet de divergences considérables. L'Ijma' est généralement défini de la manière suivante: «C'est l'accord de ceux qui lient et délient (ahl al hal wal' aqd) au sein de la communauté sur une question quelconque.»[70] Nous consta-

---

61 Qiyâs: analogie pour trouver la solution d'une affaire, à partir des motifs présumés communs, d'un cas résolu par le texte.

62 Mais il s'est posé également pour le Coran lui-même par des sectes hérétiques.

63 Mutawâtir: accepté avec certitude sur la foi de témoignages recoupés ayant pour auteurs des personnages crédibles et ceci au cours des trois premières siècles de l'hégire, sans discontinuité.

64 Sahih Mashhûr: Authentique et connu. Accepté au cours des deuxième et troisième siècle, dans les mêmes conditions que le mutawâtir.

65 Sahih Ghaïr mashhûr: Authentique mais non réputé. Établi sur la base de témoignages sûrs au cours du premier siècle de l'hégire.

66 Hasan: Hadith acceptable entre le Sahîh et le dha'îf.

67 Dha'îf: Hadith faible. Comprend plusieurs catégories.

68 C'est-à-dire ce qui n'est pas mutawâtir. Il comprend le sahîh, le hasan et le dha'îf.

69 Sur toute ces questions voir, simplement à titre d'entrée en matière, *Ali al khafîf,* Asbâb ikhtilâf al fuqahâ (Les origines des conflits d'interprétation entre fuqahâ), Institut des études arabes supérieures, Ligue Arabe 1956, pp. 41 et s.

70 *Qarâfi,* Dhakhîra, p. 108. Cf. la définition plus restreinte de *Sadr a Shari'a,* «C'est l'accord des mujtahidine (les docteurs reconnus en sciences islamiques) de la communauté de Mohamed (qu'il soit salué), en une époque donnée, sur une

tons à travers cette définition de Qarâfi (XIVe siècle), combien le chemin est long depuis Shafi'i (VIIIe - IXe siècle). Cette source sera tout d'abord franchement récusée par certains Mu'tazilites comme Nadhâm, par les Shiites et les Kharéjites.[71] Mais à l'intérieur du sunnisme, elle est loin de faire l'objet d'un accord général, quant à ses conditions de validité et même quant à sa nature. Pour Ibn Hazm, par exemple, le consensus ne peut constituer une technique de substitution au texte; il n'y a Ijma', pour lui, que dans la seule mesure où le consensus s'établit sur un texte de la Sunnah ou du Coran. Pas de consensus en dehors du texte, dit-il.[72] «Créer un droit non établi par texte n'est pas la voie des croyants, mais celle des infidéles.»[73] Retour à Shafi'i, par conséquent.

Il est inutile de préciser que cette contestation touche plus radicalement les autres sources infra-textuelles telles que les coutumes de Médine, les lois prophétiques anciennes comme la Thora ou l'Évangile, le dire d'un seul compagnon du Prophète, les coutumes locales etc. Les polémiques sont également vives au sujet, non plus simplement des sources matérielles, mais de la légitimité des méthodes d'élaboration des normes et de leurs principes généraux. Il en est ainsi du jugement préférentiel pour raison de convenance ou d'équité (Istihsân), du principe de l'interdiction préventive (Sad a dharâ' i'), de l'application de la règle la moins contraignante (al akhdh bil akhaf), du principe de nécessité (Dharûra), de la prise en considération des intérêts communs (masâlih mursala), du principe selon lequel tout ce qui n'est ni interdit ni imposé par le shar' est libre (al barâ'a al'asliya) etc.

IV. Conclusion

Un travail ardu de déchiffrement reste à faire. Dans cette étude, j'ai simplement tenté de dégager les enseignements qu'on peut tirer des grands ouvrages[74] systématiques de usul al fiqh. J'ai essayé de les faire comprendre au juriste moderne non familiarisé avec la terminologie des traités anciens. Pour cela, j'ai du m'écarter des équivalences utilisées par les islamologues, refusant, par exemple, de traduire ‹adillah› par ‹quali-

---

norme de Shar' (hukm shar'î) ... Quant à la norme de shar' ... c'est celle qui ne peut être connue que par la révélation du législateur (Shâri'). Ce qui n'est pas norme de Shar', peut être accessible par l'idée du bien ou par la raison, chacun d'eux pouvant conduire à la certitude.» (Al tawdhih fi halli ghawâmidh a tanqîh, avec le commentaire de taftazâni, 1310 H, p. 498.)

71 *Qarâfi*, Tanqîh al fusûl, p. 140.

72 Ihkâm, p. 129.

73 Op. cit., p. 132.

74 Il est évidement indispensable de contextualiser ces ouvrages et leurs auteurs, de tenir compte des périodes inaugurales, des périodes d'évolution ou de transformation de cette philosophie juridique.

fication légale›, l'expression ‹qualification légale› ayant une connotation spécifique dans l'esprit du juriste moderne, susceptible d'induire en erreur. De même, j'ai du traduire ‹hukm› par norme pour tenir compte, non pas tellement de l'esprit kelsenien régnant, mais de l'étendue sémantique du mot ‹hukm› qui, utilisé par les théoriciens sunnites que j'ai consultés, comprend à la fois la règle générale et le jugement particulier. Je me suis rarement écarté de ce point de vue, sauf lorsque le contexte général du discours me l'imposait.

La conclusion principale qu'on pourrait retenir, est que la position des auteurs sunnites sur la question est empreinte de nuances et n'est pas exempte de contradictions. Ces contradictions ont leur explication: la raison, en droit, est inévitable; toute la question est de ne pas la constituer en législateur. Pour arriver à cette fin les théoriciens sunnites du droit ont bâti un système complexe, cohérent et d'une ingéniosité sans fin qui plaide à la fois pour le droit naturel et la raison, sans oser jamais dire ni reconnaître que l'homme est le législateur de ses actions. Leurs oeuvres, pourtant, en sont une preuve irréfutable.

RECHTSTHEORIE, Beiheft 19, S. 21 - 28
Duncker & Humblot, 12165 Berlin

ON EVERYDAY CORRUPTION IN POLITICS

Legal-Psychological Considerations Concerning a Problem of Modern Political Culture

By Raimund Jakob, Salzburg

I. Everyday Corruption

First of all "corruption" is a term of everyday usage. It can be found in our mass media often in connection with reports on the political elite. However, it would be wrong to assume that the political elite only in one or the other way is afflicted with it. Corruption is the label for demoralization in general, bribary and taking of bribes in particular (Brockhaus 1970, p. 526 and Duden 1985, p. 393; cf. SN, June 12, 1995, p. 4). Especially the aspect of amorality is connected with this notion. Morality as such has to do with the way of thinking. That might be the reason why an all-embracing and at the same time undisputed definition of the notion of corruption is so difficult. Moreover this notion in a certain way is based on culture and also depends on usages and fashions. The same is true if one wants to subsume a concrete fact-situation to this notion. Let us not forget the viewpoint of the spectator. It is easier to find a moral justification for one's own corruption than for the corruption of others. Even governments apply double standards here; for instance when tax law considers bribes to foreign potentates as taxfree allowances.

Trying to put the groups of facts of the case into an order, it will make good sense to form at least three classes: Beginning with the "corruption of the evils" there are those cases which are evalutated as being criminal and which we find in the penal laws of national States. Originally their subject is bribery or corruptibility of civil servants having the aim resp. the effect of the abuse of power. Besides there exist the delicts of criminal intervention and of the abuse of power regardless of bribery. Recently certain forms of economic criminality have been added to this. In many countries the buying of votes on the occasion of elections is punishable. Finally the delimitation towards fraudulent practices is not easy.

Apart from this a widespread "marginal corruption" is to be mentioned: where certain manifestations are based on a corrupt way of thinking, but which society regards only as the expression of bad taste. Certain invitations for a meal or minor favors are not judged to be in bad taste even if they are based on the same way of thinking. Because of their social adequance they are excepted from the notion of corruption. Certain appearances can become even a part of the socialization-process, e.g. when children are urged by their parents to bring gifts to their teachers at Christmas (Ellwein 1964, p. 155).

There still is another group of fact situations which we could call "everyday corruption"; at least when they are not of a spectacular dimension. These are dishonest actions lacking a penal relevance and social acceptance. The variety of possibilities is vast. One case made be an official finding himself in a situation of dependence because of which his objectivity can be doubted, like a general attorney lending money from the criminal. Political intervention which is not in the service of law or the public interest belongs to this group too. This is also true for the third who makes use of this in the same way. Preference of party-book-owners and financial support of parties can be filed here as well. In this group another phenomenon is the immoral exercise of possibilities, as are offered in the realm of the rule of law; e.g. when the owner of a factory has a dozen of sheep graze in front of his firm in order to obtain a farmer's pension when being old. To the citizen who is not among the favored ones it seems that everyday corruption has become an essential part of political barbarism.

The reason for the following research is the fact, that today many people have lost their believe in magistracy and that they generally take politicians for being corrupt. This reproach is refused strongly by the established political parties and by politicians. If we accept that at the bottom of this reproach there is more than only the degradation of unloved authorities we have to look for the possible reasons for corruption, especially for everyday corruption in political life. Then we might consider how these practices can be limited, so that no damage is done.

II. The Taboo of the Sovereign

Looking closer into the attitude of the citizens towards the representatives of the political elite, two tendencies, which seem to contradict one another, can be discerned. On the one hand they expect much of them and admire them, on the other hand they regard them to be immoral and capable of corruption. A similarly ambivalent behaviour Freud has described already in "Totem and Taboo" with regard to primitive peoples in connection with the taboo of the sovereign (SE XIII, pp. 41 ss.). As basis he had used ethnological reports of the 19th century.

There, people had to protect themselves from the sovereign and they as well had to protect the sovereign. They had to beware of him because he was regarded as the carrier of a dangerous holiness and of a magic power. Already touching him could have been dangerous. One had protected, honored and supported him to make sure that he uses his whole strength undisturbed and totally for the best of the people. If it happened, however, that he could not comply with the expectations, then devotion could turn into hatred; today adored as a god it could happen to him that tomorrow he was killed for being a criminal. In order to beware of the sovereign's power and at the same time to protect him, the community had built a taboo around him, so to say as a protecting wall. A remainder of this one can find even today in court-ceremonials in developed societies.

The taboo vested the sovereigns with far-reaching privileges which corresponded to the taboo-prohibitions of other men. They were privileged persons; they were allowed to do things which by the taboo-prohibition were denied to the others. Thus close contacts of subjects with a sovereign were impossible. To protect and guard them at the same time the sovereigns were infringed in their liberty by other taboos, which were not valid for normal individuals. This situation reminds us strongly of overprotective parents which, out of pure love and care, bind their children so strongly to themselves that they nearly choke. Psycho-analysis has taught us to understand this kind of protection as an indication of latent mistrust and latent hostility. We have to imagine the inner-psychic process in the following way: aggressive wishes are urged into the unconscious from where they cause feelings of guilt which then are to be compensated by special devotion. By these taboo-ceremonials finally the mentioned intentions – namely the regimentation of the sovereign, his protection and the protection of the subjects – can be realized.

Back to the society of our days: It has organized itself as a democracy and a welfare state. In the primitive society the sovereign has to provide order and security. In the modern State, however, the State has to guarantee support and welfare. The citizen expects the political elites to be able to bring about these achievements. Not only people having an accurate eye and solid ethical principles see their chance here. After elections these people are provided with social power and privileges by the citizens. Subsequently the powerful are successively isolated from social reality. Today this does not happen anymore by a special spell but by the staff which stands between the powerful and reality. The powerful in the role of a doer expects to receive positive feedbacks and protection against reality from his staff members. He receives both.

As before the powerful do not have to be worried about their economic situation. But one is by far less prepared to sacrifice to them one's life or health. Moreover secularization, lacking belief in authority, investigative journalism and the image of a politician as presented by some of the mass media make the situation of the politicians more difficult. People of our time loose more and more the taste for the privileges of only a few. Something similar to a taboo of the sovereign still exists in political life even today. At a first glance one could assume that a development occurs, where the final motive for the behaviour of the citizen towards the powerful is the revenge of the powerless against the powerful.

III. Doers Instead of Fathers

The paternal State of the civic epoch – characterized by authority, responsibility and dignity – does practically not exist any more. It was a time when the official could identify himself with the order and where the citizen could identify himself with the official. These "fathers" lacked any intention to enrich themselves. But they were not able to prevent wars, destruction of environment and unimployment. Inspite of their strong appearance they were weak and absent and have thus lost their worthiness of identification.

The mass society of our times structurally has developed into a competing society. The place of the oedipal rivalry for the father's esteem is taken by brotherly envy (Mitscherlich 1973, pp. 328ss.). Identifications occur with the weak resp. the equally weak (cf. Freud, SE XVIII, pp. 93ss. and XXII, pp. 195ss.) but not with an authority which emits dignity. In mass democracy this is the petty-bourgeois (Horn 1977). Under this aspect we will have to consider the fact, that corporal incapacities, the belonging to an ethnical minority and last but not least the argument concerning the participation of women could presently be an additional argument in elections.

The society of equals brings about something similar to privatization. Here responsibility is divided, is attributed to fictitious responsible persons and is, as far as possible, passed on to insurance companies. The borderline between usage and misuse of power becomes indistinct. Thus the predisposition for corruption grows. Possibly the official, who has private contacts to economy and who accepts generous invitations, plays his card better than the official who does his job in office only and who is offered the worse conditions by economy in the realm of his business.

Politics have become a job. Political elite today comprehends itself as an agent of groups or of mass demands. The principle of *do ut des* since a long time belongs to the political techniques.

IV. Loss of Reality and Predisposition for Corruption

It was mentioned above that the powerful is separated from reality by the powerless, so to say as a revenge for his abundance of power. In practice this is caused primarily by his staff members who were chosen by the powerful himself out of the party members, whose task it is to connect him with social reality and who can not fail to butter the powerful up. Besides this, all those who strive for his benevolence will agree with all of his intentions. The most reliable informations one can receive from his political opponents. In former times court jesters represented the principle of reality. The longer this condition lasts the more the powerful will be separated from social reality. Instead of this a subjective reality will get hold of him which soon will give him the feeling of omnipotence. This experience first corrupts all his concepts of value which he had gained in the course of the preceding socializations. The ability to realize own corruption thus diminishes. Possibly he will see nothing wrong if for instance an insurance firm in handling his insurance case will co-operate with him to an extent not comparable to others. As long as no headwind – alien to him – blows into his face he can do everything he likes, he will always be right. All of this causes a feeling of almightiness. Who is almighty does not need privileges any more. He also has the power to dispense those from their problems who address him. Dispense is meant here in the sense of benevolent arbitrariness.

Let us sum up: The corruption of which the powerless reproaches the powerful has partly to do with the isolation and is coherent with a corruption of the powerfuls' ability to grasp reality. The reason for this corruption is the attitude of the powerless. Under this aspect some demands of the political-correctness-movement – which in the meantime are also represented in Europe – seem to be superficial and hypocritical. In this way political moralism is to be understood as a repulse or a projection of own wishes towards the powerful who then can be regarded as scapegoats. The fact that this movement, inspite of its activity for some years has only provoked language regulations and often has prevented reasonable political solutions is a proof for this (cf. Bonder 1995). But they are not able to hinder corruption.

Also the daily behaviour of men proves this. Many people who get in touch with a state-authority because of a touchy matter immediately try to find out whether an acquaintance works in this office or which politician they could mobilize. This happens especially then when the seriosity of their wishes is doubtful. The intervention of a powerful in this context can be understood by the favoured person as a participation in power. Thus he himself becomes powerful. The separation from reality can also bring about dangers. Let us neglect here politically wrong decisions. In this way already empires have been lost. Let us stick to corruption: the feeling of almightiness, the offered possibilities and a privatization of statal affairs are apt to lower the treshold for criminal behaviour. This seems to be the real problem.

V. Preventive Strategies

We have mentioned above some conditions which might lead to a higher readiness for corruption. These are the social development, lacking political competition, the long-lasting exercise of a political mandate and in connection with this the growing blindness for corruption. Looking out for solutions we have to start from here.

We will begin with the social development respectively with the disappearance of the paternal state: The return of the old authorities seems to be extremely problematical. Those who are in favor of hereditary monarchies argue that the ruling families have the greater experience. Under these circumstances corruption would become superfluous, especially when party-influence is kept minimal. Yet an already once lost rule cannot be re-established merely because of the argument of the good old times. The other form of such a return of authorities is more dangerous but also more real. It is the "strong man" who promisses security, order and the re-establishment of once lost old values to the undecided and to those who are disappointed by society, and who offers an adequate future perspective.

More political competition seems to be a better strategy for the handling of our problem: Manifoldness furthers political discussion and discussion furthers the feeling for reality. As it seems the best informers of the politician is still the political opponent. A colourful party-scenery is apt to weaken the sovereign's taboo.

Let us procede to the exercise of the political mandate and herewith to the alienation from social reality: Considerations about the abbreviation of the exercise of a mandate and about the rotation in office even during a legislation period are known from the green and alternative parties. Here the intention to create a broader basis for responsibility is anounced. These considerations are correct in principle. They will meet with their limits where knowledge about and continuity in the political process is concerned.

In connection with the mentioned blindness a further sensible consideration can be attempted. Here the initiative is to be taken by the powerful in order to gain a psychological-psychotherapeutical supervision. This seems to be an ideal way to cope directly with the sovereign's taboo and to overcome it. This asks for a certain political culture. What is possible in France seems impossible in German-speaking countries at the present.

VI. Conclusion

In modern mass society something like the sovereign's taboo exists. Here the political realm of the powerful has taken over the taboo's isolating function. This isolation prevents him to realize the social reality directly. If also insinuations play a role, the powerful will get the feeling of almightiness. When, however, internalized concepts of value are being corrupted the sensibility for one's own corruption diminishes. In extreme cases under certain circumstances the treshold to corruption of the evils can be transgressed.

There are strategies which enable us to cope with our problem of corruption or at least to put limits to everyday corruption, so that they cannot cause damage. The daily political practice proves that they are no wonderdrugs. Still the best prevention seems to be a vivid political competition in connection with an adequate political culture of dispute. As another result of this research we could maintain that politicians are not profoundly worse than all other members of a society, which frames their activities – and which in fact is represented by them.

References

Bonder, M. (1995): Political Correctness. Ein Gespenst geht um die Welt, Frankfurt a.M.: Eichborn

Brockhaus Enzyklopädie (1970): Großer Brockhaus, 17. ed., 10. vol., Wiesbaden: F. A. Brockhaus

Duden (1985): Das Bedeutungswörterbuch, 2. ed., vol. 10, Mannheim: Bibliographisches Institut

Ellwein, Th. (1964): Politische Verhaltenslehre. Stuttgart: W. Kohlhammer

Freud, S. (beginning 1953): The Standard Edition of the Complete Psychological Works (ed. by J. Strachey), XXIV vols., London: The Hogarth Press & The Institute of Psycho-Analysis

Horn, K. (1977): Aspekte der Freudschen Massenpsychologie (Austrian Broadcasting Corporation, Studio Wien, Kultur/Wissenschaft: Dec. 1, 1977)

Mitscherlich, A. (1973): Auf dem Weg zur vaterlosen Gesellschaft, new edition, München: R. Piper & Co.

SN = Salzburger Nachrichten (daily), Salzburg

RECHTSTHEORIE, Beiheft 19, S. 29 - 37
Duncker & Humblot, 12165 Berlin

DEMOCRACY VERSUS THEOCRACY IN ISRAEL

By Angelo Juffras and Oscar Mohl, New York

Today, there is a contest in Israel between those who would have Israel be a theocracy and those acculturated to Western traditions who would have Israel be a secular democracy. Israel, with most of its early leaders being Europeans, is a Western nation, its location notwithstanding. Accordingly, Israel reflects Western secularism and democratic values. This does not sit well with those who envision Israel as the triumphant realization of prophetic prescription. However, this is not a new kind of struggle. It is a kind of struggle being fought in many places. The struggle also sheds a new light on nationalism, more about which later.

As early as in ancient Athens, there was strife between secular and religious interests. The West has struggled against theocratic presumption ever since. The Holy Roman Empire, Medieval Arab fundamentalism, Calvin, Cromwell, Puritan New England, and contemporary Iranian fundamentalism, are all examples of this presumption. Wherever they have been dominant, theocracies have branded the secular humanist as a pagan, a heretic, a traitor, and au fond evil. There are many who distrust dominating religious institutions and regard a secular state as a bulwark against potential religious intolerance that prevails whenever a particular religion becomes dominant Closely associated with the secular state is the affirmation of cultural pluralism.

The tendency of culture is to suppress differences, to homogenize people. Sometimes immigrants adopt the ways of the host culture because of sheer admiration, or are impressed by the prestige that attaches to the host culture. However, it is also a process that coerces people directly and indirectly. The indirect ways of coercing conformity vary. They vary from kindly criticism, to wry amusement, or to social ostracism, all inducing conformity. Direct coercion comes from public ridicule and derision, beatings by intolerant hooligans, legal restrictions, and denial of privileges. The function of all of these practices is to make the "outsider" ashamed to be different. Hence, the politically dominant, or the more pervasive, culture succeeds because it is too difficult, too wearing, to be different and because it is so easy to go along with a majority. Hence an Amish man abandons the funny clothes that mark him out in the big city, a mountaineer abandons the regional dialect that brands him as a provincial, while another marries and changes her religion.

Although groups are discriminated and deprecated because of their differences, many would be quite willing to blend in, to discard, if they could, whatever stigmatizes them. However, assimilation is a more difficult matter for a Jew. Because of the cultural pressure toward conformity, Jews, find themselves in a quandary that does not afflict other outsiders, except blacks. In order to survive as individuals, in order that their children enter into the mainstream of the larger culture, some have been willing to give up their Jewish identity. Some have become reborn Christians, others have become Humanists. Despite the willingness of some Jews to assimilate with the larger culture, they are prevented from becoming assimilated because of their past origins. In pre-Hitler Germany, many a German, was incidentally a Jew. Primarily, he thought of himself as a good, patriotic German and was proud of being a German. He had become acculturated. It was Hitler who insisted that Jewish origins could not be discounted and were a basis for cultural disenfranchisement. Hence people who initially were only incidentally Jews were compelled to think of themselves primarily in terms of their Jewishness.

Whether they are religious or not, whether they feel any ties to their ancestors' traditions, they are nevertheless turned back, forced to confront themselves inescapably as Jews. Hence, some have turned to conservative Judaism, to some form of orthodoxy. Because of the power of culture to create shame in being different, this has bred self-hatred among some Jews, while others – those who were able to become assimilated – turned into violent anti-semites. Freud, for example, as part of what he considered his enlightenment, was contemptuous of Judaism. This has been the history of Jewish people. But it is also a problem for others as well – for Blacks in the United States.[1] Despite the tendency to yield to the compulsion of culture and become assimilated, "outsiders", are prevented from doing so and are turned back more intensely conscious of their idiosyncracy.

---

1 African-Americans similarly find that their skin color bars them from assimilation into the greater society. Legislation may give them equal economic and educational access, but nevertheless, most blacks do not get invitations to circulate in white society. That is, on the whole whites do not entertain blacks in their homes. Whites, even those staunch in their support of African-American causes, are blind to this cultural anomaly. The African-American, however, as advanced as he is educationally and economically, feels a great hurt at this exclusion from greater American society. Afro-Americans, too, are forced to think of themselves as unassimilable outsiders.

One can also express this situation in terms of a distinction between an "I" (or a "we") as against the "other". Jews of the Diaspora really have no choice as to whether to remain a Jew or to assimilate; they are chosen by the "other" to be Jewish. Jews cannot choose to be part of the "other". Wherever they have lived and no matter how hard they have tried to become the "other", to lose their identity as a group, it has become impossible because of the "other". Cultural identification, which is usually a matter of individual choice, is generally denied to a Jew, as if his ancestry – no matter how remote and how partial – were an ineradicable and permanently disqualifying blemish.

Seeing how Jews are in a quandary – unable to assimilate – we now turn to an even more peculiar anomaly, the problem of Jews within an ostensibly hospitable Jewish state.

I. Unrest in the Promised Land

Although Jews can think of themselves in a collective sense as "we", the unity described by the term "we" is defined and imposed by external enemies which exclude Jews from their circle, external enemies felt collectively and dichotomously as "the other". Peculiarly, Muslims are part of the "other". In the Middle Ages Jews like Maimonides lived and prospered in Arab lands and found a toleration there that was not to be found in Europe. Ironically, today, the attitudes of neighboring Arab states also contributes to this notion of "we", an isolated and discriminated group holding its own against hostile outsiders. During most of its existence Israel has been assaulted in formal war, and informally by constant guerrilla action. Moreover, Israel's attempts at its own internal security – its invasion of Lebanon, its treatment of the Intifada, are regarded differently than similar attempts by the major powers' to settle their own internal security problems. This further reinforces the notion of "we". This blurs distinctions which exist among Jews, differences which cause disharmony and therefore need to be resolved. Preoccupied with its struggle to exist, Israel has continuously put off the problem of defining what is a Jew.

In order to make the problem clearer, a few distinctions are in order. In the conceptual corral into which people are herded as "Jews", one can easily distinguish four kinds of people.

There are those who consider their religious heritage to be an accident of birth and not of their own choosing. They reject Judaism. Some are atheists, agnostics, or converts to another religion. In some cases, an ancestor who lived long before them rejected Judaism. Nevertheless, they encounter discrimination. Unless they can hide their religious ancestry and become successful assimilated, they are forced to regard themselves as Jews. Such people find Israel attractive, but for different reasons than do those who regard themselves positively as Jews. Even for the "lapsed" Jew, Israel is a haven providing understanding and relief from the discrimination and disparagement of having had a Jewish heritage. In emigrating to Israel, they adopt and declare a national allegiance, but do not accept Judaism as a religion. However, they do expect religious freedom, which in their case is freedom to disbelieve. For them, Israel is the only place where it is safe to have had a Jewish ancestry.

A second batch resembles the first, except that their indifference to religion does not extend to being indifferent to Judaism as a culture. Feeling a loyalty to a tradition and to an oppressed people, they declare themselves cultural Jews.

Another batch herded into the same conceptual corral, are those who regard themselves as Jews in a positive way. They accept the covenant their god has chosen to make with them. They are pleased to be the chosen people – as alone capable of keeping the law. Although they choose to keep the covenant with the Deity, they regard some of the cultic practices and ritual observances, which may have been appropriate for a nomadic and peasant society, unsuited to the present day. For them, modern Israel is not ancient Israel; it is necessary to reorganize and reinterpret their tradition – as the prophets did earlier – so that it makes sense within the context of a larger, different, world. The important point is that, nevertheless, they choose to be Jews and even, more importantly, wish to choose the kind of Jews they are going to be. Their problems is that they are not easily able to choose in this way because of a fourth group.

The fourth group that enters into the conceptual corral. Not only proclaim themselves as Jews but, proclaim themselves as the only "real" Jews. Strict ritual observance according to the oldest of traditions, is not their only characteristic. More importantly, Israel is more than a haven from oppression, exile, and wandering. It is a land shown to their ancestor Abram and promised to the posterity of true believers by the Lord. They are politically the most troublesome because they believe it is their destiny, as real Jews, to prevail and rule in this land. Dare we say they would be the Jewish counterpart of the revolution led by Khomeini? Provided with scriptural authority, they would annex contiguous territory. While some Jews, despite biblical authority, might for a variety of reasons, political and moral, hesitate to claim other peoples' lands, this fourth batch is unhesitating about occupying Arab lands. The lands are for Abram's heirs to take. It is according to a divine promise made to Abram.

Although we have found a variety of credal consituencies within Israel, they represent only the broadest of distinguishable constituencies. People do not readily fall into the credal categories as presented here. People associate and distinguish themselves into even more sub-categories and cross-categories – as many as the mind can imagine. In addition to distinguishing themselves by creed, Jews are distinguished as Jews differently by different Jewish groups – by nationality, birth, religious background, religious observance, ritual adherence by parents. Through these criteria, the "chosenness" of a special group is established, distinguishing and separating itself from the rest of the community. Hence, rival groups arise, each trying for political influence and dominance, each fearful of the other, each trying to suppress the other. As a result, religious institutions have developed which do not mainstream immigrant Jews, but rather segregate them by their differences – countries of origin, language, custom, and ritual observance. The effect of these distinctions is to make it impossible to be a Jew by choice. Outside of Israel one could not *choose not to be a Jew*. Inside Israel, one could not choose *to be a Jew*.

John Dewey, who has articulated democratic theory extensively during his long career has carefully balanced individual needs and social responsibilities. In doing, he has characterized the goals of democratic government as being twofold. One goal is the enhancement of human relations, and the other is the full development of each individual according to his potentialities.

Any theocratic party that tries to establish a national religion – especially one construed according to restrictive and exclusionary principles – demeans and accords second-class status to those who are not members of the same sect. This violates the first of the aforementioned goals of a democratic society, namely the enhancement of human relations. This is why democratic societies separate church and state. As to the full development of each according to his or her potentialities, how can one be free to develop, if opportunity depends on qualification? And you can bet that qualification is skewed toward the supernaturally favored? Dewey also says that democratic government must protect freedom of intelligence, that freedom of intelligence is more important than freedom of action, because freedom of intelligence is needed to justify freedom of action. How free can intelligence be in a theocratic government?

Freedom of choice, especially in matters that affect the way humans live, extends to functioning religiously. The ancient prophets, functioned religiously by clarifying their religion; they purified their religion, calling upon the people to a higher morality. Those who followed them also functioned religiously. They consecrated themselves to what they perceived as higher moral values. If today, people are not free to clarify their ideals and not free to consecrate themselves to such ideals, not free to celebrate life transfigured and made nobler under today's conditions of living, then their capacity to develop the spiritual dimension of their living, inhibits their development as individuals.

This view is also expressed similarly in William James' essay, "The Will to Believe". He claims that for certain people, what they believe can make a significant difference in the quality of their lives, illuminating them, making them more productive, producing a healthier attitude. However, for some, religion can lead to morbidity and despair. Therefore, James claims that religions must be judged both by the individual and the community in terms of their capacity to give vitality to living.

II. What Is a Jew?

We are brought to the question. How are we to define being Jewish? What is a Jew? In accord with prevailing beliefs about freedom, including freedom of belief, conscience, and religion, one must be free to choose to be or not be a Jew. It is no different than when one chooses a vocation, enters into marriage, chooses a college. All choices made for the individual by others – whether by parents, or other paternal institutions – are not really choices. Moreover, choosing must be done with knowledge. Tragically, Jews themselves have fallen prey to being defined as Jews by others, independently of thought and choice, except that this time the "others" are the self-appointed "real" Jews. And these tragic individuals find themselves being further herded into unchosen ways and practices by a vocal minority with political influence. Those who are caught in this vise, and being part of a community defined by "others", are then imperiled within that community, fearful of being ostracized or rejected here too. The "other" operates within the community, dividing it into the righteous and the blasphemers. These righteous ones arrogate for themselves the role of the favored ones, while other groups are regarded as second – or even third – class Jews. That is, morally, *they* have chosen what they are to be, but have denied any choice to others.

Hence we have segregation in the Jewish community itself. Yeshivas are segregated by nationality, according to whether one's origins are Arab, American, Israeli, or Russian. Yeshivas are also segregated according to the ritual observance of the parents. A child from a home that no longer performs traditional rituals cannot be admitted to a "religious" yeshiva. Even "modern" religious parents have problems. The notion of chosenness is quite sad. It results in Jews having "chosen" to segregate themselves.[2]

Among the Diaspora, Jews were defined to be Jews by "host" countries. They had very little choice but to be Jewish. In Israel, Jews need not fear the inquisitorial glare of a gentile host which, failing to recognize sub-group, or individual, differences regards the Jews as a monolithic group. One would think that now Jews are free to be their individual selves. They can display their varied group and individual character without regard to how they might appear, without fear of appearing to be outsiders, strangers. Israel should be a place where Spinoza, if he were alive today, would have found hospitable. What gives Israel a claim to Israel? Is it its history? Is it the divine promise to the children of Israel that this land will be theirs? It is not the intention of this paper to argue for either tradition, or history, or holiness as the basis for Israel's existence. Rather it is concerned with the notion of choice – with human beings having the right to determine their own lives. Here in Israel, at last, Jewish people, like people elsewhere, have the right to choose to be what they will, to select their own future.

The Israelis must free themselves from the shackles – from the power of "the other". They must not accept the monolithic character – namely, that there is only one kind of Jew – imposed upon them by "the other", whether the "other" be other Jews or other countries. Israelis can act freely in determining their own kind of chosenness for the first time in 2000 years. They must not be influenced by the Jews of the Diaspora who have accepted rather than chosen their way of being a Jew. Such a way is as monotonous as "the other" has made it. For the Jew in Israel, what it means to be a Jew is something completely different than what it means for a Jew of the Diaspora.

Although Judaism is based on a special relation of mankind with the deity, it is also based on the relation of man to man. One cannot be a moral Jew without giving satisfaction to that latter relation as well. Because Jews have experienced authoritarian suppression, persecution, economic isolation, enforced conversion, and have been driven out of many countries, the importance of how one human is related to another has been impressed upon, and expressed by, of Jewish writers, from rabbis to philosophers, as well as it is expressed in the Talmud and Torah. All of them have argued for the dignity of and respect for human life. It is therefore incomprehensible that in matters of regarding how

---

2 One wonders if the leaders of these yeshivas have really chosen to segregate admissions in this way or whether the are really afraid and are coerced by group pressure.

humans are to live their lives – matters of human rights – there should be so much hatred and hostility between people in the government of Israel. The Orthodox, if they had their way, would create a theocratic Israel – one without separation of church and state, one in which civil law was subordinate to religious law. Marriage, divorce, sabbath observance, the use of medicine and technology, would be all subject to rabbinic interpretation only. This view denies the basic rights of other Jews who wish to be not religious. They believe the influence of the secular humanist must be curbed and regulated by the state.

Although secularists require toleration, they themselves have not always been tolerant in *attitude*. They do not respect the thought of religious individuals. They have usually been disrespectful, even contemptuous, of individuals who practice traditional religions, regarding them as ignorant, superstitious, even fanatical. Although they do not either legally nor physically proscribe religious views, secularists apply psychological coercion, They call the orthodox fanatic, ignorant, and flagrantly mock them; the secularists enter Orthodox neighborhoods inappropriately or immodestly dressed, and brazenly ride their cars on the Sabbath through Orthodox neighborhoods. Neither group sees the other as having rights and privileges. Neither side shows the customary civility and respect which polite people show when entering a foreign cathedral, temple, or mosque.

What is needed is a humanism, but not one that is so secular that it ignores the various ways in which humans function religiously. On the other hand, it should not be so pious that it sees the humanist as a secular pagan on his way to perdition, basically evil, one to whom you would not trust your children. One needs an intellectual movement which unites – not the extremes (they would never come together) – but those who tire of this sectarian animosity. To indicate its openness to the religious dimension of life, one could call it a religious humanism. Religious humanism within Judaism is neither paganism, that is, sheer secularism, nor is it uncritical acceptance of allegory and religious history. As we indicated previously, the Jewish tradition is concerned with the relation of the human to the divine, and with the relation of humans to one another. One cannot be religious without taking human needs and relations into account. Religious humanism nurtures the values of what is best in secular life and in religious piety.

We contend that a solution is possible. We also predict that when the opposed parties tire of the cost and effort, there will a need for statesmanlike mediation to bring the parties together. It is then that they will have to trust in religious humanism, a humanism which is the advocate and educator of both parties. It will a hard task inasmuch as it is bound to be disparaged by both extremes. What will be needed will be a mediating individual or group, trusted by most parties. It is hardly likely that one individual will find such trust today. It is more likely that something like a trusted group will perform the mediation.

RECHTSTHEORIE, Beiheft 19, S. 39 - 53
Duncker & Humblot, 12165 Berlin

ON THE EVIL INFLUENCE RELIGION EXERTS UPON THE LAW, AND THE BENIGN RULE OF CUSTOM IN TALMUDIC JURISPRUDENCE

By Burton M. Leiser, New York

With few exceptions, religion exerts an evil influence upon legal systems. In general, religious authorities place little credence in the needs or aspirations of the people they seek to govern, much less in their views as to what ought or ought not to be required by the law. There is at least one remarkable exception to this rule: the little-known emphasis in Jewish law, adumbrated in early biblical writings and further developed throughout the jurisprudence of the Talmud and post-Talmudic scholars, on the role of custom in determining what the law is. This emphasis, I will argue, is an embryonic form of democracy, for it gives the common people a vote, of sorts, on the norms that will govern their lives.

It has often been alleged that religion exerts a beneficial influence upon the law, and that a society that incorporates religious precepts into its legal norms is likely to be more moral and, in general, a better society, than one which assumes a neutral or – still worse – a hostile attitude toward religion. Supporters of religion claim that it exerts a humanizing influence upon the political order, which might otherwise tend to become mechanical, materialistic, and divorced from the humane values that are alleged to be an integral part of religion. They argue that the most significant institutions and values of a civilized society are promoted and preserved by those legal systems that accept religious norms and incorporate them into the law and the political order; whereas those societies that have attempted to divorce themselves from religion experience, sooner or later, a significant deterioration of such vital institutions as marriage and the family, as evidenced by climbing divorce rates, desertion, abandonment, adulterous relationships, children born out of wedlock, teenage pregnancy, and abortions; a gradual but significant increase in the incidence of crime, brutality, and callousness toward other people; and a decline in the respect shown toward human life, as evidenced by demands for capital punishment, abortion, euthanasia, and assisted or legalized suicide. If religious values prevailed, they contend, precisely the opposite of these trends would be taking place.

Proponents of the view that religion should be accorded a significant role in state affairs argue that evidence of the deleterious effects of relegating religion to the background is evident for all to see. In one state after another, as religion has lost its hold upon those who lead the state and inform and mold public opinion, effects such as those just described become more and more widespread. When the state becomes an enemy of religious norms and institutions, such effects become particularly dangerous. In communist and fascist states, for example, the suppression of the clergy and the glorification of the nation, pure scientific method, and objective means of arriving at policy decisions without the guiding hand of religion led to monstrous brutality and utter disregard for the most elementary norms of human decency.

In the United States of America and in other industrialized countries, powerful political movements have been gathering momentum in recent years devoted precisely to the principles just described. Their adherents believe that abortion, euthanasia, suicide, non-marital and extra-marital sex, homosexuality, widespread divorce, drug abuse, violent crime, and other social phenomena that have grown in recent years are directly traceable to the state's failure to embrace religious values and to teach them to the generations that have been born since the war. There is a certain appeal to this theory, for it offers both a cause for many disturbing social and political phenomena and a seemingly simple cure for them. But the alleged cause may be no cause, and the proposed cure may be worse than no cure at all.

The benefits that supposedly flow from an alliance of religion and the state have not been terribly obvious in the past. The excesses of the Inquisition are so obvious as to make it almost superfluous to mention them: the torture, exile, and mass murders of "heretics" and infidels, such as the Moors and the Jews, in order to "persuade" them to accept the faith that was regarded by the religious guardians of virtue in the state as the one true religion; the rigid demand for absolute uniformity; the witch hunts, both literally and figuratively; the constant spying on and inquiring into the private lives of citizens; the direct intrusions into state policies that did not accord with the policies espoused by the holy men of the church – all of these give the lie to the theory that religion is a beneficent influence upon the law.

One might respond, of course, that the Inquisition was an aberration, and that more enlightened forms of religion exist that would not behave in so high-handed a manner. In reality, however, the story of the Inquisition can be repeated over and over, in many countries, in many religions, and with many different victims. The persecutions of the Huguenots in France, for example, were inspired by religion – and the Protestants, for their part, have been equally vicious in persecuting Catholics. The adherents of the eastern orthodox faiths have been as intolerant of those who differed from them as have those of the western branches of those churches. All of them have devoted immense resources to the destruction of native cultures, traditions, and religions in every corner of the globe, in Peru and the Yucatan, in Arizona and Hawaii, in China and Pakistan, in Australia and New Zealand, in the Congo and the Yukon. No one needs to read very far in recent news accounts to determine how beneficial Islam has been in bringing high standards of morality to such states as Iran, Iraq, or, for that matter, Saudi Arabia and Kuwait. Islamic notions of justice, of the place of women in society as a whole and in the family in particular, are a far cry from what many would regard as decent, let alone desirable. And it is Islam that has put a price on the head of Salman Rushdie and has encouraged the outrages of terrorists, spreading from the Middle East to New York, from Munich to Paris, from the skies over Scotland to an Italian liner in the Mediterranean Sea. The violence perpetrated by Hindus against Sikhs belies the vaunted pacifism of Hinduism and besmirches the philosophy expounded by Mahatma Gandhi.

Again, one might argue that terrorists and extremists are the exception, not the rule, that they are aberrations, and that true religion preaches love, tolerance, and the humane treatment of all of God's creatures. But the history of religious control over political institutions does little to offer the victims or potential victims of religious persecution much reason for taking comfort in the alleged fact that the extremists are not typical. More important, however, is the fact that if democracy and liberty are deemed to be significant values that society should cherish and cultivate, religion *must* be relegated to a subsidiary role and must not be permitted to exercise undue influence upon the legal system.

Democracy is premised upon the proposition that every citizen is entitled to an equal role in determining what the government's policies shall be. It is also based upon the idea that government and its institutions, including the law, must be subject to change at the will of the governed.

But these ideas are utterly foreign to most religions. Religious doctrines are not arrived at democratically. No vote is taken to determine whether the ten commandments should be accepted or rejected. Nor do ordinary lay persons in the Roman Catholic Church, for example, have the slightest impact on whether artificial contraception, abortion, or female priests shall be acceptable. On the contrary, they are expected, like it or not, to accept the dogmas handed down by those who are considered within the church to be authorities on such matters. Indeed, the votes of legislators who are true believers, even in democratic societies where they represent people who do not share the church's views on those subjects and are not members of the church, are expected to conform entirely to the dogmas and policies of religious authorities. In other words, the church (and I use it only as a paradigm of insidious religious interference in democratic government) attempts to determine, not only for its own adherents, but for all persons, matters of morals and the administration of justice. On such matters, there is no appeal to reason as such, but to divine revelation or to the "expert" opinions of those in the hierarchy who claim to have special insights into such matters. The opinions of others, who are not vouchsafed those special insights – as revealed by the fact that they differ from those who do – are deemed to be utterly irrelevant, and clearly mistaken. *Their* "votes", from the church's point of view, simply do not count.

As for liberty, the same point can be made: When a religious authority is in command of a legal institution, it sees its mission, not as one of carrying out the will of the people, but of carrying out the will of God, as interpreted by its own authorities. Liberty, in the political sense, is inimical to religious authority by its very nature, for its principal presumptions include the right of every person of sound and mature mind to determine for himself or herself what is right or wrong, and what he or she will or will not permit others to do to affect his or her physical or mental capacities. Informed consent is a peculiarly democratic and libertarian concept. In education, for example, it is assumed, in liberal democracies, that parents may determine for their children the kind of education they should have. Such a notion is intolerable to a religious authority, for there is no doubt in his mind that every child must be exposed to certain minimal religious educational influences – precisely in order to inculcate those religious values deemed to be of infinite worth and eternal immutability. Similarly, a religious authority may deny, on the ground that it is divine will, that a pregnant woman has a right to refuse to continue to carry and nourish the fetus that is within her body, whatever the woman's feelings about the matter may be; and if that sectarian authority has the power of the state at hand, it is likely to prevent her from carrying out her will.

No doubt some religious values are benign, and others may be highly desirable. But it is absurd to suggest that religion as such should be permitted to intrude any more than it already does in the legal workings of democratic states. Religion is intrinsically non-democratic and anti-liberal. It is by its very nature dogmatic and bound to tradition, without reference to the will of the people or to scientific or other evidence. This is not to cast aspersions on religion or on religious institutions, for they have important functions to fulfill and can exert good as well as evil influences upon people and their institutions. It is to say, however, that the temptation to give them greater influence upon democratic institutions should be resisted as strenuously as possible, for they are ultimately, and inevitably, subversive of democratic values.

The social and legal problems that concern religious as well as nonreligious persons *can* be resolved, at least in part, and religious training may contribute to resolving them. But if we are to maintain our liberal, democratic institutions, such religious influences must remain indirect, and should not be permitted to become integrated into the legal or political fabric of any democratic society.

At least one highly developed system of religious law appears to be more inclined than others to take into account the feelings, the aspirations, and the attitudes of the masses of people in formulating its precepts. Although Judaism is by no means perfectly democratic, particularly in some of its current manifestations, an analysis of some of its approaches to religious law suggest that it tends to be somewhat less dogmatic and less autocratic than most other forms of religion.[1]

As it has developed over the last twenty-two centuries through the sages of the Talmud and their successors, Jewish law seems generally to have emphasized the will of the people, as embodied in their customs, as one of the principal sources of law. So, for example, when Boaz wanted to redeem Ruth so that he could marry her, he drew off his shoe, for "this was formerly done in Israel in cases of redemption or exchange: to validate any transaction, one man would take off his shoe and hand it to another. Such was the practice in Israel."[2] Similarly, although the ultimate source of Jewish law, the Torah – especially the Pentateuch – contains no specific legislation concerning mourning practices (except prohibitions of certain excesses), there are numerous indications that certain rites, such as the eulogy, *shiv'ah* (a seven-day period of mourning), and *sheloshim* (a thirty-day period of grieving following the death of a loved one) were practiced.[3] In Deuteronomy 21:17, there is a presupposition that the first-born son should receive a larger inheritance than his brothers, though such a law is nowhere to be found in explicit form. Legislation concerning divorce procedures is only hinted at in Deuteronomy 24:1 - 3, as if the procedures themselves were so well known that there was no need to spell them out in detail. But there is nothing about the

---

1 On the other hand, I am most emphatically *not* referring to some contemporary rabbinic authorities who are as dogmatic and undemocratic as their counterparts in other religious systems.

2 Ruth, 4:7.

3 Cf., for example, Gen. 23:2, 50:10, Numbers 20:29.

substance of the writ of divorce that is referred to in that passage, the manner of its presentation, the conditions under which a husband had the right to divorce his wife, or whether a woman could refuse to accept service of the document. All of these questions are considered, in one way or another, in virtually every legal code from the earliest to the most recent; but in the law of Moses, there is a tacit assumption that the answers to such questions are too well-known to be spelled out in detail. Such details are filled in by the Talmud and later Jewish law codes and responsa.

From these illustrations, as well as others too numerous to mention here, it is evident that the rabbis of the Talmud were clearly right when they said that long before the Torah had been reduced to writing, there existed a body of laws that was handed down by what they called the oral tradition. They maintained, correctly, that the full corpus of Jewish law was never embodied in the written Torah, and that it was impossible fully to comprehend the written Torah without the oral tradition that accompanied it.[4]

The term "oral tradition" can be misleading, for it conjures up an image of a set of rules, maxims, proverbs, poems, and stories that are related by the elders of the community to their children. But the oral tradition also includes the living habits, attitudes, practices, customs, and institutions that the people themselves take for granted, assume to be self-evidently true or necessary, and transmit from generation to generation – not by a process of deliberate verbal communication, but through the normal, largely unconscious process of growing up in the community. These customs of the people are absorbed by new generations as un-self-consciously as are the vocabulary of their language and its grammatical and syntactical rules. For many centuries, verbal formulations, whether written or oral, may have played virtually no role in the transmission of the *Torah she-b'al peh* (the oral Torah).

The military confrontations, the commercial transactions, and the intellectual and cultural exchanges of the Jewish people with other peo-

---

[4] The rabbis of the Talmud had rather quaint ways of saying some of these things, but there is no doubt that this is the intent of their statements. They said, for example, that Abraham observed all of the commands of the Torah. On a superficial reading, this is absurd, since the Torah was presumably handed to Moses at Mount Sinai hundreds of years after Abraham's death. However, it is correctly understood to mean that the basic precepts of the Torah were already well established in Abraham's day, and that the legal, ritual, and moral traditions of Israel were embodied in the written Torah which the generation of the Exodus carried through the desert, and in the oral traditions that they preserved and transmitted to the generations that came after. Incidentally, the historical questions as to whether Abraham actually existed or whether the Torah was actually handed to Moses at Mount Sinai are irrelevant to the present inquiry.

ples inevitably led to a growing diversity of views, and to the establishment of new habits, behavioral patterns, and attitudes. What had been acceptable at one time, or to one group of people, became unacceptable at another time, or to another group of people within the same society. Conflict inevitably arose, particularly when attempts were made by younger elements to introduce radical reforms in practices that had been sanctified by centuries of acceptance. In a great many instances, however, change crept in subtly, unobtrusively, in such a way that no one was aware that anything had altered. In such instances, the custom of the place became what it had not been before, and the people, after a time, assumed that their practices had the sanction of immemorial antiquity.

Some reforms (such as the *takkanot,* or legislative "improvements" or "corrections" to the law of the Talmudic and post-Talmudic periods) were deliberately introduced by schools or by single individuals who were so highly respected that they possessed the ability to change even long-standing traditions. Sometimes, however, change was brought about, not by legislative enactments or the decrees of men in authority, but merely by the fact that highly respected men *behaved* in the way they did. Their customs or habits were imitated by others and soon became so widely practiced that they assumed a normative power of their own.

Very early in the development of Talmudic law, Jewish scholars and jurists recognized the crucial importance of custom in the development of law, and developed a number of principles respecting the relationships which customs bear to law. The Mishnah,[5] for example, contains a number of passages that discuss the differences of custom from one community to another and declare that one should abide by the custom of the place in which he finds himself in order to prevent disputes from arising.[6]

Many students of custom suppose that it is characterized by the informality of the sanctions that are invoked against those who violate customary rules. Such sanctions may, of course, be as severe as those attached to so-called legal norms, or even harsher. The distinction rests, not so much upon the kind of penalty exacted, as upon the informality of the proceedings through which it may be imposed. In many cases, if customary law is at issue, there is no opportunity for a formal hearing. The offender may simply be ostracized with no right of appeal or of a formal

---

5 A major compilation of the teachings, principally juridical but also historical and moral, of about four centuries of major authorities. Compiled by Rabbi Yehudah Hanassi toward the end of the third century C. E.

6 *Pesahim* 4.1 ff. et passim.

hearing to determine his guilt or innocence. In Talmudic law, however, and in certain other legal systems, the penalties for violating customary rules may be imposed in exactly the same manner as those that are imposed for other kinds of violations – by the courts. Indeed, the Jerusalem Talmud explicitly states that "penalties may be imposed upon persons who have violated customary prohibitions just as they are imposed upon persons who have violated legal prohibitions".[7] Furthermore, the Talmud recognizes the law-making force of custom to a degree unparalleled in other sophisticated systems of jurisprudence. When the authorities were in doubt on a particular point of law, they were told to "go out and see what the custom of the people is, and rule accordingly"![8] Thus, the law was determined by the practices of the people themselves.

Suppose, however, that the law requires one form of behavior and the people are, in fact, behaving quite differently. After all, certain norms are clearly written down and known to all. If the people should somehow be weaned away from "proper" behavior and turn instead to some other, foreign practice, what would the law require? According to some opinions in the Talmud, even in such cases, the law is determined by what the people do rather than by what the books say they ought to do. The rule of the Talmud reads, quite simply, *minhag mevattel halakhah,* "Custom nullifies the law."[9]

This would appear to be a shocking departure from the Talmud's usual principles, for it is assumed that the law *(halakhah)* is divinely inspired; it is eternally and universally valid, as unchangeable and immutable as God himself. How, then, can the Talmud, the authoritative source of legal norms for Jews throughout the world, so blithely admit a principle that undermines the religious foundations of its entire system? Yet it goes even further! In a discussion of a Biblical law that had been altered by later practice, the Jerusalem Talmud declares that "if the prophet Elijah … were to come and declare that we ought not to perform the ceremony [in accordance with the custom], we would not listen to him, for the people have the custom of performing it [in this way], and custom in Israel is the law".[10] In the face of an explicit decree from the sovereign of the universe, delivered by his personal ambassador to the people of Israel, how can the rabbis suggest that a custom of the common people shall take precedence? They answered the question themselves by suggesting that Elijah had very little edge over the common folk:

7 *J. Pes,* 4.3.

8 *J. Peah* 7.1, *Yevamot* 7.2, etc. Similar expressions are found in the Babylonian Talmud, e.g., *Ber.* 45a, *Eruvin* 14b.

9 *J. Yeb.* 12.1, J. B. M. 1.1. Cf. *B. Hullin,* 136b.

10 *J. Yeb.* 12.1.

"Although they [ordinary Jews] are not prophets", they said, "yet they are the sons of prophets."[11]

The power of custom is so great, according to the rabbis, that it is able, not only to uproot well-established laws, but also to prevent new laws from coming into being. Any law, they said, that is not accepted in practice by the ordinary people is no law at all, no matter how great the authority decreeing its observance. Nothing could be more perfectly designed to thwart the intentions of anyone presumptuous enough to attempt to impose his will upon the common people. The will of the "sovereign" was nothing if it was unable to find a reflection in the collective will of the people. Perhaps the existence of this attitude explains the extreme difficulty which the Jewish people have had in in establishing or maintaining any central religious authority. So long as legislative sovereignty ultimately resides in the will of the people, there is no need for a centralized law-making body. The people will ultimately develop their own responses to changing conditions and will adapt themselves and their institutions to previously unforeseen circumstances. Again, if the people themselves are prophets or the sons of prophets, there is no need for a central authority to assume command, or for a human mediator to stand between them and God.

But what of those customs that stand in direct conflict with the law of the Torah, the fundamental source of divine law according to Jewish doctrine? Surely one must distinguish between customs that touch on relatively minor matters and those that threaten fundamental precepts of the Torah. From the general attitude of rabbinical authorities, both in Talmudic times and in later periods, one would expect them to be rigidly opposed to the subversion of any law of the Torah by the evolving practices of ignorant masses of the vulgar multitude. It is reasonable to assume that the legal authorities of those times would have strongly opposed any suggestion that fundamental laws of the Torah are subject to radical change as a result of new conditions, habits, or attitudes on the part of the Jewish public.

In the Talmud, there are references to a kind of custom whose legal validity the rabbis did not recognize. They called such customs *"minhagey sh'tut"* or *"minhagey ta'ut"* – foolish or misleading customs – and when the authorities discovered them, they opposed their adoption if they were not firmly entrenched; while if they were already well established, they occasionally attempted to wean the people away from their mistaken practices. Still, even in such cases they could say, "Let them continue to do what they are doing, for it is better that they violate the

---

11 *B. Pes.* 66b.

law without realizing that that is what they are doing than that they violate it deliberately."[12] They applied this principle, which seems to be based on a realistic and humane understanding of human nature, not only to rabbinical decrees, but even to laws of the Torah itself.[13]

As Talmudic law developed through the Middle Ages, there seem to have arisen two schools of thought on the problem of the conflict between custom and the law of the Torah. One school[14] was quite severe in its attempts to diminish the role of custom, maintaining that wherever custom and law conflicted, the law should be upheld in the face of custom. Custom, they said, could properly serve only as a handmaiden to the law, to strengthen it by providing safeguards for it.[15] The other school[16] maintained that custom – even the custom of the common man – was king. "What can I do", wrote Solomon ben Adret, "when I see that this custom has spread everywhere? ... I must bow my head to the custom of Israel."[17] He wrote on another occasion:

> In truth, if the people had not acquired the custom of doing this, it would be a practice that should be avoided. ... But one must permit Israel to follow in its ways, as the Jerusalem Talmud has stated with regard to all matters of custom, when neither their reasons nor their sources are clear: Whenever you are in doubt about a law, follow the custom of the people, for custom in Israel has the force of law.[18]

Isaac ben Sheshet wrote to one of his disciples:

> I have already asked you numerous times not to attempt to alter the customs of the people in such matters as these if you wish to live in peace. Indeed, they would not accept [such a ruling as you have been attempting to impose upon them] from any man, even if it involved a matter that was absolutely forbidden [by the Torah]. Concerning all such cases as this, our sages have said that it is better that they should violate the law unwittingly than that they should violate it deliberately.[19]

From these examples, it is evident that some of the rabbis of the Talmud and of later times had a remarkable insight into the workings of law that have been overlooked by most legal scholars – an insight that could have considerable impact upon legal systems and moral attitudes,

---

12 *B. Sab.* 148b et passim.

13 *B. Betzah* 30a.

14 Cf., for example, the responsa of Asher ben Yehiel (known as the Rosh).

15 *Rosh,* Responsa, 37, 55, et al. See also his comment on B. Pes. 51a, and *Tosafot* there, s.v. *"I atah."*

16 Cf., for example, the responsa of Solomon ben Adret (known as the Rashba).

17 Ibid., 52.

18 Ibid., 160.

19 *Ribash,* Responsa, 158. Cited in *C. Tchernowitz,* Toledot Ha-halakhah, 2nd ed., New York: Vaad Hayovel 1945, I, 146, n. 1.

if it were recognized and incorporated into our ways of thinking about the law.

Their principles may be reduced to the following propositions:

1. If a law is passed by a legislative body, and an attempt is made by the official authorities to enforce it, it is still no law if it is not accepted by the people and adopted by them as part of their life pattern.
2. The mere existence of a law on the books, and its acceptance by the people over a long period of time, is not sufficient to guarantee its continued existence if the attitudes of the people change so that they cease to act in accordance with the ancient norm. Desuetude means the death of a law, and may even entail the death of a moral principle.
3. It is better to accept the changed patterns of a people's lives when they do change than to attempt to impose upon them a set of practices that they have rejected; for if, in spite of all the efforts of the "Establishment", the people nevertheless persist in their rejection of old norms, they will also grow contemptuous of the system from which those norms have sprung and of those who are identified with it, and this can lead to a total cultural breakdown.

The theoretical implications of these propositions include some of rather considerable interest. It has been suggested, for example, that international law is a fiction, for there is no sovereign to legislate, no court with mandatory process to adjudicate cases, and no international police force to enforce sanctions against violators of the law. But the system of Talmudic jurisprudence has survived for some two thousand years, despite the most vigorous attempts of mighty nations to wipe it out, despite the dispersion of its adherents over a good portion of the earth's surface, and despite the fact that it has had no legislature, no court, and relatively few enforceable sanctions. This basic fact suggests that the positivists are wrong in supposing that these are necessary conditions for the existence of a legal system. The very existence of the system of Talmudic law, its survival as a living entity in spite of all its handicaps, demonstrates clearly that customary law alone, without courts, without formal sanctions, without a central law-making body, can exist and can survive if it is designed with wisdom and humanity. There is no reason why international law cannot be developed in such a way as to be meaningful and acceptable to all mankind. But first, it is necessary to find men of good will who also possess a deep understanding of human nature and the needs of mankind to develop such a system. If it were to capture the imagination of all men, as the Torah captured the hearts of most Jews, no government, however sinister or powerful, would be able to prevent its adoption or to extirpate it once it had taken root.

The implications for religion and morals in the narrow sense are significant as well. Nowhere in the Talmud can one distinguish religion and morals from social legislation, for in the view of the rabbis, there is no meaningful distinction between them. The businessman who engages in a transaction in the market place must perform certain rituals; and for the rituals of the synagogue – or the church – to take place in any meaningful sense, certain business transactions must take place first. The radical separation of the realm of Caesar from the domain of God is alien to Jewish thought.

The rabbis of the Talmud recognized that when the people have rebelled against a set of social or legal norms and have expressed their rebellion through their daily practices, then it is time for the norms themselves to change. This is not to say that moral and spiritual leaders should not resist behavior or laws that they believe to be wrong or improper, even in the face of determined opposition on the part of their people. But it does mean that it is necessary to make accommodations to changing habits and attitudes. Where such accommodations are not made, there is serious danger of total social disintegration and the destruction of every means of maintaining a dignified human existence.

There remains an exceedingly difficult question to which I cannot do full justice here. In spite of all that I have said in defense of the theory that one of the fundamental constituents of law is custom rather than what is written or enforced in courts, I am nevertheless troubled by the problem of the unjust law, the bad custom, the immoral society. Surely there must be a point where anyone with a social conscience must insist that a given act is wrong and must be condemned, even if it is sanctioned by long-standing tradition and is accepted by the vast majority of the people in a given society. Just as there can be bad laws, so also can there be evil customs. If law and custom are viewed as interdependent, as I have been suggesting, then the problem of the unjust law is shifted to the problem of the unjust custom. If, for example, racial segregation or slavery were sanctioned by long tradition and squared with the consciences of the vast majority of the people in a given community, it surely would not follow that such practices were right. Unjust attitudes and practices should not be sanctified by giving them the status of law. As John Stuart Mill pointed out in the third chapter of *On Liberty,* some of the most ruthless tyrannies have been those that were brought into being and nurtured informally, without explicit legal sanction.

This objection is reminiscent of natural-law theories, which maintain that an unjust law is no law at all. A parallel theory of custom would hold that an unjust custom is no custom. This position, however, is untenable. The laws of South Africa under the white regimes that enforced apartheid were laws, though they were unjust; and the laws of Hitler's Germany were laws, but evil ones. To say that a given rule is a law is not necessarily identical with saying that it ought to be obeyed – though it is to suggest that unless there are other overriding considerations, it ought, indeed, to be obeyed. If a law enjoins actions that are evil, then it may well be necessary for men of good conscience to refuse to abide by its provisions and to attempt, by every means available to them, to have it changed. But justice is not served by muddy thinking, and clarity is not furthered by suggesting that evil laws are not laws at all or that bad customs are not customs.

It is not the job of the jurist, of the student of jurisprudence, or of the lawyer, when acting in those capacities, to work to change the law or to change the states of mind, the attitudes, or the habits of the people. That job is more properly the duty of the citizen (and, of course, jurists, students of the law, and lawyers are citizens as well). There is one class of person whose job is preeminently that of changing evil laws and customs to good ones. That is the function of the prophet, the social critic *par excellence*. He does not delude himself into supposing that evil laws are no laws. He devotes himself to denouncing them for the evils that they are. Through his words, and often through his seemingly outlandish behavior, he attempts to awaken the social conscience of the people to a recognition of the moral quality of their actions, so that they may change them and thus bring about a more just society.

Custom and law can be insidious. They may lull men to sleep, secure in the belief that ancient and sacred institutions will guarantee that all will be well. It is the job of the prophet to arouse them from their slumbers, to make them realize that what they consider to be sacred may, in fact, be evil, to inspire in them a new spirit, a spirit that spurs them into doing away with the injustices into which their society has fallen. Men suddenly aroused may react violently against whatever has disturbed them. So it has always been, from the days of Israel's earliest prophets.

Prophets in the traditional sense are rather hard to find these days outside the walls of mental hospitals, and we might be forgiven if we express some skepticism about the validity of *their* prophecies. After all, even in ancient times a distinction was drawn between true prophets and false prophets. But it may be reasonable to suggest that some others, though lacking explicit divine ordination, have taken the place of the prophets of old and continue to preach the essence of their message.

Those who devote their lives to teaching others the lessons that are to be derived from history may be among the latter-day prophets, as are those who convey the heritage of the past to new generations at universities and colleges. Journalists and editorialists must be counted among them. And so must philosophers and other scholars whose research is focused upon the great legal, moral, and ethical issues of our time. To the extent that these secular prophets have been able to free themselves from the crippling dogmas of the past and to weigh independently and with open minds the great issues with which they deal, they may be truer to the spirit of the prophets of old than their sectarian counterparts who merely use their pulpits to perpetuate ancient prejudices and doctrines and to apply them to modern conditions that may be utterly different from those from which they arose. Dogmatic purveyors of religious doctrines have little regard for the will of the people who are affected by their decrees, and often seem to be indifferent to their well-being as well. Justice can never be done unless the members of a given society can be persuaded that the policies set forth by their intellectual, cultural, legislative, and juridical leaders conform to their own sense of justice. This is one of the great insights that the rabbis of the Talmud and their students in succeeding generations incorporated into their teachings on the role of custom in Jewish law.

A test of a legal system's viability and its responsiveness to the needs of both the people who are governed by it and the changing conditions of the times is its flexibility. Legal authorities have employed many methods to assure the continuing vitality of the systems with which they have been entrusted: legislation, judicial interpretation, selective enforcement, or simply winking at violations of laws that no longer seem to conform to social norms and expectations.

In addition to its great emphasis on custom and local traditions as a source of law, Jewish jurisprudence has resorted to legislative enactments *(takkanot)*, novel judicial interpretations of the law, and other devices designed to apply the law to new conditions, social developments, technological advances, and even moral attitudes. This is not to say that it has been less conservative than most other legal systems. Law in general, no matter what the society or the political system, tends to move at glacial speed. But occasionally, far-sighted individuals who enjoy the respect of their peers are able to employ persuasive arguments in favor of change – especially if change can be disguised as a natural outgrowth of prior decisions. Under such circumstances, they may make significant contributions to legal evolution while maintaining the respectability of the system as a whole both by the professionals whose lives are devoted to it and by the people whose lives are supposed to be governed by it. Flexibility and the ability to grow and change as the conditions of life evolve are, after all, the essential characteristics that any legal system must possess if it is to serve, not only as a means of governing the members of a society, but also as the engine through which justice is to be administered.

Traditional religion has generally exercised a deleterious effect upon national and legal institutions. For that reason, every intrusion of sectarianism into the law must be looked upon with deep suspicion, and be vigorously resisted. Talmudic law, however, offers a paradigm for legal development that is rather different from the typical religiously-based legal system, for it accords to ordinary people a law-making power and a degree of legislative authority that may be unique among traditional religions. To the extent that it does so, it creates an embryonic form of democracy. Most religions adhere to the view that the law is made in heaven and that its interpreters are divinely inspired and uniquely suited to communicate God's will to ordinary mortals. Judaism, on the other hand, explicitly declares that the law is *not* in heaven, but is close at hand. The teachings of the law are neither mysterious nor esoteric. On the contrary, they are available to everyone:

> This law which I enjoin upon you today is not too baffling for you, nor is it beyond your comprehension. It is not in the heavens, that you should say, "Who will ascend to the heaven to get it and convey it to us so that we may observe it." Nor is it across the sea, so that you should say, "Who can traverse the sea to get it and convey it to us so that we may observe it." It is very close to you – on your lips and in your heart, so that you may observe it.[20]

The rabbis of the Talmud explained that once God gave the Law to mankind, it was entirely in the hands of human beings to interpret it and to determine its proper application. Indeed, in some particularly dramatic passages, the message is clearly conveyed that scholars must not seek divine confirmation of their interpretations of the Law. Human beings alone must determine their legal destiny. And because a little spark of the gift of prophecy subsists in every human heart, the law is to be found, not in heaven, but in the hearts of ordinary people and in the practices that they, in their wisdom, have chosen to follow.

---

20 Deut. 30:11 - 14.

RECHTSTHEORIE, Beiheft 19, S. 55 - 61
Duncker & Humblot, 12165 Berlin

RIGHTS AND NEW FUNDAMENTALISMS

New Essays in Toleration*

By Robert C. L. Moffat, Gainesville

When John Locke penned his famous letter on religious toleration,[1] he was looking toward an intellectual climate in which diverse opinions could be freely felt and expressed. He sought freedom of thought and, perhaps most important, independence from a pretended conformity of conscience. That tradition of thought has been almost sacred in the ideology of American intellectual and political culture. It has held that position both because of the important influence of Locke's approach in general on the political theory of the founding fathers of our Constitution and also because of the influence of Locke's views of the importance of toleration on Thomas Jefferson, author of the Declaration of Independence and of highly influential essays on religious liberty and freedom of conscience.

But that tradition is in great jeopardy, because it is not only under threat from some quarters, but is in fact assailed from all sides. Indeed, the pressures that Jefferson feared of the conformists for the establishment of an official church pale in comparison to the hue and cry today for conformity to a bewilderingly rich array of hues of thought: political, social, religious, cultural, and pseudo-intellectual. All of these demands, however, are united by a common thread: the insistence on unquestioning loyalty to their particular version of unorthodox truth.[2] In this respect, they reprise the characteristics, not simply of traditional orthodoxies, but of orthodoxies in their renascent form: fundamentalisms.

---

* I wish to express my thanks for a beneficial discussion of this paper to the participants in the Session on "Toleration" at the IVR World Congress on Legal Philosophy at Bologna, Italy, June 1995. I am especially indebted to earlier discussions of some of these issues with my colleague Dr. Grazyna Skapska, Deputy Director of the Institute for Sociology at the Jagellonian University in Krakow, Poland. I am also grateful for the very helpful research assistance of Susan DePrim and Garth Yearick.

1 *John Locke,* A Letter Concerning Toleration, 1689, Patrick Romanell (ed.), New York: The Liberal Arts Press 1950.

2 Locke's refutation of this error demonstrates how old a habit of small minds it is. See *Locke* (note 1), at pp. 15 - 16.

We associate the concept of fundamentalism with intense religious movements known, not simply for dogmatism, but typically for fanatical dogmatism. Therefore we correctly anticipate that groups espousing such dogmas will be highly intolerant, normally militant, and frequently chiliastic. We recognize immediately, of course, that such groups from the past are replicated in various contemporary religious movements at the fringes of traditional Christianity (both Eastern and Western), Islam, Judaism, Hinduism, Buddhism, and even animism.

But our current challenge cannot be pigeon-holed as merely a problem of intolerant religious movements. For many views on matters not traditionally considered religious have now taken on the social-psychological functions of religious belief and are frequently held with the fervor characteristic of religious fundamentalism. In traditional categories, such movements would typically be seen as political in nature. But we must note the current world-wide trend toward claiming all kinds of rights to buttress many kinds of political positions. What is even more noteworthy is how such claims are frequently presented in such dogmatic fashion as to qualify as pseudo-religious orthodoxies or even fundamentalisms.

Such developments have significant consequences for modern societies. When political positions are presented as claims of right buttressed by ideologies so dogmatic that other possibilities cannot be recognized as having potential legitimacy, we can understand why our present trend toward reduced civility in political and cultural discourse seems inevitable.[3] The future portends increasing civic hostilities of this sort because of the growing intolerance displayed by an impressive variety of contemporary activisms.

Although the variety of such activisms seems almost unlimited, they do tend to cluster into larger aggregations based on political alliance. Hence, it is possible to identify quite a large number of otherwise disparate activisms with the left and to associate a similar variety with the right. Supporting the left, we find advocates of women's rights, homosexual rights, animal liberation, and protection of the environment. There we will also find supporters of the welfare state, including government subsidized childbearing. We will find advocates of ethnic diversity and of affirmative action to benefit members of minority groups.[4] These same

---

3 Locke reminds us that "the business of laws is not to provide for the truth of opinions, but for the safety and security of the commonwealth, and of every particular man's goods and person." See *Locke* (note 1), at p. 45.

4 The latter is an issue of growing controversy. George Will observes that the "accusation of racism has been flung about so promiscuously by liberals that it has lost its power to substitute for argument or to silence dissent." He also notes that many citizens have come to view affirmative action and other racial set-

groups are likely to favor penalizing "hate speech," words or actions that may make members of favored minority groups feel hostility or stigma. Proponents of gun control, abortion rights, and the right to die will congregate on this side. So will those opposed to government encouragement of religion as well as many more.

Correspondingly supporting the right, we find opponents of "special" rights for homosexuals, women, and animals. We find opponents of government protected biodiversity and "excessive" environmental protection. We will find opponents of immigration, both legal and illegal, supporters of ethnic purity, and opponents of special programs favoring members of minority groups.[5] On this side of the fence, we can be sure to find strong opponents both of gun control and of the welfare state. We will also find the religious right,[6] characterized both by its opposition to abortion rights and by its pro-family stance, which includes prayer in public schools, tax credits for tuition payments to religious schools, and prohibition of pornography.[7] At the same time, they will support family autonomy, which means less governmental interference in family affairs including the prosecution of violence or other abuse directed at women and children. We have recently become aware that on the far right are extremely militant supporters of gun ownership who have organized themselves into militias whose purpose includes defense of the "real" Constitution against the present federal government.

We must take notice of several important matters regarding these groupings. First, both clusters are eager to claim rights.[8] Second, although supporters of the right think that they are more antigovern-

---

asides as a blatant form of racial discrimination. *George Will,* Affirmative Action Stirs Backlash, in: [Washington Post] The Gainesville Sun, March 8, 1995, p. 10A.

5 George Will suggested that the prevalence of thinking of "race-conscious remedies" as benign has created an atmosphere in which the jurors in O. J.'s trial could see him "merely as a member of a group" and ignore his victims entirely. *George F. Will,* Verdict Reflects Chaos in Culture, in: [Washington Post] The Gainesville Sun, Oct. 4, 1995, p. 12A.

6 A good example of the wish of such groups to reestablish "traditional values" is contained in "A Resolution Authorizing the Teaching of Traditional Moral Values" passed by the Irving, Texas School Board. In part, the resolution reads: "[I]t is recognized that traditional moral values such as determining right from wrong, honesty, integrity, accountability, self-discipline, sexual abstinence, self-restraint, sincerity, loyalty, love of country and respect for and value of human life and property are common to all established societies, and are clearly reflective of Irving as a community". *Cal Thomas,* Taking Back the Responsibility, in: [Los Angeles Times] The Gainesville Sun, July 3, 1994, p. 2G.

7 On the political organizational tactics of the Christian Coalition, see *Sara Diamond,* How to Win a Kingdom, in: [New York Times] The Gainesville Sun, Sept. 19, 1995, p. 11A.

8 Locke counsels against granting special rights which would apply only to certain persons or groups. "The sum of all we drive at is that every man may enjoy the same rights that are granted to others." See *Locke* (note 1), at p. 55.

ment in their outlook than the left, both groups are in fact selective. They oppose government intervention when they perceive it to threaten the interests they support. But they both favor government action, including the passage of additional laws and the creation of new crimes, when they believe it will increase protection of their interests. Each claims to believe in free speech, but each is happy to restrict it for their own purposes.[9]

Third, much of the contest between the sides, though not semantic, is carried on about the meaning to be given central verbal symbols. Battles are frequently fought over the meaning to be given words like "life," "choice," "family," "violence," and "offensive." Thus, partisans of both sides are likely to take humbrage at various points in my efforts in the preceding paragraphs to state their positions in a neutral fashion. By so doing, I implicitly deny parts of their claims, because an integral part of their campaign is to receive recognition of the emotional ambience in which claims are presented. Another way of stating this point is to observe that satisfaction of the demands includes not only providing substantive relief but recognition both of the justness of the claim and of the entitlement to sympathy. In a number of cases, such recognition of victim status becomes more important than any substantive response to the claim.

Fourth, although the claimants of conflicting rights seem perfectly opposite in their views, there are important similarities to be found between apparently diametrically opposite groups. I offer one current example. Attention has momentarily become focussed on the far right wing militia groups. We have learned that those groups are frequently motivated by powerful conspiracy theories, theories that are clearly founded on fears of persecution so profound as to generate what may qualify as clinical paranoia. Encompassed in the world view of that paranoia is an antisemitism so virulent as to call forth the ghosts of the protocols of the Elders of Zion. Equally important is a powerful racism that is not simply suspicious but hostile to anyone who does not fit into their group of similar persons (formed on the basis of mechanical solidarity). They are also deeply suspicious that government in general and the legal system in particular are stacked against their interests by those who seek to persecute them. Indeed, they lack almost complete faith in the integrity of the national government, and some have claimed to secede from the federal union, challenging federal legal authority directly. Needless to say, many are extremely distrustful of lawyers and of the law generally. One way in which they respond to the danger that

---

9 See, e.g., *Claire Safran,* Congress Threatens to Censor Electronic Media, in: [New York Times] The Gainesville Sun, Sept. 21, 1995, p. 11A.

the law poses is to encourage jury nullification. By educating citizens on jury panels of their freedom to ignore the judge's instructions about the law, they hope to promote a subversion of the law used by the conspiring powers to oppress them.[10] Their efforts have met with at least a degree of success in obtaining verdicts not consistent with the evidence and/or the instructions of the judge.

Currently, all of these developments are being remarked with great alarm by the American media elite. Some even seem to perceive signs of a right-wing conspiracy that threatens the very foundations of government.[11] What is truly remarkable, however, is the fact that not one of those elite columnists wringing their hands over the anger of right-wing extremism has noticed the striking similarity between the militia movement types and many elements in black separatism.[12] But each of the characteristics detailed in the preceding paragraph have been carefully documented and observed especially in inner city black communities over the past several years. [Reread the paragraph above, and think, for example, of the significance given to the race of the jurors in the O J Simpson trial.] Even when these elements of black life have been reported, the reports contain at most an attitude of concern.[13] Only a William Buckley may admit worry and, even then, his emotional tone is far below the level of near hysteria evinced by some columnists writing about militias.[14]

Difficult as it may be, let us endeavor to step back and judge these phenomena from a politically neutral perspective. In the cases both of rural white militias and of inner city blacks, we are looking at groups that are poor, uneducated, marginalized, and disaffected. Both groups are suspicious of those who are more successful economically and socially. They tend to feel cheated and betrayed. They often take comfort in conspiracy theories that offer exploitation as the reason for their relative lack of success.[15] They are more likely to rely for opinion and information on non-standard sources such as neighborhood gossip, supermarket

---

10 The most well-known organization working for such ends is The Fully Informed Jury Association. Further information about them is available on the WorldWideWeb at http://www.primenet.com~slack/fija/fija.html. See also ftp://tezcat.com/patriot.

11 E.g., *Dan Thomasson*, Militia Groups Now Targeting Public Officials, in: [Scripps Howard News Service] The Gainesville Sun, Oct. 25, 1995, p. 11A.

12 See, e.g., *Anthony Lewis*, Racism Still Rules in America, in: [New York Times] The Gainesville Sun, Oct. 17, 1995, p. 10A.

13 See *A. M. Rosenthal*, Bigotry in America is Chic Today, in: [New York Times] The Gainesville Sun, Oct. 16, 1995, p. 6A.

14 See *Wm. F. Buckley* Jr., Clearly a Language Barrier Here, in: [Universal Press Syndicate] The Gainesville Sun, Oct. 9, 1995, p. 6A.

15 Consider the finding that one-third of black church members surveyed believed that the AIDS virus was produced in a germ warfare laboratory and has been used to commit genocide against blacks. Another third were unsure about

tabloid newspapers, syndicated TV tabloid talk shows, and talk radio. Both groups are intensely suspicious of the legal system, believing that it is controlled by those who exploit them by using the law as an instrument of domination. Both believe that violence may be necessary to protect their interests,[16] and that they may need to use violence to defend themselves against the predations of the legal system.[17]

Clearly, such attitudes present deeply significant challenges to the law. Law can successfully respond only by reestablishing confidence in its fairness and impartiality. (Obviously, the impact that the trial of O J Simpson is having on popular attitudes makes such a task even more of an uphill struggle.)[18] But the tendency toward dogmatism characteristic of our new fundamentalisms also hobbles effective response by media and governmental leaders. I think it is clear that establishing confidence in the integrity of the legal system is made more difficult when the media elite rush to excuse the same attitudes in one group that justify draconian measures when found in another similar group.[19] Indeed, such attitudes on the part of the establishment media simply reinforce the conspiracy theories of militia types while failing to impress black nationalists who find a rich supply of other sources to feed their own conspiracy theories. [E.g., the belief that O J was framed.][20]

---

that proposition. "AIDS is a Weapon, Some Blacks Say," [Associated Press] The Gainesville Sun, Nov. 2, 1995, p. 3A.

16 But see for a welcome contrast in tone the African-American columnist *Bill Maxwell,* There is Wisdom in Forgiveness, in: [St. Petersburg Times] The Gainesville Sun, March 1, 1995, p. 14A.

17 See, e.g., *Molly Ivins,* Book Obsesses Bombing Suspect, in: [Fort Worth Star-Telegram] The Gainesville Sun, Sept. 7, 1995, p. 8A.

18 *Anthony Lewis* worried that reaction to the jury acquittal of O. J. Simpson would further exacerbate negative attitudes toward blacks in the white community. See Time to Heal After O. J. Verdict, in: [New York Times] The Gainesville Sun, Oct. 12, 1995, p. 10A.

19 In an engaging exception, Leonard Pitts Jr., an African-American columnist for Knight-Ridder Newspapers, analyzes the many interesting "commonalities" shared by Louis Farrakhan and Patrick Buchanan. Indeed, he wonders if they could have been "separated at birth." *Leonard Pitts* Jr., Taking Back America – From Whom? In: The Gainesville Sun, March 1, 1996, p. 11A.

20 Consider the reports that at least some black scholars see the release of the Fuhrman tapes as likely to feed already existing conspiracy theories among blacks. "That very brazenness [of Fuhrman's racism], some say, may feed the conspiracy theories that have become endemic to many inner-city neighborhoods, theories that say whites have intentionally contaminated black neighborhoods with everything from drugs to the AIDS virus. "People ask me where do these conspiracy theories come from in the black community," says Ronald Walters, a political scientist at Howard University. Every now and then we gat a peek under the covers of an agency like this and, lo and behold, there it is." Fuhrman's Comments Bolster Black Concerns About Police Conduct, in: Wall Street Journal, August 31, 1995, p. A1, at A4.

But government itself may be even worse. Is there basis for the perceived lack of trust in the integrity of government?[21] Disaffected groups seize on mistakes (such as those at Waco) by law enforcement as evidence to support their conspiracy theories.[22] Government wittlessly compounds such "evidence" by refusing adequately to investigate such incidents and to punish less than competent officials. Instead, the government of the day attempts clumsily to cover up its errors, further enhancing the conspiracy views by later promoting those responsible for the gaffes. Although these may be only misjudgments by officials, the long-term cost is that mistrust of government and the legal system translates ultimately into suspicion of the law itself.[23]

An important aspect of the problem here is an adherence by government officials and lawyers to the philosophy of legal positivism. The philosophy itself is, as we all know, neutral on such ethical questions. But it leaves those with no other ethical training to rely purely on the force of law itself. Who so lacks training in ethics? Politicians and lawyers! Those whose integrity is greatly mistrusted by the public. By ignoring the need for legitimacy if law is to succeed, our contemporary purveyors of law are able to overlook completely the significance of public trust in the integrity of government and the legal system. But our new fundamentalisms blind us to the need for mutual respect that is the basis of toleration. If we are to survive, we must learn to relax our religious passions. If that is to happen, lawyers, politicians, and journalists must lead the way. Only by making those sacrifices necessary to restore confidence in the integrity of the law can we hope to establish the foundation essential to rebuilding a climate in which we can hope that toleration might flourish.

---

21 See, e.g., the analysis of the seediness of various elements in the government's case against the islamic conspirators who were convicted of plotting urban terrorism against the United States. *Peter Waldman/Frances McMorris,* As Sheik Omar Case Nears End, Neither Side Looks Like a Winner, in: Wall Street Journal, Sept. 22, 1995, p. A1.

22 But see *Thomas Oliphant,* Government Takes Wrong Tack with Ruby Ridge, in: [Boston Globe] The Gainesville Sun, Sept. 14, 1995, p. 11A.

23 See *Peter Maas,* Will This Agency Survive? In: The Gainesville Sun, May 19, 1996, Parade Magazine, pp. 4 - 6 (A report on the many problems in the Bureau of Alcohol, Tobacco, and Firearms).

RECHTSTHEORIE, Beiheft 19, S. 63 - 69
Duncker & Humblot, 12165 Berlin

ETHICS, DEMOCRATIC REASON AND LAW

By José de Sousa e Brito, Lisboa

I. Public Reason in Rawls

In his last book, *Political Liberalism,* Rawls develops a certain conception of public reason. "Public reason" – he writes – "is characteristic of a democratic people: it is the reason of its citizens, of those sharing the status of equal citizenship."[1] It is easy to observe that Rawls cannot have in mind either the actually communicated reasonings among the citizens of any democratic state in the actual process of collective decision making in that state, or the capacities exerced by those reasonings. Those citizens will eventually reason and decide badly, because they have no good reason for the contents or the form of their reasonings. Besides they will always reason in a different manner than the citizens of any other democratic state. In fact, explains Rawls, public reason "as an ideal conception of citizenship for a constitutional democratic regime, presents how things might be, taking people as a just and well ordered society would encourage them to be".[2] But can or must the ideal of the citizens of one democratic state diverge from the ideal of the citizens of another one, given the different historical conditions and experiences, the political culture and the peculiar rules of the institutions in each state? Rawls says that he is inclined to think it can and to agree with Dahl,[3] that, for example, there is no unique and best universal way to solve the problem how to protect the basic rights and interests. This is valid for this problem – which has to do with the existence or non existence of a constitutional court – and for similar questions regarding the political structure of the state.[4] As for the specification of the basic rights and liberties, however, he doesn't admit variations unless they are rather small.[5] It seems, therefore, that the citizens of a democratic state

1 *John Rawls,* Political Liberalism, New York: Columbia University Press 1993, p. 213.

2 *Rawls* (note 1), p. 213.

3 *Robert Dahl,* Democracy and its Critics, New Haven: Yale University Press 1989, p. 192.

4 *Dahl* (note 3), p. 228.

5 Ibid.

are not really the authors but, after having been idealized, a criterion of public reason. According to Rawls, there are also other criteria which relate to its subject, forum, nature and contents.

In the first place, public reason, so Rawls, only is applied to those questions where the citizens, "as a collective body" exercise final political and coercive power in enacting laws and in amending their constitution,[6] that is, to legal (Rawls prefers to call them "political") questions, and, within these, only to those concerning the "constitutional essentials" (organization of the political power, basic rights) and the basic criteria of distributive justice (equality of opportunity, principles concerning the economic and social inequalities, as Rawls' difference principle, etc.). He thinks that although it is normally desirable to settle political questions by invoking the values of public reason, it is often more reasonable to legislate on economic and social questions which have no basic character, by invoking non political values.[7]

On the other hand, public reason is only applied to the discussion and deliberation of the described questions when these belong to the public forum, that is, to the frame of direct or indirect preparation of legally binding decisions. Rawls has in mind the electoral campaigns, the legislative assemblies, the public acts of the government and of the administration, the courts and, especially, the constitutional court. But the public reason does not apply to the discussion of the same questions, by the same citizens, in the environment of the university or of a religious community.[8] In these circumstances, according to Rawls, a social non public reason is applied.

The explanation for the former determinations of the public reason is to be found in its own nature and contents. The point here is, according to Rawls, to argue in such a way that everyone thinks he can hope his argument will be accepted by the other citizens. This means that no appeal is made to the whole truth, but only to that part of the truth which one can hope will be recognized by any system of reasonable principles, i.e., by any philosophical, religious or ideological doctrine which is reasonable. This restriction that each citizen makes within his own truth to the part which he considers acceptable by others, results, according to Rawls, from the great political values of freedom and of equality and from the duty of civility. This last duty would imply a duty of arguing before the other citizens and of accepting the arguments of the others according to what I would call the constitutional consensus.

6 *Dahl* (note 3), p. 214.

7 *Dahl* (note 3), pp. 215, 233, 235.

8 *Dahl* (note 3), pp. 215f.

Such is for Rawls an "overlapping consensus" which everyone reaches from within their own doctrines, as far as they are reasonable, and not as a result of compromise.[9] This is the ideal of democratic citizenship.

The exemplary institutional model of public reason is for Rawls firstly the constitutional court – the *Supreme Court* in the USA, because the "public reason is the sole reason the court exercises". "To say that the court is the exemplar of public reason also means that it is the task of the justice to try to develop and express in their reasoned opinions the best interpretation of the constitution they can, using their knowledge of what the constitution and the constitutional precedents require. Here the best interpretation is the one that best fits the relevant body of those constitutional materials, and justifies it in terms of the public conception of justice or a reasonable variant thereof."[10]

II. Public Reason in Kant

Apparently, Rawls theory which I have just resumed is deeply contrary to the one of his great predecessor in the theory of public reason, who was Kant. Indeed, Kant's public reason is universal reason, his public is not the one of a certain state, but the world. "Authentic public", that is: the world", writes Kant. The exemplar model of the public reason is precisely the one of the scholar (Gelehrter) who speaks adressing the scientific community or the university, where Rawls sees the example of a non-public social reason. "I understand by public use one's own reason" – says Kant in his writing "Answer to the Question: What Is Enlightment? – "the use which someone makes of it as a "scholar" adressing the entire public of the reading world. I call private use the one which he can make of his reason in a civil post or office, which is commissioned to him."[11]

The public reason has no other law than the one of one's own reason: "to use one's *own* reason" – Kant writes in "What Is Orientation in Thinking?" – it means no more than to ask oneself with regard to everything that is to be assumed, whether he finds it practicable to make the ground of the assumption, or the rule which follows from the assump-

---

9 *Dahl* (note 3), p. 218 and chap. IV, § 1, 2 and 8.

10 *Dahl* (note 3), pp. 235f.

11 Beantwortung der Frage: Was ist Aufklärung?, 1783, A488 (Werke, ed. by Weischedel, Darmstadt: Wissenschaftliche Buchgesellschaft 1964, vol. V, p. 57). On public reason in Kant, see *Onora O'Neil,* Constructions of Reason, Cambridge: Cambridge University Press 1989, chap. 2; Reason and Autonomy in Grundlegung III, in: Otfried Höffe, Grundlegung zur Methaphysik der Sitten. Ein kooperativer Kommentar, Frankfurt am Main: Klostermann 1989, pp. 282ff.

tion, a universal principle of the use of his reason."[12] The use of reason by the judge is private, since he recognizes another authority which is not the one of his own reason. Being subordinated to the constitution and to the law, the judge is not free to think. "Freedom in thinking means" – so Kant – "submission of the reason to no other law than that which it *gives itself;* and the opposite is the maxim of a *lawless use of reason*",[13] i.e. the non universalizable use of reason. Reason is based on freedom which means autonomy: it is the equal autonomy of each person which is based on the universability of reason. Reason has equal regard for everybody. The categorical imperative becomes thus the supreme rational principle of theory and practice. "Indeed," – Kant says – "that I ought to restrict my maxim about the use of the means for any end to the condition of its universal validity as law for all subjects, means exactly the same as: the subject of the ends, i.e. the rational being himself, has to be put, never simply as means but as the utmost restrictive condition in the use of all the means, that is, always simultaneously as the end, as ground of all maxims of the actions."[14] The authorship of thinking, which is "the motto of Enlightment": "to think always by oneself",[15] that is, as a person, derives in this context to the categorical imperative, which also Hegel reaffirms in the § 36 of the *Philosophy of Right:* "be a person and do respect the others as persons".

Thus it seems that for Kant there is only one reason which is essentially public, which is based on this unique supreme principle and has as example the philosophical practice of academic ethics. For Rawls instead there are several reasons, and the one which he qualifies as public is based on several intermediate overlapping consensual principles and has as example the constitutional legal practice, especially the one of the constitutional court.

A more attentive analysis reveals, however, important similarities between the two theories. From Kant's point of view, the enlightment, the freedom of thinking by oneself, is a process, individual as well as social, of growth towards the intelectual and personal maturity of each person. "When one asks – he writes –: Do we live now in an enlightened age?, the answer is: No, but certainly in an age of enlightment."[16] The private reasons, connected to the use of authority in the society, are not

---

12 Was heißt: sich im Denken orientieren?, 1786, A330 (ed. Weischedel, vol. III, p. 283).

13 Was heißt: ... (note 12), A327 (ed. Weischedel, p. 281).

14 Grundlegung zur Methaphysik der Sitten, 1785, BA83 (ed. Weischedel, vol. IV, pp. 71f.). See the commentary of *Ernst Tugenhat,* Vorlesung über Ethik, Frankfurt am Main: Suhrkamp 1993, p. 144.

15 Was heißt: ... (note 12), A330 (ed. Weischedel, p. 283).

16 Beantwortung der Frage: ... (note 11), A491 (ed. Weischedel, vol. VI, p. 59).

entirely private, because otherwise the authority would not be recognized, they have, therefore, an incipient principle of publicity. It is true that Kant opposes here the official to the philosophical teacher of the law: "people's enlightment is the public teaching of the people about its rights and duties relative to the state to which it belongs. Since it relates only to the rights that are natural and derived from the common human understanding, its natural heralds and interpreters among the people are not the official teachers of law, designated by the state, but free teachers of law, i.e. philosophers".[17] But the difference between the two cannot be so big as to question the grounds for the validity of law, or the conditions which make public law possible. From the point of view of the transcendental conception of public law there is a coincidence between politics and morals: "Any legal right must have the form of publicity", according to "the transcendental formula of the public law." "All actions related to the right of others, the maxim of which is not compatible with publicity, are unlawful." This principle ought to be considered not only as ethical (belonging to the theory of virtue), but also as legal (having to do with man's law).[18]

As for Rawls, we should keep in mind that he is concerned "with reason, not simply with discourse".[19] Public reason is an ideal conception for a constitutional democratic regime. "It describes what is possible and can be, yet may never be, though no less fondamental for that."[20] It is true that he admits that different states have different solutions to grant the basic rights, but it is disputable which is the best of the three solutions: first, existence of a constitutional court, and a bill of rights subjected to the same conditions of amendment as the rest of the constitution, as it is the case in the USA; secondly, existence of a constitutional court and an entrenched bill of rights, which is, in a certain way, beyond amendment, as in Germany and in Portugal.[21]

III. Legal Reason and Ethics

If we examine the arguments which are generally considered as correct in the pratice of law and if we compare them with those which are generally considered as correct in ethical discussion, we will notice that the first ones show limits which do not exist in ethics.

---

17 Der Streit der Fakultäten, 1798, A152 (ed. Weischedel, vol. IV, p. 362).

18 Zum ewigen Frieden, 1795, B98f., A92f. (ed. Weischedel, vol. VI, pp. 245f.).

19 Zum ewigen Frieden (note 18), p. 220.

20 Zum ewigen Frieden (note 18), p. 220.

21 Zum ewigen Frieden (note 18), p. 235.

Legal argument is from the beginning limited by the obligation to refer to the sources of law, i.e., to statute, custom and jurisprudence. A legally correct argument must be justified by the entire body of the sources of law. Every sentence of such sources which is logically related in a positive manner with the question to decide must be integrated in the whole argument on which the legal decision is based. Such an integration however must recognize the authority and consequent hierarchy of the sources. The sentences of the sources have in legal argument not only the logical priority that premises have in relation with the conclusion. The sources of law have among themselves hierarchical relations, so that in case of contradiction prevail those who are superior in hierarchy: the constitution is above acts of Parliament, these are above enactments of Governement, etc. Any sentences of the sources of law have again an authority or force which is absent from any other sentences which are part of the same argument. Such an authority gives them an hermeneutical priority: one has to start from them in the argument and to demonstrate step by step that the logical system that was constructed on their basis is indeed compatible with them. Hermeneutical priority is not identical with logical priority: the sentences of the sources may not be principles or axioms of the logical system which permits to solve a case, they may have been used merely as starting points to discover a logical system by which the decision is justified. An hermeneutical priority is a case of what Rawls designates as an "order of support" and which he opposes to an order of deduction.[22] The reasons which base some legal conception depend on the force of such reasons and not on the place they have in a set of reasonings.

Other limits to ethics derive from the fact that the law adopts procedures of decision making which limit the number of sentences admitted in legal argument before the court or in Parliament debates, for instance. But I shall not explain these here.

IV. Democratic Reason

Democracy is a requirement of ethics in the law. The principle of human dignity is articulated in the values of liberty and equality and implies equal liberty for all citizens. From the equal ethical authonomy of men is derived the principle of the governement of the people by the people. Equal liberty implies equal participation by all in the formation of the collective will, by means of equal rights to vote and to be elected and to have acess to publics offices and of the complementary liberties of

22 Zum ewigen Frieden (note 18), p. 242.

expression, of information, of reunion and of assotiation. Also the principle of majority decision is implied, as the only way to give equal value to the free participation of each person in a decision which is binding for all.

I one requires less, than the members of the majority who are possibly against the decision will be devalued. If one requires more, then the members of a possible unqualified majority who are in favour will be devalued only if the absence of decision will have the same effect as a contrary decision. If no such effect is present, then the requirement of qualified majority or of unaniminity is compatible with equality, namely equality in the need of a certain level of consensus for obtaining a collective action. A majority decision is therefore an ethical requirement whenever a new decision is the result of collective action. It is the regular procedure for taking decisions by collective organs. The democratic principle would be denied if there were power which was not constituted and exercised by the people, even if such exercise were not more than indirect intervention of the elected representatives of the people by designating those entited to power. This applies also to the designation of the judges of the constitutional court. They also derive their democratic legitymacy from universal suffrage, however indirectly, by means of the intervention of those directly elected in the designation of the judges.

Universal suffrage is therefore at the origin of all democratic decision, but it does not ensure the democratic character of a decision. Otherwise, all decisions by the people or by the organs designated by the people would be democratic, independently from their contents. The democratic character of a decision depends first of all on its direct or indirect acceptance by the majority, but it also depends on its conformity with the reasons on which the democratic principle is based, i.e. of democracy as a system of principles.

All human rights derive from the equal dignity of men, i.e., of their equal value as free and autonomous persons, who give themselves their own law and whose personal ends are the ultimate ends of law. The democratic principle is the constitutional principle of a society on such an ethical basis.

RECHTSTHEORIE, Beiheft 19, S. 71 - 85
Duncker & Humblot, 12165 Berlin

DEMOCRACY: THE MESSAGE FROM ATHENS

By Elizabeth Wolgast, Hayward

Although the historical line from democratic Athens to modern democracies is familiar, I want to look at the Athenian scene once more to emphasize some neglected features. Among these are features that a modern democracy might envy, I propose – features that show modern forms in a new and unfamiliar light. Against the ancient background, our confidence that democracy is the best, and perhaps the only legitimate, form of government, takes on new coloring.[1]

I.

In sixth century B. C. Athens, governing was the exclusive work of aristocrats. The reasons were straightforward: being members of old families, their judgment could be expected to be historically informed; they also had, generally, a large investment in the stability and prosperity of the polis. Thirdly, they had time to leave their other responsibilities and attend to public affairs, that is, to serve in public office without pay. Without leisure to serve, even an educated and able person would be disqualified by his need to make a livelihood. A final reason, often cited by democracy's opponents, was that precisely because of their wealth, the wealthy were less corruptible than people of modest means.

Against this background of harsh class distinctions, the latter sixth and early fifth century saw great economic and social changes. The clout of a growing class of merchants and entrepreneurs, some with wealth but no tie to the aristocratic families, became difficult to ignore. Moreover as Athens prospered, all its wealthy citizens, including the nouveau riche, were expected to contribute to its culture and military requirements. Finally, prosperity in the middle and lower classes increased and encouraged resentment of the fixed ruling elite.

---

1 There may be some question where the first of democratic institutions was developed. Simon Hornblower says that Sparta had a constitution and an assembly in regular session at least by 600 B. C.; *Simon Hornblower*, Creation and Development of Democratic Institutions in Ancient Greece, in: John Dunn (ed.), Democracy: The Unfinished Journey, Oxford University Press 1992, p. 1. Nevertheless it is Athens which had the first fully developed democracy.

It was to still the class restlessness that Solon, himself an aristocrat, was asked to reform the government, and shift power. He began by establishing a class system based squarely on wealth; it was now economic class that determined a person's qualification to participate in some or all aspects of government. This emphasis on wealth was an oddly democratic move, insofar as money, unlike familial rank, is a transferable and changeable asset, available in a sense to all. Of the four classes defined by Solon, the upper three could now participate in the law-making assembly, in the council which set the assembly's agenda, and could serve as magistrates; and these were now given powers that once belonged to the aristocratic *areopagus*.[2] He also formed a council to prepare the assembly's agenda, representing each of the districts of Attica. A final move was a new court system, which made magistrates accountable for their judgments, and provided for appeals from unjust decisions. Thus was the power of the aristocrats weakened.

Cleisthenes broadened the participation of lower classes, again without abolishing the old system, extending political participation by the lower classes partly through paying citizens to serve in political offices. Perhaps more than any other move, this was responsible for the increased participation by poorer citizens. Such payment has been called "a bulwark of the radical democracy", for even though positions were typically less than full time, payment was crucial in enabling many citizens to serve.[3] Its importance to the democracy is attested by the fact that the principal democratic leaders favored increasing the amount, and it was the first target of those who wanted a return to the oligarchy.

Paying citizens for public service was carried further by Pericles, who instituted paying jurors for their services. It was through the judicial system, David Stockton claims, that democracy brought its greatest benefit to an ordinary citizen, for

> it secured for him the most effective protection before and under the law. The chief guarantee of this was that the laws themselves were approved and enacted by the whole citizen body and not by some small and privileged section of it, and that all decisions in legal actions were reached by broadly based courts and not by upper-class magistrates.[4]

---

2 Citizens in these classes had sufficient wealth to join the land army as hoplites, while those in the lowest class could serve only as rowers in the fleet. These last had presumably too little stake in Athens' stability and prosperity to be expected to act responsibly.

3 *Cynthia Farrar*, The Origins of Democratic Thinking: The Invention of Politics in Classical Athens, Cambridge University Press 1988, p. 8.

4 *David Stockton*, The Classical Athenian Democracy, Oxford University Press 1990, pp. 54 - 55.

It is important that judges and juries were both amateurs. And important that from their judgment there was no appeal.

The central democratic institution was the assembly, which met irregularly; there major policies were debated and decided and the laws were made, all by a majority vote of those attending. "Every decision of war and peace and on military expeditions lay with the very men whose lives would be at risk in war and fighting," writes one author.[5] But the most original institution was arguably the council which prepared matters to put before the assembly; it met regularly and frequently for most of the year, and its influence on the assembly was continual. It was composed by a strict formula of representatives of Attica's ten tribes, and members of each tribe presided over the Council for some part of the year in rotation. The council, Hornblower writes, "was a way of involving all of Attica in decision-making, not just the city population which found it easiest to attend political meetings".[6] A representative could serve twice in the council, only once in most other offices. By thus restricting terms of office, large numbers of citizens were able to participate at some time in their government.[7] "Any citizen of Athens who lived out a normal adult life was likely, sooner or later, to find himself acting for a day as head of the official executive body of the Athenian state, the council, receiving and conferring with foreign envoys as the representative of Athens," writes John Dunn.[8]

The new forms signified to Athenians the broadening of values once associated with the leisured class, an elevation of status for the ordinary person and an invitation to participate in government.[9] Through the removal of real and formal barriers to public service, power was shifted step by step away from the aristocrats and the wealthy toward the shopkeeping and laboring many. The revolution was original, radical and peaceful.

---

5 Ibid., p. 55.

6 *Hornblower* (note 1), p. 8.

7 Stockton gives some idea of the number of offices that needed to be filled each year: 500 council members, 300 archons, "eleven Police and Prison Commissioners, Superintendents of the Agora, of Weights and Measures, Coinage, Street Cleaning, Roads, Wells and Springs, Grain, Games, Temple Treasures and Furniture, Public Sacrifices, Public Assistance, Public Debts" and so on; *Stockton* (note 4), pp. 111 - 112.

8 *Dunn* (note 1), p. 241.

9 *Stockton* (note 4), p. 7. The pool for such offices still excluded one class, people without a minimum amount of wealth, the *thetes*. The upper three classes, those who had at least a plough, a pair of oxen or mules, and a given level of income, were all eligible for the office. The *thetes* were able only to participate in the assembly and serve as jurors; see *Stockton*, p. 85.

II.

There is an important feature of the Athenian system which waits to be mentioned: that is sortition or selection by lot. When each of the ten tribes chose members to send to the council, the choices were made by lot; and it was by lot that magistrates and jurors were chosen. Even the highest and once most influential offices, those of the archons, were now chosen by lot.

The question leaps to mind how ordinary people, politically untrained and with little opportunity for seasoning in office, could fill so vastly many positions.[10] Part of the answer is that the expectation of serving in public office fostered in citizens from youth a concern for, and acquaintance with, policy matters. The opportunity to serve in government encouraged understanding and appreciation of their government and how it functioned. The chief exceptions to choice by sortition were offices of military leadership, the generals or *strategoi*, of which there was one elected by each of the ten tribes.[11] A general was not an everyman: he needed to be a leader, recognized and trusted as such. Thus sortition was inadequate for their selection.

Sortition, which largely defines Athenian democracy, marks an important contrast between it and modern democracies, and its implications are worth exploring. These will help illuminate assumptions embedded in elective democracies, and provide a stage for critical reevaluation. I am not interested in the practicability of the Athenian institutions in a modern setting; my interests are solely analytic and critical.

III.

Sortition was "based on the idea of equality," says the Oxford Classical Dictionary, and in fifth century Athens it "decided very many questions in political and social life".[12] Sortition is "based on the idea of equality" because it treats all citizens as qualified to serve in public positions; they are qualified in virtue of being citizens. In modern terms,

---

[10] Stockton writes that "most of the jobs to be done had to be simple and straightforward: checking lists and inventories, ensuring and certifying that specified sums had been duly received or disbursed, that specified tasks had been satisfactorily performed", p. 112.

[11] Chester Starr lists some of the other specialists who were elected annually: "city architect, superintendent of the water supply, and the board of naval architects" while "supervisors of the dockyards could more safely be chosen by lot"; *Chester Starr*, The Birth of Athenian Democracy, Oxford University Press 1990, pp. 42 - 43.

[12] *N. G. L. Hammond/H. H. Scullard* (eds.), Oxford Classical Dictionary, 2nd. ed., Oxford University Press 1978, pp. 1003 - 1004.

they are fungible or interchangeable with respect to governing. The qualifications for holding office, beyond the economic one, were minimal: only the incompetent, insane or very old were excluded. As noted, the main offices considered to require special expertise were those of military leadership. With regard to them, the assumption of fungibility failed.

The fungibility of citizens meant that skills were not recognized as a qualification for governing. More important to Athenians was honest and uncorrupt behavior in office, but susceptibility to the temptations of power was viewed as a common weakness. Thus Athenian suspiciousness about politicians and their probity is connected with the practice of sortition. Why should anyone expect a merchant, now a council member, to neglect a chance to enrich himself, or his friends; why should a magistrate not maneuver to help a relative; wouldn't this juror, well known for dissolute ways, take a bribe? The answer is that one could not expect honest official behavior, and thus citizens were accustomed to keep watch at all levels, to monitor officials who were chosen without regard to character, who were subject to many temptations of power and influence. Thus, the use of sortition and concern about corruption both stemmed from a conception of human nature – the one expressing trust in people's common capacity to govern, the other, a distrust of their probity. To suppose that officials should monitor one another would have been incomprehensible. Thus citizens needed to watch constantly for official misbehavior, and to bring charges if a magistrate or juror took bribes, or an official engaged in nepotism. Bribery was common enough, but so also were charges brought against officials in the courts, and punishments were severe.

This system of government by inexperienced and untrained amateurs, whose official behavior was watched with suspicion; with its assembly that debated all-too-briefly the heaviest questions facing a great power, susceptible to the powers of passionate rhetoric: this was an easy target for the biting wit of Aristophanes. He saw its dangers, particularly from manipulative politicians combined with an ignorant populace. Socrates and Plato treated democracy even more harshly, and Aristotle only mildly condoned it as the least bad of the bad forms of constitution. Indeed, one would think that the practicality of governing a polis of Athens' importance by such means might conclusively be shown to be utopian. Nonetheless the system thrived for a century, and was a source of great satisfaction and pride to its citizens.

What led Athenians to think such a government was practical? A partial answer lies in their suspicion of the corruptibility of public officials, any officials in a government of any form. If their court system was the heart of their democracy, that was in part because they were able to bring charges of corruption against those who, technically speaking, ruled them. Moreover, regular and extensive audits were made of the public accounts. Historian Chester Starr tells us that "all officials were examined before entering office, were checked by the council as they performed their tasks, and could not lay down their posts at the end of the year until inspected and approved by the council".[13]

In addition to such oversight, limited terms of office also helped control the damage an official might do. Aristotle tells us about proponents of holding public office continuously, being "moved by the profits to be derived from office and the handling of public property".[14] A further hazard concerned the opportunity to pursue one's private commercial interests while in government. Even military leaders were not thought to be immune to the temptations of public power.[15] Such widespread distrust of the human character was one of their chief reasons for preferring democracy to other forms of government.

IV.

The arguments against democracy were, and still are, powerful. Plato argued that it is evident that a statesman, like a ship's captain, must have appropriate knowledge and abilities. Thus, what is needed is wise leaders, trained so that they can make wise policies, while the part of ordinary people is to follow and obey. It is foolish to think any untrained person can manage a ship through a storm, he argued; similarly good and stable government requires leaders of skill and understanding. Yet trusting and following were two modes that Athenians found difficult, and once they had tasted democracy the argument fell on deaf ears. Against Plato's claim that just statesmen must be trained in both skills and virtue, Protagoras gave a democratic defense in the form of a myth, in which Zeus distributed justice to all men equally. Justice, he implied, is unlike the skills of leadership or craftsmanship; it is given to all, and democratic institutions are the natural expression of this belief.[16]

Yet no one would claim that all citizens are equally good at serving in some office: surely the Athenians would not. And the ability of the per-

13 *Starr* (note 11), p. 42.

14 Politics 1279a; quoted by *Starr* (note 11), at p. 41.

15 Orators and military leaders were probably subject to corruption by foreign bribes, Chester Starr argues; *Starr* (note 11), pp. 41 - 42.

16 *Plato*, Protagoras. Notice that the mythical distribution of justice is not inconsistent with doubts about the honesty of human beings and the belief of widespread corruptibility.

sons in power must matter. Plato reasoned that each kind of skill and capability has its place. Thus putting someone in an inappropriate place will result in the poor functioning of the whole. Such arguments for skilled people in political office suggests the need for a class of trained and capable people, an oligarchy of professionals. It is an idea which takes form in many modern democracies.

When voting for one candidate rather than another, it is assumed that our choice relates to criteria of intelligent leadership, experience and integrity, among others. Can we imagine closing our eyes and picking blindly? That seems a paradigmatically stupid and irresponsible misuse of political power. We try – and it seems we should try – to choose the best. Nonetheless this emphasis on ability and character vitiates the assumption of fungibility which defined democracy in Greece. And since the relevant experience is experience in public office, the system clearly fosters political professionalism, and encourages people to hold the same office over a period of time. The direction which elections give to politics is as Aristotle observed, aristocratic, not democratic. They introduce the element of deliberate choice, and with it, the idea of getting the "best people", in contrast to the democratic idea of randomly selected, inexperienced citizens.

In two important respects, then, a democracy incorporating the idea of choosing the best forfeits features that ancient Athenians valued. Gone is the protection against corruptibility, and gone is reliance on direct, widely-based participation. Given the value placed on professionals, it is not surprising that monitoring public ethics, like the monitoring of medical and scientific ethics, is assigned to professionals, which is to say, to other politicians. It is an idea that an Athenian would have found ludicrous, as was the idea of trusting a politician in the first place.

The contrast we have been developing shows a wide difference in modern and ancient attitudes both toward government and about the relation of citizens to it. One aspect of it is shown in this remark by two contemporary theorists, who write that "the judgment of most electors on, say, the finances of a state superannuation (retirement) scheme or on credit policy, is not likely to be worth much, and there is no reason why a government should be expected to defer to it".[17] To a Greek democrat, this concern for the public's incompetence misses the point: it is not that government should listen to the people; instead, the people should be in the drivers seat, in office and in the law-making assembly. They should *be* the government. Indeed, the lack of any 'governers' strictly speaking

---

[17] *S. I. Benn/R. S. Peters*, Social Principles of the Democratic State, George Allen & Unwin 1959, p. 341.

led one scholar to remark that Athens had no government in the modern sense.[18]

A second point of difference concerns the modern lack of confidence in electors' judgment. Greeks regularly voted on complex issues of greater consequence than those mentioned above, and while they made mistakes, it was generally not from ignorance of the relevant factors, nor the incomprehensible complexity of issues.[19] It is further unclear that they did worse than a government by elected leaders would have.

V.

Before the institution of democracy, ancient Greeks widely assumed that "men were accorded respect and privileges, including political privileges, in line with their qualities, achievements and contributions".[20] Men of lesser quality and achievement should not be given public responsibility. The anonymous author of the Constitution of Athens writes:

> in every country the aristocracy is contrasted to the demos, there being in the best people the least licentiousness and iniquity, but the keenest eye for morals; in the people on the other hand we find a very high degree of ignorance, disorder, and vileness; for poverty more and more leads them in the direction of bad morals, thus also the absence of education.[21]

The poor, because of their poverty, were presumed unable to govern well. This argument for aristocracy contrasts with Plato's arguments in favor of a technocracy, for Plato did not believe that good leadership follows aristocratic birth. Instead we should carefully select and train young people with ability from whatever background.

If we look at the early history of the American republic, we see the contrast played out in a concrete form. The states crafted constitutions that were not meant to be pure democracies, but were to combine good features of the three basic forms: aristocracy, monarchy, and democracy.[22] Public officials, both state and federal "were now agents, limited

---

18 *M. I. Finley*, Democracy Ancient and Modern, revised ed., Rutgers University Press 1985, p. 62.

19 Starr quotes ancient writers who tell of Greeks "sitting in the wrestling grounds and public places, drawing on the ground the figure of the island [Sicily] and the situation of Libya and Carthage"; *Starr* (note 11), p. 53.

20 *Farrar* (note 3), p. 96.

21 Quoted by *Jennifer Roberts*, Athens on Trial, Princeton University Press 1994, p. 48.

22 Gordon Wood writes that most American revolutionaries in 1776 "still believed that their new republican state governments, although now elective, ought to embody the classic principles of monarchy, aristocracy, and democracy. Consequently, in nearly all of their created republican versions of a balanced constitution"; *Gordon Wood*, Democracy and the American Revolution, in: Dunn (note 1), p. 94.

agents, of the people who remained outside of the entire system of government", writes one scholar. He quotes James Madison, who writes critically that "the true distinction" of American governments "lies in the total exclusion of the people, in their collective capacity, from any share" in the government.[23] His point is that a representative democracy is no democracy at all. It is a point that Rousseau was to reiterate: by sending a deputy to represent him, a citizen resigns his responsibility to govern.

Modern democracies might be said to echo the Greek form in one respect, that of payment for serving in office. But in America, pay for official service has a different source, namely that it is viewed as similar to other jobs, and thus closely connected with pay. "In order to justify their salaries American officials began arguing that serving in government was no different from being a lawyer or doctor or even a businessman; it was another means of making a living," Wood tells us.[24] Another link with Greek democracy is thus broken in the American form.

Professionalism in politics means that statesmen are specialists whose skills presumably fit the positions they hold. This conception leads Thomas Nagel to say that "the design of institutions may include roles whose occupants must determine what to do by principles different from those that govern private individuals", and he maintains "that the degree to which ruthlessness is acceptable in public life ... depends on moral features of the institutions through which public action is carried out".[25] This account firmly distances the citizen from an understanding of political action, assumes that he is unable to judge whether an instance of ruthlessness is justified or not. It is not appropriate to view an official as an ordinary citizen, or judge his probity in the usual way, for his role lies outside the space of 'ordinary' morality. This shows precisely the gap between public officials and those who must obey them that ancient democracy was meant to close.

A final objection might be made against our modern elective oligarchies: If special skills are needed to govern well, then can untrained citizens even judge, in elections, who has them and who does not? Qualifications for governing are not proved in a certificate of graduation. How, then, are the untrained to recognize the really skilled and the mere artful persuader? The truth is that Athenian leaders were constantly dogged by

---

23 *Wood*, quoting The Federalist No. 63, in: Dunn (note 1), p. 97.

24 *Wood*, p. 104. Wood relates this conception of political service to the American work ethic, which he says requires that everyone have some kind of work.

25 Ruthlessness in Public Life, in: Mortal Questions, Cambridge: Cambridge University Press 1979, pp. 82 - 83.

lawsuits by discontented citizens and political enemies; the leaders "had no respite" from them.

> Because their influence had to be earned and exerted directly and immediately – this was a necessary consequence of direct as distinct from a representative, democracy – they had to lead in person, and they also had to bear, in person, the brunt of the opposition's attacks.[26]

The people were a harsh master: critical, unforgiving and spiteful, and possessed of full means to make themselves ungovernable. In times of crisis the problem was sharpened. Constant re-evaluation of the progress of a war before the Assembly was, one author says,

> as if Winston Churchill were to have been compelled to take a referendum before each move in World War II, and then to face another vote to determine not merely what the next step should be but also whether he was to be dismissed ... or even whether he was to be held criminally liable.[27]

Another danger, which Socrates emphasized, was the power of the demagogues whose skillful oratory often caused mischief as they pursued their political advancement. The Greek record shows much amiss with popular decision-making, and does not suggest that the people would recognize the best qualified person when they saw him. Thus one might reasonably infer that ordinary citizens should not choose their leaders, that only those trained and able to recognize superiority should do so. This brings us back to professional oligarchy in an even more exclusive form: only professionals should give other professionals power. Thus the argument for political professionalism, which is commonly treated as consistent with democracy, in fact generates an argument against it, against any elective representative government. A last strand with the Greek tradition is thus broken.

To the argument that ordinary citizens are just as un-qualified to choose generals as they are to *be* generals, a Greek might respond that an unskilled person can judge a good general from an inferior one: he has only to look at the results of their campaigns. Besides, having chosen leaders over years of wars gave one experience in such things. However one must point out that the Greeks were not good at choosing generals, or at least notorious for changing generals with each defeat. The result was chaotic policies, shifting strategies and confusion throughout the military. We return to the conclusion that elections showed precisely that laymen were not able to choose such specialists.

---

26 *Finley* (note 18), p. 61.

27 *Finley* (note 18), p. 59 - 60. This account reinforces the difference between modern politicians, with their political immunity, and ancient ones.

VI.

Clearly the Greeks did not assume that sortition would select the best people for the job of governing, and if they did, Aristophanes and Plato would have shown them the absurdity of it. We must accept that the democratic idea goes deeper than considerations of competence or good government, that managing a democracy is unlike, say, running a business or choosing an athletic team, where getting the best people is important. What assumptions could override such considerations?; that is my next question.

First, by bringing ordinary citizens into government while making long terms in office impossible, the Greek system emphasized the need for citizens to see their government from both sides, from the side of governing as well as being governed. Once familiar with both sides, a citizen would understand for himself the demands and the pitfalls of both positions, the lure of corruption on the one, the dangers of ignorance and apathy on the other.

Second, as I have mentioned, such wholesale participation did not reflect a naive trust in people's qualifications any more than it did in their probity. The comical Demos who personified the electorate in Aristophanes' "The Knights", seems at first sight simply ignorant, gullible and greedy. Yet he proves himself to be politically canny and just as suspicious of politicians as was Aristophanes himself, whose taunting of political demagogues was legendary. Even with his biting criticisms of democracy, however, Aristophanes did not argue for a different form of government; instead he played the role of educator, warning people against trust and complacency, exposing corruption and mocking the antics of demagogues. Not only was the Athenian system largely founded on the public's mistrust of politicians, but its continued success depended on it.

A third and more positive assumption in favor of democracy was the belief that political participation was part of a full human life that was once available only to aristocrats; without exercise of political power a person lacked one important dimension of human existence. "The realm of the polis," Hannah Arendt writes, "was the sphere of freedom", where freedom "meant neither to rule nor to be ruled". And such a society of free men "knew only 'equals' ".[28] For those once excluded from that kind of society by their modest estate, democratic participation opened up a new and higher form of life. Farrar writes:

---

[28] The Human Condition, University of Chicago Press 1958, pp. 30, 32.

> Within the civic realm all men were politically equal despite persisting social and economic inequalities, and all men were capable of pursuing the leisured, genteel activities of warfare, politics and public service, despite the fact that they had to work for a living.[29]

In this connection Arendt considers the etymology of "privacy:"

> To live an entirely private life means above all to be deprived of things essential to a truly human life: to be deprived of the realm that comes from being seen and heard by others, ... to be deprived of the possibility of achieving something more permanent than life itself.[30]

The extension of political privilege nonetheless left grave theoretical problems in its wake. Farrar observes that "it was the achievement of democracy to secure the formal equality within the civic structure of men who were patently unequal; it made the unequal formally equal".[31] And thus it set the stage for critics who argued that people's status ought to follow their merits, the argument for an aristocracy of merit that may still seem to have much reason on its side.

But at the same time, democracy's effect was to change and educate the citizens it depended on. Farrar writes that "Athenian politics shaped man's self-understanding along civic lines".[32] It tended to develop, to create, the kind of citizenry it required:

> Politics was an attempt to enable men of different classes and attributes to become capable of citizenship, to express and transform their understanding of the good through political interaction. Politics demanded much of individuals, yet this was not a violation but rather an affirmation of their capacity for autonomy.[33]

For ordinary citizens, democracy meant a continuing process of political education and a developing sense of self. Without some such vision of the educational power of politics or the benefits to be gained by widespread citizen participation, it is difficult to see how democracy could have endured.

---

29 *Farrar* (note 3), p. 28.

30 *Arendt* (note 28), p. 58. Also see *Farrar* (note 3), p. 8. Farrar does not find the public-private distinction as sharp as Arendt does. She writes that "freedom was defined as both the absence of constraint and the exercise of self-government. The realization of one's purposes demanded that one be an active citizen in a self-governing *polis*", *Farrar*, p. 11. Thus, she argues that private interests demand public participation, and are inseparable from it.

31 *Farrar* (note 3), p. 96.

32 *Farrar* (note 3), p. 276.

33 *Farrar*, in: John Dunn (note 1), p. 38.

VII.

A modern scholar of democratic theory defines democracy as "rule by the people", and then explains:

> "Rule" means that public policies are determined either directly by vote of the electorate or indirectly by officials freely elected as reasonably frequent intervals and by a process in which each voter who chooses to vote counts equally... and in which a plurality is determinative.[34]

From an Attic perspective, this definition is patently wrong, confusing democracy with a system of elected representatives. It is of no great significance that the representatives serve at their constituents' pleasure; that was true in the Athenian oligarchy as well.

Government by representatives, however chosen and from whatever class, is less than a true democracy, a Greek would think. If the people are supposed to govern, then they should be directly involved – which is to say, by holding office without regard for who is the best qualified. To be sure Athens' democracy was often clumsy and its policies ill-considered, even disastrous, and for precisely the reason that it was so democratic. Often when the best and most skilled offered their counsel their advice was ignored, and seductive demogoguery was rampant. But democracy's redeeming features were also evident.

> Whatever was lost in speed, expertise, and continuity was counterbalanced by the constraints [against unrepresentative bodies] by a wide pool of practical experience, local knowledge, and common sense that was drawn on, by the provision of a platform for the free expression of every interest, in short by the absence of that 'them-and-us' dichotomy between government and governed which has been so marked a feature of so many other societies.[35]

In Greek democracy governed and governing were really one and these terms were ambiguous: no one could be identified with the one side or the other except temporarily. More thoroughly than modern so-called democracies, it was government of and by the people. John Dunn draws the comparison between the ancient and modern forms this way:

> Republican democracy is democracy made safe for the modern state: democracy converted from unruly and incoherent master to docile and dependable servant. To an Athenian eye this version of democracy would seem not so much tamed ... as neutered – de-natured, and deprived of all generative energy and force of its own.[36]

---

34 *J. Roland Pennock*, Modern Democratic Theory, Princeton University Press 1979, p. 7.

35 *Stockton* (note 4), p. 113.

36 *Dunn* (note 1), p. 248.

Not only was the concept of democracy different for Athenians than for us, the concept of representation was different as well. Each of the ten tribes was represented through sortition in the council, and within each tribe, districts were represented, again by sortition. With respect to representing geographic regions then, the system was quite representative.[37] But a representative was not obliged to present anyone else's views, say, to endorse policies favored in their locality. They represented simply by having been randomly chosen: echoing a particular opinion was not part of their job. This sense of representation is at striking odds with the modern one, and avoids some of its problems.[38]

Nonetheless, in modern democracies one can observe some tendencies to turn toward the Greek model. There are protests against unrestricted terms for officials, and for the familiar reason that it leads to corruption and forfeit of public values. There are also protests against judges whose conduct is monitored only by other judges. There is recent criticism of the peremptory challenges used to dismiss potential jury members. By the standards of sortition, this clearly puts the fairness of the courts in jeopardy. In what sense can such a jury be expected to judge justly?

VIII.

By discussing the Greeks, I have meant to put into relief some features of modern representative democracy, and raise questions about its ultimate superiority to other kinds of government. Using representatives has many of the same implications as does an oligarchic system, I argued: the representatives are a class of governers, they are employed by the citizens who elect them according to their qualifications and retained by them as long as they perform satisfactorily. The idea of politics as a place for the specially skilled or qualified who we elect is inherently attractive in a culture where expertise in many forms is valued. But it is inconsistent with crucial assumptions of democracy, among them ideas about human nature and the relation that should exist between citizens and government; it cannot be separated from these.

---

37 Stockton writes: "We surely cannot deny the epithet 'representative' to the Athenian *boule*, or to the Athenian courts (which could number up to a thousand, or even several thousand, jurymen for really major trials). Indeed the six hundred and fifty members of the modern British House of Commons, who sit there for up to five years between elections and are frequently re-elected for further terms, compare very badly as a representative body", *Stockton* (note 4), p. 95. I think he means that Greek representatives came from, and shared interests with, those they judged and governed, and were in touch with local issues.

38 Moral issues connected with representative government are explored in my Ethics of an Artificial Person, especially Chapter Six.

Arguments for professionalism in government, for a cadre of political experts on the one side, and a detached electorate on the other are serious and plausible ones. As Thomas Nagel wrote, a moral division of labor between representatives and citizens has the advantage of leaving ordinary citizens "free to lead our individual lives in obedience to more personal attachments, commitments and crotchets".[39] Despite this benefit, the professionalism of politicians is often a source of deep dissatisfaction to democratically-minded people, who view the freedom from politics that professionalism encourages as depriving their lives of a dimension that democratic participation promises.

39 Moral Conflict and Political Legitimacy, in: Philosophy and Public Affairs 13 (1984), p. 238.

II. Modernity of Legal Post-Modernism

RECHTSTHEORIE, Beiheft 19, S. 89 - 97
Duncker & Humblot, 12165 Berlin

POSTMODERNISM, POLITICAL PHILOSOPHY AND PHILOSOPHY OF LAW

By Ana Julia Bozo De Carmona, Maracaibo

We witness a time of crack between cultural-scientific paradigms: We pass from modernism to postmodernism. The scientific episteme goes from the specificity of the disciplines to the "multilogic" dialog applied to vital and colloquial problems located in the space and in time. Contingency is the sign of postmodernism. The socio-political and the power relations of the political systems do not attend any more exclusively the State rationality. Orientated micro-rationalities of the political performance of the actors rise and, a conventional legality that follows the social changeability is produced, this is defined by the necessary claim of the human vital rights in front of the technological, biological, cibernetic, etc., advances. Postmodern philosophy is revealed as a pragmatic philosophy, next to the vital human problems. The political philosophy should specify the conventional legality conditions of legitimation. The philosophy of law should define both the means of legal production (conventional and pragmatic) and, the political actors (individual and in group) that gradually assume the lead in political decision-making and the production of the fragmentary law.

That lead is translated in a micro-revolutionary practice, whose nature and range the postmodern political-juridical philosophy should made clear, as well. I will begin refering to "the crisis" of our time. The crisis, I believe, that is not more than the proximity to the crack of a paradigm. I take the paradigms reference from Foucault. (Revault D'Allones 1967, p. 34). A paradigm is a epistemological space whose racionality explains the knowledge or the knowledges and the human actions that happen in a historical tempo. There has been three epistemes or paradigms: That of the Renaissance (century XVI), the Classic (centuries XVI to XVIII) and the Contemporary (century XIX). The so-called crisis of the last third of the XX's century seems to be the experience of a contemporary paradigm crack.

The model or ratio whose agony we witness is that of the modernity or the modernism. Said agony is not announced as an ideology but that it is presented as a verification of a state of things, as a social phenomenon or a new way of being in the world (scientific and cultural) that can not be eluded. The political failure of the socialism/comunism, the economical failure of liberalism and the political failure of the Welfare State are splits that show the fracture of the already exhausted cultural and "epistemological" models, giving rise to an invonlutary but resolute search of a new ratio. Even now, among the scholars of the philosophical discipline that we are dealing with today, it has been already designed the new paradigm as postmodernism.

We accept that name because of two reasons: First, because the postmodernism word, considered strictly, simply refers to a tempo later to modernism, without a definition of its sign, which, in anycase, should be possible to do it so prematurely; even though there might be people that have been dedicated to define postmodernism, mistakingly, as an ideology, instead of understanding it as a state of affaires. Second: Because it results practical to use a topoi to discourse about an space whose sign we do not know yet.

> "In my view the meaning of the twenty century lies in that it marks the begining of a transition from modernity to another socio-cultural paradigm which for the lack of a better name we could call postmodernity." (De Sousa Santos 1989, p. 112)

The transition or the crisis shakes all the spheres of the human action and culture. As to the scientific point of view as an epithet opposite to the empiricness (colloquial), we live the epistemological fracture from a doble experience: First, the abandoning of the specialized scientific orientations, and, second, the substitution of the universal intellectual by the specific intellectual (Foucault 1979, p. 184). I will briefly refer to each one of both experiences. Modernism got us used to specific scientific rationalities which were exclusive of each field of knowledge.

Modernism was the outbreak of the specialists and the experts in "clinic of the circulation of the superior cardiac arteries" or in "the quantitative analysis of the electoral results of the representative democracies", for example. The particular science were sprayed and, each scientific sub-speciality carefully made the effort to avoid the contamination of the art with politics or of biology with sociology, etc. The modernist sign was that of the isolated preservation of the racionalities of each discipline, understanding that said isolation would tend to the order of the totality of the science whose total thought, then, would become inexorably rational (formaly); that is, registered in the organon or logos of knowledge. The speciality produced advances as the biological manipulations, ecological modifications, etc. and results as the demographic explosion, the radioactive pollution, etc. Said events escape in its treatment and its discussion from the field of the speciality where they began.

The collective and individual social consequences to which we have been submitted and which endanger us the mentioned and silenced advances of the specialities, demand a global scientific answer. The postmodernism announces an episteme formed of "a multitude of miniracionalities that become totalities present in many parts" (De Sousa Santos 1989, p. 116). Nowadays, the perceptual or experiential and fragmentary rationality is the one that explains the science. It is maintained that each scientific discipline is defined by a racionality which explains its reasonings, but that racionality it is not exclusive nor isolated, it takes part of common notes to the racionalities of other disciplines and all the particular disciplines explain the scientific thought and action. The scientific knowledge in the postmodernism is showed as a polilogic or multilogic knowledge. It is managed to get the multidisciplinarity, the confrontation among specialized scientists. The dialogic solution of the struggles is managed in order to obtain a consensus from the argumentation among the participants (scientific and social), in the specific situation that is analized and accomplished. The multitude of minirationalities in each reality is cause and consequence of the second experience that we, the postmodern scientists, live. The present world is defined by very complex vital-practical problems, whose treatment surpass the scientific isolation but, at the same time it demands a direct, simple and located processing.

The critical nodi of the vital praxis of the end of the XX's century, some of which already mentioned and others as the AIDS, the euthanasia, the extreme neonationalisms, the moving of the juridical production and of the political legitimation from the State to the groups of the civil society, etc. are situations that tie together multiple scientific disciplines, which takes us to the comprehensiveness as demand; but, at the same time and caused by those tying together, exclude a confrontation from the totalizing rationality.

The experience of the practical-vital problems of the postmodern global society admits, exclusively, advances and/or solutions strategically localized: crossed microrationalities performed in micro spaces of scientific action. To this we referred to, when called this second experience: "From the universal intellectual to the specific intellectual." The scientific work is not more abstraction and distance but inscription in specific realities, practices from determined fragments in a space and in a time, specific social functions.

"The intellectuals have been located to work not in the 'universal', in the 'exemplary', in the 'just and real for all', but in specific sectors, in essential points where their working conditions or their living conditions (housing, hospital, mental hospital, laboratory, university, family or sexual relations) were located. Have therefore obtained a conciousness a lot more inmediate and concrete of the struggles. And have found problems that were determined, not 'universals'..." (Foucault 1979, p. 184)

Facing the crisis and the experience of being in the "threshold of an episteme", it is valid to state again the justification of the philosophical thought and task, specifically we want to identify the why and the what-for of the Political Philosophy and the Philosophy of Law.

The philosophical orientation in the postmodernity demands the defection of abstract attitudes and of search of final causes, proper of the totalizing logos which is chacacteristic of the modern scientific rationality. We understand that, the philosophy in the postmodernity, is called to be a pragmatic philosophy, as it was qualified by Hans Lenk:

"It is necessary a new public and social implication of the philosophy, a new pragmatic philosophy, a philosophy of matters and happenings of every day life, even about the social matters and about the problems stated by the socio-technical circumstances and also the economical and ecological ones." (Lenk 1982, p. 32)

Before I go on, it is necessary to differenciate the pragmatic philosophy (at the style of Lenk) from the pragmatistic philosophy (or pragmatic at the style of Dewey) which extremes we do not share. Both orientations are different because the pragmatistic defines the "real" from the usefull/convenient and discard the metaphysic reflection as unusefull and, therefore, as imposible. The pragmatic does not even mean "the real" as a teleologic category of its activity, but it tries to produce proposals or concrete expositions with social-practical importance.

The postmodern philosophy can not reduce *itself* to continue long disquisitions that, in function of "last and definitive instances of foundation", define ethic and cultural values which orient the life of the human being and the existence of the things. The human being faces vital and urgent matters that threats the existence in a peremptory future.

That experience forces us to live with the contingency as an element of the daily life. Contingency is the sign of our time and that sign also is good for philosophy. The diagnosis of our present contingent is a task to be done for the postmodern philosophy. The man of the century and of the end of an episteme is a surprised and embarrased human being that has lost his referents and has not found the substitute. The postmodern philosophy is the discipline called to give that substitute. From there that we see that philosophy as a reflection about the problems more than a philosophy of cocrete contents. But, the problems to be considered by the postmodernist philosophical reflection are not abstract problems (fallacy), they are concrete human problems, of existential praxis, of compromise. Not for nothing we chose the denomination of pragmatic to describe the postmodern philosophy.

The pragmatic philosophy should give exact answers to the emptiness of referentials lived by the men of the breaking, assuming the provisionality and the urgency derived from the socio-cultural demands in a time when "the 'concretion party' prevails, which amazes more whenever it seems to have to deal,..., with positions founded on modern ethical and political options" (Carrino 1992, pp. 115 - 116). The modernist philosophy chained itself to the pretension of looking for final causes or logic-methologic certitudes which kept it away from the concrete and rushed it to the "abstraction fallacy". The caution because of the fear of the lack of certainty is a disposable position in front of the contingency of the postmodernism. Postmodernism obligues philosophy to dare to formulate contingent proposals and projects that give account of the social-sensible matters and that give new production and justification criteria of values and directions. Said projects and proposals have to be precarious for that conditionant of contingency and also because the postmodern philosophy, more than to discuss to find a consensus about the final fundamental values, it seems to point to the application of the secondary values related to the every human practice. The above mentioned does not cover the idea of the postmodern philosophy as a machine which produces the moral to be imposed (we even doubt that the moral prevails as an abstract ethic system), but the competence of the contigent and pragmatic philosophy to advance in the integration of the emptiness of referentials proper of the postmodern humanity is confirmed.

De Sousa Santos refers to this function of the postmodern philosophy in the following terms:

> "liberal ethics ... (is) based on the attribution of moral responsability to individuals and for individuals' actions. This paradigm may have worked more or less adequately in the past, but today, in the face of the global danger of nuclear annihilation and ecological catastrophe, a situation is created for the first time in history in which, 'in face of common danger, men and women are called upon to assume a common moral responsibiliti'" (Apel 1984, p. 250).
>
> "The impasse lies in the fact that while the micro-ethics is definitely inadecuate to address this new situation, it has not yet been replaced by a macro-ethics capable 'of organizing the responsibility of humankind for the consecuences of their colective actions on a planetary scale.'" (Apel 1984, p. 250) (De Sousa Santos 1989, p. 115)

Before going to the special field of the political and juridical philosophy, we should add more about the philosophy in general as a scientific discipline of postmodernity. I mean that the philosophy of the rupture does not have to reveal itself as philosophy. In fact, in this and other past paradigms, philosophy has taken different costumes and, in not a few times – dangerously – philosophy of "incognito" has been made, task against which, our professor Dr. José M. Delgado Ocando, repeatly advice us. But, we show this circumstance because the contingency and the transition point out a confused tempo, where even, to say philosophy is equal to say diletantism, decadence or incompetency. Therefore, postmodern philosophy shows as a covered philosophy which should assume, besides many others, the challenge to be revealed by itself. It happens that relations and structure systems that embrace and involves the taking of philosophical positions are sold as economical, political, sociological or "scientific" systems.

Thus, for example, the neoliberal model of economical development and, at the present, the neoliberal model of socio-economical development impelled from the private sector of the economy, are organizative systems of economical structures and functions in a political system, but, they answer to a philosophy or a philosophic conception of the world and life which appears as underliying and that, although, is critical and should be recovered to be made an object of reflection and/or conscious critic.

> "Discussions about abortion, contraception, euthanasia, the dilemma between the individual right to life and the righ to a level of a life hummanly honourable in an age of demographic explosion, have been (or are been) carried out independently from a taking of 'professional' philosophic position."
>
> "And also those questions that touch the fundamental rights as the human dignity, freedom and society, individuation versus social values, individualism versus socialism, freedom and manipulation, rationality of the problem of projection of the planning objectives, technology feasibility and normativity of technological possibilities linked to it; it is necessary to manufacture all that can be manufactured; finally, the political problems of participation, matters related with the right of giving an opinion by all the affected ones and the basic formation of the consensus and up to the representative democracy itself – all these are problems which have aspects totally normative and that, at last, they touch, or at least they affect, also basic philosophic convictions. This is really a challenge for the philosopher who could and should take position." (Lenk 1982, p. 18)

During the last quarter of the XXth century, we have testified the modification of the social-political aspects. Social movements have risen which propose projects with "postmodern" contents: ecology instead of indutrialism, leisure instead of productivity, sexual equality instead of sexual heterogeneity, aesthetics instead of ethics, pleasure instead of violence, the vital-existencial instead of the logic rational, etc. Said movements have been gaining space in different political systems, and this is so because their projects are circumscribed to local contexts (are focalized), even though they have collective aspirations.

That is, new political actors (groups of the civil society) have been constitute and are still being constituted, which agglutinate power in the political systems, and who are presented as the socio-political main characters of postmodernity. This irruption of new political actors happens according to a dynamic that we can accept to call "multiple mini-rationality." The dynamics or mini-rationalities of the different actors are located in different spaces and disseminated in the political system, passing it and taking place of the all powerfull rationality of the State/Government which was the explicative of the modern political systems. The direct or indirect reference to the political State was necessary in order to regulate the legal order of the political behavior of the actors of a system would be valid an effective. That necessary reference was verified formally from the "normativization" of the legal order and in that way, the law of modernity became a "unique, autonomous and auratic law" (De Sousa Santos 1989, p. 117) which becomes rigid because of the formal requirements of its positiveness by the State/Government. The emergency of new human vital situation and, as a consequence, the conformation of new (and localized) social forces requesting its participation in the public (political) space is destroying that view of the exclusively state legal order.

> "Both at the infra-state level and at the supra-state level, there have been emerging forms of law that are explicity liquid, ephemeral, ever negotiable and renegotiable, in award, disposable ... a contextual legality, finely tuned to the momentary interests of the parts involved and to the power relations among them."

> "For these emerging forms of law the hic et nunc becomes a categorical imperative. The hiperproductivity of the social context is not only tolerated but celebrated ... It is an antiauratic law, and intersticial, almost colloquial law, which repeats social relations instead of modelling them, and in such a way that ... the discrepancy between law in books and law in action cease to make sense." (De Sousa Santos 1989, p. 118)

In the postmodernity, the normatively maximal law tends to be ignored and, the socio-political behavior of the actors among whom the power moves on in the political systems (not the completely identificable traditional actors by their structural, economical or political facade), is linked and regulated by contractual and subcontractual norms, that is conventional norms. Then a "colloquial" law arises which is a lot more effective to attend the accelerated social-political dynamics which defines this end of the century and where information, AIDS, biogenetics, ecology and Chernovil coexist.

It is not necessary an enunciative law of the rights of political actors. We assist to the emergence of a time where the performance of the rights is fulfilled from more social spaces every day, attending in each one of those spaces to specific microrationalities that, however, take part of a coomon feature: they constitute resistances to the institutionalized power. (Foucault 1979) The civil commitment and the political mobilization of the organized groups of a political system in defense and performance of its rights cause the production of proposals of normativization of the behaviors of the involved parts in the "negotiation". That activity, which finally produces contingent and conventional norms (once again the same contingence signal of this tempo), requieres a legal explanation of the micro-rationality implicit in it.

Postmodern philosophy of law finds in this point its definition and its justification.

> "The local and micro-revolutionary character of new legal rationality must be articulated with the end of the state monopoly of legality and rise of legal minimalism mentioned above. Together they constitute the foundation of a new legal common sense. In my view the social construction of a new legal common sense is the must urgent task of social theory of law and the strategic weapon of a pregressive democratic politics." (De Sousa Santos 1989, p. 121)

Legal "minimalism" means that the juridical relations are increasingly direct translations of the relations power (multiple but localized) which move on and intercross in a socio-political system.

The juridical challenge consists in guaranteeing that the tensions as a result of those relations power become legal activities of each group (or individuals) in defense of their minimun vital rights at home, in the factory, etc.; the task consists in explaining how the forces are operating within a given multi and micro-rationality. Now, it should be clear that the legality we are talking about in this moment excludes the state legality to which modernity got us used to. As social dynamics moves on, the minimun vital rights are taken so seriously by the socio-political actors, that each space transforms in a space of micro-revolutionary practice, in a space of production and legitimation of juridical norms. And, it is exactly that verification which request a new juridical-political formulation of the rationality which explains the practice of power such as it was outlined. This task corresponds to the philosophy of law in the postmodernity. Philosophy of Law, therefore, visibly displaces towards the political philosophy and the theory of the legal norms and is presented as an expression of:

1. A formulation about the political participation of the citizens, the groups and its political micro-projects of life.
2. The setting up of the legal ways by which that active political participation will be accomplished, ways that have to take the place of the mediation traditional channels (parties, unions, group associations, etc.) all of which answer to a representative rationality that excludes

the direct participation (micro-revolutionary) which is characteristic of the new political actors.

3. The definition of the repercussion and the reach that active political participation will assume in the political process of collective decisions making, considering that the process will not be any more a scope of exclusive performance of the government.

4. The change of legally competent individual to produce legal norms or, which is the same, the philosophy of law will have "to replace" the theory of production of the law. At the same time that distinction between total and partially objectivized sources, may seem to go towards a stressed exclusion of the first category and, simultaneously, towards a maximization of the non objectivized law.

5. A relative exposition of the strategies, proceedings and mechanisms capable of producing legal norms in a system of production of informal law (non state system).

6. An explanation of the contingent and changeable nature and the legitimation of that interstitial, colloquial and non-auratic law and its consequences.

Finally, postmodern philosophy of law deals with the construction of a theory of the norms and the law which reports the social, political and normative fractures imposed by the transition and the "way of being in the world" characteristic of the postmodernity.

References

Apel, Karl-Otto (1991): Teoría de la Verdad y Etica del Discurso, Barcelona: Ed. Paidó's

Carrino, Agostino (1992): Solidaridad y Derecho. La Sociología de los 'Critical Legal Studies', in: DOXA 12

De Sousa Santos, Bonaventura (1989): Towards a postmodern understanding of law, in: Legal Culture and every day life, Oñati Proceedings, N. 1, Oñati International Institute for the Sociology of Law

Dewey, J. (1971): Experience and Nature, La Salle

Foucault, Michel (1979): Microfísica del Poder, Madrid: Ed. La Piqueta

Lenk, Hans (1982): Filosofía Pragmatica, España: Ed. Alfa

Revault D'Allones, Olivier (1967): Michel Foucault: Las palabras contra las cosas. Raison présente N. 2, feb - abril 1967, in: Analisis de Michel Foucault, Argentina: Ed. Tiempo Contemporaneo

RECHTSTHEORIE, Beiheft 19, S. 99 - 107
Duncker & Humblot, 12165 Berlin

IUSPHILOSOPHICAL UNDERSTANDING OF POSTMODERNITY

(A Trialistic Perspective)

By Miguel Angel Ciuro Caldani, Rosario

I. Basic Characterization of Postmodernity and of the Juridical World's Trialist Theory

Once II World War ended, or, to be more precise, once the second episode of World War ended, a new period of history has started. Although opinions as regards when it has started differ, in many fields people talk, with grounds, of a present time of *"postmodernity"*,[1] age of a culture (better probably "a civilization"[2]) of "weak" characters to such extent that, for the first time, a historical period gives itself a name through a relatively "negative" contrast with another one. It is worth remembering that, on the contrary, the also relational name of "Middle Age" was given to that period by Renaissance humanists and that the prefix "post", following the style of postmodern thinking (opposed to the idea of progress), does not mean better.

1 Some people make postmodernity start with Nietzsche, others count from the '70s of the present century on, etc. In relation to postmodernity it is possible to take into account v. gr. *Jean-François Lyotard,* La condición postmoderna – Informe sobre el saber, trad. Mariano Antolín Rato, Madrid: Minuit 1987; *Gianni Vattimo,* El fin de la modernidad, trad. Alberto L. Bixio, 3. ed., Barcelona: Gedisa 1990; *Michael C. Jackson,* Modernism, Post-Modernism and Contemporary Systems Thinking, in: R. L. Flood/M. C. Jackson (eds.), Critical Systems Thinking, John Wiley & Sons Ltd. 1992, pp. 279 on. (article by *Miguel Angel Ciuro Caldani* in: Boletín del Centro de Investigaciones de Filosofía Jurídica y Filosofía Social 16, pp. 89 on.); *Fredric Jameson,* El postmodernismo o la lógica cultural del capitalismo avanzado, trad. Pardo Torio, 1. reimp. in Argentina, Buenos Aires: Paidós 1992; *David Cheal,* Unity and Difference in Postmodern Families, in: Journal of Family Issues 14 (1993), pp. 5 on.; *Willem van Reijen,* Labyrinth and Ruin: The Return of the Baroque in Postmodernity, in: Theory, Culture & Society 9, pp. 1 on; *Nicoal Abbagnano,* Storia della Filosofia, vol. IV, t. II, by Giovanni Fornero/ Franco Restaino/Darío Antiseri, Turín: UTET 1994, pp. 389 on; *Miguel Angel Ciuro Caldani/Mario E. Chaumet,* Perspectivas jurídicas "dialécticas" de la medievalidad, la modernidad y la postmodernidad, in: Investigación y Docencia 21, pp. 67 on.

2 As regards the notions of "culture", "civilization" and "decadence", it is possible to see e.g. *Ciuro Caldani,* Cultura, civilización y decadencia en el mundo jurídico (note 1), pp. 9 on.

Postmodernity is characterized by a *surface pluralism* and a maybe unshakeable *deep unity* of a *utilitarian* sense, to the point that, even if on the surface different living styles are accepted, nothing is accepted related to transgressions to the utilitarian demands of production, distribution and consumption. A lot is allowed, for instance, in the field of sexual behaviour but nothing is accepted from a "useless" child or old person. If on the surface a lot is cleared out by the already classical description of postmodernity made by Lyotard, in the depth we have to consider the studies made by the School of Francfort about the present time, particularly those in "One-Dimensional Man" by Herbert Marcuse.[3]

The postmodern man is a "weak subject", who is considered, to a great extent, at least conditioned or even determined by external factors. In postmodernity also a "weak" reason is developed, limited by the presence of many irrational elements and by the difficulty to reach high levels of abstraction. The consciousness of temporality is also very scarce. It is not without reasons that sometimes we talk about the "end of history".

The features of postmodernity are better understood in contrast to *modernity,* which was characterized by a "strong" culture, which constituted, as we have seen, the judge of the previous periods. The modern axiological complex was integrated with a *plurality* of values which, even though it contained a growing advance of utility, still recognized more the autonomy of other values like truth, beauty, justice, santdom, etc. and accepted more the legitimate final predominance of mankind (the complete must be of our being). Even though it seemed less tolerant, when modernity admitted diversities it did so much more deeply than the indifference mortgaged by pure authoritativeness which is typical of our times. Modernity saw the development of a "strong" subject and there was also a "strong" reason, having a difficult relation with history and launched towards the future, with important "progressist" aspirations.

For a better understanding of postmodernity several iusphilosophical perspectives may be used, and in this case we will make use of the *juridical world's trialist theory,*[4] basically worked out by Werner Goldschmidt (1910 - 1987) since 1960, in the version we consider more cur-

---

3 *Herbert Marcuse,* El hombre unidimensional, trad. Antonio Elorza, Barcelona: Seix Barral 1969.

4 In relation to the trialist theory of the juridical world see e.g. *Werner Goldschmidt,* Introducción filosófica al Derecho, 6. ed., 5. reimp., Buenos Aires: Depalma 1987; *Ciuro Caldani,* Derecho y política, Buenos Aires: Depalma 1976; Estudios de Filosofía Jurídica y Filosofía Política, Rosario: Fundación para las Investigaciones Jurídicas 1986.

rent. The juridical world's trialist theory is based on the tridimensional conception of Law, that recognizes in it facts, norms and values. Trialist theory maintains specifically that Law is constitued with a sum of allotments of power and powerlessness, described and integrated by norms and valued – the allotments and the norms – by justice.

II. Trialist Characterization of Modernity and Postmodernity

1. Sociological Dimension

In accordance with trialism, in the sociological dimension, *"allotments"* are *"partitions"* and *"distributions"*. *Partitions* are produced which stem from the behaviour of determinable human beings and comprise the core of Law social reality. *Distributions* are originated by nature, diffuse human influences (from non-determinable people) or chance. In the partitions the value of conduction is realized and in the distributions so it is the value of spontaneity.

Modern life developed an important vocation towards the production of "partitions", realizers of the value of conduction. Thus, in *postmodern* life there is more display of the *diffuse human influences,* members of the frame of *distributions* to which the value of spontaneity is inherent. Nowadays there are many hidden partitions, mainly coming from the economic field and our time is also notoriously signed by a wide aspiration to conduct and part (to such extent that we seek to reach the possibility of deciding on the genetic features of human beings), but we understand that one of the features of this age is the predominance of the diffuse human influences. Many events occur in almost "anonymous" conditions.

Partitions are recognized through their *partitioners,* their *receivers,* their *objects* (power and powerlessness – that which favours or damages the being or life –), their *forms* (procedural or of mere imposition, negotial or of adhesion) and their *reasons* (motives, alleged reasons and social reasons).

Modernity emphasized in special the delimitation of these characteristics of partitions, trying to identify sharply the scopes of the realities we know today as partitioners, receivers, objects, forms and reasons of the partitions. The partitioners' intense determination led to the strong presence of "heroes" who even wished to change the course of history. In *postmodernity* the scopes of all these characteristics appear in a relatively diffuse way. The consideration of the influences – perhaps even determining – of society over partitioners, the social projection of what each one receives and of the powers and powerlessness parted, the disolution of the forms of the process, of the mere imposition, of the negotiation and of the adhesion and the difussion of social reasonableness, often distant from the partitioners' reasons, are frequent features of postmodern life. Our age is not a time of heroes but of crowds, even "masses", which aspire to welfare.

Partitions maybe *authoritarian* (developed by imposition) or *autonomous* (developed by agreement) being realized in each way, respectively, the values of power and co-operation. *Modernity* tended to differentiate sharply authority from autonomy, while in *postmodernity* both kinds of partitions are mixed up. Even though the aspirations for autonomy are increased and there are even specially intense attempts to seek that every authority be based on autonomy, in the depth society has features which are markedly authoritarian.

Partitions may bump into *necessary limits,* emerged from the nature of things. Due to them partitioners should know that wanting is not enough in order to be able to. Those limits may be, for instance, physical, psychical, logical, axiological, socio-political, socio-economical, etc. *Modernity* tried to make those limits yield with an increasing faith in science and technique results. Modern man endeavored omnipotence. Otherwise, in *postmodernity* the scientific creed is partly maintained (sometimes in conflict with the rebirth of superstitions), but there is a new cosmic conscience of human limitations. Ecological problems are an example of this.

Partitions may be *ordered* in a "vertical" or "horizontal" way. They are ordered vertically following the *working government's plan,* which indicates who are the supreme partitioners and which are the supreme partition criteria realizing the value of previsibility; they are ordered horizontally according to *exemplarity,* which is carried out pursuant to the scheme "model-sequel" and satisfies the value of solidarity. The partitions order realizes the homonymous value "order". The major vicissitude of the order of partitions is *revolution,* in which the supreme partitioners and the supreme partition criteria change, and the partition disorder is called "anarchy", being ignored in this case who or according to which criteria is parting.

Modern Law tried to a large extent to guide the order by means of *working government's plans*. As a consequence of the aspiration of conflictive goverment's plans, modernity underwent great revolutions. As we will further see, modern "verticality" ended up in constitutional formalizations and in codes. Nevertheless, in *postmodernity* there is a large transformation in planification, because it – clearly diluted – does not come mainly from the goverment but from social forces not always identified, which are come to a great extent from the economical field. Planification emerged from the companies substitutes in many cases government planification. The strong rationality sought by modern planification has been limited and even substituted by this new way of relatively diffuse planification. In the areas traditionally dependent on planification, the rationality crisis is shown through a larger space for exemplarity, for instance, in the course of customs in general and of the "lex mercatoria" in special and of the judicial intervention.

Modernity was developed with strong *national, international* and *imperial orders*. Even though the economic factor was very important, other factors also played a role, and conflicts even were settled by enormous armed outbreaks. In *postmodernity* there is a *universal* vocation, often in the form of *Community Law,* but with a much more decisive utilitarian and market sense and certain reappearance of *regionalisms*. Integration – being the European Union its most notorious example – is the way of approximation between peoples which best matches postmodernity. Possibly the big belic conflicts of modernity figure among the main causes that made postmodernity point preferably towards non-armed solutions and adopt a "weak" subjective profile.

2. Normological Dimension

The juridical world's *normological dimension* is constituted mainly with *norms,* which are logical captures of the projected partitions made from a third party's viewpoint. In their character of logical captures of partitions norms describe and integrate them, when they describe correctly the contents of their author's will they are *faithful,* when they describe accurately their realization they are *exact* and when they integrate the partitions according to their authors' purposes they are *adequate*. The activity which secures norms faithfulness is interpretation, the one which looks for exactness is aplication and the one which seeks for adequacy is elaboration. In *modernity,* concern for faithfulness and adequacy of norms was very intense, to the point that the first got radicalized in the literality of exegesis and the second was developed in a large dogmatic display. Otherwise, in *postmodernity* the problem of faithfulness is diluted, with a more leading role of the interpreter and a more diffuse game of language and the conceptual rigor is weakened.

Every norm comprises an *antecedent,* which captures the social sector to be regulated, and a *juridical consequence,* where regulations are captured. Depending on their antecedents, referring to future or past cases, norms are *general,* with a hard resort to abstraction, or *individual,* with an easier reference to the concrete. A variety of norms only relatively "general" is the one about norms merely *generalized,* referred to future but with open frames which allow the inclusion of new cases. The thirst for typification with a "general" scope was one of the main characteristics of *modern* juridicity. Otherwise, in *postmodernity* that generalizing and typologizing vocation is diluted, at least as long as the reserve of penal liberalism is not concerned and there is an expansion of individuality and of mere generalization. Conceptual delimitation has lost rigor.

Sources of norms may be *real* or *of knowledge*. The real sources are *material* (partitions themselves) or *formal* (partitions autobiographies made by the partitioners themselves, v. gr. international treaties, directives, formal constitutions, laws, decrees, sentences, contracts, testaments, etc.). Sources of knowledge constitute doctrine. Each complex of sources evidence a juridical style and thus, for instance, the elaboration of formal constitutions and of international treaties and the hierarchization of the contract were clear expresion of *modernity.* Modern sources of knowledge reached high level of abstraction and systematization in scientific treaties. Modernity was the time of predominance of the materiality of the book. Otherwise, in *postmodernity* there is a multiplication of formal sources, with the emergence of new sources such as communal directives and the special hierarchization of other traditional ones like contracts, sentences, awards, administrative resolutions, etc. In postmodernity very few treaties and many comments are written, and the book is to a large extent substitued by informatics.

To see that projected partitions become realized partitions it is necessary that the norm *functions,* mainly through the activities of *interpretation, determination, elaboration* and *application,* also in the course of other activities such as the *conjecture* of cases and solutions and the *synthesis* of several norms which do not fit the cases to be solved. *Modernity* emphasized specially the distinction between interpretation and elaboration and even, as we have already told in part, stressed the differentiation between literal and historical interpretation, and, in the latter, between intention and purpose, which led to the attachment to intention, characteristic of exegesis and different from dogmatic conceptualism. The aspired rational intensity in the "continental" legislator's work led to the ignorance of the importance of conjecture and made the need for synthesis of norms minor. In *postmodernity* frontiers between interpretation and elaboration and among the different types of interpretation are weakened. The importance of conjecture is noticed more clearly and the synthesis becomes more necessary.

Norm *products* are *concepts* and *materializations* (real entities, personal or not, which change their significance by virtue of the norms, v. gr.

judge, lawyer, paper money). These products may be more or less charged with ideas, so that they respectively acquire *institutional* or *"negotial"* senses. Throughout *modernity* there was a larger institutional burden, but nowadays, along with the institutions crisis, there is a larger display of negociality.

Normative ordering, logical capture of a partition order from a third party's viewpoint, comprises *vertical* or *horizontal relations* among norms, which may be of production or content. Production vertical relations realize the value of subordination, content vertical vinculations satisfy the value of inference, production horizontal relations realize the value of infallibility and content horizontal vinculations satisfy the value of concordance. The ordering set realizes the value of coherence. *Modernity* relied more on the game of vertical relations among norms, and sought more for coherence. *Postmodernity* allows more display to horizontal vinculations and tends to satisfy coherence in a lower rate.

Normative ordering may be *mere order,* when in case of a "gap" you have to consult its author, or a *system,* when the gap cases should be solved by the responsibles of its functioning (v. gr. judges). Habitual formal sources of the mere orders are *compilations* and the formal sources which match the systems better are *codifications.*

Modernity started from compilations to finish in the "codification age", but *postmodernity* is the time of "decodification".

3. Dikelogical Dimension

Being a value justice contains a tension between *being* and *must be.* In *modernity* the consciousness of that tension was very large, while in *postmodernity* it is much smaller, to such extent that it seems that in our lifestyle being absorbs must be.

Although it is a highly controverted question, trialism considers that justice as a value has an *objective* character (although its demands are not necessarily universal nor permanent). According to this objectivity, values properly such are "natural" but this does not exclude the possibility of produced values, stemmed from a human must be. Natural values may be absolute or relative; produced values may be authentic or false. *Modernity* passed from the belief in objectivity to the belief in subjectivity of values, represented for instance, in existentialism. During that time there was a relatively balanced relationship between natural and produced values. *Postmodernity* marches from the belief in subjectivity to the belief in a relative "intersubjective" objectivity and allows a special display to produced values, although there is a certain tendency to admit that quite often the last are false and to go back to some recognition of the level of naturalness.

Justice is part of an axiological complex culminating in the value of mankind, in which *coadjuvance* relations between values of different or equal hierarchy and legitime opposition vinculations by *substitution* should be produced, but not illegitimate opposition relations by *subversion* of inferior values, *inversion* of superior values and *arrogation* of estimative material of some values for others of the same level. *Modernity* intensified a process of integration of justice with utility. In *postmodernity* that utilitarian advance has turned into a frequent arrogation of the place of justice and mankind is too frequently substituted for the mere search for utility.

Justice may be discovered through different ways. In reason of them we may talk about *consensual* and *extraconsensual* types of justice, *with* or *without consideration of persons, symmetric* or *asymmetric* (with simply or hardly comparable power), *monological* or *dialogical* and *commutative* or *spontaneous* (with or without compensation). It is also possible to distinguish *"partial"* or *governmental, sectorial* or *integral,* of *isolation* or of *participation, absolute* or *relative* and *particular* or *general* types of justice (the last two straight directed towards the good of particulars or the common good). *Modernity* resorted more integrally to the different ways, but smoothed the path for *postmodernity,* which usually exagerates the considerations of consensual justice, without consideration of persons, symmetric, commutative, "partial", sectorial, of isolation, relative and particular.

Justice is a *"pantonomous"* category (pan = everything; nomos = governing law), referring to the whole sum of *past, present* and *future* adjudications. *Modernity* was very open to the consideration of future influences, while *postmodernity* limits itself more to present references, as if historical energy had been exhausted. In relation to this it is worth taking into account that, as we have already pointed, we usually talk about the "end of history".

Justice is manifested in a *supreme principle* which demands the adjudication to each individual of the sphere of necessary freedom to turn him into a person (to develop completely). Applied from the viewpoint of who should be partitioners, we recognize *autonomous* partitioners (among whom democratic partitioners are included in a certain way), but also *aristocratic* partitioners (who are legitimized by their moral, scientific or technical superiority). Receivers are legitimized by their merits, being the hierarchy of human being merits mainly characterized. Objects which deserve being partitioned ("partitioning" objects) are life, property, creation, etc. The just way for authoritarian partition is the process, different from mere imposition, and the just way for autonomous partition is negotiation, different from simple adhesion.

Modernity allowed a relatively balanced display to autonomous and aristocratic legitimation, although it was characterized by the increase in the references to the first. In those times man was elevated to the maximum hierarchy as receiver and the process acquired particular relevance. In *postmodernity* aristocratic legitimation is in crisis and very frequently only autonomous legitimation is admitted, for example, through contracts or democratic decisions. The questioning of the judges' aristocracy of justice is often expressed in its substitution for the higher utility of arbitrators. In relation to man, he is now also hierarchically positioned as receiver of environment, with a great display of ecological considerations. The ideas about the process are very contradictory, mainly because it is important but it usually remains diffuse outside the judicial frames (v. gr. through the mass media that judge before the judges do) and, although there is a large display of adhesion negotiation is held in high esteem.

In order to be just a régime has to be *humanist*, taking man as the aim and not as a means. In normal conditions humanism should be *abstentionist*, being *interventionist* humanism only exceptionally legitimized. *Modernity* held humanism in such esteem that, in change, in *postmodernity* it has lost prominence. Nevertheless in both periods there is a marked preference for abstentionist humanism.

To realize the justice régime the individual has to be protected from the others as individuals and as a régime, in relation to himself and from all "the other" (illness, misery, ignorance, solitude, etc). *Modernity* emphasized in special the protection of the individual from the régime, while, facing economical oppression, *postmodernity* sometimes adds certain higher consciousness of the need to protect from the other individuals and the other.

RECHTSTHEORIE, Beiheft 19, S. 109 - 121
Duncker & Humblot, 12165 Berlin

LEGAL POSTMODERNIZATION

By Brendan J. Edgeworth, Sydney

I. Introduction

The most difficult thing about postmodernism is the definitional one; what exactly is it that it denotes, or connotes? The cultural theorist Dick Hebdige,[1] for example, has identified at least 39 meanings of the term, ranging from "a process of cultural fragmentation" to "broad societal and economic shifts into a 'media' phase". It would appear to be reasonable to conclude from such a marathon Thesaurus-like overview that the term is so vague as to be worthless. Yet it is possible to see in each of his definitions a focus on either one or the other – or sometimes both at the same time – of two separate but related sociological phenomena, namely types of consciousness on the one hand, and the structure of social organisation on the other. And it is surely the constant transgressing from one of these concepts to the other, and the mixing of them both together in the same definition that gives rise to much of the confusion relating to understanding of the term "postmodernism". Significantly, law escapes all of Hebdige's 39 definitions: sociologists, no less than lawyers, seem to have ignored the extent to which postmodernism can provide some analytical tools for the analysis of contemporary legal change. In this paper I should like to examine its most distinctive structural features at this particular historical and sociological moment rather than examine the type or types of consciousness which prevail alongside it. The concept I propose to employ in this regard is "postmodernization". In fixing the conceptual boundaries of this analysis in this fashion I will draw on the work of Crook, Pakulski and Waters, who have attempted an overview of recent changes in advanced societies.[2] One of the reasons for focusing on postmodernization is to avoid some of the vagueness caused by the gathering under the one term – postmodernism – of so many different ideas surrounding two fundamentally different phenomena. This is analogous

1 *Dick Hebdige,* Hiding in the Light: On Words and Images, London: Routledge 1988, at pp. 181 - 182.

2 *Stephen Crook/Jan Pakulski/Malcolm Waters,* Postmodernization: Change in Advanced in Society, London: Sage 1992.

to the use of the concept of modernization in Marshall Berman's work, All That Is Solid Melts Into Air.[3]

For Berman, modernization, modernism and modernity are all interlinked, but at the same time are cleary distinct concepts. Equally, I want to argue that the trinity of concepts – postmodernism, postmodernization and postmodernity – stand in precisely the same relation to one another. Modernism, he suggests, is a "variety of visions and values that aim to make men and women the subjects as well as the objects of modernisation, to give them the power to change the world that is changing them, to make their way through the maelstrom and make it their own".[4] Modernization, by contrast, is the pattern of "social processes that bring this maelstrom into being, and keep it in a state of perpetual becoming".[5] These processes will be examined in more detail below.[6] Modernity is the term that unites these concepts: it is simply the spatio-temporal location where this "variety of visions", or sensibility, on the one hand, and these processes, or structure on the other, interact.

By analogy, postmodernity is the spatio-temporal location where postmodernism and postmodernization intersect. Equally, postmodernism is a type of consciousness common at this time. It is variously associated with a methodology, in particular, poststructuralism,[7] a relativist epistemology,[8] or a politics which emphasises the local, the particular, the heterodox, in preference to the classical emphasis on the emancipation of universal subjects.[9] Postmodernization, by contrast, refers to a changed pattern of structures – the "social processes" in Berman's terms – within which this culture or set of attitudes develop and which simultaneously affects and is affected by them. Insofar as these processes are concrete developments resulting from the exhaustion or transcendence of earlier forms of organisation – namely, modernization – postmodernization is also both a sociological and a historical concept.

---

3 *Marshall Berman,* All That Is Solid Melts Into Air: The Experience of Modernity, New York: Simon and Schuster 1982.

4 Ibid., at p. 16.

5 Ibid.

6 Ibid.

7 The work of *Jacques Derrida* seems to be the inspiration for this approach: see Of Grammatology, Baltimore: Johns Hopkins University Press 1976. Michel Foucault's work has also been associated with this movement: see *Michel Foucault,* Madness and Civilization, London: Tavistock 1967; Discipline and Punish, Harmondsworth: Penguin 1979.

8 As, for instance, in *Jean-Francois Lyotard*'s The Postmodern Condition: A Report on Knowledge, Manchester: Manchester University Press 1986.

9 See *Foucault,* Power/Knowledge: Selected Interviews, ed. by Colin Gordon, Brighton: Harvester 1980.

The reason for detailing how law as a distinct subsystem has undergone a similar array of contemporary transformations, as opposed to the ideology and attitudes it is both buttressed by and evokes, is that it is one aspect of law that has been given significantly less attention by those who have come to see in the postmodern a valuable theoretical tool. It appears to be generally the case that when such theorists have examined law, they have tended to focus not so much on the structure of the legal system, or on the framework of the legislative process, or indeed on the nature of the legal profession and its work – essential elements of what I would identify as the structure of law. Rather, the key issue seems to have been the question of legal truth, and consequently on the judicial role and hermeneutics.[10] Other theorists, however, have employed postmodernism in a slightly different way, adopting a view which reflects elements evident in both of these positions, namely, philosophical/hermeneutic critique on the one hand and sociological/methodological reformulation on the other.[11] For all the insights and strengths of these approaches none, I believe, addresses centrally the structural changes embraced by the concept of postmodernization. First, however, some discussion of modernization is in order.

II. Modernization

The subject of the modernization of societies lies at the heart of the work of all the major classical social theorists, no less than the modernization theorists of four decades ago. Indeed the first appearance of social theory as a distinct project was inextricably bound up with a consciousness that modern societies had undergone a range of changes never before experienced. And whatever their substantive disagreements about the detail of those changes and their consequences, there was, and is,

10 *Peter Goodrich/Costas Douzinas/Yifat Hachamovitch,* Politics, Postmodernity and Critical Legal Studies: The Legality of the Contingent, London: Routledge 1994; *Costas Douzinas/Ronnie Warrington/Shaun McVeigh,* Postmodern Jurisprudence, London: Routledge 1991. Likewise, for Anthony Carty "post-modernism marks the reintroduction of ontology into law, not as a solution to the question of the foundation of law, but as a firm assertion that the law has no foundation": *Anthony Carty,* Introduction: Post-Modern Law, in: Carty (ed.), Postmodern Law: Enlightenment, Revolution and the Death of Man, Edinburgh: Edinburgh University Press 1990.

11 *Boaventura de Souza Santos,* A Map of Misreading: Toward a Postmodern Understanding of Law, in: Journal of Law and Society 279 (1987); *Andre-Jean Arnaud,* Repenser un Droit pour l'epoque post-moderne, in: Le Courrier du C. N. R. S. 75 (1990), pp. 81 - 82; Legal Interpretation and Sociological of Law at the beginning of the Post-modern Era, in: Onati Proceedings 2 (1990), pp. 173 - 192; Du jeu fini au jeu ouvert. Reflexions additionnelles sur le Droit post-moderne, in: Droit et Societe 17 - 18 (1991), pp. 38 - 55; *Gilles Gagne,* Les Transformations du Droit dans la problematique de la transition a la postmodernite, in: Les Cahiers du Droit 33 (1992), pp. 701 - 733.

nonetheless a level of general agreement about the key indicators of the processes of change. Simplifying greatly, these indicators are, firstly, a general differentiation of society. By this is meant that, first, society began to fragment into sectors or units characterised by their own distinctive and autonomous functions, and, second, that culture split into a number of spheres which operated according to their own inner, distinctive modes of rationality and logic. As Immanuel Kant first noted – a theme later to be taken up by both Weber and Habermas – at the level of ideas and culture, science, ethics and aesthetics split from one another in this regard, developing their own distinct and autonomous criteria of judgement.[12]

Secondly, there is a pervasive rationalization of social practice. This idea is captured best by Max Weber's thesis that rationalization involves the application across an ever-increasing range of social structures of scientific, instrumental, or a means-ends rationality in the sense of its being concerned primarily with the solution of specific problems in relation to deciding the best means of achieving a social purpose rather than analysing the value – ethical or otherwise – of the relevant purpose.[13] A further example of this process is the progressive secularization of values and norms – they are systematically decoupled from any unitary religious or traditional world-view. Thirdly, modern societies are characterised by the commodification of production and consumption. This suggests that more and more social interaction and relationships are subject to market principles. Another aspect of this process which is a further instance of differentiation is the separation of the spheres of politics and economics. Fourthly, the structure of political organisation changed dramatically. The nation-state came to be the definitive axis of political power, identity and allegiance. In consequence, a central theme in modern political theory is the question of sovereignty. In turn, problems of legitimacy posed by this novel, monocentric, form of political organisation gave rise to the demand and ultimate recognition of general rights of political participation and a developed conception of citizenship. Finally, modern societies are distinct by virtue of the way in which they produce things. Industrialization is a central element to the way in which they are organised. Closely allied to this latter development is the emergence and predominance of urban forms of life. Each of these correspond to the key areas in which modernization occurred in Berman's scheme.

---

12 *Immanuel Kant,* Critique of Pure Reason, trans. by N. Kemp Smith, London: Macmillan 1970.

13 *Max Weber,* Economy and Society, New York: Bedminster Press 1969.

III. Legal Modernization

Contemporaneous with the processes of social modernization outlined above were analogous changes in the nature of law. In the same way that traditional societies were transformed in a revolutionary way, pre-modern law too was completely re-fashioned. Of course, the subject of legal modernization is a very well-ploughed field. The following are the most salient points of departure characteristic of legal modernization identified by the many writers on the subject.[14] First, the law came to be differentiated from other types of norms such as morals, politics or custom. It operates according to its own internal principles and thereby comes develop an institutional autonomy from them. This institutional autonomy is closely related to a professional autonomy: the emergence of a distinct professional group of practitioners who monopolise to a significant extent legal knowledge and expertise. Second, law was the subject of human creation rather than something to be discovered as part of the natural order. It followed that to find out what the law was involved identifying an official, authorised process leading to its being "posited", or at the very least, sanctioned. Third, law no longer sought to regulate all of social life. While the reach of traditional or customary law extended to every aspect of social relationships, modern law was limited to those areas deemed to be of sufficient importance to come within the scrutiny of the legal system. Fourth, modern law was separate from society; traditional law was secreted in the interstices of society. It followed that law could never be seen to change society; rather, law changed imperceptibly as society itself changed. In modern societies, law is also an instrument of change. Fifth, the rule of law principle dominated legal systems. Despite many theoretical disagreements about its meaning, it generally involved a belief in the separation of powers. Also, the rule of law ideal emphasised that rules ought to be general in their application, applying to all, and created in a way visible and knowable to all.[15] Sixth, the making and repeal of law came to be monopolised by sovereign nation states. Correlatively, essential to the identification of law was an official, state promulgation or act. Sovereignty, therefore, became the key to legal validity.

---

14 See, for example, *Kalman Kulczar,* Modernization and Law, Budapest 1992; *Harold J. Berman,* Law and Revolution: The Formation of the Western Legal Tradition, Cambridge: Harvard University Press 1953; *Roberto Mangabeira Unger,* Law in Modern Society, New York: Free Press 1976.

15 Law, in Unger's terms, becomes public and positive, general and autonomous: *Unger* (note 14).

IV. Postmodernization

According to Crook, Pakulski and Waters postmodernization is best described as "a continuation of the processes of modernization, where those processes operate with increasing scope and intensity to erode what appears in retrospect as the regional stability of modernity".[16] To the extent that modernization is, in essence, a process whereby the problems of increasing social differentiation are resolved or stabilized by means of centralized organisation, "[t]he shift from modernization to postmodernization is related to the convergence of modernizing processes on an 'impossible' combination of hyperdifferentiation with monocentric organisation".[17] The term "hyperdifferentiation" has a technical meaning in this context: it refers to the acceleration of social differentiation at the present time. Crook, Pakulski and Waters argue that this is a pervasive feature of each of the significant social domains. The process is clearly evidenced, for example, in the contemporary organisation of production. Whereas in the post-second world war era work was increasingly organised along the lines of Fordist or Taylorist mass-production, and so were differentiated according to their function, differentiation is now being manifested at the level of structure also. Thus mass production is increasingly paralleled by niche-marketing, outworking, subcontracting, flexible specialisation and so on. In other words, "the patterns of economic production may be said to be hyperdifferentiating, providing a multiplicity of directions in the absence of a unifying structural principle".[18] Moreover, while the process of differentiation implies a limited range of social unit – economy, politics, law – hyperdifferentiation marks an exponential increase in these forms. Moreover, this process may also lead to a de-differentiation whereby elements, previously differentiated, combine in novel ways. It is these tendencies that makes the process of organisation in their terms "impossible" for the reason that the increasing complexity of social units that control is more hazardous, more uncertain: "[u]nder postmodernization, hyperdifferentiation ensures that the consequences of a given piece of bureaucratic or economic manipulation cannot be foreseen. States become ungovernable, economies unmanageable, and lifeworlds anarchistic".[19] In turn, structures of organisation themselves undergo transformation as a way of confronting this changed social environment. It is the complex interaction between these two processes on the one hand, and their ensuing transformation on the other

16 *Crook / Pakulski / Waters* (note 2), at p. 220.

17 Ibid.

18 Ibid., at p. 33.

19 Ibid., at p. 35.

that defines postmodernization. They are evident in a number of different regions of the social structure. For the purposes of examining law – and following Marshall Berman's identification of the most salient features of modernization – the key regions are threefold: 1. the state; 2. the economy; and 3. society.

1. The State

Postmodernization is marked by a general unravelling of the post-war interventionist or welfare state. In the post-Second World War period there was a general expansion of the role, size and function of the welfare state in all of the advanced capitalist democracies. The welfare state represented the high-water mark of a number of the key features of modernity. In the first place in welfare states the nation-state achieved an elevation of status without historical precedent, becoming involved in an ever greater range of social processes. Second, the rationalization of structures became even more widely entrenched with centralised planning and its attendant bureaucracies intruding into the market, industrial relations and the welfare sector. This process is referred to by many political theorists as corporatism. Essential to this political and economic form is a faith in the capacity of rational planning and the consequent structuring and co-ordination of sectors to ensure the smoother and more efficient operation of each. At the same time the industrialization of production proceeded apace with a gradual increase in the size of the major corporations and their proportionate share and domination of markets becoming larger and more entrenched. In consequence, post-war welfare states could be described as societies of mass production and mass consumption. It follows that the commodification typical of modernity noted above spread to more and more levels of the population in welfare states. So how can postmodernization be seen as a break with the classical welfare state and therefore be described as having departed from some of the key features of modernity?

This process is evidenced by simultaneous changes along two separate planes. First, there is a horizontal distribution of power whereby the state hands over significant functions – mostly economic, but increasingly in the areas of health, education and welfare – to quasi-autonomous, corporate or corporatized bodies. This is most clearly evidenced in the case of the corporatization or privatization of formerly nationalized industries, but can also be seen in a progressive withdrawal of its monopolies in the health, education and welfare fields, and the correlative assumption of control by the various segments of civil society, predominantly the market, though also to significant degrees, professional organizations, charities, and religious groups. This is further manifested, for example, by the state's gradual deregulation of particular markets by the removal of price controls, the relaxing of standards of or the more direct handing over of control to the processes of the market. These changes are, of course, uneven across different countries and within different markets within one particular country.

Second, there is a vertical redistribution of power. This occurs in two directions, one upwards in favour of international bodies and organisations, which are given increasing authority to interfere in matters previously the exclusive concern of the nation-state; the other downwards to federal and regional governments and local councils. As will be seen below, these changes affect not only constitutional laws but also the very forms of legal regulation. More particularly for this section, it means that there is a proliferation of the sources of law.

2. The Economy

As noted above, the organisation of production suggests clear evidence of hyperdifferentiation. This occurs in two areas simultaneously. First is the increasing segmentation of the workforce (postindustrialism), second is the changing pattern of the internal organisation of units of production. It is evidenced empirically by the increasing proportion of workers in advanced societies working, not in primary (agriculture) or secondary (industrial) production, but in service industries. The second process has been commonly described as post-Fordism. The term embraces the following developments. This entails: (i) a contemporary shift away from mass production with its inbuilt rigidities of organisation, product and work toward flexible organisation, multi-skilled flexible workforces, and reduced mamagement; (ii) increase in the number of outworkers, part-timers and fractional workers; (iii) increasing differentiation of product line – from mass- to niche-markets geared toward increasingly specialised forms of consumption.[20] The net effect of this is "an absence of pattern, a chaotic mixture of forms of ownership, varieties of task organisation, forms of relationship between owners and workers, and worker responses. In general terms then, economic life is experiencing structurally similar processes of change to those found in other arenas: an extreme level of substantive differentiation ...".[21]

---

20 For examples of this thesis, see *Claus Offe,* Disorganised Capitalism, Cambridge: Polity 1985; *Scott Lash/John Urry,* The End of Organised Capitalism, Cambridge: Polity 1987.

21 *Crook/Pakulski/Waters* (note 2), at p. 192.

3. Society

As the economy unravels, so too do the class divisions which it spawned. This in turn causes changes in the political complexion of society. Firstly, there is a displacement of class politics. Political allegiances shift away from traditional parties whose policies were geared largely to a political class constituency in favour of universalist causes such as human rights, the environment and peace at the same time as a more localised and identity politics are pursued. At the same time these commitments are effectively severed from any social base.[22] These changes are often articulated through new social movements which operate outside traditional party structures. To this extent, they tend to develop skills which target governements directly rather than going to the elites of established political networks. These more differentiated groupings make more widely varied demands, increasingly in the form of legal change, from parties in power.

V. Legal Postmodernization

Legal postmodernization shares characteristics analogous with those which have occurred in the various social domains outlined above. The following is a cursory list of some of those major changes corresponding roughly to those above. I will give examples of the process from the area of law I am most familiar with, namely Australian property law, with references to works which would suggest that this experience is somewhat more universal than unique. It can be seen in the following ways.

1. International legal principles and institutions begin to permeate domestic law. One distinguishing feature of modernity noted above is the centrality of the nation state in the development and creation of law. If traditional, pre-modern societies are marked by a largely diffuse system of normative ordering based on local, familial and clan (loyal)ties, modernity involves the continued and remorseless irruption into those domains. In this sense the welfare state is an extension of that general historical process. The emergence of postmodernization, however, witnesses a slowly emerging effectivity of international legal norms which have the effect of curtailing, supplementing and at times nullifying effect on the laws of nation states.[23] This is perhaps most clearly evident in the

22 *Mike Featherstone,* Lifestyle and Consumer Culture, in: Theory, Culture and Society 4, pp. 54 - 70.

23 Thus Australia, as a signatory to the International Covenant on Economic, Social and Cultural Rights, is under an obligation (article 11) to provide adequate housing for all its citizens.

growing human rights jurisprudence due to its dramatic emotional and political import, but is equally prevalent in the way in which environmental and commercial laws are aligned with the obligations entered into by means of international treaties and conventions.[24] Even though many of the laws so enacted do not give specific rights to individuals enforceable in any international court against a particular nation state or another individual, a large proportion involve the aligning of domestic law to standards set in international forums. These developments mark a significant shift in the legal landscape in many ways. This can be seen by the increasing instances of nation-states being litigants in international forums, the extent to which these states are subjected to domestic criticism grounded in international legal norms, and the way in which this international legal discourse seeps into both domestic law and politics. In this way state sovereignty comes to be a less significant element in the identification of law. At the same time the unity of law, characteristic of its modernization, fractures.

2. Shift from welfare state redistributive legal regulation to deregulation/co-regulation. The welfare state represented the high point of legal modernity in its emphasis on the ever-broadening legal control of inequalities of power and influence in the marketplace. Recent changes to this legal carapace reflect the extent to which the state has reduced the form and extent of regulation. In particular this manifests itself in terms of a gradual withdrawal of the state from the central process of wealth redistribution, namely labour relations and wages policy, with a legal regime more akin to traditional contract law emerging. And this process is evident more widely in the marketplace for commodities where in law a fair trading philosophy replaces redistribution in the form of price controls.[25] A further instance of this development is the emergence of a manipulation or structuring, as opposed to control, of markets. In doing this, states increasingly rely on consumer and producer representatives to frame workable compromise regimes for organising the market.[26]

---

24 Just by way of empirical example, in New Zealand in 1992, almost one third of domestic laws enacted by the domestic Parliament were passed in order to comply with that country's international obligations: *Ken Keith,* Law-making in a Postmodern World, in: Australasian Law Teachers Association Conference, Christchurch: University of Victoria 1993.

25 For an example of this in the area of Australian property law, see the new residential tenancy laws which abolish rent controls in favour of a concept of reasonable market rent. Likewise, codes of conduct specify standards that certain landlords must meet. These can be enforced by the relevant Minister, not the courts. landlords must meet. These can be enforced by the relevant Minister, not the courts. Also, a lawyer-free tribunal hears disputes, and conciliation is compulsory. See, for example, Residential Tenancies Act 1987 (NSW).

26 Thus, consultative committees have been set up under recent legislation with membership from different interest groups. See, for example, Retirement Villages Act 1987 (NSW), Residential Tenancies Act 1987 (NSW).

A form of co-regulation ensues. Equally, in this way law is "structurally coupled" with politics.[27] This leads to an interpenetration of the two spheres; they become to a degree de-differentiated.

3. *The Privatisation of Justice.* Increasingly legal disputes are being resolved outside the state-funded, official legal system. One of the most visible ways in which this is manifested is in the burgeoning Alternative Dispute Resolution industry. This is not merely grass-roots driven. Even judges have found this an attractive alternative career.[28] More frequently the courts are encouraging litigants to take this path, even in commercial litigation. This represents a break with the modern, and especially welfare state, belief that formal law was the supreme form of justice and that it should be extended as far as possible. This is further evidence of the state unravelling and the private sector stepping in. The alternative models have moved from the periphery to the centre of the legal system.[29]

4. *Legal Procedure.* If there is growing level of "flexibility" at the level of production generally, this is more than reflected at the level of the domestic legal system. This is evidenced by a vastly increased informalism in legal procedure. While there have always been a range of courts with different jurisdictions and procedural rules determined by subject-matter and size of claim, they were very much part of a unified system. This claim is much harder to sustain today. Why? Because of the multifarious ways in which legal disputes are officially processed. In the first place, the traditional courts are imposing ever-widening obligations on parties to conciliate their differences before coming to court. This may take the form of reference to a specialist negotiator, or direct mediation by judges.[30]

Second, where the clarion call of those within and outside the legal system in the emergence of the welfare state was "unmet legal need", the much more common message today is one "community justice". This is not merely a matter of handing over, in the traditional, pre-modern fashion, the resolution of disputes to the "community" to resolve. Instead, the pattern now seems to be that experts – with traditional legal qualifi-

---

27 *Gunther Teubner,* Juridification – Concepts, Aspects, Limits, Solutions, in: Teubner (ed.), The Juridification of Social Spheres, Berlin: de Gruyter 1987, at p. 21.

28 A striking example of this is the career of Sir Laurence Street, formerly Chief Justice of the New South Wales Court of Appeal, now much in demand as a conciliator in serious commercial and other disputes.

29 *Marc Galanter,* Law Abounding: Legalization Around the North Atlantic, in: Mod. L. Rev. 55 (1992), at p. 11.

30 *Galanter,* A Settlement Judge Not a Trial Judge: Judicial Mediation in the United States, in: Journal of Law and Society 12 (1985).

cations to be sure – are entrusted to resolve these disputes in a quasi-legal fashion. By this I mean that the standard form of tribunals are legal in that the members are required, almost invariably, to abide by a number of binding principles to conduct matters according to set procedures and principles. But there is a non-legal basis too; to reach solutions in accordance with the will of the parties; to conciliate in preference to reaching decisions unilaterally; to abandon traditional rules of evidence, to rely on the shared norms of the parties to lead them to resolve their dispute in preference to the legal system resolving it for them. In this way the boundary between legal norms and other "traditional", "customary" or ethical norms – absolutely central to modern law – starts to break down. Of course, disputes have always been negotiated with the law as a last resort. The difference now is that these systems are integrated into the official process of dispute resolution. Moreover, this is at odds with traditional rule of law principles as the relevant rules are not formal and public. As Marc Galanter describes the present legal landscape, "Law is less autonomous, less self-contained, more absorbent, more open to methods and data from other disciplines".[31] Modern law's metaphors of autonomy, unity, closure give way to plurality and openness. As de Souza Santos describes it, postmodernity operates with a "porous legality".[32]

5. *Niche-Marketing of Law.* One characteristic feature of the present legal landscape is the vast proliferation of legal norms. This is a result not only of courts deciding more cases and thus developing the law, but in the exponentially increasing output of legislatures. More important is the content of these laws. They increasingly involve the refining of regulation to ever more specific aspects of social life. To take the area of Australian property law, for example, over the last decade a tidal wave of legislation has been enacted to govern retail tenancies, residential tenancies and retirement villages. Additionally, each of these pieces of legislation has a separate structure of tribunals with informal proceedings. Hitherto all forms of such tenure were governed by one set of legal principles and disputes were dealt with in the normal courts. This demonstrates two things simultaneously: first, it is an example of hyperdifferentiation, or "extreme level of substantive differentiation" noted above, where social units, including markets, split into ever more distinctive elements. Second, the legal changes which attend these processes are, in turn, directly related to the fragmentation and differentiation of traditional political allegiances and direct interest group access to the legislative/policy process. A proliferation of groups and interests stalks the

31 *Galanter* (note 29), at p. 23.

32 *De Souza Santos* (note 11).

legal arena.[33] Their demands tend to be couched in terms consistent with already-formed practices in the relevant social field. Moreover, their ready access to the legislative process makes it possible to see law as to a degree 'closer' to society; now it more reflects than effects change. The sheer velocity which law is changed is one further instance of this. In a parallel way there is a juridification of social life. This process is not one way; at the same time there is a socialisation of law – it is required to be more attuned to local environments, "indigenous" practices and specific traditions.[34] This is the culmination of a law in society critique of the inaccessibility of the law which became a political force in the 1960's.[35]

VI. Conclusion

None of the above is to argue that the present legal environment is a wholly different system in form and function from its "modernized" predecessor. The more modest thesis here is this: it presently exhibits symptoms which indicate that many of the truly modern features of law are in the process of transformed to a something that is best captured as mirroring the postmodernization of contemporary advanced societies.

---

33 For an example, see *Joel Handler,* Social Movements and the Legal System: A Theory of Law Reform and Legal Change, New York: Academic Press 1978.

34 See *Teubner* (note 27), and his Dilemmas of Law in the Welfare State, Berlin: de Gruyter 1986.

35 *Cooper/Dhavan,* Public Interest Law, Oxford: Basil Blackwell 1986.

RECHTSTHEORIE, Beiheft 19, S. 123 - 130
Duncker & Humblot, 12165 Berlin

THE POSTMODERN FRONTIERS OF LAW: REGIONALISM, GLOBALISATION AND CRIME

By David Nelken, Macerata

How are the new frontiers of law and the changing powers of the nation-state in an era of globalization interrelated? How, if at all, do developments in each of these phenomena affect each other? A plausible argument would identify modernity with the enlightenment project of political liberalism and scientific progress, and see the nation-state as the bearer of this project. It would then be tempting to see postmodernism and regionalism as both being the opposite trends to those of modernity, scientific positivism and nationalism. In this paper I shall first make only a few comments on what are such fundamental wide ranging issues. But, as a case study of the changing role of the state and its law, I shall then examine in somewhat greater detail the way the nation-state is currently seeking to reinforce its legitimacy by patrolling its borders against the alleged threat of transnational criminality.

I. Was Modern Law ever Universalistic?

Should we accept modern law's liberal and positivist conception of itself on its own terms? The self presentation of modern law is increasingly being queried (Fitzpatrick 1992). Did it really replace myth with science, the irrational with the rational, the local with the universal – or is it rather inextricably bound up with these alternatives? In what sense is modern bourgeois law universalistic? Should racism instead be seen as an inherent founding element rather than an accidental feature of modern western law? Even if a certain universalism was the goal of the enlightenment this was always conceived in terms of individuals never of groups (Bauman 1989). Some at least of the rejection of western individualist values in the name of religious and ethnic identity in the wars which disfigured former Yugoslavia can be interpreted as a reaction to a repressive (and also often bogus) universalism.

There are also reasons to fear the implications of ill digested postmodern arguments.[1] If modernity was not what it called itself where does

[1] An alternative account of postmodern trends as part of the evolution of modernity towards what he calls 'high modernity' may be found in *Giddens* (1990, 1991).

this leave post-modernity? The postmodern attack on modern political and philosophical 'meta-narratives' and the call to emphasise the 'local' may itself need to be told as a local story whose moral is not for wider consumption. It is not surprising that French thinkers have been the leading postmodernists – in so far as they may be seen to be reacting against a hegemonic Marxism and a still powerful technocratic (local) State project. Where these conditions are not present (or where as in Italy only one is found) an emphasis by intellectuals on 'weak thought' may have quite different significance. The same aplies to the surprising consensus (ranging beyond postmodernists, from Foucault to Habermas to Luhmann) over the dangers of using modern law as a regulatory instrument to induce social change. In Italy, for example, state law is more at risk of being colonised by 'the lifeworld' than the reverse and the differentiation of the modern social system analysed by German theorists from Weber to Luhmann exists more on paper than in practice. Undermining Ihering's instrumental approach to law as a goal for increasing social justice may create worse problems than the regulatory failures and pathologies of dependence that this approach to law is accused of producing.

More fundamentally, it is uncertain how far the term postmodernism refers to a theoretical position or to a set of changes in society or to both. The evidence for postmodern claims which can be drawn from current political, social and legal developments seems at best rather contradictory. Relevant political changes include the break up of the Communist bloc and increasing demands for recognition of regional identity; but also the growth of political trading blocks in Europe and the North America. Science has lost some of its epistemological confidence but technology continues to set the pace of social change. Law itself registers and mobilises many of these contradictory developments – which Vincenzo Ferrari has characterised as 'the structuration and de-structuration of modern law'. The figure of the 'legal subject' is under attack by those (women, racial minorities and others) who do not recognise themselves in its presuppositions, but the legal system continues to spawn new categories of rights bearers, such as 'children' or 'victims.' As against the proliferation of 'legal pluralism' taken to be characteristic of postmodern law (see e.g. De Sousa Santos 1995), can be set the 'forces of globalization' and 'homogenisation' as in the spread of capitalist private law now shaped mainly by American or other common law business lawyers. At the level of ideas there is no immediate replacement for such univeralistic modern faiths as Positivism or Marxism. But, at the same time, many intellectuals are increasingly committed to the need for international human rights, as well as to giving increasing priority (not always matched by politicians) to the need to protect the natural environment.

The difficulty of knowing what would count as evidence for postmodern claims is exacerbated by what sociologists of law have learned about the peculiar complexities of relating legal and social change. In theory, legal developments can either mirror, constitute or even (attempt to) oppose wider social trends – as in the effort to build an international law capable of dealing with war crimes. In practice, current trends in law can be identified under each and all of these headings.

II. Postmodernism, Globalization and Regionalism

What can be said more specifically about the relationship between the postmodern trends borne by globalization[2] and changes in the role of the nation state? On the one hand, geographical frontiers certainly have less significance than they did because of increased ease of travel as well as new forms of communication and information technology. Officials responsible for border controls argue that with millions are on the move and that the frontiers of a country are increasingly internal ones based on the need for survival, for work and feelings and family. Experts on the social influence of new communication technologies have argued that 'we are being changed from 'arborial' beings, rooted in time and space, to "rhizomic"" nomads who daily wander at will (whose will remains a question) across the globe, and even beyond it, through communication satelites, without necessarily moving our bodies at all' (Poster 1990, p. 15).

But rather than the simple extension of globalization, on the ground we seem to be experiencing more the simultaneous rise of both the global and the local which Ronald Robertson has termed 'glocalisation' (Robertson 1992). In the wake of the collapse of Communism, (reactionary) Nationalism threatens to become a force out of control. What needs to be considered is whether this might not be in part due to the contradictions inherent in the idea of the *nation*-state. There are some apparent success stories of moving towards greater pluralism (South Africa) but in other multi-ethnic States, such as the CIS (or former Russian Empire), only the employment of massive military force has allowed it to hold on to breakaway entities. The most disastrous case, the break up of ex-Yugoslavia, carried the real risk of an eventual escalation into global conflict. It can be argued that the barbarity of ethnic purification is a pathological expression of the idea that nation and peoplehood must coincide. If this is at all correct it follows that we must urgently try to imagine new possible forms of national and international citizenship.

---

2 For culturalist interpretation of globalization see *M. Featherstone* (ed.) (1990), or *M. Walters* (1995) for more economistic and marxian accounts see *I. Wallerstein* (1979) or *L. Sklair* (1991).

The lesson both of the Holocaust and of contemporary genocides is thus the need to transcend the modern form of nation-state, as Bauman argues 'so as to release morality from its identification with proximity' (Bauman 1989). But which of the established European countries faced the awkward issue raised by the break up of Yugoslavia – how far is it possible to form a state in which citizenship and national identity do not necessarily coincide? To turn to the specific theme of this paper, despite, or just because of, the increased freedom of movement of people and information, the European Union seems ever more determined to adopt a fortress mentality.

III. Transnational Crime and the Nation-state

Law itself can provide a good illustration of the process of glocalization in so far is it can be considered both one of the most locally specific and one of the most universal or globalising of cultural phenomena. Today its globalising reach is evidenced both by the growth of a new *lex mercatoria* for international business transactions and the attempt to extend human rights law. But some forms of law do seem to travel better than others. Criminal law for example is usually seen as very much a quintessential part of national sovereignty – not for nothing the European Union has moved with extreme caution about urging harmonisation in this area of law even within Europe.

Yet criminal law and justice are nonetheless being subject to globalizing forces in response to fears about transnational crime. (Nelken forthcoming.) At the level of official propaganda there is increasing insistence on the proposition that since crime (now) knows no frontiers, it follows that systems of criminal justice can no longer afford to be based on the nation state but must do their best to form a common front. Globalisation is a process out of, or even beyond, political control, which is creating enormous opportunities for business and organised crime. Locally based criminal justice systems are always destined to be behind. The old-new category of 'transnational crime' borne by the tide of globalization is taken to embrace a wide variety of threatening behaviours including terrorism, espionage including industrial espionage, drugs and arms trafficking, the international wholesaling of pornography and prostitution, smuggling and trade in people and body parts, counterfeiting, crimes related to computer technology, international fraud and other financial crimes, tax evasion, theft of art, antiques and other precious items, crimes against the environment, trade in endangered species, and internationally coordinated racial violence (see e.g. Passas/Nelken 1993; Ruggeiro 1996). What is more, much of this transnational crime is assumed (rightly) to be organised by foreign criminal enterprises such as the Sicilian Mafia, the Colombian drug cartels, the Yakuza in Japan, the Chinese and Taiwanese Triads, or sophisticated fraudster networks in Nigeria. Increasingly, attention is also being paid to the challenge represented by the Mafias of Russia and other countries in Eastern Europe who are seen as amongst the main beneficiaries of the break up of the former Soviet Union, the run down of the Red army, the privatisation programmes or foreign investments and aid payments and so on.

Organised criminals easily slip into the slot of 'public enemy number one' which was previously reserved for the anti-democratic menace of communism, as is confirmed by the recent redeployment in Britain of the secret services to carry out intelligence against such criminals using the same techniques previously used in spy wars. And this is even more true of the United States. Louise Shelley, an influential American expert on organised crime, fully approves the priority given to this threat. The world, she argues, is now facing a new non-state based form of authoritarianism which subjects people to coercion, corrupts law, privatises weak states for its own goals, and threatens those journalists – and criminologists – who try to expose it. (Sheley 1996) Her conclusion (these arguments always arrive at the same one) is that 'the legal institutions of the world are still bound to the nation state but the forces of coercion are transnational; existing state based legal systems therefore cannot protect citizens from the new authoritarian threat provided by transnational organised crime'. (Shelley 1996, p. 3.) According to this view then the globalisation of crime thrives precisely on the slowness or *inability* of the criminal law to globalise. And the situation in the European Union is taken as a textbook illustration of this. As another American writer put it, 'crooks were the last item on the European Community's agenda in 1990. Engrossed in plans to make money, economic leaders had given scarcely a thought to the opportunity for criminals to do likewise – no common police academy or training existed, each country had its own laws on extradition, rights of asylum, hot pursuit, exchange of police and intelligence information, undercover agents, controlled drug deliveries, jail terms for drug traffickers, money laundering or phone taps.' (Sterling 1994, p. 40)

Naturally these arguments have not gone entirely without criticism. Some writers have noted that police forces are in fact using fears about transnational crime to forge alliances which are not democratically accountable. Efforts at concerted transnational police action, it is said, can represent a real danger to democratic structures which themselves presuppose the national state. America again has long been in the lead here in exporting abroad its war against drugs and terrorism (Nadelmann 1993). But in Europe this is also well illustrated by the inter-state TREVI or EUROPOL policing agreements where the European Commission itself only has observer status and the European Parliament still less say. In contrast to the claims of those who emphasise the spread of transnational crime, these writers argue that criminal justice is also globalizing along with everything else (and in much the same way). As one author claims 'it is by looking at the enforcement practices of the transnational law enforcement enterprise that we can best come to understand the political form of the emergent transnational world system' (Sheptycki 1996, p. 64).[3] What is more, powers and techniques which are demanded or taken in order to deal with the threat of menacing forms of organised crime often end up being used against more low level or local forms of criminality. Insofar as borders are successfully patrolled the focus is often on keeping out those immigrants who in the present economic climate are once again assumed to be surplus to requirements; thus illegal immigration is now included alongside drugs and terrorism as one of the three major threat against which what is increasingly being called *Fortress Europe* needs to be defended. For these commentators on transnational policing the proposed solution is often worse than the problem – not only because it is symmetrically authoritarian – but also because there is ample evidence that unaccountable policing can itself involve illegality or engage in crime in its own account.

It would be a mistake simply to deny that organised transnational criminals do represent a serious threat, particularly to some weak states; likewise it would be wrong to think that an international police state has already come about.[4] What I want to emphasis here is rather the way both sides to this debate, albeit for different reasons, tend to underemphasise the usefulness to the nation state of the challenge of transnational crime. So far the continuing differences between systems and the obstacles to international collaboration are indeed as significant as the moves to common forms of policing and punishment. But if progress to a unified order of international criminal law is so slow, or perhaps just because it is so slow, it is those measures taken to deal with transnational criminality by *individual* nation-states which are particularly worthy of our attention in as much as these already have serious implications for civil liberties.

The international information exchange INTERPOL is said to have files on 130,000 people of whom 80,000 are drug offenders; but research-

3 See also *Anderson/De Boer* (1994); *Anderson* et al. (1995); *Fijnaut/Marx* (1996); *Nadelmann* (1993); *Sheptycki* (1995).

4 "The conspiracy theorists of European policing are wrong when they see a vast surveillance State, for the reality is that a true intelligence system is not an easy monster to produce but is one of the rarest of creatures." (*Robertson* 1994, p. 17.)

ers quote the police in Britain alone as claiming to have records on the 60% of Colombians living in London who they say are involved in the drug trade, as many as 42,000 out of a total of 70,000. (Sheptycki 1996) An intelligence agent was recently quoted in the British quality newspaper Sunday Times (17/11/1996) as saying – 'We are one of the very few countries in the world to have legislation that allows us to work very aggressively overseas ... We take the view that stealing money from a crook is a good thing and if it's from an account in a foreign country who cares? We are hardly likely to be sued, and anyway there are no fingerprints to lead back to us' (according to the report these remarks allegedly met with the approval of a leading London legal academic). The 1992 decision of the American Supreme Court in the *Alvarez Machain* case seemed to authorise state kidnapping of a drug dealer from Mexico. In the same year in the decision in *R v Governor of Pentonville Prison ex. parte Chinoy* (1992 All E.R. 317) the English courts refused to look at illegalities which had allegedly occurred in the gathering of evidence in France. In sum, whatever globalisation may or may not be doing to crime, talk about globalisation is increasingly serving as a means by which national criminal justice systems seek to augment their resources and (re) legitimate themselves. What is more, whatever the claim about transnational crime constituting a global problem it is often the weaker states who are made to bear the main burden of collaborating in reducing the threat from transnational criminals, as if this was a common problem facing all states alike – a phenomenon too often obscured rather than emphasised by those write about such matters.[5]

References

Anderson, M. et al. (1995): Policing the European Union, Oxford: Clarendon Press

Anderson, M./*Boer*, M. den (eds.) (1994): Policing across National Boundaries, London: Pinter

Bauman, Z. (1989): Modernity and the Holocaust, Oxford: Polity

Featherstone, M. (ed.) (1990): Global Culture, London: Sage

Fijnaut, C./*Marx*, G. (1995): Undercover: Police Surveillance in Comparative Perspective, Amsterdam: Kluwer

Fitzpatrick, P. (1992): The Mythology of Modern Law, London: Routledge

5 Academic writers often talk of globalization of crime as if its costs were equally shared around the world – something which is not true even of the threat to the global ecology. Thus, discussing the threat from transnational criminals from the East, *Myers* (1996, p. 182) at first acknowledges that 'the economic burdens and social effects of maintaining this tension fall unequally upon industrialised and newly industrialising nations', but he (illogically) then insists nonetheless that 'all nations have an equal share in the consequences of failing to act'.

Giddens, A. (1990): Consequences of Modernity, Oxford: Polity Press

— (1991): Modernity and Self identity, Oxford: Polity Press

Myers, W. H. III (1996): The emerging threat of transnational organised crime from the East, in: Crime, Law and Social Chance 24, pp. 181 - 222

Nadelmann, E. (1993): Cops across Borders, Pennsylvania State Press, University Park, Pennsylvania

Nelken, D. (forthcoming): The Globalisation of Crime and Criminal Justice: Prospects and Problems, in: M. Freeman (ed.), Law at the turn of the Century, Oxford: Oxford University Press

Passas, N./*Nelken*, D. (1993): The thin line between legitimate and criminal enterprises: Subsidy Frauds in the European Community, in: Crime, Law and Social Change 19, pp. 223 - 243

Poster, M. (1990): The Mode of Information, Oxford: Polity

Robertson, K. G. (1994): Practical police cooperation in Europe: the intelligence dimension, in: M. Anderson/M. den Boer (eds.), Policing across National Boundaries, London: Pinter, pp. 106 - 120

Robertson, R. (1992): Globalisation, Social Theory and Global Culture, London: Sage

Ruggiero, V. (1996): Organised Crime and Corporate Crime in Europe, Aldershot: Dartmouth Press

Santos, B. de Sousa (1995): Towards a New Common Sense, London: Routledge

Shelley, L. (1996): Transnational Organized crime: the New Authoritarianism, Paper presented at the Law and Society Conference, Glasgow, 13 July 1996

Sheptycki, L. W. E. (1995): Transnational Policing and the Makings of a Postmodern State, in: British Journal of Criminology, p. 613

— (1996): Law enforcement, Justice and Democracy in the Transnational Arena: Reflections on the War on Drugs, in: International Journal of Sociology of Law 24, pp. 61 - 75

Sklair, L. (1991): The Sociology of the Global System, London: Harvester Wheatsheaf

Sterling, C. (1994): Thieves' World: The Threat of the New Global Network of Organised Crime, New York: Simon and Schuster

Wallerstein, I. (1979): The Capitalist World-Economy, Cambridge: Cambridge University Press

Walters, M. (1995): Globalisation, London: Routledge

RECHTSTHEORIE, Beiheft 19, S. 131 - 141
Duncker & Humblot, 12165 Berlin

INFORMATION AND HUMAN LIBERTY

By Ota Weinberger, Graz

I. The Philosophical Frame and the Task of My Paper

It is my basic opinion that political and juristic enquiry must be conceived of as an action theoretical approach. The following theses are corollaries of this supposition:

(i) The study of institutions is an essential element of political and legal theory, because institutions are necessary frames of personal and social action.

(ii) Action theory itself and all questions of practical philosophy have to be based on communication theoretical views within the frame of an appropriate semantics, namely a dichotomic semantics which distinguishes descriptive and practical sentences.

The philosophical starting point of my considerations is the idea of gnoseological primacy of practice. The acquisition and structure of our knowledge is directed to the objective of serving as an orientation for acting and of determining the choice of means to reach presupposed purposes, and to select the best way of acting out of given possibilities.

I shall briefly explain my concept of an information theoretical view on action and institution. Then I shall deal with some gnoseological aspects of information in order to be able to analyze the relations between democracy and informations. The findings from this consideration will lead me to a discussion of some problems which have a very important impact on freedom of man in modern society and on political liberty in modern democratic states. I hope to be able to show that the democratic system can grant its effectiveness and political liberty in society only if it is linked with a social process of discussion of material principles of the democratic world view and if the preconditions of an open society are duly institutionalized.

II. Action Theoretical View on Information and Information Theoretical Theory of Action

The capacity of acting is a fundamental anthropological feature of man which determines the structure of our language and thought. The fact that our lives are embedded in practical contexts leads to a conceptual differentiation of informations into descriptive and practical informations, because only on this supposition acting can be conceived as based on a process of information transformation. It is a clear and universally accepted view that information about the world in which our actions take place as well as the knowledge of causal relations in the world are necessary preconditions for acting, or more precisely, for the determination of the way of acting. But these informations are evidently not sufficient for determining choices between possible alternatives of action or for choosing programs of acting. For determining action by informations we need, of course, also another kind of informations, namely pracitical informations. Practical informations – purposes, value statments, preferences and norms – are indispensable for determining selection processes among possible alternatives. Therefore we can infer an essential result concerning semantics founding action theory and the whole field of practical philosophy: Semantics as a basis of the realm of praxis is necessary dichotomic, and has to distinguish linguistic tools for expressing descriptive informations – providing an orientation in the world as the field for acting and for finding means for reaching ends, or for describing action programs – and linguistic tools for expressing informations applicable for the determination of choices.

Our capacity of acting and the structure of action theory is the very reason for the use of dichotomic semantics in practical philosophy; on the other side the essential characterization of action must be given by pointing out the process of determining actions by transformation of informations: action cannot be defined by a mere description of behaviour or by describing the succession of behavioural states, but it must be characterized by the information process determining and controlling action. These information processes realize intentional standpoints of actors and imply selection processes in accordance with given practical informations or acts of choices.

The formal and finalistic theory of action – as I conceive it – is applicable as well to actions of human individuals as to actions of collectives or social bodies.

The structure of action defined by information processes consists of two parts: the recognition of alternatives of possible action fulfilling the purposes of the acting person, and the process of choice of the best alternative out of the class of possible alternatives. This choice is a result of preferential ordering of possibilities realized under the criterium of the teleological system expressing the purposes and preferences of the acting subject. The preferential order is a semi-order in which some alternatives may be valued as equal. If there is no alternative fulfilling the purpose then no action will take place, because this means that there is no solution for the task. If there is just one best alternative than this alternative will be chosen. If there are more than one optimal alternatives then the choice of one of best alternatives is arbitrary.

In principle action can be considered under two different perspectives according to two fundamentally different problem situations. Either we analyse the argumentation underpinning the choice, or we watch the behaviour of the acting person and try to understand and explain it as an action. The first situation can be called 'choice-analysis', the second 'action-interpretation' (or 'motive-interpretation').

The basis of grasping an action is the presupposition that the behaviour that we have observed is an action of a subject. Then we have to ascertain the content of the action, namely to find out which kind of action we have observed. This finding, the classification of the behaviour as a kind of action is not an immediate observation, yet always already a result of an interpretation process in which the behaviour is considered in a frame of institutions and in which the intention of the acting subject is ascertained by interpretation. Action as an observed fact is indeed always a result of interpretation in which the observer does not only notice what he sees, but the result of an interpretation process by which the observer tries to reconstruct the information process of the acting subject by which the action has been determined. Or in the formulation of *Hans Lenk:* observed action is a construction explaining the behaviour of the subject by help of an interpretative finding. Action-interpretation remains always hypothetical in some respect.

III. Action and Institution

Human action takes place in institutional frames. The capacity to act is in an essential way embedded in institutions which produce types or patterns of action and often determine social interaction. The patterns of people's everyday actions are institutionalized by the influence of examples and imitation as well as by systematic education. Brushing our teeth and wearing shoes and using handkerchiefs are institutionalized habits and elements of our way of live. We greet our neighbour and he answers to it. All kinds of co-operation are more or less dependent of institutionalized practices. And in modern society there is a great number of real institutions like factories, offices, sport clubs etc. which provide frames for our acting and co-operation in specific fields of our interest and activity.

Social institutions determine the structure of modern live in an important and rather complicated way. Neo-institutionalism underlines the fact that real institutions are based on a core of practical informations which define the *idées directrice* of the institution and the organization of it as well as the competences of the participants of the enterprise. The practical core determines also the duties and rights of participants in the institution, and the criteria of evaluation from the point of view of the institution.

The institutionalist conception is aware of the fact that institutions are not only results of social co-operation, but rather social facts that produce nuclei of social structures which contribute to the formation of co-operative live. Already the classical theory of institutions *(Maurice Hauriou)* has underlined the fact that the foundation of institutions is based on the proposition of an *idée directrice,* namely the idea of a work which is proposed to be realized by the institution. Real institutions are founded by the fact that their leading ideas are accepted by the supporters of the institution. It is essentially the process of identification with the institution which forms the basis for the foundation of it, not a collective act of generation.

A very important contribution for the understanding of political reality is the insight that social institutions may have very different structures and provide possibilities for different forms of organization. From this insight follows that it is rather unsound and economically inefficient to unify the structure of all institutions. They should be differentiated in accordance with their function and with the task to be realized by them.

As we shall see in the next paragraph the institutionalist approach offers also a working basis for a realistic theory of democracy.

IV. The Idea of Democracy

Democracy is a method of ruling which is defined by some basic ideas, primarily by the idea of selfgovernment of the people. The state is not a dominium of a person, a family or an institution, but a *res publica* of the people who rules himself, in his own interest and by his own considerations and decisions. Such a definition is, of course, not a picture of a political reality, but something like an abstract ideal for which we try to find a working realization.

The fundamental method of realizing democracy consists of rules how to form a collective will or/and how to empower delegates for the administration of the state and of all political matters. These procedures – at least in the prevailing liberal conception – aim at minimalizing the restrictions of the freedom of every citizen and of social groups in choosing their form of life and the plans for their activities.

Experiences with democratic systems shows that the formal system of determining the formation of the collective will is not sufficient for guaranteeing democratic life. It is, e.g., possible to destroy democracy by establishing a dictatorship by means of a democratic procedure, and formally democratic decisions may destroy democratic rights of some groups and introduce painfull discriminations. At least three consequences follow from this recognition:

(i) The formal rules of voting and holding elections is by itself not sufficient for granting the realization of democratic ideals; they must be accompanied by an effective system of discourses about political and social questions, by transparency of public relations and by an appropriate accessibility of relevant informations.

(ii) Democracy cannot by adequatly defined only by formal rules of will formation; it is an indispensable part of the domocratic world view to hold and discuss an open system of material postulates containing *inter alia* tolerance, non-discrimination, the idea of the rule of law (i.e. the principle of the Rechtsstaat), freedom of speach, of opinion, of religion, of forming associations etc. No liberty just mentioned is unlimited, yet the limits are always a matter of careful deliberation.

(iii) Even a well established democratic system may come into the danger of misuse; democracy is not a place for rest, but a system in vivid evolution and dependent on social discourses. It can be efficient and stable only if it is institutionalized as an open society.

V. Democracy and Information

Ruling is realized by communication. Norms and advices are informations which guide and control the behaviour of the citizen, determine social interaction and produce the organization of social institutions. The development of political programs is based on a great variety of informations about the social state and the interrelations in society. Political and legal decisions are underpinned by relevant informations about the matter which has to be regulated.

In democratic states the problem of information has also some additional aspects. The people is invited to determine the path of political decisions directly by vote or indirectly by the election of political functionaries. Democratic procedures themselves are a kind of information processes. And if democratic vote should be reasonable it has to be based on appropriate information available to the electorate.

Some scholars trust in the intuitive capacity of the people to find good decisions, but a less romantic and more realistic view of the matter will insist that a sound intuition about the actual interest of the people may be effective only in some cases, but in general the popular decision should be based on relevant informations like all decisions of acting subjects. If democratic institutions are to work properly there is a need of discoursive processes.

Modern democracy is possible only on the basis of a cultivated and informed people, and it is characterized by the existence and the leading role of political parties.

The existence and working of political parties is essentially linked with information processes. In the first place, every political party realizes a certain position which leads to a programatic conception. Discourses concerning program problems are in fact indispensable for every political party. But the elaboration of an official political program of the party is not identical with the development of political stands and tactics. Programs which are presented to the electorate inform about the basic line of the party, but they have more and more achieved the character of a propaganda leaflet. And there are some reasons for doubt in the sincerity of political propaganda.

Information and propaganda is as essential for the work of political parties as the administration of public affairs when the party has reached a political mandate. The task of informing people is not restricted to the endeavour to gain party members and voters, but has to try to show the importance of some objectives which are basic for the political movement. Parties are institutions which are entitled to promote social plans and political visions.

Party propaganda has changed in the last years its character and its methods. This shift can be defined as an orientation solely on electorial propaganda – very much under the influence of the theory of domocracy created by *Joseph Schumpeter* – and by the introduction of marketing methods into political practice. The strong orientation of political practice on elections leads to a restriction of objectivity in political administration, but the intrusion of marketing methods into political life is – as I shall explain later – an actual danger for democracy.

The influence of massmedia in modern society and its political life cannot be overestimated. The mayor part of information of the people is provided by newspapers, radio and television. On the one hand the institution of massmedia leads to a new quality of the insight of people in political relations and in the political, economic and cultural development of the world, on the other hand massmedia are a powerfull instrument of influencing public opinion, and can be used for propaganda and indoctrination. The institutionalization of the freedom of massmedia is a necessary prerequisite of democratic life. But in fact the situation is very complicated. Not only political parties and ideological organizations try to influence massmedia in their interest and to use them as instruments of propaganda, but also economic relations have an important influence on the work and effects of massmedia.

I am sure that these facts have – under certain conditions – an essential impact on problems of political liberty. The field of massmedia is an important field of business. And the structure of this field is not always such that it grants objective and free information. An appropriate organisation and open mind of journalism is one of the main prerequisites of an open society.

There is also an other linkage between massmedia and economy. Advertizing is essential for the financial situation of massmedia. It has, of course, a positive economic function, and seems to be an indispensable complement of massproduction. But it implies difficult problems concerning the work of massmedia as well as problems concerning the freedom of the citizen. The TV occupies e.g. his time by advertisments which are forced upon him.

VI. The Pragmatic Dimension of Information

The notion of information in practical philosophy has to be considered in relation to action. Not every presentation of data plays the role of information. Only data that are relevant for the determination of action function as information.

Our knowledge is not only a result of our own experience, but has in many respects social character, it is formed by what we have learned and what has been presented to us by informations from the cultural background.

For our analysis the following theses are important:

(i) The message by which we accept an information does not show by itself whether the information is true. Our system of communication is based on the presupposition, that the sender of a message presents it as a true information, but this presupposition of communication does not imply that an actual message is in fact true.

(ii) There are two forms of reception of informations, active and passive reception. If we hear or see a massage our senses are always active in some sense, e.g. our eye adapts itself to the situation. But the difference between active and passive reception of messages concerns something else. Either we direct our attention towards the message, so that we incorporate the information into our system of knowledge by intention, or we notice the message only passively, because we are exposed to it and accept it automatically, but not intentionally.

A great deal of informations concerning the environment and our position in the world is more or less a matter of automatized or passive reception of informations.

Even passive reception of information evoke learning processes. We can say even more than this: we cannot prevent the influence of passive information on our mind. [This fact is the basis of the dangerous effects of indoctrination which has its effects also on critical thinkers. Nobody can prevent the influence of messages forced upon us on our knowlege or/and our feeling.]

(iii) The process of transmitting information can be realized in the interest of the sender, or of the addressee or of both.

The content of messages can have cognitive or practical meaning. By the communication of messages not only knowledge of facts and of practical informations is transmitted, but messages in the pragmatic context are often accompanied by emotions. Communicata evoke emotional reactions of the receiver which are either intended or not intended by the sender. The style of presenting informations has a decisive influence on the emotional reaction of the addressee. Journalism and propaganda use this fact in order to influence the reader or listener. The same information can be presented with rather different emotional effects, e.g. by choosing different headlines.

The broad field of communication in modern society has not only enlarged the knowlegde of nearly all classes of the people, but it opens also the door for influencing the emotional attitudes of the audience and offers many possibilities for propaganda and for political indoctrination.

VII. Liberty and Discourse

Human liberty can be considered from two sides: as the freedom of persons or groups to choose their way of life and to decide their affairs by their free will, or as political liberty. The realm of political liberty concerns the participation of the citizen in public matters. There are of course some relations between both fields of liberty. Personal liberty is an element of the postulates of political liberty.

Personal liberty is limited by different constraints. Public opinion and our roles in social institutions represent a net of constraints, habits and duties. These facts should not be judged only negatively. The frame of social bounds and the respective duties have also good effects. Under the influence of social bounds we experience feelings of unity and solidarity which are necessary for our psychic health.

The liberal claim to maximize the liberty of the person as far as it is compatible with the same liberty for all other persons is a rather unsatisfactory formulation. Liberty is not one entity, but there are side by side different liberties which are often in conflict with each other. Unrestricted economic liberty may imply strong restrictions for the actual freedom of poor people. Freedom of religion, namely in form of the freedom of churches, may lead to a restriction of the freedom of opinion and of speech or to restrictions of the liberty of women. Fundamentalism of our days illustrates these problems.

The real problem of liberty (or liberties) is to determine a class of liberties which we stand for and to discuss *in concreto* their relative weight as well as their normative regulation and their protection.

In modern society we are passive recipients of a great mass of informations. In certain limits advertising may be useful for the citizen as an orientation in the market or as an advice for economic activities. But the extent of the stream of advertising [which occupies our time e.g. in the television] is mostly understood as a restriction of our freedom.

More problematic is political indoctrination which conceives the citizen as an object of manipulation and have effects also on critical men and women. The thesis that propaganda has no effects on critical citizens is a lie professed by the partisans of indoctrinative propaganda.

The problem of using marketing considerations and methods in political practice concerns as well personal as political liberty.

Participation in public affairs is not restricted to formal principles of democracy, namely to processes of voting and of election. The efficiency and reasonableness of democratic ruling depends essentially on discoursive processes institutionalized in society. In this respect I stand wholly in the line of Masaryk's "Democracy is discussion" to Habermas' conception of discoursive democracy. But I disagree with Habermas that discourses as such are a standard and a sufficient justification of political or legal measures. On the contrary, I draw the attention to practices that may disturb rational argumentation in social discourses, namely to the damaging effects of propaganda, prejudices or the role of superficial political slogans. When I observe political argumentation in the practice of democratic states I notice the detrimental influence of half-truths, of the deflection of the discussion from essential points and of the use of a terminology which casts a distorting light on the matter. These disturbing element of discourses are not – as Habermas seems to believe – always effects of power relations. In short: I am a partisan of a discoursive conception of democracy, but not in the sense which discourse philosophy attributes to the notion of discourses.

Present democracy is in danger from two sides. Free discourses with their progressive function are confronted from inside by the intrusion of marketing methods in the political practice, and so to say from outside by the spread of fundamentalism and radical nationalism which make political discourses impossible because the partisans of such movements are not willing to participate in open discourses.

The marketing view on politics and political propaganda conceives political information activities as a kind of marketing measures for selling merchandises. The consequences are that the presentation of political theses is based primarely on emotional effects, but not on valid arguments. Truth and a realistic view on political facts and relations become unimportant, and the endeavour is directed only to the motivating effects.

So long as the application of marketing-like methods is realized by different organisations, e.g. by different political parties, the unsound effects may be compensated in some way. But it becomes a danger for democracy if it works as state propaganda or as the propaganda of an extended central institution. Then intellectual freedom which is a necessary prerequisit of discoursive democracy is destroyed.

In totalitarian societies often arises an atmosphere which hinders all socially effective argumentations. It is e.g. extremely difficult to argue against religious prejudices [e.g. against the idea of the existence of witchcrafts], or against chauvinism or racism in such systems as was nazi Germany, or against some petrified theses of state socialism in the atmosphere of stalinism.

But such situations may arise also in democratic states if they do not follow the principles of an open society. We have seen that state propaganda in Austria in favour of the vote for joining the EU has evoked an atmosphere which implied strong restrictions against realistic views and analyses. Our actual political situation is marked by the consequences of the deficit of discoursive clarification of these problems.

When I have been writing these lines I had no empirical evidence for my thesis. Now I can present a case as a clear empirical prove: The Austrian referendum for joining the EU – it was based on an immense propaganda – had the result of $^{2}/_{3}$ votes in favour of joining the EU. Than the propaganda came to an end. Now only $^{1}/_{3}$ of the citizens is in favour of the EU.

I can conclude my considerations about democratic liberty and information by the thesis that democracy and human liberty can flourish only if the frame for an open society are established. Formal democracy is not sufficient. We need a discoursive mind, tolerance and places for free discussions. This standpoint implies also postulates concerning the mind of all ideological organisations: they must realize an open mind.

III. Modern Law and Post-Modern Legal Theories

RECHTSTHEORIE, Beiheft 19, S. 145 - 155
Duncker & Humblot, 12165 Berlin

POST-MODERNISM AND SOCIOLOGICAL-JURIDICAL THEORIES

By Simona Andrini, Perugia

I. Foreword

Nowadays it would seem impossible to speak about sociological-juridical theories in the post-modern age without first of all presenting a series of methodological considerations in the form of a premise. This premise has to do with the very proposition of our subject, and immediately concerns the meaning (meanings) which can be assumed by the term "*post*-modernism", and, as a result, conditions the sense to be given to the word "theories". In fact, what does post-modernism mean? Without altering its nature is it possible to grasp the meaning of a term which by that very nature (nothing more than a *"post"*) seems to escape any determination of meaning whatsoever? A term which can be used to embrace and dispel – almost a modern form of exorcism – all the nodes, conflicts and contradictions of the present age, since in itself it is able to assume all possible meanings attributed to it; a sort of prodigious label applied and applicable to whatever may strike the fancy of whoever uses it? Therefore, if self-determined location in a *"post"* means something more than the digressions of literary whim or the mere use of a rhetorical artifice, any questioning about the relationship between post-modernism and law will not be able to remove the paradoxical status of one's own position, and therefore be unable to avoid the task of reconsidering the words of one's own vocabulary.

Hence the need for a methodological premise. This paper will explore three possible meanings of post-modernism, and will opt for the last one as the most congruent for the purpose pursued: a) post-modernism as an objective historical condition; b) post-modernism as a "condition of existence" in the sense identified by Lyotard; c) post-modernism as *Kunstwollen,* as a way of working, as the practice of a different rationality or way of thinking (Eco 1983).

Once these three possibilities have been examined, it will be necessary to return to the initial proposition and define how we are to understand the expression "sociological-juridical theories in the post-modern age".

In this case as well the itinerary awaiting us does not follow a straight line, because one alone is not the criterion to be used as the basis for defining those sociological-juridical theories as post-modern. For example, one criterion might be to follow the itinerary of rationality and pose questions on what type of logic these doctrines develop from within. In that case the definition would be easy to come by, since it would suffice to pinpoint which theories develop a concept of fragmented rationality and define them as post-modern.

This is an approach, however, which leads to referring more to the types of rationality internal to the doctrines themselves than to law, the latter being understood as a social phenomenon and not in abstract terms. The inherent pitfalls evidently have to do with epistemological impenetrability alone, with the subsequent exclusion of the sociological-juridical realm. Conversely, the approach will be to begin with an analysis of those social phenomena which are broadly defined as post-modern and illustrate the reading and interpretation thereof on the part of sociological-juridical theories.

So it's not an epistemological problem relative to the fragmentation of a rationality internal to the theories, but rather the sociological problem of the splitting of forms of practical rationality into separate pieces (e.g., the crisis of the primary role of the State, fragmentation in both the production and application of law) which is both revealed and propounded by the said theories. Therefore, returning to our premise, it is a matter of determining how it is possible to discover three possible meanings of post-modernism according to whether it is understood as an objective condition (an historical condition in this case), a subjective condition (a condition of existence in this case), or as an operational category (as a paradigm in this case).

II. Post-Modernism as an Objective Condition

One possibility would certainly be to define post-modernism as a specific chronological period in history. The only drawback in this case would be to define the term "a quo", and this is not without its own inherent difficulty. The "age of the advent" of the post-modern condition has given rise to various discordant efforts to date it in exact terms. Michael Kohler (Kohler 1977) has reviewed the four main ones: 1. post-modernism understood as the epoch following the modern age in the interpretation of Arnold Toynbee (for whom the post-modern age began with 1875 and with the onset of imperialism); 2. among certain theoreticians of literature (Irving Howe, Harry Levin), post-modernism coincided with the overcoming during the 1950's of literary-experimental "extremisms" that had prevailed during the first half of the century; 3. in the realm of both literature and the social sciences, Ihab Hassan shifts by a decade (early 1960's) the advent of a post-modernist type of "new sensibility"; 4. lastly (and this is the thesis Kohler leans towards), the period from 1945 to 1970 is defined as late-modern, and the beginning of literary post-modernism took place in the 1970's (Ferraris 1983).

The discordance, however, is not limited to the issue of the "age of advent"; it also has to do with the exact name to attribute to this period. In the field of sociology, Daniel Bell (Bell 1973) defines post-modernism as "the post-industrial society". This thesis was accepted by Lyotard, but was opposed, for example, by Jurgen Habermas, who considers it the expression of a conservative *Weltanschauung* (when speaking about post-modernists he was to use the expression "neo-conservatives"). Moreover, Habermas never uses the term "post-modernism" in a topical sense, but used it in a positive sense before the term became a *topos* as a synonym of advanced capitalism.

Countless in other fields are the names assumed by post-modernism. More than three-hundred definitions have been attributed to current society, to the evolutionary stages of transition, and to hoped-for societies; for example, "societies at a standstill" (M. Crozier), the "unprepared society" (D. Michael), the "age of equilibrium" (L. Munford), the "casual century" (M. Harrington), "a State of entropy" (H. Henderson), the "narcissistic society" (Ch. Lasch), the "programmed society" (A. Touraine and Z. Hegedus), the "pre-figurative culture" (M. Mead), the "post-civil society" (K. Boulding), the "post-capitalistic society" (H. Dahrendorf), the "society of mature capitalism" (C. Offe), the "society of advanced capitalism" (K. Galbraith), the "sound society" (E. Fromm), the "active society" (A. Etzioni), the "post-materialistic society" (R. Inglehart), the "technotronic society" (Z. Brezinski), the "third wave" (Toffler), or the "age of discontinuity" as Druker calls it (De Masi 1985).

As a result, not only the Byzantine manoeuvres adopted in the quest for the term "a quo" render this definition exercise fairly bereft of feasibility, but rather the fact, as we can see, that if post-modernism is understood only as a particular chronological moment in history it becomes a sort of "catch all" container, or, as we said above, a kind of label or trademark that can be attached to whatever strikes the fancy of whoever uses it (Eco 1983).

III. Post-Modernism as a Subjective Condition

Another approach to the subject of post-modernism could assume the nature of philosophical considerations on modernity, a philosophical train of thought that renders post-modernism ontological by defining it in the words of Lyotard (Lyotard 1979) as a "post-modern condition". We must recall that Lyotard's vision and definition are of an entirely negative hue, and this does entail consequences for the aim we are pursuing. In 1979, when setting the advent of the post-modern condition in Europe during the 50's, Lyotard defined the post-modern condition as the waning of the "grands récits", the great narrations (meta-languages and ideologies) that legitimised the relationship between knowledge and civil society; the "récit" of the Age of Enlightenment, the "récit" of Idealism, the "récit" of Marxism.

The Age of Enlightenment, Idealism, Marxism, and then what? The disappearance of the "grands récits" silences the expression of newness, and, not by chance, by dwelling upon the word "modern", hands on to a *"post"* the entirety of its "unspeakability"; to a *"post"*, to a threshold about which we know nothing except that it is there. This is the "entering into the future backwards", referred to by Paul Valéry, the graphic representation of the "angelus novus" who is dragged forward as it looks desperately towards the ruins of the past.

This manner of placing the post-modern condition only in a negative dimension of dissolution, finitude and death, however, opens the door to another order of problems. We have a perfect right to ask ourselves what theories it would be possible to speak about in a dimension such as the post-modern one, which comes across as a moment evoking the dissolution of each and every centre or core around which events rotate and are ordered, and what possible meaning could the word "theory" assume in the age of *un-making* (another definition of post-modernism), of de-construction, of dispersion and loss of the coordinates, of rejection and death of the subject – with the related obsession for the rift and the fragment (linguistic minorities, sexual minorities,...). This in an age characterised by this great explosion where subject and reason burst asunder insofar as deputies of either unity or the whole (Wellmer 1985) and characterised also by this great aesthetics of allegorical reality which deposes the individual. Within the confines of this itinerary as well, therefore, the return to our theme would seem to be blocked.

IV. Post-Modernism as a Paradigm

There may well be another way to understand post-modernism, and that would be to assume it as a heuristic category, as a *Kunstwollen,* as a way to operate. We could therefore say that each epoch has its own post-modernism, just as each epoch has had its own mannerism (it has been asked (Eco 1983) whether post-modernism might not be the modern name for mannerism as a meta-historical category). If we assume the concept of post-modernism in this paradigmatic and operative sense, what will be of more direct interest to us will therefore be not so much the comparison of sociological-juridical theories and the subsequent analysis of the doctrines defined as post-modern, but rather seeing just how the sociology of law, as such and in particular, is able to identify phenomena we can call post-modern, and then return to our considerations relative to doctrines on that basis.

This entails wishing to assume law as the indicator of social changes (which it expresses). In other words, it means acknowledging unto law a centrality that post-modernism seems to have clouded with that tendency to do away with all those centres emanating all the orders in life. Therefore, it behoves us to take another step and verify whether and in what sense that centrality may still be attributed to law or what meaning it can assume in a post-modern age.

V. The Dissolution of the Centrality of Law

For a long time no one has either discussed or cast doubts upon the centrality of law. The monolithic and monological character (Arnaud 1981; Ost/van de Kerchove 1992) of modern juridical thought had accustomed us to a unquestioned pre-eminence of law and its role with respect to other social phenomena and functions. And the reason was because law was universally recognised as being able to represent reality and, in the words of Durkheim, to be "the visible symbol" thereof. On numerous occasions Durkheim had exhorted sociologists (and not jurists!) to consider with utmost attention the rules of law since it was the most objective revealer of social facts. More often than not, and even among juridical sociologists, this piece of advice fell very much upon deaf ears (Carbonnier 1978).

Wherever this centrality of law seems to be increasingly eroded, juridical thinking seems ever more prone towards relativising the "law" phenomenon, inducing us – as has been observed – "to think law in the plural" (Arnaud 1992), and a less than distracted glance cannot help but grasp this trend. Witnesses thereto are three great names in the sociology of law.

The first name is quite naturally that of Niklas Luhmann, who just cancels the centrality of law. Remission to the system of the destiny of man and absolute indifference with respect to any specific contents whatsoever reduces law to nothing more than one system among systems; to nothing more than one of many functionally equivalent options. A second name is that of Lawrence Friedman (Friedman 1975), who initially seems as if he wants to safeguard the centrality of law already as of its definition (as we know, law for Friedman is a juridical system made up of three elements – structure/substance/culture – always at work within law itself). And yet despite the effort to save the centrality of law insofar as a juridical system, the latter is nonetheless weakened in its actual function. In fact, as has been most opportunely observed, Friedman espouses a subsystem viewpoint; law is always acknowledged as a partial structure incapable of autonomous self-representation, and therefore, here as well, as a subsystem always requiring a necessary and inevitable reference constantly to the system of power (Tomeo 1981).

The centrality of law is undermined in similar terms by Jürgen Habermas, an author who works on the basis of premises intended to be quite different from those adopted by the preceding authors. Despite his very harsh comments against any normative conception of social reality, against the theory of systems, scornfully defined as "the updated version of subject's philosophy" (Habermas 1985), and against Luhmann's system which he defines as an "unsuccessful subject", Habermas deprives law of any conceptual autonomy. It may well seem strange, but the concept of law in Habermas (Habermas 1992) is never expressed in direct terms; the definition of law is most of the time the result of an "epistemological hand-to-hand fight", and therefore only the residue of the descriptive passages of other theories. And yet Habermas doesn't stop there. He proceeds not only to withdraw from law any function as regards the expression and representation of the values of society, and, even worse, actually ascribes to law the destruction of those values. This is Habermas's well known treatise on the juridification of social reality and the colonisation of vital worlds (Habermas 1981). As we can see, therefore, even in those authors most sensitive to juridical issues, precluded would seem to be the pathway of propounding anew the centrality of law. Are we really dealing with the erosion of the centrality of law and its relative dissolution, or wouldn't it be plausible to ask ourselves what is actually being dissolved? Is it the centrality of law or only its representation?

Let's return to our examples. They evidently show us how the monolithic, monological, and non-contradictory nature of law has faded away, leading the way to its progressive relativisation, and, as a result thereof, to deductions relative to the loss of centrality on the part of the juridical system. Nonetheless, we should ask ourselves whether the centrality of law is really to be sought in the iconographic representation we were given of it, or rather, along the lines of Durkheim, it should be sought in the ability on the part of law to represent, to come across as the visible symbol, as the mirror, of social reality. If we make the necessary distinction between these two moments, it is evident that the disappearance of the former in the sense of the waning of a non-contradictory vision of law and, paradoxically, its relativisation, strengthens and reconfirms the latter. In other words, if law is the "mirror of reality" and reality is the realm of relativity, contradiction, paradox, and incongruence, how can we ask law not to express what it represents? The thesis presented in this paper is precisely this: the manifest erosion of the first moment is a condition for the truth of the second moment, and therefore a condition for proposing anew a centrality of law. But "ironic" in nature. In order to understand this, it would be advisable to take a step backwards and begin once again from our definitions of post-modernism and in particular from the last one.

VI. Law, the Mirror of Reality

Derived from the Latin *modernus,* the word "modern" was used for the first time at the end of the 5th century in order to distinguish the Roman and pagan past from what by then had become the officially Christian present (Jauss 1994). With "different" contents, "the word *modern* expresses time after time in history the direct *awareness* of a given age that refers to the past in order to situate itself as the outcome of a transition from the old to the new" (Habermas 1986).

From the time of its very first use in late antiquity, the concept of modern assumes within itself not only the characterisation of what, on a case by case basis, is a particular epoch, but also a rhetorical function. Up through the entire Renaissance, and well beyond the "antiqui-moderni" schema, it was used as a way to express both praise and reproof (Luhmann 1986).

This awareness expresses the sense of an historical avant-garde (intended as a meta-historical category) of modernity and its self-confrontation with the past. Modernity (historical avant-garde) seeks to settle accounts with the past which dominates, extorts, and looms over it. At this point we could use a beautiful metaphor offered to us by Umberto Eco (Eco 1983). He says that the avant-garde destroys and disfigures the past, and this is a typical gesture on its part. And then, almost as if in a "crescendo", the avant-garde goes even farther: "having destroyed the figure, it cancels it, and reaches the abstract, the informal, the blank canvas, the lacerated canvas, the burnt canvas ... all the way to silence and to the blank page". At this point, however, the avant-garde (modernity) has to come to a stop "because by then it has produced a meta-language that speaks of its impossible texts". Here comes into play the post-modern answer which acknowledges that the past cannot be destroyed, because its destruction leads to silence and therefore it must be revisited. But with irony.

The concept of irony is also present in our time. As we know, Rorty defines its limits and conditions (Rorty 1989) in such a way as to express "the not entirely ironical" truth. Rorty says that ironical is a person who satisfies three conditions:

1. he constantly nourishes doubts about his current decisive vocabulary because he has been struck by decisive vocabularies encountered in other persons or in books;
2. he is aware of the fact that his doubts can be neither confirmed nor dispelled by arguments formulated on the basis of his own vocabulary;
3. lastly, in the case he philosophises about his situation, he does not feel his own vocabulary is closer to reality than that of others, or in contrast with an external reality.

"This is the Sartrean situation of *meta-sensibility,* the situation of someone not entirely capable of taking himself seriously, because he is always aware that the words he uses to describe himself are destined to change: it is the situation of someone who is always aware of the contingency and fragility of his own decisive vocabulary, and therefore of himself" (Rorty 1989). That's what Rorty says. But what is intended here as ironical revisitation? We should immediately say that what must be stressed is the non-innocent character of such a revisitation. And once again we receive an (ironical) indication on this point from Umberto Eco. He says: "I consider the post-modern attitude as something akin to someone who loves a very learned woman, and knows he just can't tell her 'I love you desperately', because he knows that she knows (and that she knows he knows) that these words were written by Lyala. And yet there is a solution: he could say: 'In the words of Lyala, I love you desperately.'" (Eco 1983). Now, if we were to apply this attitude to our theme we would first of all say that in law as well, more so than one might believe, there is an abundance of burnt and disfigured canvases, and the three examples mentioned earlier (Luhmann, Friedman, Habermas) bear full witness to this fact. We would therefore say it would really be vulgar to want to simply reaffirm a centrality of law. And yet the citation is not innocent; it is there within everyone's grasp, where one might least expect it to be, even though all too often we have mistaken the canvas for its contents.

If Durkheim tells us, for example, that law is the visible symbol of social solidarity, we must not thereby think in terms of *that* law or *that* solidarity (monolithic and monological) as still being valid today; there the canvas is really burnt, and Durkheim's "oil painting", or at least the vision evoked by that painting, is really past history, and it would truly be a gross blunder to propose it again. Deprived of its "irony", the citation is vulgar and justifiably leads Habermas to say that post-modern just means neo-conservative (Habermas 1986).

The correct citation must therefore ring quite differently, no longer concerning the oil painting or the monolithic and monological character of law, but its character of being "the visible symbol", the mirror of reality. In this case, there is no surprise at all if a fragmented reality gives us the mirrored reflection of law "in the plural". Explained is this way as well is a series of hidden citations that are not immediately ironical, certainly aren't innocent, and are present where less one might expect them.

By way of example let's return to Luhmann and ask ourselves what is meant by his complete hesitation in the face of the problems posed by a conflictual society, in the face of those problems (Tomeo 1981) where, as we saw, already hesitant were people like Emile Durkheim, who had to bear the weight of primitive positivistic and primitive evolutionary origins. Let us ask ourselves whether non-casual is Luhmann's insistent use of terminology and concepts taken directly from Durkheim, when he wishes to explain his concept of "functional differentiation", and therefore speaks explicitly about a "segmentary formation" and a "functionally specific formation" of systems and subsystems. In addition, let us ask ourselves if an ironical citation wouldn't be the definition of law as a reducer of complexity, where complexity appears more and more to be a eulogistic term to indicate diversity, to indicate that fragmentation of the social and cultural world; to designate conflict without naming it (Tomeo 1981).

VII. The Fragmentation of Unified Rationality as the Expression of the Centrality of Law

This is the very crux of the matter; accepting the conflictual nature of reality as a constituent element without comforting results (and law has performed this function for a long time), and therefore law itself as a mirror representing it. Far from presenting itself as unified or non-contradictory, law must necessarily bear within itself those features embodied in reality; paradox, fragmentation, incongruence.

The first indication we receive from law in the post-modern age is represented by the fragmentation of its unified rationality. However, since we have decided not to follow the epistemological itinerary alone, given below are a few examples relative to the meaning of this epistemological fragmentation on the level of juridical phenomena.

The first and most manifest example of this fragmentation is the decline of the primary role of the State which unfolds on the inside as well as on the outside. On the outside, this decline assumes tangible form in the dissolution of the State's role in favour of the emergence of the community: the State submits itself to the community of States, and this entails a slow erosion of the principle of sovereignty. On the inside, this process ends up in what sociologists call "differentiation in law" and jurists refer to as "decodification". In concrete terms this means the birth of a plurality of codes. Just consider the contradiction in Italy between the underlying spirit of our civil code, which stipulates parity between parties to a contract, and the spirit behind labour legislation that is overbalanced in favour of a logic beneficial to the weaker party to the contract.

Then again, consider the fragmentation of the idea of the autonomy and superiority of the State with respect to citizens (e.g. the themes of the relationship between the private and public spheres). Here as well we can indicate two aspects. The first is that of the prevalence of social and human rights over those relative to the abstract individual: the materialisation of formal law, the problem of the relationship between substantial equality and formal equality, no longer formal equality with respect to law but the protection/privilege of specific differences with respect to the law. The second aspect is that of the State which gives up its function of public action and becomes a private party among private parties; this is the case of the entrepreneurial State that accepts to abide by the *lex mercatoria*.

Moreover, the mirror is a true kaleidoscope. Consider for a moment the problems of fragmentation in the production of what becomes part of the body of law: involved here are themes relative to the relationship between parliamentary lawmaking and regulatory instruments other than formal acts of parliament, with the abounding prevalence of case law over substantial law.

As we can see when observing the map outlined above, it is in the mirror/law that we must look, always according to Durkheim's admonition, in order to see reality without regrets for the landscapes and oil paintings burnt along with their canvases, since safeguarding the centrality of law means knowing how to keep our eyes focused (θεωρειν) even when the mirror reflects a *post* that frightens us.

References

Arnaud, A. J. (1978): Critique de la raison juridique, Paris

— (1992): Une science sociale pour la pratique juridique, in: Droit et Société

Bell, D. (1979): The coming of the Post-Industrial Society, New York

Carbonnier, J. (1978): Sociologie juridique, Paris

De Masi, D. (1985): L'avvento post-industriale, Milano

Eco, U. (1983): Postille a il nome della rosa, in: Alfabeta 49

Ferraris, M. (1983): Tracce. Nichilismo, moderno, post moderno, Milano

Friedman: The legal System, New York

Habermas, J. (1985): Theorie des kommunikativen Handelns, Frankfurt a.M.

— (1985): Der philosophische Diskurs der Moderne, Frankfurt a.M.

— (1986): Moderno contro post-moderno, in: Lettera internazionale 8

— (1992): Faktizität und Geltung, Frankfurt a.M.

Jauss, H. R. (1994): Postmoderno letterario, Iride

Köhler, M. (1977): Postmodernismus: Ein begriffsgeschichtlicher Überblick, in: Amerikastudien 22

Luhmann, N. (1988): Modernità e differenziazione sociale, in: Lettera internazionale 8

Lyotard, J. F. (1979): La condition post-moderne, Paris

— (1986): Le postmoderne expliqué aux enfants, Paris

Ost, F. / *van de Kerchove,* M. (1992): Le droit ou les paradoxes du jeu, Paris

Rorty, R. (1989): Contingency, Irony and Solidarity, Cambridge

Tomeo, V. (1981): Il diritto come struttura del conflitto, Milano

Wellmer, A. (1985): Zur Dialektik von Moderne und Postmoderne, Frankfurt a.M.

RECHTSTHEORIE, Beiheft 19, S. 157 - 166
Duncker & Humblot, 12165 Berlin

SOME CHALLENGES TO LAW THROUGH POST-MODERN THOUGHT

By André-Jean Arnaud, Paris

As to the general theme of this Congress, "Challenges to Law at the End of the 20th Century", let me remind you of the answer given by this architect who was asked to imagine a building for the future: "How can I possibly imagine a futuristic building with materials I can't even imagine might exist at the time?" How to imagine Law for the next Century whilst we have no data about what the social needs and demands will be nor what will be required from Law by society? However, through some challenges we are faced with, we can draw some guidelines to help us in knowing how to land on the next Century. Yet, as far as we make claims for global references, we have to turn to philosophy.

Indeed, I will argue in this talk that:

1. any pursuit of a post-modern understanding of Law necessarily crosses the road of epistemology and borrows from constructivist epistemology;
2. the post-modern approach asserts a paradigmatic value;
3. any attempt to implement post-modern concepts in Law leads to some major paradoxes.

I. The Epistemological Starting Point

To think Law in a post-modern way implies that we challenge the epistemological starting point of our Laws.

Those of our Laws which are based upon Western philosophies of Law and State have positivist epistemological grounds whose principles are mainly: distinction of the subject and of the object, actuality of reality, programmed universe, third middle, principle of the least action, decisions taken through the one best way ... On the contrary, a post-modern approach to Law will use the way of a constructivist epistemology. New paths for Law for the future can be discovered only if we succeed in bringing together 1. on the one hand the legal construction of the subject and 2. on the other hand the construction of society through knowledge.[1] Indeed, in such a matter, the core question is a question of knowledge.

Instead of asserting that knowledge is knowledge of an object and of its objectivity, we could assume that intelligence is organising the world at the same time that it organises itself. Besides, the principle according to which our experiences can be *represented*, replaces that of the actuality of reality. Knowledge appears as the set of "suitable" experiences, behaviour and thinking. Science no longer gives a representation of what is; it is reality itself which becomes a representation. Then, knowledge becomes an up-dating of opportunities or a building-up of opportunities. The problem is now defined in the following terms: how is knowledge able to create by itself conditions and tools for knowledge?[2]

Moreover, the notion of *aim* reappears. Indeed, reasoning turns to find a "suitable" solution according to the principle of "the most satisficing". This neologism was introduced by Herbert A. Simon; the word being hammered out on the base of an old Scottish term "to satisfice"[3] to avoid a possible misunderstanding with "satisfactory" which would refer either to efficiency of a legal norm, rule, decision, or to formal semantics.[4] A solution can be qualified as "satisficing" when it leads to an

---

1 "[One] fundamental idea adopted in the newer literature is that social research is part of the process by which social reality is constructed ... A truly critical approach to the study of civil disputes was born when these two themes – the legal construction of the subject and the construction of the society through knowledge – were united" (*David M. Trubek,* The Handmaiden's Revenge: on Reading and Using the Newer Sociology of Civil procedure, in: Law and Contemporary Problems 51 (1988), pp. 111 - 112. The study on: Law and the Construction of Social Reality is to be found at pp. 123 ff.).

2 *Louis Assier-Andrieu,* a French legal anthropologist thinks that Adamson Hoebel was the first to express this idea that a social norm is also built by the observer (L'anthropologie et la modernité du droit, in: Anthropologie et Sociétés 13 (1989), p. 27, on Hoebel, The Law of Primitive Man. A Study in Comparative Legal Dynamics, reprint New York: Atheneum, 1954, pp. 6 - 11). Constructivist epistemology was born with Piaget's work. This one told us that law is a system of norms *(Logique et connaissance scientifique),* and thus is not liable to a scientific knowledge strictly speaking (nomothetical science); indeed norms depends not upon right and wrong but upon codified values. As to relations between these norms and social phenomena, Piaget suggests that we deal with legal sociology, the task of which is to study norms nomothetically, mainly under their genetical aspect, except phenomena of validity the study of which is a matter for law (see *J.-F. Perrin,* Épistémologie, in: Dictionnaire (note 4). Concerning the birth and development of constructivism, see *Jean-Louis Le Moigne,* La théorie du système en général. Théorie de la modélisation, 3. ed., Paris: PUF 1990, pp. 275 ff. As regards connection between constructivist epistemology, general system theory and sciences of complexity, see *Id.,* La modélisation des systèmes complexes, Paris: Dunod 1990, pp. 22 ff., 153 - 154.

3 See *Le Moigne,* La modélisation des systèmes complexes, Paris: Dunon 1990, pp. 136 ff.

4 The condition in which an object, or sequence of objects, 'satisfies' a predicate, that is, the predicate is true of that object, or sequence of objects (A Dictionary of Philosophy, London: Pan Books Ltd 1979, v° 'satisfaction').

issue suitable with respect to the teleological perspective constitutive of a constructivist approach. In other words – if you allow me to pirate an expression worshipped by the right wing in the States – we could say that "satisficing" means "teleologically correct".

Furthermore, the principle of intelligent action challenges the principle of the least action and leads to find or create action or strategies for action based upon the "suitability" of a punctual decision to a global plan. To proceed according to this principle becomes a mean to find *strategies for action* corresponding to the general social design.

Strategy is hazardous and uncertain. It represents a way of being able to determine things. Strategy, understood in this way goes against programmes which are sequences of predetermined events which occur in an implacable and necessary way.[5] Whereas a programme proves useful when environmental conditions are known and stable and for the routine and repetitive operations of life, strategy would take over at the moment in which a programme could produce ambiguous or prejudiced results. In this sense, strategy is a part of the routine process in the framework of a constructivist epistemology.

There exists a sort of "strategic game", which precedes the "strategic doctrine" in its strictest sense, and which casts itself forward to praxeology.[6] As a consequence, strategy is not only concerned with thought, theory and speculation, it is also directed towards action. With the reappearance of social actors and new social categories in this production of norms, it becomes necessary to make free use – though not imprudent – of the concept of strategy.[7] Therefore, knowledge is no longer knowledge of an object and of its objectivity; it is knowledge of a project conceived in the perspective of an interaction between object and subject. Projectivity reappears here, this time through strategy.

These premises lead to the recognition of *pluralism* and *complexity* as major concepts to explore post-modern paths for Law. Indeed, pluralism allows the researcher to take into account the epistemological demands for finalisation and strategies, plans for action and projectivity. In this sense, pluralism means "to participate". One great interest of such a type of epistemological approach consists in the fact that legal pluralism can

---

5 *Paul Amselek,* Science et déterminisme, éthique et liberté, Paris: PUF 1988 and review in: Droit et Société 9 (1988), pp. 311 - 317.

6 *Jean-Paul Charnay,* Essai général de stratégie, Paris: Champ Libre 1973, p. 218; *Gianfranco Ferrari,* Le droit dans la forme praxéologique du jeu, in: Droit et Société 17/18 (1991), pp. 82 - 95.

7 See f. i. *R. Boudon,* La logique du social, Paris 1977; *P. Bourdieu,* Homo Academicus, 1987, Choses dites, 1987, La noblesse d'État, 1989; *M. Crozier/E. Friedberg,* L'acteur et le système, 1977; *Alain Touraine,* Le retour de l'acteur, 1984.

be taken into account by legal scholars when it is considered as pluralism of legal rationalities. However, to adopt the principle of pluralism is not enough to provoke and implement such a participation and to proceed in the framework of a constructivist epistemology. For this purpose, the conjunction of pluralism and complexity is necessary. Complexity is the only way to represent systematically a phenomenon perceived as complex, i.e. irreducible to a model able to foresee its behaviour which a certain degree of certitude. Therefore, to proceed in legal studies through pluralism and complexity could allow the emergence of new trends from studies tied to constructivist approaches, mainly the kind of approach grounded on a systemic epistemology of complexity.

From epistemological propositions such as above presented, we cannot assert that a constructivist posture necessarily leads towards a post-modern approach to Law; but we can presume that a post-modern approach to Law can issue only from a constructivist epistemological posture. At the moment, there are at least three main avenues explored by legal scholars regarding this topic.

1. One is purely philosophical: some colleagues gave elements for a post-modern understanding of law by following paths designed mainly by French post-Foucault philosophers such as Lyotard, Baudrillard and Derrida. Such a post-modern trend is grounded on the ideas of "the death of man", "the end of the great narrative", "fragmentation", "desperate vacuum" and so forth.[8]

2. Another post-modernist stream has sociological grounds. Sousa Santos is the main representant on this tendency.[9] A post-modern understanding of law such as conceived by this school is based upon the concepts of "interlegality", "transgressive methodology", "new legal common sense", "regulatory conversion", "fragmentary identity", "translocal condition". Emphasis is put on the necessity to think law beyond all the traditional dichotomies and mainly the dichotomy State/Civil society. It is based upon the dialectics between thought and practice, upon the rejection of traditional disciplinary categories.

---

[8] F.i. *Peter Goodrich/Peter Fitzpatrick/Anne Barron/Anthony Carty,* in: Enlightenment, Révolution, Post-Modernism, special issue (in French) of the journal: Droit et Société 13 (1989); further translated to English.

[9] *Boaventura De Sousa Santos,* Droit: une carte de lecture déformée. Pour une conception post-moderne du droit, in: Droit et Société 10 (1988), pp. 363 - 390. Cf. also *Maria Eduarda Gonçalves,* Ciência e Direito: de um Paradigma a Outro, in: Revista Crítica de Ciências Sociais 31 (1991), pp. 89 - 113; *Octavio Ianni,* A Crise de Paradigmas na Sociologia, in the same journal 32 (1991), p. 195; *Carlos Fortuna,* Nem Cila, nem Caribdis: somos todes translocais, in: Revista Crítica de Ciências Sociais 32 (1991), pp. 267 - 279.

3. A third way of dealing with postmodernism in Law borrows from both approaches. Indeed the starting point is located in our philosophical common background and based upon the most recent studies made by legal sociologists and anthropologists.[10] The philosophical bases are that of the philosophy of Law and State established during the European "modern" age – 16. to 18. century. Our laws are grounded upon outdated postulates which are no longer able to give issue to a law suitable for contemporary societies. Our laws are based f.i. upon "purely abstract concepts" considered as "universal" and contributing to "the unity of legal reason". Among these contested concepts are those of "subjectivity", "social contract" and "consensus", "simplicity of natural reason", "security" ensured by "legal regulation" under "State" control.[11]

According to this third trend, a post-modern approach to legal relations will face ideas of "alternative", "informal", "conterhegemonic powers", "participation of Civil Society", "local" (*vs.* "global"), "complexity". These concepts constitute criteria which we can qualify as "post" modern as far as they are contrapuntal to "modern" criteria for legal regulation provided they are considered in the framework of a constructivist epistemology breaking with the old positivist epistemology. Thus, post-modernism is not this kind of philosophy the criteria of which are precisely a lack of criteria.

On these grounds, a global legal science can be conceived on the basis of an interdisciplinary research. Indeed, such a global legal science can be mapped as a project. This design includes legal dogmatics and philosophy of law as well as sociology of law whatever name we given it: legal sociology, Law and society studies or socio-legal studies. This is feasible because this kind of interdisciplinarity works beyond any specific "object". Indeed, if the operator looks at Law as an "object", Law cannot be the same from one discipline to another because the boundaries differ depending on whether lawyers, philosophers or social scientists describe them. The idea of "project" is at odds with the idea of "object". The project involves everybody concerned with the social relations which are relevant to legal relations that is to say which cannot be solved by other specific approaches such as political sciences, ethics, economy, religion and so forth. This includes all the topics traditionally

---

10 See f.i. *Franz von Benda-Beckmann*, Unterwerfung oder Distanz: Rechtssoziologie, Rechtsanthropologie und Rechtspluralismus aus rechtsanthropologischer Sicht, in: Zeitschrift für Rechtssoziologie 1 (1991), pp. 96 - 119.

11 Cf. p.ex. Repenser un Droit pour l'époque post-moderne, in: Le Courrier du C. N. R. S. 75 (1990), pp. 81 - 82; Legal Interpretation and Sociology of Law at the beginning of the Post-modern Era, in: Oñati Proceedings 2 (1990), pp. 173 - 192. Du jeu fini au jeu ouvert. Réflexions additionnelles sur le Droit post-moderne, in: Droit et Société 17/18 (1991), pp. 38 - 55.

considered as pertaining to law through State law. This includes moreover all the topics pertaining to juridical relations in a broad sense, relations which imply community intervention even outside State legal intervention. A constructivist approach to law allows law and other human and social sciences to find a common field for research, based upon a common epistemological standpoint.

II. The Paradigmatic Values of Postmodernism in Law

Post-modern approach to Law is above all constituted of a general perspective on knowledge about the world, an insight, a vision, a *Weltanschauung*. Postmodernism gets its paradigmatic value from the following statement:

1. "Postmodernism" replaces a paradigm, that of "Modernism". Like modernism, postmodernism comes forward as a *systematic rational paradigm*. It challenges a global vision of social order, of "legality" such as featured and outlined by legal positivism, of the mechanist determinism which lies under the modern legal ordering.
2. Postmodernism is grounded on a network of concepts the product of which constitutes its paradigmatic conjunction. These concepts are pragmatism, relativism, de-centering of the subject, pluralism of rationalities, polycentricity, exploded logics, complexity and re-discovering of time in its threefold past-present-future dimension.
3. Postmodernism challenges the gap between thought and action; it proposes a permanent dialectics between them. As to legal regulation, this means a negotiated legal order instead of the enforced legal order.
4. Postmodernism challenges traditional categories of knowledge. It works transgressively through transdisciplinary fields.
5. Postmodernism assumes that the "subject" is involved in the knowledge of the "object". Subject and object are unavoidably transforming each other through the dynamics of the process of knowledge. Hence, a teleological perspective is attached to this process of transformation.

Hence, postmodernism sets itself up as a paradigm functioning upon its own concepts and models. This paradigm is the reference of a global system of thinking grounded on the notions of "plural", "negotiated", "complex". As every paradigm, Postmodernism creates its own paradoxes.

III. Some Paradoxes of a Post-Modern Law

It is difficult to leave behind modernity in favour of postmodernity without any damage or contradiction. Among paradoxes issuing from a post-modern approach to Law, we can mention some major ones which proceed from the contrapuntal birth of the paradigm.

First: the paradox of *the universal and the specific*. The more universal the legal principles are, the more particular and divergent their contents are. Our Laws were developed to a great extent upon universalist, individualist and subjectivist grounds which – for instance – created the concept of human rights. This concept of human rights is of great concern to everybody; to such an extent that it is commonly used as a fundamental reference in all our democracies. For example, it is now established as a legal standard in International and European Courts. This has brought the struggles against ethnocentrism, sexism and colonisation because of the principle of cultural specificity, very much to the fore. What is considered as a "human" right likely to protect people in a legal culture can be regarded in another culture as jeopardizing other fundamental principles – drawn f.i. from religion.

Even in our Western vision of Law, there is much immoderation in over-developing human rights. We commonly deal with liberty, equality, work, health and peace just as though these concepts have the same nature. Work is not – philosophically speaking – a subjective right, a right inherent to the subject. In the same way, a subject is not born with a right never to be ill. In fact, liberty, work, health do not belong to the same "class" of rights. But the distinction between several "classes", one of which would pertain to "subjective rights" (f.i. liberty, equality...) while another would preferably pertain to "social rights" or "collective rights" (f.i. the right to be insured to get earnings; or the right to get Medicare when being ill, the right to be involved in solidarity links when necessary...) and another "class" would pertain to fair relationship between things – what is the meaning of "right" in pre-modern legal philosophy (f.i. right to fair process; right to achieve one's ownership...). Should this distinction be actualised, maybe the most part of legal cultures could receive all around the world a des-ideologised – or multiple-ideologised – concept of human rights – which remains at the moment the best way to democracy. We have not arrived at this point. Is it possible? Anyway, we have yet to manage with this paradox of *the universal and the specific*.

A second paradox is *the paradox of legalisation and delegalization*. Nowadays, lawyers and politicians frequently challenge the idea that every regulation must be a legal regulation through State. In the meanwhile, there is more and more intense claims for re-legalisation. Did you hear about the "contaminated blood" case in France – and in a roundabout way in other European countries? People ask: "Why was blood marketing not legally ruled, regulated, controlled, decreed when so many risks were at stake? We can meet similar claims in many other matters such as bioethics – our societies are not able to rule themselves through ethics and search for legal regulation. There is a kind of vulgar juridism – a systematic demand for legal regulation. This is a typical issue of an historical routine to expect State protection in every circumstance. However, people both deny too mighty State control and request more State commitment!

Third paradox: *social regulation of legal relations is at the same time helpful and risky.* Recent socio-legal studies show f.i. that alternative conflict resolution very often replaces State judicial intervention.[12] This is generally presented as a great benefit for people. Indeed, this way of solving conflicts often leads to substitute the litigation logic of *right/wrong* by a negotiated logic of *the most adequate plan for action for each party.* But such alternative conflict resolution can turn out to perverse effects. Instead of soften and ease and relax relations in the framework of Civil society, they often provoke more State control.[13] Sometimes rank and file pay under duress their attendance to an alternative process which is in fact taken in charge by racketeers (f.i. three *yakuzas* – Japanese gangs – were prohibited in 1992 for having organised a racket through alternative conflict resolution[14]).

Forth paradox: *the more equal a society is and the more the people claim for differentiation; the more differentiated a society is and the more equality is menaced.* In other words, how to insure equality in the framework of a differentiated society? The improvement of democracy led to a general desire to contest the hegemony of State Law. But less State commitment in social life introduces less guarantee, less security, less equality. The way is open to a differentiated society embodying social sub-systems having their own regulation. There, State regulation is not available or not proficient. At the time, the best protection against differences and

---

12 Je ne parle pas ici des alternatives prévues par le droit de l'État, mais bien des alternatives non étatiques au droit de l'État, dont les exemples se multiplient de par le monde.

13 See *Stanley Cohen,* Visions of social control, Cambridge: Polity Press 1985; *Dario Melossi,* The State of Social Control, Cambridge: Polity Press 1990.

14 Interdiction au Japon, par une loi du 1er mars 1992, de trois associations de gangsters qui, en toute légalité, par le moyen d'interventions alternatives en matière de médiation dans les conflits judiciaires, transactions immobilières, remboursements de dettes, racquettaient en fait leurs clients.

discrimination remains nation State and inter*nation*al control. But it is true that too much unification destroys community identity.

Fifth paradox: *While judges are disregarded, often heeded with disrespect, more and more power is given to judges to insure social regulation through judicial intervention.* – While people go to alternative ways to solve their legal problems – for many reasons among which litigation process is slow, expensive and unsure – judges receive powers to go beyond files and adjudication, to arbitrate, to mediate, to negotiate, to move forward and insure protection and education not only of offenders and criminals, but also individual requiring civil shield or safeguard. There are manifold examples in continental law, penal law, bankruptcy law, family law, commercial law ... Moreover, judges are involved more and more in judicial decision enforcement, in application of various measures of conservation, of protection, in fulfilment of obligations ... In short, judges are more and more involved in carrying out their own decisions. I suppose that similar experiences of development of judge function could be stated in Common Law too.

Such an outgrowth of judges' tasks increases the paradox insofar as any extension of judge work would suppose to extend human resources and budget or/and thoroughly reconsider judge's role. Since these conditions are not completed, it is more and more question of a permanent structural crisis of Justice; judges are disregarded, often heeded with disrespect ... back to the beginning of the present paradox.

Sixth paradox: *while community springs as an alternative to State hegemony, globalization is a menace to community projects.* The emergence of the "local" can be regarded as a solution to the dichotomy State/Civil Society introduced by the "modern" philosophy of Law and State. Such a dichotomy emerged as a protection of individual. Now, discovering the "local" allows cultural identity to affirm oneself. This occurs at a moment when the State is weakened by the over-development of globalized legal relations.[15] Two dangers become visible. First, the "local" is not powerful or strong enough to withstand the pressures coming from a "global" level. Second, identity could lead back in the future by challenging for instance many outstanding outlets issuing from national State intervention – identity statement frequently proceeds through repelling the "Alien"...

Hence, the "local" grew itself against the menace of the "national". Now, the "local" threatens the "national" while the "global" endangers together the "local" and the "national". Transnational companies use local resources over national authorities. There is no police able to con-

15 Ce thème sera développé dans la troisième partie.

trol conventions made through Internet. How to manage so many conflicting interests located at these various levels? Here is a true challenge.

At last, paradox of paradoxes: how could we live with these paradoxes without falling in the trap of throwing out the "modern" with its inadequacy but also its benefits or refusing the venture of a "post-modern" legal order despite its fascinating interest and convenience. Here we would have to call forth complexity and the possibility to manage paradoxes away from a logic of the excluded middle. Where is the key which will allow us to deal with postmodernity without preaching the death of man and the desperate vacuum, but resolutely aiming to take into account local identity, polycentricity, cultural pluralism and so forth?

I am conscious that I have been sketchy! I began with architect, and I close with the locksmith. The metaphor of the building is not so crazy. We meet here to think of the challenges to law at the end of our century; we try to outline the future; we imagine constructions; but we have not the key to go into the building ... maybe to go out of the building. Let us cast a glance outside the walls of our Universities and let us be humble. We are talking philosophy whilst humanity is sword and fire. There again, similar paradoxes emerge. On the one hand, legal intervention based upon international law give way to crusade for humanitarian help; on the other hand, the original clashes are natural issues of the search for cultural identity. The core reason for this kind of intervention is that the international legal order does not accept State fragmentation, above all when such a fragmentation constitutes a come back to a status anterior to prominent conquests of Western modern philosophy of Law and State – when they have local and ethnic grounds. But people think above all to claim for cultural identity.

Do you not think that these circumstances look like one more occurrence of the endless history of struggles for the pre-eminence of one civilisation? Where is justice? Where is the law? Where are the conquests of modernity? What end the long walk unto a post-modern understanding of law will draw us to? Maybe there the real reason of the permanent crisis of law and justice lies. Here is the true challenge. It is a political challenge. But there the great advantage for us lies too, insofar as philosophers of law will have yet many opportunities to debate on this topic. Unemployment does not menace our corporation!

RECHTSTHEORIE, Beiheft 19, S. 167 - 180
Duncker & Humblot, 12165 Berlin

LEGAL REALISM IN ITALY

By Silvana Castignone, Genoa and Carla Faralli, Bologna

I.

The late Sixties, as is well known, saw a crisis in Italian legal positivism born from a fusion of a philosophical trend, logical empiricism and analytical philosophy, with a genuinely legal current, Kelsenian legal positivism. The crisis can be dated symbolically to 1966, when Norberto Bobbio contributed to a round table on legal positivism held in Pavia in May of that year. Bobbio announced that legal positivism in all its aspects, that is, as ideology, theory and as an approach to law, had reached crisis point.

Enrico Pattaro (see: Il realismo giuridico come alternativa al positivismo, in: Rivista internazionale di filosofia del diritto 1971 and: Il positivismo giuridico italiano dalla rinascita alla crisi, in: Politica del diritto 1972) claimed that this crisis stemmed from the gradual development of the philosophical component to the detriment of the legal element, and affected only legal positivism rather than the analytic method. In other words, Pattaro maintained that the neopositivist analytical approach had gradually led Italian legal theorists away from legal positivism to take other paths. One of these paths was legal realism and, as we shall see, it is legal realism which Pattaro claims shifted analytical or, more generally, neoempiricist philosophy to the legal camp. The term "legal realism" has been used in legal literature in many ways and in a myriad of different contexts. As Tarello stressed in his important entry on "legal realism" in the 'Novissimo Digesto Italiano' (1966) 'all uses of the words "reality" and "realism" in everyday language and all uses of the term "legal reality" in legal language and all the positive or negative connotations these words may have depending on the point of view, have been variously associated or combined (for very different purposes and with very different ends) and have ended up creating a whole gamut of different meanings of the term "legal realism"'.

In the present essay, the term "legal realism" will be used *stricto sensu,* in order to deal with only those authors who explicitly refer their position to Scandinavian or American legal realism, two different schools of thought in which the use of the term "legal realism" is consolidated. In this strict sense of the term, the following can be considered the major exponents of legal realism in Italy: Giovanni Tarello, Silvana Castignone and Riccardo Guastini at the University of Genoa and Enrico Pattaro at the University of Bologna. Scandinavian and American legal realism have been made known in Italy through the translations and writings of many other authors cited in the bibliography.

II.

The school of philosophy of law at the University of Genoa produced Luigi Bagolini's 1950 essay: Aspetti della critica dei valori etico-giuridici nel pensiero contemporaneo in Rivista Internazionale di Filosofia del Diritto and the entry 'Olivecrona' written by Virgilio Giorgianni in the 'Novissimo Digesto' 1961. But it was Giovanni Tarello with his book entitled 'Il realismo giuridico americano', published in 1962, who lauched a critical discussion of this new concept of law.

In short, American legal realism, viewed through the pronouncements of the two leading members of the movement, Jerome Frank and Karl Llewellyn, was a great theory of judicial interpretation and was construed as such by Tarello. He pinpointed several environmental and cultural factors which determined the rise of American legal realism: 1. the vast complexity of America's multiple jurisdiction: a common law system based on the rule of *stare decisis*. Its 48 state jurisdictions (at that time), plus a federal jurisdiction created a plethora of precedents and consequently enhanced the risk of conflicting decisions; 2. the speed at which the common law was changing in the closing decades of the last century and the early years of the present one, for inevitable historical, social, economic and political reasons; 3. the radical changes in Federal Court jurisprudence on the topic of constitutional legitimacy and the increasing use of statutes in areas formerly governed solely by the common law; 4. the influence of pragmatism, especially Dewey's work, 'The Logical Method and the Law', published in 1924. All these reasons account for the emphasis which came to be laid on "what courts actually do", warning against paper rules as opposed to real rules and according judges a creative function. The American realists based their theory largely on their analysis of cases, since the hallmark of this movement was its distrust of theory building, an attitude foreign to us Europeans who live in the wake of a centuries old tradition of conceptualization and formalism. The importance of Tarello's book, in our view, was the way he managed to group and arrange the different theoretical points of view which the

American realists put forward much more haphazardly. Tarello's work is not just an excellent critical analysis of the realist movement, but a book written by a legal scholar from a different cultural background which offers a systematic, uniform formulation of the theoretical principles put forward by the realists.

The American realists' viewpoint emerged in Tarello's own thought. In fact, one of the focal points of his theory is the study of interpretation (cf. L'interpretazione della legge, 1980) which gave rise to the idea (already developed in: Studi sulla teoria generale dei precetti: introduzione al linguaggio precettivo, 1968 and in Diritto, enunciati e usi. Studi di teoria e metateoria del diritto, 1974) of interpretation as attributing meaning to a normative statement, with the resulting distinction between statement and norm, the norm being the interpreted normative statement. "The norm does not *have* a meaning, for the simple reason that it is (nothing more than) a meaning". This clearly opened the way to research into what judges and legal scholars *do* and a study of the way they manipulate law and statutory statement in general and "why" they do so. This led to the following definition of law: "positive law means the set of normative meanings actually attributed to statutory documents according to the structural hierarchies of such documents in the representation that of such hierarchies give the agencies responsible for the implementation of law". A singular feature of Tarello's realism is the major importance he ascribes to the process of arranging and integrating, so that some degree of law making is taken on by legal scholars and legal theorists as well as judges. An emblematic work in this sense is Tarello's book 'Teorie e ideologie nel diritto sindacale' published in 1972 which tries to capture the role played by judge and jurist in filling the gap left by "missing legislation" on the subject of trade union law in Italy and analysing its ideological background.

The other school of realism, the Scandinavian movement, in particular the Swedish realists Axel Hägerström, Vilhelm Lundstedt and Karl Olivecrona, has been studied in depth by Silvana Castignone, starting with her translation of Olivecrona's work 'Law As Fact' (Il diritto come fatto, 1967) followed by 'La macchina del diritto. Il realismo giuridico in Svezia' published in 1974. Subsequently she published a series of essays on various key aspects of both American and Scandinavian realist theory, now collected in the volume 'Diritto, linguaggio, realtà. Saggi sul realismo giuridico', 1995.

Unlike American realism, focussed, as we have seen, on the work of judges, the Scandinavian movement undertook a sort of "language therapy" aimed at ridding legal language of the magical metaphysical residues with which it is still contaminated and which lead us to mystify reality and mistake the simple products of the psychological mechanisms of introjection for objectively existing entities. Castignone focussed on the development of this approach in her subsequent work on the three Swedish authors. Alf Ross the Dane shared the same empiricist and anti-metaphysical principles, but stands alone, much closer to the American realists. Castignone's aim was to account for the important consequences of the concept "law as fact" and the application of Hägerström's motto "praeterea censeo metaphysicam delendam esse", which include a rejection of the concept of validity and even of the concept of norm, and an about-turn of the notions of subjective right and duty. Nonetheless, Castignone also disclosed the inevitable limits and aporias underlying this viewpoint – a view tending more towards deconstruction than reconstruction, leaving open the major practical and political problems, especially the motivation behind social action. The influence of Scandinavian and American realism, combined with the empiricism evolved from earlier studies on Hume, led Castignone to dwell on legal and political language in order to separate description from evaluation as far as possible (cf. her work on legitimacy, legality and legitimation) within a socio-politically oriented concept of the legal phenomenon.

Riccardo Guastini contributed to the analysis of Ross's theories in several papers. He studied, namely: a) Ross's concepts of 'law' and 'valid law' (Ross e i suoi interpreti italiani, published in 1976; "Diritto e giustizia" rivisitato, 1978); b) Ross's deontic logic and philosophy of directive language (Questioni di deontica in Ross. Con un appendice bibliografica sulla fortuna di Ross in Italia, 1981); c) Ross's theory of legal science (Alf Ross: une théorie du droit et de la science juridique, 1993), and d) Ross's view of general jurisprudence understood as the analysis of lawyers' language (Introduzione alla teoria del diritto, ch. xxi, 1992).

Guastini also contributed to circulating Ross's ideas in Italy by translating, collecting and editing many of his works. Many tenets are maintained by Guastini under the influence of Ross's ideas. This holds, for example, for the following: a) the tenet that much of general jurisprudence can be reduced to philosophy of legal science; b) the view that rules are but the results of speech acts of prescription, so that no rule can exist without an issuing or prescribing subject; c) the thesis (put forward by Ross in 1941, but dropped by him in 1968) that, in a sense no logic of norms is possible since only true or false propositions are liable to logical treatment (logic of satisfaction); d) the tenet that law cannot be described by means of "normative" (i.e., deontic) sentences, but only by indicative sentences; e) the view that Kelsen's concept of validity (i.e., validity understood as binding force) is a normative concept which has no place in any scientific description of legal systems; f) the view that legal science ought to be an empirical description of the law in force; g) finally, the tenet that legal dogmatics is not science at all – lawyers' sentences being but directives *de sententia ferenda*.

Nevertheless, Guastini's papers also criticize Ross's ideas. In particular, Guastini does not agree with: a) the thesis (held by both Kelsen and Ross) that each legal system can be reduced to a set of directives addressed, in particular, to the courts (this does not hold e.g., for most constitutional law); b) the thesis that the description of the law in force can simply amount to the description of judicial decisions, completely disregarding the doctrines and practices of lawyers on the one hand, and of state agencies on the other.

III.

The other seat of legal realism in Italy is the University of Bologna, where Enrico Pattaro has studied Scandinavian realism since his degree thesis (1962 - 1964) on a comparison between Hans Kelsen and Alf Ross, supervised by his tutor Felice Battaglia and followed by his first essays (Validità o verificabilità del diritto? In: Rivista trimestrale di diritto e procedura civile 1966, dedicated to Alf Ross and: Riflessioni su Olivecrona, in: Rivista trimestrale di diritto e procedura civile 1968).

Pattaro's expert knowledge of the Scandinavian realists – evident in those essays and in his subsequent translation into Italian of Karl Olivecrona's 'Struttura dell'ordinamento giuridico' (1972) (drafted in constant contact with the author as he prepared the original English text) as well as by his monograph on the leader of the Scandinavian movement, Axel Hägerström (1974) – led him to present legal realism as an alternative to legal positivism.

As mentioned earlier, Italian legal positivism was born from a fusion of a philosophical trend, logical empiricism and analytical philosophy, with a genuinely legal element, i.e. Kelsenian legal positivism. However, "in the long term, the premises of legal positivism and analytical philosophy turned out to be something of a Trojan horse in Kelsen's citadel". In fact, the original neo-Kantian matrix and Kelsen's legal positivism have little in common with logical neopositivism and analytical philosophy. The contrast between an agnostic attitude to the values and positivist concept of law is destined to emerge when, gathering the premises of logical neopositivism and analytical philosophy, the agnostic attitude to values becomes a premise from which the theory of law must or ought to derive. The crux of the issue is that of the compulsory nature or binding force of law, insofar as it is linked to the theory of legal validity. In a positivist theory of law, the validity of a norm rests, as is well known, on another norm whose validity is in turn based on a higher norm and so on right up to the basic norm which confers validity on the whole system. Validity in this sense, i.e. conceived as "ought", cannot be derived from the effectiveness of a system insofar as ought cannot be derived from is, but presupposes a value judgement, a choice which is ideological, political and moral.

Awareness of this contradiction entails either moving the legal positivist model "from the world of science to the world of political activity" (cf. Scarpelli) or flanking it with a theory of law as fact, in line with the epistemological premises of neopositivism and analytical philosophy. It is Pattaro's view that to be a neoempiricist in philosophy one cannot consistently be a legal positivist. In other words, to be consistent, a neoempiricist in philosophy must be a realist in legal theory.

Although Pattaro's studies had been based on the works of legal positivists from Bobbio to Scarpelli, he had never himself ascribed to legal positivism. His epistemological interests led him to follow the developments of neopositivism and analytical philosophy in the sphere of law; Pattaro, moreover, continued to pursue the path of Scandinavian realism, the only legal trend which stemmed from a school – the School of Uppsala – that can be ascribed to the wider philosophical family of neoempiricism.

Over the past thirty years Pattaro has worked to spread the ideas of the Scandinavian movement in Italy. His major contributions include: 1. the relation between the validity of legal norms and the verifiability of the sentences of legal science in Ross; 2. the concept of independent imperative in Olivecrona and 3. a systematic analysis of Hägerström's thought focussing on the ontology, criticism and explanation of the idea of duty, the concept of valid law, the notion of subjective right, legal transaction and the role of judges.

On the other hand Pattaro has also sketched his own theory of law since his 'Lineamenti per una teoria del diritto' (1. ed., Bologna: Clueb 1985), incorporating the principles of normative legal realism. His theory is based on the recognition that law is a reality ontologically no different from the reality of empirical facts, but it cannot be reduced to the latter insofar as the idea of duty is an integral part of law.

Pattaro places himself in contrast both with the traditional dogmatic approach (typical of natural law theories and legal positivistic positions) which considers norms to be entities belonging to an ideal world of ought different from the empirical world, and with the analytical linguistic approach – inspired by neoempirical philosophy and legal positivism

– which considers norms to be linguistic expressions. Entwining the threads of neoempiricism and legal realism, Pattaro has developed a psychological concept of norm according to which the norm itself is the socially widespread belief that one ought to behave in a certain way. Thus, an ought is not an empirical feature of behaviour, it is the subjective rationalization of the majority or at least a large number of a group that feel duty-bound to behave in a certain way because of their conditioning. To be consistent, according to Pattaro, one ought to stop referring to legal norms when referring to the legal provisions of constitutions, statutes, rules since these are not norms but linguistic expressions.

Under the influence of Morris and Stevenson, Pattaro claims that language is a set of signs and that linguistic signs are stimuli. As a result, he considers the stimuli that language arouses in receivers to be functions of language. Legal provisions are linguistic expressions which have a prescriptive function. If the giver and the reasons why the law was enacted are held in respect, legal provisions can be considered prescriptions since linguistic expressions uttered in order to make the receiver do something are commonly referred to as such. But not all prescriptions (including legal prescriptions) are precepts: a legal prescription becomes a precept concretely working in society only when it is fit to exercise the function of making the receiver perform a given act.

To conclude, Pattaro embraces a concept of law as a complex empirical social reality which comprises linguistic entities (prescriptions and precepts) and extralinguistic entities (mental phenomena like the notion-idea of norm and behaviour): law, in short, is a set of prescriptions and precepts resting on norms. The answer to the question "what is law?" for Pattaro does not emerge from the formalistic general theory of law, but from the broad linguistic-sociological disciplines which deal with language and behaviour: from semiotics to analytical philosophy, from logic to the psychology of language, from anthropology to legal sociology.

However, it is the philosophy of law which must tackle the analysis of all linguistic entities, be they law or law-related, in order to carry out the task of ordering, clarifying and arranging. Neoempiricism claims that this task belongs to philosophical metalanguage (a philosophy of law which Pattaro developed in the two volumes: Introduzione al corso di filosofia del diritto, Bologna: Clueb 1986 and 1987 and more recently in: Temi e problemi di filosofia del diritto, Bologna: Clueb 1994).

References

Translations of Original Works

Castignone, S. (ed.) (1981): Il realismo giuridico scandinavo e americano, Bologna: Il Mulino

Castignone, S. / *Guastini,* R. (ed.) (1990): Realismo giuridico e analisi del linguaggio. Testi di Karl Olivecrona e Alf Ross, Genoa: Ecig

Olivecrona, K. (1954): L'imperativo della legge, in: Jus 1. pp. 451 - 467

— (1967): Il diritto come fatto, Milan: Giuffrè

— (1972): La struttura dell'ordinamento giuridico, Milan: Etas Kompass

— (1976): Linguaggio giuridico e realtà, in: Diritto e analisi del linguaggio, Milan: Comunità, pp. 239 - 283 (also in: Il linguaggio del diritto, Milan: Led 1994)

Ross, A. (1965): Diritto e giustizia, Turin: Einaudi

— (1970): Tu-Tu, in: Rivista internazionale di filosofia del diritto, pp. 453 - 463 (also in: Diritto e analisi del linguaggio, Milan: Comunità 1976, pp. 165 - 181; and in: Il linguaggio del diritto, Milan: Led 1994

— (1972): Colpa, responsabilità e pena, Milan: Giuffrè

— (1976): La definizione nel linguaggio giuridico, in: Diritto e analisi del linguaggio, Milan: Comunità, pp. 199 - 214

— (1978): Direttive e norme, Milan: Comunità

— (1979): Giusnaturalismo contro positivismo giuridico, in: Rivista trimestrale di diritto e procedura civile 2, pp. 701 - 723

— (1982): Critica del diritto e analisi del linguaggio, ed. by A. Febbrajo/R. Guastini, Bologna: Il Mulino

Scandinavian Realism

Bagolini, L. (1949): Il problema dei valori in alcuni recenti scritti filosofici e giuridici, in: Rivista internazionale di filosofia del diritto 26, pp. 465 - 475

— (1950): Aspetti della critica dei valori etico-giuridici nel pensiero contemporaneo, in: Rivista internazionale di filosofia del diritto 27, pp. 233 - 267

— (1961): Il problema della definizione del diritto nella crisi del positivismo giuridico, in: Rivista internazionale di filosofia del diritto 38, pp. 3 - 43

— (1966): Positivismo giuridico e analisi del linguaggio, in: Rivista trimestrale di diritto e procedura civile 3, pp. 963 - 970

Bobbio, N. (1955): Teoria dell'ordinamento giuridico, Turin: Giappichelli, pp. 195 - 202

— (1958): Teoria della norma giuridica, Turin: Giappichelli, pp. 132 - 136

— (1961): Il positivismo giuridico, Turin: Cooperativa libraria universitaria, pp. 244 - 245

— (1966a): Considerazioni in margine, in: Rivista di filosofia 2, pp. 235 - 246

— (1966b): Diritto e forza, in: Rivista di diritto civile 12, pp. 537 - 548

— (1970): Studi per una teoria generale del diritto, Turin: Giappichelli

— (1977): Ancora su diritto e forza, in: Rivista internazionale di filosofia del diritto 2, pp. 414 - 416

Bonsignori, F. (1973): L'ideologia della definizione del diritto e il pensiero di Alf Ross, Pisa: Pacini

Castignone, S. (1966): Axel Hägerström e la nozione di "dovere", in: Annali della Facoltà di Giurisprudenza della Università di Genova 1, pp. 90 - 107

— (1967): Introduction, in: K. Olivecrona, Il diritto come fatto, Milan: Giuffrè

— (1971): Axel Hägerström. Alle origini del realismo giuridico scandinavo, in: Materiali per una storia della cultura giuridica 1, pp. 251 - 328

— (1972): Vilhelm Lundstedt. Nuove ricerche sul realismo giuridico scandinavo, in: Materiali per una storia della cultura giuridica 2, pp. 465 - 517

— (1974a): La macchina del diritto. Il realismo giuridico in Svezia, Milan: Comunità

— (1974b): Il realismo giuridico scandinavo: principi teorici e proposte operative, in: Annali della Facoltà di Giurisprudenza della Università di Genova 2, pp. 568 - 580

— (1978): Il diritto internazionale pericolo di morte per i popoli? In: Sociologia del diritto 1, pp. 1 - 11

— (1979a): Legalità, legittimità, legittimazione, in: S. Castignone/R. Guastini/G. Tarello, Introduzione teorica allo studio del diritto. Lezioni, Genoa: Ecig, pp. 147 - 162

— (1979b): La validità, in: S. Castignone/R. Guastini/G. Tarello, Introduzione teorica allo studio del diritto. Lezioni, Genoa: Ecig, pp. 163 - 192

— (1980): Legittimità, legalità e mutamento costituzionale, in: A. Tarantino (ed.), Legittimità, legalità e mutamento costituzionale, Milan: Giuffrè, pp. 37 - 55

— (1981a): Introduction, in: Il realismo giuridico scandinavo e americano, Bologna: Il Mulino

— (1981b): Le parole del fare: Austin, Olivecrona, Ross e la "Fallacia performativa", in: Materiali per una storia della cultura giuridica 2, pp. 439 - 458

— (1984a): A proposito dell'irrealismo scandinavo, in: Materiali per una storia della cultura giuridica 2, pp. 471 - 473

— (1984b): Hägerström e il dispotismo, in: Materiali per una storia della cultura giuridica 1, pp. 277 - 283

— (1984c): La norma giuridica, Legalità, Legittimità, Legittimazione, Validità, Obbligo, Validità ed efficacia, in: S. Castignone/R. Guastini/G. Tarello, Introduzione teorica allo studio del diritto, Genoa: Ecig

— (1984/85): Retribuzione e prevenzione nella teoria penalistica di Vilhelm Lundstedt, in: Annali della Facoltà di Giurisprudenza della Università di Genova 1, pp. 272 - 278

— (1986): Punishment and Responsibility in Scandinavian Legal Realism, in: E. Kamenka/R. S. Summers/W. L. Twining (eds.), Sociological Jurisprudence and Realist Theories of Law, Berlin: Duncker & Humblot, pp. 269 - 274

— (1995): Diritto, linguaggio, realtà. Saggi sul realismo giuridico, Turin: Giappichelli

Catania, A. (1974): Il diritto come organizzazione della forza, in: Rivista internazionale di filosofia del diritto 3, pp. 371 - 397

— (1976): Argomenti per una teoria dell'ordinamento giuridico, Naples: Jovene

Cavalla, F. (1976): La concezione empiristica della giurisprudenza. Rilettura di un'opera di Alf Ross, in: Rivista di diritto civile 22, pp. 527 - 549

Faralli, C. (1982): Diritto e magia. Saggio su A. Hägerström. in: E. Pattaro (ed.), Contributi al realismo giuridico, Milan: Giuffrè, pp. 1 - 169

— (1986): Anthropology and History in the Study of Law. Axel Hägerström's Romanist Works, in: E. Kamenka/R. S. Summers/W. L. Twining (eds.), Sociological Jurisprudence and Realist Theories of Law, Berlin: Duncker & Humblot, pp. 275 - 288

— (1987): Diritto e magia. Il realismo di Hägerström e il positivismo filosofico, Bologna: Clueb

— (1993): Two examples of the Influence of the Late XIX Century Anthropology on Legal Literature. J. Dewey and Axel Hägerström, in: C. Faralli/V. Ferrari (eds.), Laws and Rights, vol. 2, Milan: Giuffrè, pp. 681 - 691

Fassò, G. (1970): Storia della filosofia del diritto, vol. 3, Bologna: Il Mulino (new enlarged edition 1994)

Febbrajo, A./*Guastini,* R. (1982): Introduction, in: A. Ross, Critica del diritto e analisi del linguaggio, Bologna: Il Mulino

Ferrari, G. (1981): Regole costitutive e validità, in: Materiali per una storia della cultura giuridica 2, pp. 507 - 523

Frosini, V. (1972): Introduction, in: A. Ross, Colpa, responsabilità e pena, Milan: Giuffrè

— (1980): In memoria di Alf Ross, in: Rivista internazionale di filosofia del diritto 57, pp. 86 - 90

Gavazzi, G. (1965): Introduction, in: A. Ross, Diritto e giustizia, Turin: Einaudi

— (1967): Norme primarie e norme secondarie, Turin: Giappichelli, pp. 29 - 40

Giorgianni, V. (1961): Olivecrona, in: Novissimo Digesto 11, pp. 825 - 826 (Turin: Utet)

— (1969): Ross Alf, in: Novissimo Digesto 16, pp. 270 - 271 (Turin: Utet)

Guastini, R. (1976): Ross e i suoi interpreti italiani, in: Rivista trimestrale di diritto e di procedura civile 30, pp. 1065 - 1077

— (1977): Interpreti autorizzati, autentici, abusivi, in: Sociologia del diritto 1, pp. 175 - 179

— (1978): "Diritto e giustizia" rivisitato, in: Politica del diritto, pp. 751 - 760

— (1980): Realismo giuridico, in: C. Donati (ed.), Dizionario critico del diritto, Rome: Savelli, pp. 346 - 348

— (1981): Questioni di deontica in Ross, in: Materiali per una storia della cultura giuridica 2, pp. 481 - 506

— (1982): Metateoria degli atteggiamenti normativi, in: Materiali per una storia della cultura giuridica 12, pp. 167 - 186

— (1983): Teoria delle regole costitutive, in: Rivista internazionle di filosofia del diritto 60, pp. 548 - 564

— (1984): Teorias de las reglas costitutivas. Searle, Ross, Carcaterra, in: Revista de ciencias sociales 25, pp. 297 - 315

— (1992): Una teoria realistica del diritto e della scienza giuridica, in: R. Guastini, Dalle fonti alle norme, Turin: Giappichelli

— (1993a): Alf Ross: une theorie du droit et de la science juridique, in: P. Amselek (ed.), Theorie du droit et de la science juridique, Paris: PUF, pp. 249 - 264

— (1993b): Diritto, filosofia e teoria generale del diritto, in: Enciclopedia delle scienze sociali, Rome: Istituto dell'Enciclopedia italiana, pp. 76 - 89

— (1994): Immagini della teoria generale del diritto, in: B. Montanari (ed.), Filosofia del diritto: identità scientifica e didattica, Milan: Giuffrè, pp. 57 - 71

Jori, M. (1972): Il concetto di norma nella scienza empirica del diritto, in: Rivista internazionale di filosofia del diritto 1, pp. 55 - 78

— (1976a): Due interpretazioni di Ross, in: Sociologia del diritto 3, pp. 463 - 475

— (1976b): Interpretazioni ed abusi, in: Sociologia del diritto 3, pp. 180 - 182

— (1976c): Karl Olivecrona e il problema della scienza, in: Rivista trimestrale di diritto e procedura civile 2, pp. 732 - 760

— (1976d): Il metodo giuridico tra scienza e politica, Milan: Giuffrè

— (1978): Introduction, in: A. Ross, Direttive e norme, Milan: Comunità, pp. 9 - 30

Lumia, G. (1963): Empirismo logico e positivismo giuridico, Milan: Giuffrè, pp. 57 - 66

— (1966): Il diritto tra due culture, Milan: Giuffrè, pp. 123 - 127, 182 - 184

Pattaro, E. (1966): Validità o verificabilità del diritto? In: Rivista trimestrale di diritto e procedura civile 3, pp. 1005 - 1056

— (1968): Riflessioni su Olivecrona, in: Rivista trimestrale di diritto e procedura civile 2, pp. 721 - 764

— (1970): Diritto, morale e concezione realistica del diritto, in: Rivista trimestrale di diritto e procedura civile 3, pp. 986 - 999

— (1971): Il realismo giuridico come alternativa al positivismo giuridico, in: Rivista internazionale di filosofia del diritto 1, pp. 61 - 126

— (1972): Il realismo giuridico come alternativa al positivismo giuridico, in: K. Olivecrona, La struttura dell'ordinamento giuridico, Milan: Etas Kompass, pp. 1 - 55

— (1974): Il realismo giuridico scandinavo. I: Axel Hägerström, Bologna: Clueb

— (1976): "Ordinamento giuridico" (rättsordning) nell'uso dei realisti scandinavi, in: R. Orecchia (ed.), Il diritto come ordinamento. Informazione e verità nello stato contemporaneo. Atti del X Congresso Nazionale della Società Italiana di Filosofia Giuridica e Politica (Bari, 3 - 5 ottobre 1974), Milan: Giuffrè, pp. 104 - 105

— (1979): Postilla ad Alf Ross (A proposito di giusnaturalismo contro positivismo giuridico), in: Rivista trimestrale di diritto e procedura civile 2, pp. 723 - 726

— (1980a): Ultimo saluto a Ross, in: Rivista trimestrale di diritto e procedura civile 4, pp. 1504 - 1519

— (1980b): In ricordo di Karl Olivecrona, in: Rivista trimestrale di diritto e procedura civile 4, pp. 1520 - 1538

— (1981): Non si fanno cose con parole. Il negozio giuridico nella prospettiva di Axel Hägerström, in: Sociologia del diritto 3, pp. 25 - 42

— (ed.) (1982): Contributi al realismo giuridico. I, Milan: Giuffrè

— (1983a): You Cannot Do Things with Words (The Concept of a Legal Transaction According to Axel Hägerström), in: P. Trappe (ed.), Conceptions contemporaines du droit. Proceedings of IX World Congress of Philosophy of Law and Social Philosophy – I. V. R. (Basel, 27.08.1979 - 01.09.1979), vol. 2., Wiesbaden: Steiner, pp. 153 - 161

— (1983b): Olivecrona's Theory of Imperatives, in: U. Kangas (ed.), Essays in Legal Theory in Honor of Kaarle Makkonen, Vammala: Akateeminen Kiriakaua, pp. 221 - 237

— (1984): La validez del derecho en Alf Ross, in: Revista de ciencias sociales 2, pp. 173 - 204

— (1985a): Lineamenti per una teoria del diritto, Clueb: Bologna

— (1985b): Sul realismo normativistico (Hägerström e Hart). A proposito di alcune critiche scandinave al realismo della scuola di Uppsala, in: Materiali per una storia della cultura giuridica 2, pp. 327 - 344

— (1986a): Legal Realism or Hägerström Along with Hart. Some Comments on Bjarup, in: E. Kamenka/R. S. Summers/W. L. Twining (eds.), Sociological Jurisprudence and Realist Theories of Law, Berlin: Duncker & Humblot, pp. 259 - 268

— (1986b): Pour une theorie des imperatifs juridiques: la contribution de Karl Olivecrona, in: Revue de la recherche juridique. Droit prospectif 2, pp. 189 - 208

— (1986c): El realismo de Hart. Convergencias entre su analisis del concepto de derecho y el de Hägerström, in: Revista de ciencias sociales 28, pp. 203 - 220

— (1992): Sobre el realismo normativistico (Hägerström y Hart), in: Anuario de filosofia juridica y sociales, pp. 221 - 242

— (1994): Temi e problemi di filosofia del diritto, Bologna: Clueb

Pollastro, P. (1985): Imperativo performativo in Karl Olivecrona. Un concetto ambiguo, Materiali per una storia della cultura giuridica 2, pp. 557 - 568

Riccobono, F. (1986): Norma fondamentale, Costituzione, rivoluzione. Ross critico di Kelsen, in: Materiali per una storia della cultura giuridica 2, pp. 425 - 442

Savoini, G. P. (1982a): Alf Ross: realismo giuridico e analisi filosofica, in: Materiali per una storia della cultura giuridica 2, pp. 525 - 532

— (1982b): Performatività e validità in Alf Ross, in: Materiali per una storia della cultura giuridica 2, pp. 343 - 408

Scarpelli, U. (1959): Contributo alla semantica del linguaggio normativo, Turin: Einaudi, pp. 87 - 92

— (1965): Cos'è il positivismo giuridico, Milan: Comunità, pp. 65 - 67

Tarantino, A. (ed.), (1984): Scienza e politica nel pensiero di Alf Ross, in: Atti delle giornate di studio su Alf Ross, Lecce, 1981, Milan: Giuffrè

Tarello, G. (1966): Realismo giuridico, in: Novissimo Digesto 13 (Torino: Utet) (also in: Diritto, enunciati, usi, Bologna: Il Mulino 1974)

Todescan, F. (1968): A proposito della validità giuridica in Olivecrona, in: Rivista internazionale di filosofia del diritto 4, pp. 631 - 640

— (1969): Il fondamento del diritto nel realismo di K. Olivecrona, in: I fondamenti del diritto, Padua: Cedam

— (1979): Diritto e realtà. Storia e teoria della fictio iuris, Padua: Cedam

Triolo, L. (1984): Ross e il superamento di Kelsen: due pagine a confronto, in: Materiali per una storia della cultura giuridica 1, pp. 285 - 308

Urso, M. (1974): A. Ross e l'applicazione del diritto, in: F. Viola/V. Villa/M. Urso, Interpretazione e applicazione del diritto tra scienza e politica, Palermo: Celup

Videtta, F. P. (1968): Il concetto di norma valida secondo Alf Ross in On Law and Justice, in: Rivista internazionale di filosofia del diritto 45, pp. 333 - 359

Villa, V. (1969): Implicazioni meta-teoriche nella teoria del diritto di Alf Ross, in: Rivista internazionale di filosofia del diritto 56, pp. 258 - 288

American Realism

Bobbio, N. (1952a): John Dewey, in: Notiziario Einaudi

— (1952b): La certezza del diritto è un mito? In: Rivista internazionale di filosofia del diritto 29, pp. 146 - 152

Bognetti, G. (1954): Intorno al concetto di giustizia nel neorealismo giuridico americano, in: Rivista internazionale di filosofia del diritto 4, pp. 573 - 585

— (1956/57): Holmes e le origini del pensiero filosofico giuridico americano del secolo XX, in: Studi Urbinati 1, pp. 51ff.

— (1958): Il pensiero filosofico giuridico nordamericano del XX secolo, i fondatori: Holmes, Pound, Cardozo, Milan: Cisalpino

— (1960): Stato e diritto nel pensiero di Dewey, in: Rivista di filosofia 3, pp. 254 - 261

Castignone, S. (1981): Introduction, in: Il realismo giuridico scandinavo e americano, Bologna: Il Mulino

— (1987): "Il re è nudo". La critica dei realisti americani alla nozione di sovranità, in: Materiali per una storia della cultura giuridica 2, pp. 385 - 401

Faralli, C. (1984): Lo strumentalismo e la teoria del diritto americana, in: Sociologia del diritto 2, pp. 67 - 71

— (1985): Ragione e diritto nel pensiero di John Dewey, in: Sociologia del diritto 2, pp. 87 - 97

— (1986): Storia e diritto nel pensiero di John Dewey, in: Quaderni fiorentini per la storia del pensiero giuridico moderno 15, pp. 401 - 409

— (1987): Anthropology and Law. With Reference to an Essay by John Dewey, in: Droit et Cultures, pp. 145 - 152

— (1988a): History and Law in the Thought of John Dewey, in: Philosophy of Law in the History of Human Thought, IVR 12th World Congress, Stuttgart: Steiner

— (1988b): John Dewey. Una filosofia del diritto per la democrazia, Bologna: Clueb (2nd enlarged edition 1990)

— (1988c): Reason and Law in Dewey's Thinking, in: C. Faralli/E. Pattaro (eds.), Reason in Law. Proceedings of the Conference Held in Bologna 12-15 December 1984, vol. 3, Milan: Giuffrè, pp. 51 - 62

— (1990): El concepto de derecho baya la optica del instrumentalismo pragmatico di J. Dewey, in: Revista mexicana de justicia, pp. 183 - 198

— (1991): The Concept of Law According to Dewey's Pragmatic Instrumentalism, in: Rechtstheorie 22, pp. 11 - 22

Fassò, G. (1970): Storia della Filosofia del diritto, vol. 3, Bologna: Il Mulino (new enlarged edition 1994)

Frosini, V. (1992): John Dewey 1859 - 1952, in: Rivista internazionale di filosofia del diritto, pp. 322 - 325

Giuliani, A. (1958): Dal positivismo "benthamiano" al realismo giuridico, in: F. Rossi Landi (ed.), Il pensiero americano contemporaneo, Milan: Comunità, pp. 117 - 163

Tarello, G. (1957): A proposito di un libro del Frank, in: Rivista internazionale di filosofia del diritto 3, pp. 464 - 467

— (1960): Norma e giuridificazione nella logica di Dewey, in: Rivista internazionale di filosofia del diritto 2, pp. 280 - 292

— (1962): Il realismo giuridico americano, Milan: Giuffrè (reprinted 1995)

Tebaldeschi, I. (1957): Socialità e diritto nel pensiero di John Dewey, Rome: Editoriale arte e storia

Tozzi, A. (1962): Intorno ad alcune considerazioni di J. Dewey sul diritto naturale, in: R. Orecchia (ed.), Il problema della giustizia, Diritto ed economia, Diritto e politica, Diritto e logica. Atti del V Congresso nazionale di filosofia del diritto, vol. 2, Milan: Giuffrè, pp. 205 - 209

RECHTSTHEORIE, Beiheft 19, S. 181 - 190
Duncker & Humblot, 12165 Berlin

DECONSTRUCTION AND LEGAL THEORY

By Françoise Michaut, Nanterre

Deconstruction is an approach of philosophical discourse that has been applied to other texts and to legal reasoning and I would like to demonstrate that it can be of great help for the theoretician who endeavors to elucidate the process through which systems of legal norms are produced and are developing.

As has already been underlined the technique is not new. The American realists and Felix S. Cohen, in particular, practiced it before the name was invented.[1] Instances of it can also be identified when theoreticians try to determine what inquiries about the "legal nature" of an act or a fact amount to or when a legal historian shows that what seems to be a perfectly coherent, timeless institution is, in fact, the produce of very heterogeneous and even contradictory, successive heritages.

As a philosopher, Jacques Derrida is not the first deconstructionist. Nietzsche, Husserl, Heidegger, Levinas have had a deconstructionist attitude of their own. But he coined the term. By it, he renders "Destruktion" and "Abbau" used by Heidegger in *Sein und Zeit.*[2] A translation which has been assimilated to an interpretation.[3]

Deconstruction is first of all a means of showing the inability of metaphysics and philosophy in general to meet their own requirements by bringing into light their dependency on faulty assumptions, that is on the presupposition of a complete transparency of the sign for the signified.[4] Derrida subverts the hierarchy between what is supposed to be represented and what is supposed to represent and insists on the autonomy of the sign in the production of meaning. Derrida links the subordination of written to spoken in Western thought, which he calls phonocentrism or logocentrism to the assumption of an absolute being-there

---

1 See *Leslie F. Goldstein,* In Defense of the Text. Democracy and Constitutional Theory, Rowman and Littlefield Publishers, Inc. 1991, p. 188 note 97.

2 Article "Deconstruction" in: André Jacob (dir.), Encyclopédie Philosophique Universelle, II. Les notions philosophiques, Vol. II, T. 1, p. 557.

3 Ibid. On the difference between interpretation and translation, one can say that interpretation is an accomodation to a different system, while translation tries to stick more closely to the original by integrating the nuances.

4 *J. Derrida,* Marges de la philosophie, Minuit 1972, pp. 9 - 10.

(a full "presence"), to a complete transparency of self to self ("presence").[5] Derrida insists that all oppositions – all possibilities of language even – are built on a play of differ*a*nces (of distinguishing oneself from the other within a common definition). Deconstruction consists in both subverting the opposition to which one is confronted and to displacing it (that is reformulating the question which is involved).

André Jacob estimates that morals have been deconstructed of late. The opposition between an ethics based on naturalism and an ethics based on conscience of the individual has given place to an ethics based on a relational attitude, to an opening toward the other. It has ceased to be considered as a question of rules or faithfulness to values to become a question of sense (sense of life and living of sense).[6]

One may consider that a parallel evolution has taken place in the United States in the field of law, thanks to some American legal deconstructionists.[7]

The realists had emphasized the inadequacy of formalism both as a model to characterize what happened and what should happen in judicial decision. Judges played a creative part in adjudicating cases, in interpreting precedents, statutes, contracts. Deconstruction offered a new theory for what had been intuitively grasped. And the conception of text reached by Derrida which is not limited to written texts but integrates all discourses and, one might say, all possibilities of discourse, may seem particularly well adapted to law which always functions with a reference to something deem authoritative we may call "a text" in this perspective: it may be an already written source but it may also be a source of text (morals, for example).

In their reader entitled *Interpreting Law and Literature,* Sanford Levinson and Steven Mailloux insist on two possible uses of deconstruction. First there is what they call deconstruction as a strategy of reading which they illustrate by quoting Derrida:

> "the writer writes *in* a language and *in* a logic whose proper system, laws, and life his discourse by definition cannot dominate absolutely. He uses them only by letting himself, after a fashion and up to a point, be governed by the system.

---

5 "Written" and "spoken" seem preferable to "writing" and "speech" since writing implies a presence, that of the writer.

6 *Jacob,* "Morale (évolution de la –)" et "Ethique (différence entre morale et –)", in: note 3, Vol. II. Les notions philosophiques, T. 1, pp. 874 - 875, T. 2, pp. 1686 - 1687.

7 See, for example, *Michel Rosenfeld,* Deconstruction and Legal Interpretation. Conflict, Indeterminacy and the Temptations of the New Legal Formalism, in: Cardozo Law Review 11 (1990), p. 1211, reprinted in: Drucilla Cornell/Michel Rosenfeld/David Gray Carlson (eds.), Deconstruction and the Possibility of Justice, New York/London: Routledge 1992, pp. 152 - 200.

And the reading must always aim at a certain relationship, unperceived by the writer, between what he commands and what he does not command of the patterns of the language that he uses." (Of grammatology, transl. by Gayatri Spivak, 1976, p. 158.)

Second, there is deconstruction, not as destroying but as "undoing", "de-sedimenting" the various layers intervened in the building of a structure in human thought.[8] They quote Derrida again:

"deconstruction used as a French word, means not "destructing" but "undoing" while analyzing the different layers of a structure to know how it has been built. Everything that is not natural has a structure, and has been built; and deconstruction is, to some extent, a way of analyzing the structure. Deconstruction ... emphasizes the history of the construction and the different layers which have built this construction." (Deconstruction: A Trialogue in Jerusalem, 1986).[9]

The "undoing" has for primary advantage to bring to light the heterogeneities and contradictions which tend otherwise to be concealed. Deconstruction may be credited for giving legal theorists means to reinterpret some difficulties to which they are confronted and to reformulate their theses. It may also lead them towards a renewed conception of their discipline.

I. Deconstruction and Legal Reasoning

Deconstruction, like pragmatism and evolutionism – which served as background for the development of sociological jurisprudence and American realism –, can be construed as turned toward the future. The presence is deferred – indefinitely –, veiled, there is no full revelation, no self-evident, transparent truth to be possessed. This world is in movement, populated with actors who are neither totally independent, self-creating individuals, nor puppets, but contextually-bound creative agents who don't master fully what they are doing and must build for themselves their own world. But deconstruction – more than pragmatism and evolutionism – is also attentive to the past.

Deconstruction may appear at first as a theory of communication, of how transmission (which is the condition of knowledge on this earth) functions between men (and women) and the answer is through signs, "traces" even, which have to be interpreted. Among these signs are words which are the most commonly known ingredients of texts. These

8 See of Grammatology, chapter 1.

9 *Sanford Levinson/Steven Mailloux* (eds.), Interpreting Law and Literature: A Hermeneutic Reader, Evanston, IL: Northwestern University Press 1988, preface pp. X - XI.

words and these texts depend for the meaning given to them on other occurrences and other texts. Hence the idea of a global *intertextuality*.

Any man or woman will depend for his (or her) development and action on his or her direct or indirect contact with a certain number of texts. They will give him or her a particular context. Hence the idea of a *constructed subject*.[10] This constructed subject will also use words to try to communicate but this communication can only be imperfect because it supposes a codification and decodification which have all chances of being approximate only.

This explain the feeling of ambiguity of texts, not their internal contradictions. Those may appear in texts with a single author because the argument he is developing, comes into conflict with other theses he consciously or unconsciously holds. Contradictions are usual in collective texts and constitutions especially when an agreement must be reached at a particular time for years to come, between people with different perspectives and different interests. The hope is often entertained at first that the points of conflict will disappear over time. The contradictions and ambiguities may have been absolutely necessary in order to reach an agreement.[11] The points of conflict will disappear or not, there will usually be an evolution.

Deconstruction helps understand problems met with interpretation of legal texts. It can account for why so many conflicting theories of interpretation are brought forward in the constitutional field for example, with the feeling by each proponent that his theory is the right one. To begin with, there is simply no agreement at the present time over the function to be given to a constitution, no unique legal conception of a constitution. But were it otherwise, this would not guarantee yet the agreement on a single method of interpretation and on a single interpretation. Everyone has his or her own reading of the constitution, of the proper method to interpret it and of what it means and there is no objective way of settling the dispute.

Deconstruction is rather a critical discourse on interpretation than a method dictating one particular choice among theories of constitutional interpretation for example. It draws our attention towards the conditions of elaboration of texts and the conditions of their reading, the conditions of writer and reader, which must be taken into account when applying a theory of interpretation. At most it can limit the choice, but it does not

10 See *J. M. Balkin*, Ideology as constraint, in: Stanford Law Review, 43 (1991), p. 1133.

11 *John Leubsdorf*, Deconstructing the Constitution, in: Stanford Law Review 40 (1987), p. 181.

dictate one particular result. Deconstruction destabilizes philosophical discourse in denying it the ability to reach the ultimate truth. There is always something missing. Knowledge can only be superficial and relative. Theories, categories, philosophies cannot escape this condition, which does not mean they are useless, but that their users must be conscious of the risk of absolutisation, of reification, a risk legal thought has not avoided. There is a complex dimension of (global and personal) history, that cannot be evacuated, contrary to the pretentions of philosophy.

Human constructions, intellectual or otherwise, have a history of which they bear witness. Recent research on legal doctrine, especially in the field of contract law, by deconstructionists and others, give a perfect illustration of the implications of this phenomenon for legal theory. They emphasize again the importance of judicial decisions in the production of law: while decisions give rules their meaning, doctrines appear as an attempt to rationalize what has been produced. An attempt which always fails, despite the objectivation effect the doctrine tends to have.

Law is not literally born from (objective) facts, but from the (inter)subjective evaluation of what a given system of law requires in a particular constructed situation.[12] The judge justifies his or her decision by reference to the sources of law he deems explicitly or implicitly recognized by the system. Those sources may be considered as the authoritative "texts" (text being taken broadly) of the system. His or her argumentation will be more or less fully developed depending on the conception of interpretation adopted in the system.[13]

The contract doctrine has been deconstructed from different points of view: one more philosophical or anthropological with Clare Dalton, who emphasizes the question of the relations with others, the questions of power and knowledge behind the institution, two more typically legal: Balkin finds in P. S. Atiyah's works a (non-intended) deconstruction of the doctrine of contract, while Jack M. Beermann reviewing "the law of contract" by Hugh Collins, stresses the impossiblity to subsume contract law under a stable ordering of values. Legal decisions no more regularly point to such ordering than they align with a coherent doctrine of contract.[14] One may wonder yet whether a very general theory of contract couldn't be constructed which would focus on the question of the sources

12 See *Rosenfeld*, in: Cornell/Rosenfeld/Gray Carlson (eds.) (note 7).

13 See the difference in the degree of elaboration of the justification in common law and in civil law.

14 *Clare Dalton*, An Essay in the Deconstruction of Contract Doctrine, in: Yale Law Journal 94 (1985), p. 997; *Balkin* (note 8); *Jack M. Beermann*, Contract Law as a System of Values, in: Boston University Law Review 67 (1987), p. 553.

of law (opposition of statute and contract), the different regimes of interpretation and production of law that go with them and the different cultural representations they are linked to. This would probably sound acceptable to deconstructionists.

Rules and the doctrine of the rule of law have also been studied by deconstructionists. For them to say that rules are indeterminate is a *lieu commun*. The indeterminacy can be considered as positive. Thus Arthur Jacobsohn warns that regarding rules as already complete, ready for a mechanical use is a way of privileging order over personal responsibility. Rules become "idols" – as the carved statues rejected by the Bible. He underlines that contrary to positivism and naturalism which adopt this attitude, common law jurisprudence and the doctrine of precedent are supposing three successive "writings" (readings): the past case, the present case and the future case, with each application of the rule considered as an opportunity for making it more complete.[15] *Application is creative.*

The indeterminacy of rules may be read as making it impossible to keep the notion of the Rule of Law. It is a question of definition, as Margaret Jane Radin and J. M. Balkin have shown. Considered as an ideal of political morality privileging liberty and justice, it can be kept, to the eyes of Margaret Jane Radin, on the condition that judges be aware of the existence of different interpretive communities within a society and cease to behave as "functionaries" hiding their power behind the fiction that they mechanically apply the rule, and take responsibility for the consequences of their action.[16] In viable communities, rules are neither "found" nor "made", but continually reinterpreted. They receive their meaning from the context and can't be construed as fixed.[17] J. M. Balkin insists on the fact that anyway the Rule of Law can only be equated to the rendering of decisions by reference to texts deemed authoritative[18] (what I would define as constitutive of a legal decision).

The a priori indeterminacy of rules does not bring about chaos because people often have languages in common,[19] they share a common ideology

15 *Arthur Jacobsohn,* The Idolatry of Rules: Writing Law according to Moses, with Reference to other Jurisprudences, in: Cornell/Rosenfeld/Gray Carlson (eds.) (note 7). On the three stages of the precedent, see also *Frederick Schauer,* Precedent, in: Stanford Law Review 39 (1987), p. 571.

16 *Margaret Jane Radin,* Reconsidering the Rule of Law, in: Boston University Law Review 69 (1989), p. 781. Ms Radin starts from Wittgenstein's conception of rules to refer later to Robert Cover's *nomos*. On Cover, see infra II.

17 Ibid.

18 *J. M. Balkin,* Constitutional Interpretation and the Problem of History. Review essay of Raoul Berger "Federalism: the Founders' Design", in: New York University Law Review 63 (1988), p. 911.

which constraint their action and contributes to the reification of the social status quo.[20] Important discrepancies in the interpretation of rules will usually merely reflect divisions within society.[21] They are a fact of life that can't be done away with.

Concepts are historical constructions, informed by ideology, but, once established, less responsive or at least more slowly responsive to change than the rules because of their entrenchement (reification).

Deconstructionists so far have thus considerably enriched the realist heritage. By showing that ideology is constitutive, they integrated the influence of political and moral preferences at another level in the chain of decision. It does not break in all of a sudden, it has always been there from start. The place is left to give a new legal definition of judicial decision. Legal deconstructionists' teachings are also an invitation to examine whether something must be changed to prevailing conceptions of legal theory.

II. Deconstruction and Conceptions of Legal Theory

Deconstructionists with a philosophical bent, tend to introduce, as we have seen above, the notion of responsibility, of taking the other into account.[22] This point would have to be much developed to arrive at a new conception of how legal relations should be organized, but this is more legal philosophy than legal theory, mainly as defined here. Yet it must be underlined that the more general approach attempted by those philosophers may be of the uttermost importance for the formation of future practitioners and theoreticians.[23]

Reference to deconstruction has been considered as a major turning point within the Critical Legal Studies movement. Crits do not have a monopoly of the use of this technique but they have contributed a great bulk of literature in this field and maybe it will be remembered as their main contribution to legal theory.

---

19 See, for example, *Joseph William Singer*, Legal Realism Now. Book review of: Legal Realism at Yale (1927 - 1960), in: California Law Review 76 (1988), p. 465.

20 *Gary Peller*, The Metaphysics of American Law, in: California Law Review 76 (1988), p. 1152.

21 See, for example, *Allan C. Hutcheson*, From Cultural Construction to Historical Deconstruction, in: *Yale Law Journal* 94 (1989), p. 209.

22 See supra pp. 2 and 5 - 6.

23 See, for example, the following issues of the Cardozo Law Review: Vol. 12 N° 5 - 6 (1990), Vol. 13 N° 4 (1991), Vol. 16 N° 3 - 4 (1995) and *Cornell/Rosenfeld/Gray Carlson* (eds.) (note 7).

They have been very much interested in writing legal history. They subscribe to the realists' insistence that legal forms should be linked for their study with the social context in which they are found, contrary to what had been asserted before, that technical forms cannot be understood apart from their cultural environment. But they cannot share an analysis which treats social needs and adaptative responses as objectively given rather than culturally constructed. They cannot either agree with the importance given by the realists to officials' behavior. Law is a production of the entire society.[24]

R. W. Gordon sums up Crits' theses about legal history and opposes them to the realists. These Crits' theses can also be regarded as deconstructionists' theses. Crits cannot admit the determinism implied by a uniform process of evolution, nor a determinism associating some legal forms with some social forms and vice versa: they emphasize that contrary legal responses have been adopted in comparable social conditions and that comparable legal forms have generated contrary social effects. Historical and cultural contexts cannot be done away with.

They view "legal forms and pratices" as political products arising from the conflicts between social forces with unequal means. These legal forms and practices have a power of their own: they acquire a certain independence through structuring and intervene in shaping the conflicts. They thus feed back on social life. They function as ideologies building on consciousness. Studying legal history helps relativize conceptions of law and society and brings forward the importance of "narrative story-lines" in the formation of conceptions in these fields.[25]

Gordon rejects the reference to anonymous forces; there are always men behind the legal production:

> "One could concede this point (that a particular legal structure cannot be linked to the defense of a particular interest exclusively) to the structuralists and still ask them to embed their story in a narrative context that would at least supply *subjects* and *occasions* to the narrative to show that it is human beings "with reasons and motives, not disembodied Spirits, who drive the manufacture of legal concepts: Who pushed which argument on what occasions and why? What happened to set off the arguments? What happened to destabilize previous stable conventions? We ought to have a rule of style: no sentence without a subject: no intellectual move without a reason – even if the particular subject and reason may sometimes be largely incidental to the grander thematic history of legal consciousness."[26]

---

24 *Robert W. Gordon,* Critical Legal Histories, in: Stanford Law Review 36 (1984), p. 57.

25 Ibid. In a note, Gordon indicates that subjects may be collective and adds "legal concepts are made collectively".

Critical legal scholars and among them American legal deconstructionists have also continued the tradition of legal theory writings that mingle descriptive and prescriptive assertions but of late some have come to wonder about the legitimacy of a normative (that is a "prescriptive") jurisprudence, asking themselves how to justify normative jurisprudence *qua* academic discourse or doubting of its usefulness.

If they want to write legal theory yet – to be descriptive of the actual production of law by society – and not legal philosophy, could they find new virtue in the former realist desire to build a genuine science of law? Of course they would have a Kuhnian conception of science. They could do a lot by combining already existing models to create a new one, which would integrate the teachings of the new insights they have got through the use of a deconstructive approach of legal discourse.

Realism can be considered as having deconstructed jusnaturalism and positivism but it is possible to formulate against it some of the criticism addressed by Crits to functionalist history: it relies too much on determinism and objectivism. It had itself to abandon its initial project of a predictive science of law to produce excellent analyses of how law was produced through a complex legal, cultural and social mechanism.

Maybe a new deconstruction has to take place confronting the American model whose most achieved exemple can probably be found in Robert M. Cover's work and the European model, best exemplified by Kelsen. Cover offers a marvelous description of the production of law from the social standpoint and of systems of norms by individuals, Kelsen tries to demonstrate how legal norms produce themselves.[27] With all due respect, one might suggest that the legal system somewhat disappear in Cover's model to become only violence, while it is apparently the exclusive object of Kelsen's model but at the same time it is always at risk of subversion, slow or rapid erosion all the more threatening that if review is impossible or not exercised any interpretation given by an official is considered as authentic and valid.

Maybe for legal science the solution would consist in focusing on a relatively autonomous legal normative system, confronted to other normative systems, *qua* sub-system of a larger cultural system, knowing that this system is only a structure necessary to justify legal interpretations

---

26 Ibid. A comparison could be made with the theses developed in: *Terence Ball/J. G. A. Pocock* (eds.), Conceptual Change and the Constitution, Lawrence: The University Press of Kansas 1988.

27 *Robert M. Cover,* The Supreme Court 1982 Term. Foreword: *Nomos* and Narrative, in: Harvard Law Review 97 (1983), p. 4; *id.,* Violence and the Word, in: The Yale Law Journal 95 (1986), p. 1601; *Hans Kelsen,* Théorie Pure du Droit, 2nd ed., transl. from German by Charles Eisenmann, Paris: Dalloz 1962.

and judicial decisions, a structure the building of which might potentially differ each time safe for the control exercised on it by various narratives, which are ultimately largely determining what is taken as the legal system.

It is impossible here to elaborate any further on how to develop such a science of law. It is possible to imagine that legal theory would in one of its aspects build a renewed form of comparative law. It would still differ from sociology of law by its questions centered on the knowledge of a particular social mechanism (legal production) rather than on the knowledge of society in general.

So, it is possible to say that deconstruction can give legal theory a whole renewed perspective, help raise new problems and overcome old difficulties.

RECHTSTHEORIE, Beiheft 19, S. 191 - 197
Duncker & Humblot, 12165 Berlin

LAW AND THE SCIENCE OF CHAOS AT THE END OF THE 20TH CENTURY AND BEYOND

By Alfred S. Neely, Columbia

In keeping with the theme of "Challenges to Law at the End of the 20th Century", what follows is a story of law's present, as well as an accompanying prediction for its future. The story, nevertheless, is grounded in law's history.

What prompts this story is the unfolding in the past two decades, on broad fronts and in disparate fields, of a revolution in science. In the process a new science, a science of chaos, has emerged. In its more specific trappings, "[c]haos is the study of change in nonlinear dynamic systems". (Geu 1994, p. 934). In its wider dimensions, chaos theory offers "a new way of thinking about causation, contingency and the nature of systems..." (Hayes 1992, p. 752). Its ultimate promise is the inherent order it often discerns underlying otherwise disquieting and disorienting complexity and disorder (Gleick 1987; Prigogine/Stengers 1984; Waldrop 1992, passim).

Of interest here is what relevance and meaning, if any, the science of chaos may have for law. Questions of this nature are not new to law. This is obviously not the first time law's matrix has encompassed a revolution in science. Many times in the main currents of the history of ideas, law, law's perceptions of itself and its aspirations, have developed in the wake of such. Scientific revolutions past, from those identified with the names of Copernicus and Newton, and later those linked to Darwin, Freud, Einstein, and Heisenberg, among others, have triggered significant and occasionally wrenching reexamination, retrenchment, and sometimes redirection in legal thought. The prospect is that the law today faces a revolution of similar magnitude and consequence in the emerging principles and applications of the science of chaos.

This new science has received widespread and increasing attention in many quarters and disciplines. It seems worth noting that law has been an exception, or at least a laggard in musings on the relevance of chaos. There is continuing vitality in one commentator's observation that to date "jurisprudence, both conventional and other, has responded to chaos theory with a collective 'so what?'..." (Hayes 1992, p. 751). The prediction offered here is that this attitude will change.

I. First Premises

The story begins with and accepts Harold Berman's premise that there is a centuries old Western legal tradition which, in many ways, links lawyers of this century with those at least as far in the past as the 11th century. That was the distant era in which modern schools of law were first formed in places such as Bologna (Berman 1983, pp. 120 - 164). It was then that Aristotle and Justinian were rediscovered. It was then that lawyers learned to "think like lawyers". A lawyer today would readily recognize and accept what those lawyers of nine hundred years ago were about. This does not mean that the legal tradition has been static for almost a millennium. Obviously it has not been. It has changed and developed, yet with discernible common threads of longstanding in methods of thought and practice.

A further premise here is that development of the Western legal tradition has not been a process exclusively internal to the law. It actually has been much more than an isolated intellectual event. Rather the proposition is that law, in its assumptions, methods and views concerning what is important and what is not, has developed within the context, and under the influence, of wider currents of thought, including those in science. This second premise, that law has never been sole master of its own future, is unexceptional as a matter of intellectual history. Historians constantly delve into movements of ideas from one arena to others never initially contemplated. As applied in the setting of law's relationship to scientific revolutions, however, the principle may discomfort some in legal circles to the point of denial. The reason is that there is no reciprocal. Law may have been an object of influence, but the various revolutions in science were not remotely products of prior developments in law, except perhaps to the extent that the law, as a practical matter, may have facilitated or inhibited. The absence of the reciprocal is compatible with the view that "[l]aw is a scavenger. It grows by feeding on ideas from outside, not by inventing new ones of its own" (Elliot 1985, p. 38). On the other hand, it is hardly in sync with law's normal capacities for professional self-absorption, and thus tendencies to dismiss influences from outside. In these lights, the "so what" attitude in jurisprudential circles may be understood. Hayes suggests, however, that the disinterest is a product of the age, and a focus on other matters during the "formative intellectual years", of the principals in the legal academic community (Hayes 1992, p. 751).

II. Law and the Assimilation of Scientific Revolutions

Among the defining dimensions of the Western tradition and its evolution have been the assumptions and methods, indeed the world view, of the sciences. With each turn and expansion in scientific sensibilities, there have been corresponding developments in Europe's sense of its intellectual self. Copernicus put forward his then startling propositions concerning earth's proper place in the universe, and Western thought soon had a new perspective on man's own necessary place. Newton built upon Kepler's laws of planetary motion to offer his fundamental principles of gravitation and motion. The world that Newton presented, one of universal laws of nature, opened possibilities and aspirations for finding universal principles elsewhere, in areas of inquiry both within and beyond the physical sciences. In subsequent centuries, Darwin with evolution, Freud with the unconscious and the irrational, Einstein with time and relativity, and Heisenberg with uncertainty, had different impacts of similar magnitude upon Western thought.

If one is willing to accept the proposition that the Western legal tradition has been a considerable success, a further proposition providing one reason for this success is that for much of its history the legal tradition has been sympathetically responsive, and rarely hostile, to the wider and broader intellectual currents of the times. Importantly, this has included defining and shaping developments originating in the sciences. This phenomenon of intellectual compatibility has been evident in the ways in which the Western legal tradition has shared, accommodated and accepted many of the scientific revolutions of its lifetime. Consequently, the legal and scientific communities have, more often than not, shared the same or similar views of the world.

The point is illustrated by Charles Darwin's 1859 work, *On the Origin of Species by Means of Natural Selection or the Preservation of Favored Races in the Struggle for Life,* and the revolution it engendered. Most would agree that "[o]nly a few ideas in intellectual history have been so powerful and captivating that they have overflowed the brim of the discipline from which they came and spilled over into everything else. The theory of evolution is unquestionably one of these." (Hovencamp 1985, p. 645) In many quarters law was not exempt. It, too, responded to Darwin, and in significant respects was redefined by evolutionary science. In this it was in step.

The late 19th and 20th centuries have not been as accommodating. Freud and Einstein have not been embraced and folded into the Western legal tradition in the same manner and with the same enthusiasm, or at least resignation, as elsewhere in Western thought. As a consequence,

20th century law is no longer as clearly and as comfortably within the main currents of modern thought. In a sense, it became out of step, with corresponding erosion in its record for success.

There is, however, one consistency. Even if law has not been consistently in or out of step with the unfolding revolutions in the sciences, it has always confronted them in some fashion. It has not hidden. It has not been able to hide – thus, the pertinence and imperative of the new science of chaos and its relation to law.

III. The Chaotic Revolution

The origins, contours and continuing developments in chaos and complexity theory are fully treated in the popular and professional literature of the field. The references below provide a sample of that literature. For present purposes only a scant introduction is possible. The object is to provide at best a subjective sense of the challenge the chaotic revolution may present for law. At the heart of chaos are several propositions that suggest something special and different in outlook and orientation. Among its most central notions are:

(1) Nonlinearity – relationships between cause and effect are disproportionate. Thus, the complex and the major may be the consequence of the simple and the minor, and the other way around.

(2) Sensitive Dependence on Initial Conditions – a quality of complex systems reflective of their nonlinearity which reveals that minute changes in initial conditions and causes may have great effects upon the subsequent state of the system.

(3) Self-Organization through Feedback – through a dynamical process in which a complex system's most recent output becomes its next input, patterns and symmetries of a different order emerge from what otherwise seems the disorder of chaos. As a result, "[w]here chaos begins, classical science stops" (Gleick 1987, p. 3). As such, it represents a "paradigm shift" of the sort Thomas Kuhn had in mind (Kuhn 1962; 1970, passim). A further result is a new way of thinking.

IV. Law and Chaos

The meaning and relevance of the new science of chaos for law may be assessed in a variety of ways. Commentary to date ranges from the dismissive and casual, to the inexorable.

One tentative, but nonetheless interesting and perhaps useful application of the chaotic revolution to law is Thomas Geu's suggestion of "its possibly deep metaphoric relationship to law". Geu's inclination is to stop short of direct linkages. Geu notes that Robert Artigiani, for one, is more ambitious and willing to assume that "interdisciplinary translations can be made directly" between chaos and constitutional law (Geu 1994, pp. 934 - 935). Glenn Reynolds sees it at least as offering interesting analogies for law, with the possibility of doing "good simply by clearing away some cobwebby ideas from our collective intellectual attic" Reynolds 1991, p. 116). Andrew Hayes finds that the new day is already upon us, and actually that it arrived some time ago. He notes strong similarities between the idea of law as a self ordered chaotic system – a rational organism – and the idea of law in the classic texts of American jurisprudence, which emphasize the subtle, contingent yet constrained nature of the legal process as an entity in itself that nevertheless reflects certain fundamental truths learned over time. With hindsight, it is possible to say that Holmes, Cardozo and their like were describing law as chaos long before it was discovered, struggling toward a natural philosophy that was beyond the science of their day but which they nevertheless intuitively grasped (Hayes 1992, p. 772). To Hayes, chaos theory represents much "more than an intellectual fad or a simple scientific analogy"; rather it offers a new way of thinking from which law will benefit greatly if only legal thinkers will open up and become receptive (Hayes 1992, p. 752).

My own sense of the matter is that even if the day has not yet arrived, it will, notwithstanding that most lawyers would need to travel some distance before they would be ready to consider "law and disorder" or "law and chaos" as anything more than statements of antagonistic opposites. Just as law has either been changed by past scientific revolutions, or to the extent not, distanced from the main currents of thought of the time, it seems inevitable that this process will unfold in law's relationship to the new science of chaos. Eventually law will be in or out of step, by conscious choice or inattentive drift. The prediction is that eventually law, and law's perceptions of itself, its aspirations, and its relevance to the wider world, will be shaped by this most recent scientific revolution. The history of Western science and the Western legal tradition supports this mild variety of historicism. The stakes are considerable. For example, chaos theory offers a new perspective on matters of causation. In its view of things, the seemingly minor, modest and thus irrelevant cause may be of determining consequence on account of a system's nonlinearity and sensitive dependence on initial conditions. This is why chaos theory so often startles. It attaches significance and ascribes meaning to what previously had been considered trivial and mildly irritating static in a data field. It finds as much potential in the chaff as in the grain itself.

Law tends very much toward the "old school" of classical Newtonian science in matters of causation. Its rules of evidence are designed to separate first causes from secondary, large from small, important from inconsequential – relevant from the irrelevant. As it assigns responsibility and attaches consequences, law presumes that "proximate" causes exist and are susceptible to determination. In this view of cause and effect, there is little inclination to focus upon the significance of the last straw upon the camel's back, or of the flappings of the wings of Edward Lorenz's butterfly upon the tornado on the other side of the world. With chaos theory, such focus is a matter of imperative, not merely inclination.

For the moment, law's "so what" response to chaos theory prevails. As noted, the prediction is that this must and will change. This period of passive inattention will end. How it will end is another matter? One possibility is open resistance. Several years ago not long after the publication of Glieck's *Chaos: Making of a New Science,* the dean of a prominent American law school challenged a group of legal historians to become familiar with chaos theory and resist its application to law. He proclaimed himself an "unreconstructed Aristotelian", put at risk by the emerging science of chaos. His call does not seem to have been taken up in any major way, but the "unreconstructed Aristotelians" remain among us in substantial number. The avenue of resistance is still open, but resistance carries with it a decision to proceed out of step and do little more than fight a rear guard action. The risk is that "thinking like a lawyer" will mean thinking like few others. The other and more promising avenue involves active and serious attention, with minds open and unmarked by bias either for or against. This is worth the effort. A relationship between law and the science of chaos will unfold, and it will be better if that relationship is a product of thoughtful consideration rather than intransigence and inertia. The result may well be to redefine what it means to "think like a lawyer", but this need not represent a loss. The intriguing promise of chaos theory for law, as elsewhere, is the prospect of patterns of underlying order which may emerge.

References

Artigiani, R. (1992): Chaos and Constitutionalism, in: World Futures 34, p. 131

Berman, H. (1983): Law and Revolution: The Formation of the Western Legal Tradition, Cambridge, Massachusetts

Elliot, E. (1985): The Evolutionary Tradition in Jurisprudence, in: Colum. L. Rev. 85, p. 38

Geu, T. (1994): The Tao of Jurisprudence: Chaos, Brain Science, Synchronicity, and the Law, in: Tenn. L. Rev. 61, p. 933

Glieck, J. (1987): Chaos: Making of a New Science, New York

Hayes, A. (1992): An Introduction to Chaos and Law, in: UMKC L. Rev. 60, p. 751

Hovencamp, H. (1985): Evolutionary Models in Jurisprudence, in: Texas L. Rev. 64, p. 645

Kuhn, T. (1962; 1970): The Structure of Scientific Revolutions, Chicago

Prigogine, I./*Stengers,* S. (1984): Order Out of Chaos: Man's New Dialogue with Nature, New York

Reynolds, G. (1991): Chaos and the Court, in: Colum. L. Rev. 91, p. 110

Waldrop, M. (1992): Complexity: The Emerging Science at the Edge of Order and Chaos, New York

RECHTSTHEORIE, Beiheft 19, S. 199 - 207
Duncker & Humblot, 12165 Berlin

SINGULAR PROBABILISTIC CAUSATION IN THE LAW

By Mark Parascandola, Cambridge

I. Singular Probabilistic Causation

There are two central conditions to a probabilistic account of causation.[1] First, causes must raise the chance of their effects' occurring. The chance of some effect (E) must be greater with the presence of the cause (C) than it would be without. For example, while lung cancer is not a necessary result of smoking, smoking significantly raises one's chance of developing cancer. Second, both the cause and the effect must actually occur. C's merely raising the chance of E occurring is not causation (unless E does in fact occur). This second requirement appears almost trivial, but it distinguishes the approach I am presenting from legal theories that treat increased risk itself as an injury.

Probabilistic theories of causation play an important role in science,[2] particularly in medical accounts of chronic disease processes, which are often the focus of toxic tort suits. There are two further points of clarification, particularly relevant to the legal concept of causation, that must be added to this minimal account.

1. General and Singular Causation

It is important to clarify at the start the distinction between general and singular statements of causation. For example, it is widely held that exercise decreases the risk of heart attacks. Yet for someone with a weak heart an exercise session could be fatal. While exercise is beneficial in the long run a single instance of overexertion can cause a heart attack. There is no problem for causation here, there only appears to be if these different modes of causation are confused.

---

1 A number of plausible theories exist; for example, *Ellery Eells*, Probabilistic Causality, Cambridge: Cambridge University Press 1991, and *Paul Humphreys*, The Chances of Explanation: Causal Explanation in the Social, Medical, and Physical Sciences, Princeton: Princeton University Press 1989.

2 *Kenneth Schaffner*, Discovery and Explanation in Biology and Medicine, Chicago: The University of Chicago Press 1993.

I will focus on singular causal instances, as it is this form of causation that is of most interest to the law. However, I will argue that while the law allows probabilities to play a role in general causation (i.e. in relationships between environmental hazards and disease among populations), it does not allow for probabilities, or probabilistic notions of causation, to apply to individuals.

2. Unnecessary and Insufficient Causes

It is important to recognize also that probabilistic causes need not be necessary or sufficient for their effects. A cause is sufficient only if it guarantees that the effect will occur, and necessary only if its absence guarantees that the effect will not occur. One can distinguish between general and singular causation in this context as well. A cause may be necessary for its effect in the circumstances, while causes of that type are not always necessary for effects of the corresponding type to occur. For example, physical exertion in one not accustomed to it is not a necessary condition for heart failure to occur; individuals who are in good physical condition sometimes suffer heart failure as well. Yet in some particular case it might be that X would not have suffered heart failure if she had not exerted herself.

On a probabilistic view of causation causes need not be necessary or sufficient in either sense. That is, they can be unnecessary and insufficient in the circumstances. This is because probabilistic causes often leave their effects with a probability between 0 and 1 of occuring. Sometimes all that can be said in such cases is that the probability of the effect would have been lower without the the presence of the cause in question, but it might have occured anyway.

II. Causation in Toxic Tort Law

In this section I will look at the requirements for showing causation in tort cases and how a notion of probability plays a central, and double, role in toxic torts. The conflation of two different uses of probabilities, those implied in the standard of proof and those in the statistical statements of evidence used, leads to troubling consequences. Questions of causation have moved to the forefront in the growing area of toxic tort law. Here deciding causation has become an increasingly difficult task. Toxic tort cases involve harms that result from exposure to hazardous substances or other agents in the environment. The injuries are typically some form of chronic disease, such as cancer, resulting from long-term exposure to low doses of a harmful agent. The underlying mechanisms involved are often poorly understood, and long disease latency periods make causal connections more difficult to establish. Of particular interest to this paper is the fact that such cases are characterized by a lack of non-statistical evidence.

III. Proving Cause in Fact

A plaintiff in a toxic tort case, as in most torts, must show that the defendant's action (or inaction) was a cause of his or her injury. Tort law has traditionally required that causes be conditions sine qua non for their effects. A condition sine qua non is necessary in the circumstances; it is a factor without which the effect would not have occurred. What is important is not that the plaintiff's injury could not have resulted by other means, but that in this case the injury would not have occurred without the cause. This requirement is employed through the 'but for' test, which asks the question, 'is it the case that the plaintiff would not have suffered harm but for the defendant's actions?'

Unfortunately, the 'but for' test works best where it is needed least; while it performs well in most standard accident cases, where ascertaining causation is a straightforward task, it cannot cope with cases where deciding causation is more difficult. For example, the test fails in cases where there is causal overdetermination. These are cases where there are two causes that are both independently sufficient for the effect. The limitations on the applicability of the test have also been noted in medical negligence cases, where medical knowledge is often insufficient to determine if the particular cause in question was a necessary one.[3]

IV. The Dual Role of Probability

There are at least two ways in which a notion of probability figures in toxic tort cases. A notion of probability is present both in the standard of proof and in the kinds of evidence used. Courts and commentators have tended to confuse probabilities in one application with probabilities in the other, and this confusion about the roles of probabilities leads to significant injustice.

In civil law cases the standard of proof is defined as proof on a 'balance of probabilities' (or 'preponderance of the evidence'), with probability marking degrees of probative value. The plaintiff, who has the burden

3 For example, in the UK case *McGhee v. National Coal Board* (1 W. L. R. 1, at p. 9) it was recognized that the 'but for' test could not be met because of an 'evidential gap'.

of proof, must make his or her case appear 'more probable than not' or 'more likely than not' true. This rule is often expressed, particularly in the realm of toxic torts, in the form of a quantifiable threshold, requiring an epistemic probability of greater than 50 %.[4] In proving causation the plaintiff must provide evidence that establishes a probability of greater than 50 % that the defendant was a cause of the injury, though the evidential statements themselves may or may not be probabilistic. It is in this sense of "probability" that some theorists have claimed that all legal evidence is probabilistic; evidence is probabilistic not because its content is expressed in statistical probabilities, but because it does not provide decision makers with certainty.[5] These probabilities are epistemic rather than metaphysical.

Probability turns up again because toxic tort cases make significant use of statistical evidence in deciding questions of causation. Epidemiological evidence is probabilistic both because of its fallibility (in the above sense in which all empirical evidence is fallible), and its irreducibly statistical form. Epidemiological probabilities are not merely symptoms of medical ignorance; they are evidence for chances. Miles' smoking does not simply provide additional evidence that he will get cancer; it actually increases his chances of developing the disease, and this is what the epidemiological data shows.

V. The Consequences for Tort Law

The consequences of enforcing traditional legal standards of proof along with misconstruals of probability in toxic tort cases are significant. In cases that are doubly probabilistic in the above sense the statistical probabilities contained in the statements of evidence are mapped directly onto the standard of proof continuum, as if these statistics themselves established their own reliability.

The strange result is that a plaintiff's injury appears more likely than not to have been caused by the defendant's breach of duty whenever the

---

4 See *Jane Stapleton*, Disease and the Compensation Debate, Oxford: Clarendon Press 1986, p. 39, *Carl Cranor*, Regulating Toxic Substances: A Philosophy of Science and the Law, Oxford: Oxford University Press 1993, and *Daniel Farber*, in: Minnesota Law Review 71 (1987), pp. 1219 - 1261 for explicit discussion of this mathematical interpretation of the burden of proof.

5 See Judge Posner's often-quoted dissent in *DePass v. United States* (721 F. 2d 203 (1983), p. 207) "most knowledge, and almost all legal evidence, is probabilistic. Even the proposition that DePass will die some day is merely empirical." A similar view is voiced by *David Rosenberg*, in: Harvard Law Review 97 (1984), pp. 849 - 929, p. 870, "'[p]articularistic' evidence, however, is in fact no less probabilistic than is the statistical evidence that courts purport to shun. All knowledge of past as well as future events is probabilistic."

plaintiff's risk of injury was doubled as a result of the breach. For example, when the risk of cancer posed by occupational exposure to a carcinogen is increased by a factor of less than 2, the plaintiff cannot claim that it is more likely than not that the occupational exposure caused the disease rather than some other source. Such a plaintiff would fail on this approach because the probability value obtained is less than .5 (less than 50%). When degrees of causal efficacy are treated as degrees of proof the 50% threshold becomes an arbitrary boundary, passing or excluding plaintiffs according to the power of the causes to which they are victims rather than by the strength of their evidence.

When this strategy is generalized its absurd consequences become even more striking. Suppose that in some community there are one hundred new cases of cancer every year. Suppose that, following a chemical accident in the area, the frequency of new cases triples (to three hundred new cases per year). For any new case of cancer there is an apparent probability, given this limited information, of .66 that it was caused by the chemical accident. The other 33% presumably would have occurred anyway. A plaintiff could display this difference in frequencies in claiming there was a probability of greater than .5 that the accident was a cause of their cancer. For their particular case the probability will be greater than .5.

Because the probability is greater than .5 for each plaintiff, it is conceivable that all plaintiffs could be compensated (if successful in other areas of their cases). Yet it is known that some injuries would have occurred without the cause in question. In the above chemical accident example where the incidence is tripled all plaintiffs could meet the burden of proof, although it can be shown that one hundred cases would have occurred anyway.

Yet such a case would be very rare; fortunately most carcinogens, at the doses at which people are exposed, do not have effects of such strength. Suppose the frequency of new cases was only increased by half so that there are now one hundred and fifty new cases per year. The probability that any one of these was caused by the accident would be equal to .33, so no case can pass the more-likely-than-not threshold. In such a situation none of the plaintiffs would be able to gain compensation. It has been pointed out by a number of authors that the 'all or nothing' 50% rule leads to both underdeterence and overdeterence of dangerous and irresponsible behavior, in addition to both undercompensation and overcompensation of victims.[6] In those cases where all plain-

---

6 *William M. Landes / Richard A. Posner*, Tort Law as a Regulatory Regime for Catastrophic Personal Injuries, in: Journal of Legal Studies 13 (1984), pp. 417-440; *Glen O. Robinson*, Probabilistic Causation and Compensation for Tortious

tiffs can meet the threshold of proof the deterrent effect is distorted so that industries will be reluctant to become involved with certain technologies for fear of litigation. In those cases where risks are calculated to be below the threshold the rule encourages irresponsibility, as actors know that they cannot be held liable.

Yet there is no doubt that in both above examples injury was caused by the defendant, and, justifiably, courts have attempted to find ways around this restrictive rule, developing alternative methods for dealing with such claims. One possible approach would be to relax the plaintiff's burden of proof. However, the problem here is not that the boundary of proof is in the wrong place or that it lacks flexibility; rather the problem is that the boundary is mistakenly applied. Until chances are no longer confused with degrees of proof plaintiffs will continue to come up against insurmountable obstacles.

VI. Diagnosing the Problem

It is clear that there is a problem here; the traditional legal methods for analysis of causation, even when statistical evidence is admitted and held to carry probative value, are inadequate for toxic tort cases. Plaintiffs are being asked to prove the impossible. But there is little agreement as to where the problem lies. Suggested remedies have included treating risk itself as an injury, reversal of the burden of proof, and dispensing with tort resolutions altogether.

I argue instead that the dilemma is a consequence of certain ill-founded preconceptions about causation and statistical evidence for causes, and that, when these assumptions are corrected, individual cases can be treated within standard tort rules. The causes involved appear to act probabilistically and frequently the only evidence available for them is probabilistic, yet they are not treated as such in the law. Some courts and commentators have pointed to confusions in the legal use and interpretation of causation and probabilities, but even they fall prey to the same preconceptions.[7] While some legal theorists have advocated stretching the theoretical concept of causation to be more inclusive, they remain vague about what such a move entails.[8]

Risk, in: The Journal of Legal Studies 14 (1985), pp. 779 - 798; *Troyen A. Brennan/Robert F. Carter,* Legal and Scientific Probability of Causation of Cancer and Other Environmental Disease in Individuals, in: Journal of Health Politics, Policy and Law 10 (1985), pp. 33 - 80; *Stapleton* (note 4).

7 For example, see *Jean Macchiaroli Eggen,* Toxic Torts, Causation, and Scientific Evidence after Daubert, in: University of Pittsburgh Law Review 55 (1994), pp. 889 - 955, and *Troyen A. Brennan,* Causal Chains and Statistical Links: The Role of Scientific Uncertainty in Hazardous-Substance Litigation, in: Cornell Law Review 73 (1988), pp. 469 -533.

It is essential that causes are held to make a difference in some way, otherwise it is difficult to see how the concept of causation can have any meaning;[9] but there are conflicting views about what sort of difference a cause must make. On the brief philosophical account outlined at the start a cause C must merely make a difference to the probability of its effect E occurring. If C is followed by E in some instance, and C raised the probability of E occurring, then C was a cause of E in that instance. If a cause leaves its effect with a probability of between 0 and 1, then whether it actually occurs or not is partly a matter of chance. There may have been other causes present as well, also contributing to the probability of E occurring, yet it is possible that none of them was a condition sine qua non. However, the traditional legal approach, in requiring causes to be necessary, requires causes to make the difference in whether the effect actually occurs or not. It must be the case that without C, E would not have occurred. As a result of this assumption plaintiffs are still required to demonstrate, on a balance of probabilities, that their injury would not have occurred but for the actions of the defendant.

It may initially appear that through the use of statistical evidence for causes courts have escaped this restricted view; in fact, a similar requirement is being implicitly enforced. For example, in making decisions regarding a group of asbestos workers with cancer it is assumed that the group can, in principle, be partitioned into those whose cancer can be attributed to the asbestos exposure and those whose cancer can be attributed to 'background' factors. For example, one commentator notes that "the problem with epidemiology is that it cannot determine which particular factor caused a particular person's disease."[10] That is, it is assumed that some factor, either smoking or asbestos, must have been the cause that made the difference in whether the effect actually occurred or not in that instance. Such a factor is necessary in the cir-

---

8 For example, *Brennan/Carter* (note 6), in arguing for a freer notion of causation, claim that "the precise, deductive causal chain is no longer a useful paradigm" and proceed to conflate deductive-nomological explanation, positivism, and corpuscularian physics, drawing support from Kuhn, Feyerabend, and Lakatos for a 'hermeneutic' revolution. Unfortunately, it is unclear how this shift contributes to solving the problems posed by toxic tort cases.

9 'Making a difference' is at the core of common sense notions of causation; see *H. L. A. Hart/Tony Honore,* Causation in the Law, Oxford: Oxford University Press 1985.

10 *Judith Sapir Novick,* Use of Epidemiological Studies to Prove Legal Causation: Aspirin and Reye's Syndrome, a Case in Point, in: Tort & Insurance Law Journal 22 (1987), pp. 536 - 553. Similarly, see *Michael Dore,* A Commentary on the Use of Epidemiological Evidence in Demonstrating Cause-in-Fact, in: Harvard Environmental Law Review 1983, pp. 429 - 440 (epidemiological evidence "cannot answer the critical question whether the defendant's conduct actually injured the plaintiff") and *Brennan/Carter* (note 6), p. 47.

cumstances, and enforcing even this weaker form of necessity is incompatible with the probabilistic account outlined above.

Some legal theorists have argued against requiring causes to be conditions sine qua non, but not because two contributing causes can together be insufficient in the circumstances. Rizzo warns against assuming in any case that "either smoking or pollution must have caused his cancer but not both", as there are cases of actual joint causation. However, for Rizzo, "in these cases there is causal redundancy or overdetermination".[11] In such cases neither cause was necessary, but only because each was sufficient.

Calabresi's concept of 'causal linkage' initially appears to be more consistent with probabilistic causation in its emphasis on statistical probabilities, but the concept does not apply to individuals; it is "no more than an expression of empirically based belief that the act or the activity in question will, if repeated in the future, increase the likelihood that the injury under consideration will also occur".[12] This 'linkage' is only a long-run relation, and does not entail singular instances of probabilistic causation. Some theorists have offered a 'probabilistic causation' approach, but they fall prey to the same preconceptions; they are offering not a different view of causation, but weaker evidential standards.[13]

The presence of this assumption that causes must be necessary (except in cases of overdetermination) explains the widespread suspicion of causal probabilities in the law. Statistical evidence is always seen as second rate evidence because it is assumed that the only real and meaningful values for the particular case are 0 and 1. That view of 'making a difference' assumes causation to be deterministic. Assuming determinism prevents the law from making sense of contributory probabilistic causation, and leaves plaintiffs in toxic tort cases with an impossible task.

VII. Conclusion

There is a way, noted above, in which the intuition that causes must make a difference to their effects can be preserved. This is done through requiring that they make a difference in the probability that their effects will occur. In such cases it makes sense to say that when the defendant has raised the probability of harm, and that harm did occur, the defen-

---

11 *Mario J. Rizzo,* Foreword: Fundamentals of Causation, in: Chicago-Kent Law Review 63 (1987), pp. 397 - 406, p. 404.

12 *Guido Calabresi,* Concerning Cause and the Law of Torts: An Essay for Harry Kalven, Jr., in: The University of Chicago Law Review 43 (1975), pp. 69 - 108.

13 *John G. Fleming,* Probabilistic Causation in Tort Law, in: La Revue du Barreau Canadien 68 (1989), pp. 661 - 681; *Robinson* (note 6).

dant was a cause of the harm. In the hypothetical chemical accident case above (where there was a 50% increase in cancer rates) the chemical exposure was a contributing cause in each case of cancer among those exposed, rather than a necessary and sufficient cause in 33% of the total cancer cases. On this picture, there is no attempt to divide victims into groups based on which factor made the difference in their case. The plaintiff is left with the responsibility of proving, on a balance of probabilities, that the defendant's breach of duty made a significant contribution to the probability of his or her injury.

The degree to which a cause contributes to its effect remains important. Other contributing causes also raise the probability of the effect occurring, and they may contribute in differing degrees. Courts have not required that the defendant's actions be the only cause or the cause that made the most difference, but it must be a cause of the injury. A probabilistic approach allows the differing contributions causes make to be accounted for, avoiding the pitfalls of the 'all or nothing' approach to causation. A very small increase in probability is a very small contribution to the effect, and this may be reflected in the amount of damages awarded.

It might be objected that this approach is also a 'fiction', as the underlying causal processes may in fact be deterministic. However, statistical probabilities remain the best evidence available in toxic tort cases, and there is no indication that future science will succeed in reducing currently chancy descriptions of cancer etiology to wholly deterministic processes. Science may, of course, succeed in doing so, but the courts ought not wait for that day to make decisions, as the interests of the law are not the same as those of science.

IV. Genetic Evolution, Bioethics, and the Law

RECHTSTHEORIE, Beiheft 19, S. 211 - 218
Duncker & Humblot, 12165 Berlin

LA BIOÉTHIQUE: UN DOMAINE DE CONFRONTATION ET D'OPPOSITION ENTRE «MODERNITÉ» ET «POST-MODERNITÉ»

Par Patrizia Borsellino, Mailand

I.

Désormais depuis vingt années, la bioéthique, c'est à dire la réflection sur les problèmes soulevés par l'intervention de l'homme dans le domaine de la vie organique, de son début jusqu'à sa fin, et, plus en particulier, sur les problèmes soulevés par la recherche et la pratique biomédicale, constitue un des phenomènes les plus significatifs dans le panorama de la culture occidentelle contemporaine. Les auteurs qui, récemment, ont posé la question de la nature de la bioéthique, de ses origines, de son statut épistemologique, ont manifesté, presque tous, l'opinion que la bioéthique est née, et après s'est rapidement diffusée, parce que l'attention pour la diménsion éthique des problèmes quotidiens est, en général, augmentée, et parce que la discussion publique des questions éthiques est parue de plus en plus importante et inajournable. Moin d'accord parmi les studieux, lorsqu'ils ont du individuer les complexes phenomènes derrière l'augmenté besoin d'étique dont la bioétique est expression. En effet, tout le monde reconnait l'importance d'extraordinaires progrès scientifiques, qui ont profondément changé la vie humaine, mais il n'y a pas d'accord sur le rôle joué par ces progrès dans le réveil de l'intéret pour l'éthique.

D'une côté, nous trouvons l'opinion selon laquelle les nouvelles potentialités tecnologiques, en faisant augmenter les conflits morals dans le domaine bio-medical, ont encouragé la critique de beaucoup d'intuitions qui étaient depuis longtemps dans la morale sociale, et ont favorisé la diffusion des façons de penser et des valeurs qui ont caractérisé la moderne civilté occidentelle dans son développement de la Renaissence jusqu'à nos jours. Les façons de pensar sont celles rationnelles et scientifiques, qui conduisent à douter des opinions qui ne peuvent pas être confirmées par des évidences intersubjectives. Les valeurs sont surtout l'autonomie et l'égalité, affirmés dans une perspective où on refuse de s'appeller a n'importe quelle autorité, révelation ou intuition privilègiée, et de reconnaitre des dévoirs absolus, qui ne dependent pas des choix des hommes.

Pour ces auteurs la bioéthique, chargée de resoudre les problèmes soulevés *ex novo* ou proposés dans une nuovelle lumière par la recherche et la pratique biomédicale, dans une societé pluralistique, où nous pouvons trouver opinions et valeurs morals très différents, est, à tous ses effects, la dérnière expression du procès de sécularisation qui a caractérisé la modernité. La bioéthique est – comme a écrit Engelhardt – «la jeune nièce de l'Illuminisme»,[1] dont partage, d'une côté, le refus de l'idée d'une uniformité des jugements morals garantie par une autorité supreme ou par la révelation; de l'autre côté, l'aspiration à perspectives, points de vue, critères morals de plus en plus partageables, parce que rationnellement justifiables.

Très differente, ou mieux opposée, est, au contraire, l'interprétation des répercussions des avancements scientifiques sur l'ethique donnée par ces bioéticists qui pensent que les nouvelles acquisitions scientifiques et les nouvelles potentialités tecnologiques, en frappant le *«monde de la vie«*, ont porté à la surface les limites du rapprochement scientifique à l'étude des phenomènes, c'est à dire du rapprochement qui, sous l'influence du dualisme cartesien, a conduit à considérer la vie un simple événement phisique.

En peu de mots, selon cette differente perspective, l'étude scientifique du monde de la vie, modernement entendue comme étude de phenomènes bio-chimiques, au moment où a atteint des résultats d'éclat, et a placé dans les mains de l'homme des moyens d'intervention sur la vie vraiment exceptionnels, a, toutefois, aussi montré l'insuffisance de la compréhension scientifique de la vie comme phenomène seulment biologique. De plus, a montré, qu'il faut chercher un paradigme philosophique et antropologique meilleur que celui mis au point par la pensée moderne. Dans cette perspective, donc, la bioétique, en tant que «compréhension de la vie d'un point de vue morale»,[2] parait la réponse à la recherche de ce nouveau, différent, plus propre paradigme là, et représente le produit d'une «crise de la modernité» toujour mieux aperçue. Loin d'être la dernière et accomplie manifestation de la modernité, la bioéthique est ici entendue comme emblématique expression de l'âge post-moderne.

---

1 *H. T. Engelhardt,* Manuale di bioetica, Milano: Il Saggiatore 1991, p. 11.

2 *P. Cattorini/R. Mordacci/D. Morelli/M. Reichlin/R. Sala,* Sulla natura e le origini della bioetica. Una risposta a Maurizio Mori, in: Bioetica. Rivista interdisciplinare 2 (1994), p. 344.

II.

La bioéthique est, donc, aujourd'hui, un des domaines de discussion, ou, si on préfère, une des régions culturelles, où très dure est l'opposition et très vive la comparaison entre les «modernistes» et les «post-modernistes», les uns persuadés de la persistante validité, à l'entrée du XXI siècle, du paradigme culturel scientifique et illuministique; les autres de même persuadés du définitif épuisement et de l'irrémédiable échec de ce paradigme là. Je laisserai, pour le moment, de côté l'interprétation moderniste ou neoilluministe de la bioéthique, pour essayer d'approfondir présupposés, signifié et implications de l'autre interpretation, celle qui, pour caracteriser la bioéthique, met en jeu la notion de post-modernité. À la base de cette interprétation il y a, selon un module qui revient souvent dans la litérature post-moderniste, une attitude très critique à l'égard de la science. Il y a une tendance à passer sous silence le fait que la connaissance scientifique a reduit, dans les régions de la terre ou s'est dévéloppée, les souffrances, la pauvreté et les maladies. Au contraire, il y a beacoup d'emphase dans la dénonciation d'énormes potentialités destructives d'une récherche pas soumise à des contrôles et à des limitations très sévères.

Mais la critique de la science-tecnologie comme typique expression de la modernité saisit, à bien regarder, surtout la prétension qu'elle soit une sorte de paradigme absolu, qui ne laisse aucun espace à des approchements aux plusieurs dimensions de la réalité réalisés avec méthodes ou moyens différents ou d'après des points de vue différents. On parle de réductionism et de portée déshumanisante de la science moderne, dont le principal erreur est identifié, à la Husserl, avec l'oubli de ce «monde de la vie», pour comprendre lequel il faudrait se servir de moyens différents de ceux employés par les sciences empiriques.

D'ici, l'ulterieur passage est ce qui conduit à apercevoir dans la bioéthique le domaine de réflection dans lequel l'impardonnable oubli du monde de la vie par la science et la culture modernes est remédié grâce à une compréhension de la vie au points de vue morale, c'est à dire au point de vue qui demande d'avoir recours à des modules d'argumentation différents de ceux, de caractère empirique ou rationnel, employés par les sciences.

Quant à ces différentes formes d'argumentation, nous ne trouvons par des indications univoques. On fait, toutefois, réferénce surtout à des procédés herméneutiques, considerés comme capables de mettre en lumière, à travers des parcours complexes et difficiles à prédéterminer, les signifiés et les possibles sens que la vie a pour l'homme. On parle, de plus, de formes de pensée syntetiques ou olistiques, considerées les plus convenables pour obtenir des représentations de la réalité et, en particulier, de la réalité de la vie, pas deformées et pas appauvries à cause du recours à distinctions analytiques et à categories conceptuelles qui ne sont pas propres à la conception de l'être humain comme inséparable «unité vivante».

À bien régarder, une fois entendue la bioéthique comme une partie de l'éthique, l'éthique appliquée au vaste et varié domaine des phenomènes de la vie organique, l'interprétation de la bioéthique à la clef post-moderniste cherche d'accréditer l'idée d'une opposition nette entre la compréhension éthique et la compréhension scientifique de ces phenomènes là, pas seulment dans le sens que le développement de la première semble directement connexe avec la crise de la deuxième, mais aussi, ou peut-être premièrement, dans le sens qu'en éthique, et donc en bioéthique, il faudrait quitter les procédés, les styles, les attitudes methodologiques scientifiques.

L'idée forte est que pour trouver des réponses propres aux graves problèmes soulévés par una tecnologie qui menace de plus en plus le monde de la vie, il faut s'éloigner de la prétension d'atteindre, dans l'étique, la clarté de la raison, en réalisant des discours susceptibles, comme les discours scientifiques, d'être intersubjectivement controlés. Il faut, au contraire, considerer favorablement un'éthique qui affronte la question du sens de l'existance, en s'interrogeant quant à la «vie bonne et verteuese» ou au «bien supreme de l'homme», même si, en le faisant, cette éthique met en jeu des arguments soutenus par des affirmations ontologique-metaphisyques, pour lequelles il n y a pas des évidences empiriques et rationnelles. Derrière l'interpretation de la bioéthique à la clef post-moderniste n'est pas difficile, à mon avis, entrevoir, à ce point ci, la remise en valeur, à l'égard specifique du domaine pratique, de la philosophie comme forme de savoir superieur, capable d'atteindre la «Verité» qui ne s'ouvre pas à la recherche rationnelle, mais pas capable d'indiquer les parcours suivis et les méthodes adoptés.

Si les considérations que je viens de proposer sont acceptables, il faudrait douter de la necessité du récours au concept de post-modern. Mieux, peut-être parler de pre-modernité!

Quoi qu'il en soit, je n'ai pas l'intention d'envisager la complexe question des rapports entre pre-moderne et post-moderne, ni, plus en général, d'envisager le difficile problème de définir la post-modernité. Ce que, plus modestement, je chercherai de faire dans la partie suivante de ma contribution est, au contraire, formuler quelques perplexités à l'égard de la solidité des affirmations à la base de l'interprétation post-moderniste de la bioétique et, surtout, soulever un doute quant au fait que la bioéthique, conforme à celle interprétation là, puisse avoir du succès à l'égard des tâches, très difficiles, qu'elle doit envisager à l'avenir immédiat.

III.

Une première perplexité concerne la possibilité de faire coéxister l'interprétation pot-moderniste de la bioéthique avec l'idée que la bioéthique soit, par exellence, un domaine de réflexion interdisciplinaire. L'interdisciplinarité n'est pas seulment capacité de dialogue entre des disciplines différentes, mais – comme on dit par les mêmes défenseur de l'interprétation post-moderniste de la bioéthique – est aussi «capacité de traduire le discours disciplinaire d'autrui dans son propre horizon conceptuel et de lire ses propre donnés à partir de différentes perspectives»,[3] de manière que, dans la solution des problèmes, les possibilités d'entente et aussi de convenrgence soient tous les jours plus nombreuses. Or, est-il possible que le difficile programme de l'interdisciplinarité, pris au sérieux, puisse être réalisé, en employant en bioéthique modules argumentatifs, comme ceux de caractère herméneutic, qui attribuent un rôle fondamental à points de vue, qui précèdent chaque refléxion, et aux préjugés que les individus tirent de ses traditions? Les préjugés sont, comme a écrit Norberto Bobbio, des opinions qui appartiennent «à la sphère de l'irrationnel, à l'ensemble des croyances qui ne naissent pas du raisonnement et qui se soustraient à toutes réfutations fondées sur un raisonnement».[4] Il s'agit d'opinions réfractaires à la révision et au changement parce que fortement enracinées dans les désirs, les passions et les interets des individus.

Ne sera pas, alors, plus plausible penser que la communication et la réalisation d'un terrain commun pour se confronter et, peut-être, pour se mettre d'accord, soient facilitées si en éthique on ait récours à des formes d'argumentation dont soient clairs les points de départ, les passages et la ligne d'arrivée? Tels sont, par example, les arguments qui montrent les consequences de fait qui suivent des choix ou des lignes de conduite determinées, ou bien les arguments qui mettent en évidence que des choix ou des lignes de conduite sont la conclusion pratique obtenue de règles et de principes plus généraux, assumés comme prémisses, procédés, les uns et les autres, réductibles, comme ceux employés dans les sciences, à des opérations-type, achevées en vue d'un certain résultat et susceptibles d'etre répétéés.

---

3 *Cattorini* (note 2), p. 335.

4 *N. Bobbio,* L'elogio della mitezza, Milano: Linea D'Ombra 1994, pp. 123 - 125.

Une deuxième perpléxité concerne la conviction qu'attribuer à la bioéthique la tâche de réchercher un paradigme philosophique et antropologique différent de celui élaboré par la pensée moderne soit une sorte de chemin obligé qu'il faut parcourir pour retrouver le sens de la limite de l'approche scientifique même, c'est à dire, pour démanteler, une bonne fois, l'idée que la connaissance scientifique ait aussi une valeur normative au niveau étique, l'idée qu'elle établit pas seulment ce qu'on peut faire mais aussi ce qu'on doit faire! La question que je pose est celle-ci. Est-ce vraiment necessaire engager une battaille contre la pensée moderne pour affirmer le principe qu'à la science compète l'indication des moyens proportionnés aux buts à atteindre, pas l'individuation des buts mêmes et, donc, la valutation de la bonté morale et politique de ses applications pratique? Avant de répondre d'une façon affirmative, il faut, a mon avis, se rappeler que c'est la culture moderne qui a formulé d'une façon très précise la distinction entre les faits et les valeurs et qui a marqué la limite entre la science, qui connait le monde tel qu'il est, et la morale, qui évalue comme le monde doit etre.

Une trosième perpléxité touche, enfin, la thèse forte de l'interprétation de la bioéthique à la clef post-moderniste qu'une bioéthique qui soit équipée, de manière adéquate, d'instruments herméneutiques et qui soit douée de fort ésprit olistique ou syntetique, puisse découvrir quels sont les caractères (objectifs) d'une vie bonne et virtueuse ou quel soit le bien supreme de l'homme. Les arguments qui soutient les affirmations sur la bonne vie ou sur le bien de l'homme, ne sont pas, nous l'avons vu, tout à fait rationnels et, pour cela, susceptibles d'etre intersubjectivement partagés. Qu'est-ce qu'on pourra faire, dans cette perspective, à l'endroit de qui refuse de les sousigner et de les accepter? N'est-ce pas que la bioéthique failli dévenir un domaine où, en s'appellant à des pretendues «Verités» morales pour lequelles il n y a pas des preuves, on y impose des ortodoxies en matière séxuelle, procréative, familière et, plus en général, existentielle? Le problème qui, à ce point ci, se présente grave et évident est celui qui nait du fait qu'aujourd'hui nous vivons dans le contexte de sociétés pluralistiques sur le plan éthique, c'est à dire dans le contexte de societés où nous pouvons quotidiennement rencontrer plusieurs différentes façons de concevoir le bien et la vie bonne et vertueuse.

Est-ce que la bioéthique dans la perspective post-moderniste peut donner une réponse satisfaisante à ce problème ci? Poser cette question est aujourd'hui d'autant plus important parce que la bioéthique des annés quatre-vingt-dix, d'une côté, est en train de consolider son image de phenomène cultural crucial pour la société de l'Occident; de l'autre côté, est, toutefois, aussi en train de manifester une tendance, de plus en plus nette, à aller au dela des limites de la société occidentelle, pour devenir un phenomène transculturel, qui intéresse pays qui appartient à des régions du monde de plus en plus nombreuses. Le défi est, à bien régarder, celui qui vient de la présence d'individus et de groupes qui ne partagent pas les mêmes engagements morals et qui ne reconnaissent pas les mêmes valeurs substantiels, c'est à dire celui qui vient du pluralisme éthique, cette fois pas au niveau de la societé d'un seul état, mais bien au niveau de la société mondiale. C'est justement l'émergence de bioétiques de pays en train de développement, pays étrangers à l'aire culturelle occidentelle où la bioéthique est née, qu'est parue à quelqu'un un phenomène capable de mettre en crise le modèle d'une bioétique inspirée aux paradigmes et aux valeurs de la moderne culture occidentelle.

A l'égard, par example, de la bioéthique asiatique, on a souligné qu'une bioéthique, comme celle dans l'interprétation moderniste, dont les mots d'ordre sont «raison», «autonomie», «égalité» et «droits humains» rencontre des obstacles insurmontables dans des sociétés divisées en castes et, en général, dans des traditions culturelles et religieuses qui adoptent des façons de penser anti-rationalistes e pas analytiques, et qui reconnaient une valeur fondamentale aux idées d'humaine bienveillance et de vie conduite en harmonie avec la nature, plus qu'aux idées de liberté e d'autodétermination de l'individu.

Or, il n'y a pas de doute que l'entré dans le débat bioétique de pays aux identités historiques, culturelles, religieuses tant variées rend très difficile la tâche de réaliser une bioéthique trasculturelle, où des problèmes communs à tout le monde (contracception, avortement, transplants d'organes, allocation des ressources ecc.) puissent recevoir des solutions soutenables par des raisons acceptables pour tous. Certainement le chemin à parcourir pour surpasser les difficultés ne peut pas être celui de l'exportation mécanique et de l'imposition des façons de penser et des valeurs de la culture occidentelle moderne. Pas même, toutefois, tel chemin peut passer à travers l'élaboration d'un paradigme philosophique – comme celui proposé par les défenseurs de l'interprétation de la bioétique à la clef post-moderniste – dans lequel il y a, d'abord, l'exaltation des différentes identités et traditions, mais il y a aussi la persuasion qu'une réflection éthique conduite avec des instruments plus puissants que ceux de l'argumentation rationnelle puisse montrer, d'une façon irréfutable, l'unique modèle de bonne vie, adoptable dans la solution des questions bioéthiques, au de là des cultures particulières des individus et des groupes. C'est difficile, en face de l'interprétation post-moderniste de la bioéthique, échapper au doute que reconnaitre la multiplicité et la pluralité soit seulment un stratagème, un escamotage, et que le but réel soit atteindre une solide uniformité éthique, poursuivie coüte que coüte.

Très différent, est, au contraire, et je vais ainsi vers la conclusion, le scénario où est déstinée à operer et à envisager les difficiles défis, qui se posent à l'entré du XXI siècle, la bioéthique comme entendue par les auteurs qui la considèrent la dernière et plus achevée expression de la modernité. Le scénario est celui où il y a beaucoup de coscience que la possibilité de se confronter et de trouver l'accord dans la solution des questions bioéthiques n'est pas indépendant, dans certaines régions du monde, de la réalisation de transformations economiques, politiques et sociales, auparavant que culturelles. En peu de mots, il y a coscience que la discussion des questions éthiques et bioéthiques avec instruments rationnels n'est pas possible sans l'abord de plusieurs pays à la modernité.

D'une autre côté, toutefois, le scénario est aussi celui ou on reconnait que, en l'absence de convergences et unités de points de vue, il faut tenir bien ferme le dévoir de respecter la liberté des peuples de vivre suivant des principes et des valeurs éthiques différents de ceux réconnus en Occident. La bioéthique expression, héritière et continuatrice de la culture et de la civilté moderne aperçue dans l'acceptation des choix d'autrui, qui blessent nos plus chères valeurs aussi, un prix certainement très chèr, mais qu'il vaut bien la peine de payer, si on a la liberté et la tolerance à cœur.

RECHTSTHEORIE, Beiheft 19, S. 219 - 233
Duncker & Humblot, 12165 Berlin

GENETIC AND TECHNOLOGICAL TRANSFORMATIONS AND THE STATION OF THE LAW

By Richard A. L. Gambitta, San Antonio

The rekindled interest in theoretical jurisprudence, extending across disciplinary lines, results largely from challenges made to traditional analytical theories of law by the jurisprudes of feminism, post-modernism, and critical legal studies. Questioning the epistemological and ethical moorings of law, these challenges have contributed to an often alleged and sometimes heralded de-legitimizing of law in theory and action.[1] The jurisprudential contention that the law is based on neutral principles[2] and objective decisionmaking[3] is on the defensive, mildly speaking, or in disrepute, pejoratively speaking, because political discretion and choice, not compelling reason, seem determinative of law, whether talking of creation, application, execution, or reform of the law.[4] Numerous authors in the post-structuralist mode have challenged the relevancy of the law, as we know it in this post-modern period, suggesting that law may be ill-suited, counter-liberating, and inappropriate to structure future worlds.[5] Few if any, however, have incorporated into their jurisprudential speculations, the extent of scientific revolutions in unraveling quantum codes regarding matter, genetic codes regarding life, and synaptic codes regarding thought. This paper focuses on scientific revolutions and their implications for jurisprudential and socio-political theory.

---

1 With non-cognitive ethics, neither higher moral standards nor moral reason can anchor the authority of law or buy its legitimacy. Post-structuralism describes the indeterminacy of legal language and the conventional foundations to meaning, thereby rendering political discretion, and not reason, determinative of law. The social or natural sciences have provided no objective, apolitical or neutral external standard for grounding law, either.

2 Or on natural law or principles.

3 Or on decisionmaking based on "right reason" uncovering natural principles therein applied.

4 See, *R. Gambitta,* Fate of the Law, in: Legal Studies Forum XVI (1993). See also, The Fate of the Law, Austin Sarat/Thomas R. Kearns, University of Michigan Press 1991.

5 Among the numerous examples are the authors contributing to The Fate of the Law, ed. by Austin Sarat/Thomas R. Kearns, University of Michigan Press 1991, which includes, in addition to the editors, works by Martha Minnow, Robin West, Boaventura de Sousa Santos and Stanley Fish.

Although jurisprudes have incorporated scientific progress, their interest has focused on the specific and present, not on any general, long range projected future. Legal theory, like law, has been retrospective and reactive to existing conditions and change, rarely prospective to future conditions or proactively engaging in effectuating alternative visions. It is reactive and prescriptive, not anticipatory and prescriptive. This propensity inheres in analytic traditions. It seems highly inadequate at present, especially when gazing into our future.

This paper examines the projections of leading scientists, outlining: (a) evolutionary developments and genetic projections, (b) nano-technology, nano-engineering, and macro-engineering, and (c) various robotics, artificial intelligence, and bio-computer conceptions and their impact on our world.[6] The ultimate jurisprudential question becomes: what will or can be law's role in this new world?

I. Evolution Dynamics

Evolution and environmental adaptation are unpredictable in terms of natural mutations and species creation, but species extinction or creation and artificial mutation have become much more than prophesy. Leading geneticists like Steve Jones say: "Inadvertent change – evolution by mistake – is much more likely to be important than is any conscious attempt to modify biology."[7] But change is upon us and accelerating. Let us follow certain scientists' attempts to forge prediction from past and present findings,[8] and then assess the fate of the law. In reviewing evolutionary history, many theorists conclude that intelligence and environmental adaptability, related increasingly through technology, have devel-

6 Respectively, I summarize the findings and contentions of (a) William Day, (b) Erik Drexler, and (c) Hans Moravec. These three are cutting-edge scientists who attempt to communicate with an audience somewhat broader than highly trained scientists and to appeal to broader questions of future worlds and human social structures. We include points made by *Rush Dozier*, Jr. from his recently published: Codes of Evolution, to Steve Jones' The Language of Genes, from Berkeley's George Smoot, whose team announced that they had discovered the "fingerprints of evolution at the birth of the universe." Dozier, p. ix.

7 *Jones,* The Language of Genes, p. 239.

8 Summarizations include works by numerous scientific writers but focus especially on those of three cutting-edge scientists: William Day, Eric Drexler, and Hans Moravic who attempt to communicate with an audience somewhat broader than super-trained scientists and to appeal to broader questions of future worlds an human social structures. Acknowledging the influence from the writings of K. S. Lackner (Los Alamos National Laboratory) and physicist C. H. Went (University of Wisconsin), Steve Jones, mentioned already, and Rush Dozier's Codes of Evolution, and George Smoot (University of California-Berkeley) whose team announce that they had discovered the "fingerprints of evolution at the birth of the universe".

oped *progressively*. William Day[9] sets out this contention clearly: intelligence levels and environmental adaptability have increased – from the emergence of vertebrates (fish) 450 million years ago;[10] through reptilian advancement; through the emergence of primates approximately 60 million years ago; the appearance of Australopithecus over 3 million years ago; the advent of Homo-Erectus[11] with Java hominids and technologically more advanced Peking hominids appearing during the Pleistocene epoch; through the arrival of Homo Sapiens, around 250,000 years ago, to the arrival of Neanderthal man, a more highly developed and intellectually endowed being, with a brain capacity the size of our own, about 130,00 years ago, to the emergence of Cro-Magnon and Homo sapiens sapiens, about 40,000 years ago, with bones and brains structurally like our own.[12]

Given this progression, it seems highly improbable that after billions of years evolution will end. Moreover, it is highly unlikely that the modern human constitutes the final stage of evolutionary progression. As Day states: "The same basic driving forces behind evolution have not ceased and apparently will go on as long as life exists."[13] Moreover, from examination of brain capacities over evolutionary time, intelligence has ascended with species development. Evolutionary intelligence-progression seems likely, also, though catastrophe could produce retardation.[14]

The employment of increasingly sophisticated technologies, mechanical and chemical, has served to allow ever more intelligent species to know

9 *W. Day*, Genesis on Planet Earth; *R. W. Dozier*, Codes of Evolution, *S. Jones*, The Language of Genes.

10 Here the forebrain developed to serve the olfactory senses.

11 Appearing as early as 1.5 million years ago, becoming extinct about 400,000 years ago, these were the first hominids to use fire and develop modified stone tools.

12 Cranial capacities in cubic centimeters: Chimpanzee and Gorilla 325 - 650; Autralopithecus 450 - 650; Java person 770 - 1000; Peking person 900 - 1200; Neanderthal 1300 - 1425; Cro-magnon 1200 - 1500.

13 Day, p. 385. Furthermore, as environments become altered states, new life forms will become better adapted to or more adaptable to them. Intelligence assists in rendering technology to service in artificial or external adaptation to environment.

14 Of course, devastation of homo sapiens sapiens by nuclear, biological, or ecological holocaust might retard intelligence advancement dramatically. Or, as Dozier says (p. 258): "Our big brains provide us with superb adaptability, but also risk getting us into trouble. We have built weapons of mass destruction and industrialized so fast that we have risked upsetting the climate balance. We should pause to think that many of the most successful species of life have taken just the opposite evolutionary path that we have: evolving small brains instead of large ones." E. D. Rodin pointed this out in his 1973 article, The Evolutionary Advantages of Being Stupid. Moreover, as *Michel Foucault* makes clear, the relationship between knowledge, intelligence, power, and direction is quite complex, no simple matter. See: Truth and Power, in: Power/Knowledge: Selected Interviews and Other Writings, 1972 - 77, New York: Pantheon 1980.

better the environment and species, and hence to manipulate both in an attempt to enhance adaptability of or accommodation between both environment and species.[15]

The history of evolution, as it relates to this paper, may be said to suggest the following: (1) that evolution indicates a progression from lower-form to higher-form species, characterized by advancements in intelligence; (2) that the forces of evolution have not stopped, and it is not illogical to presume that evolution will proceed; (3) that the time between the evolutionary emergence of new and higher-order species has decreased, and that intra-species development, feeding on increased knowledge and enhanced technology, has accelerated over time;[16] (4) that evolutionary development has resulted in Homo sapiens sapiens possessing greater knowledge of and control over environment and species. Hence, many scientists believe that upon the evolutionary horizon is the emergence of new, more highly intelligent species, or forms of life.

If such is the case, there are profound implications for jurisprudence. "The genetic code ... shapes all life on Earth ... The sequence of nucleotides on the DNA molecule provides all the information needed to make a human being or any other organism."[17] "Through genetic engineering, we are beginning to tell the genes what to do. If they malfunction, we can fix them. We are even gaining the ability to enhance them. We are on the verge of an era in which the brain, for good or ill, will wrest from the genes control over our health, our longevity, our intelligence, and even the course of our own evolution as a species."[18] New combinations emerge in the constructions of the proteins, our own and others'.

II. Nanotechnology and Molecular Assemblers

In *Engines of Creation* and *Unbounding the Future,* Eric Drexler summarizes the converging scientific perspective that identifies humankind's evolution as external, as well as internal, particularly in recent stages.[19]

---

15 The author is most aware that post-modern theory balks at the uncritical contention of "progress" displayed in this rendition of technological and evolutionary advancement.

16 As Day says, evolution is curvilinear in three ways: emergence of new species, intra-species developmental change, and the increase in intelligence are all curvilinear or, in other words, accelerate over time. For a more detailed description of Day's views, with criticism, see *Gambitta,* Scientific Advancement and Feminist Jurisprudence, paper presented at the Southwestern Social Science Association, New Orleans, USA, 1993.

17 Dozier, p. 8.

18 Dozier, p. 4.

19 See for example, *Drexler,* Engines of Creation, p. 2. Dozier also notes the evolutionary bursts related to understanding quantum, genetic and synaptic codes which will exponentially increase our understanding of matter, life, and thought.

By external metamorphosis, Drexler means the active relationship between humankind's intellectual attributes and the environment external to the human body. This is accomplished through the ever accelerating development and operation of technology. Technology advances, he contends, as does natural and species-specific evolution, in that "generation and testing of alternatives may be considered synonymous with variation and selection".[20]

From idea generation to design to the organizational imperatives associated with physical manufacturing, technological evolution reflects the process of human evolutionary advancement. Furthermore, the progressive forces behind technological advancement have not subsided, but in fact have accelerated, so that in recent times the rate of technological growth has "jumped a million times or more".[21] The exponential rate of technological growth suggests an impending leap toward the "greatest technological breakthrough in history": a gestalt switch in perception and possibilities, a scientific then technological revolution, which may best be described as the transition from bulk technology to molecular technology or "nanotechnology".[22]

Historically, homo sapiens sapiens' technology has been limited to primitive methods that manipulate molecules and atoms in bulk. That is, where we have built, repaired, designed, and engineered the elements of our environment to suit our needs, we have done so by rearranging gigantic blocs of molecules, moving them by the billions in "unruly herds". Present technological development, however, is moving rapidly toward the capacity to manipulate molecules on a single atom basis. Bulk technology is on the eve of extinction, and with it passes much of our present way of life. "These developments are taking shape right now and it would be rash to assume that their consequences will be many years delayed."[23]

Science moves further toward the power to manipulate ever smaller particles, developing molecule-size machines with the capacity to manipulate the structures of matter at atomic levels.[24] Already, scientists deal

---

20 *Drexler*, Engines of Creation, p. 30.

21 *Drexler*, Engines of Creation, p. 28.

22 Drexler's best description of nanotechnology, its differences from microtechnology, its implications for the future, the importance of political and social decisionmaking concerning it, appear in: Unbounding the Future: The Nanotechnology Revolution (1991).

23 *Drexler*, Unbounding the Future, p. 24.

24 *R. P. Brennan*, Dictionary of Scientific Literacy, 1992, p. 212. This work mentions the development of the *scanning tunneling microscope*, which can position molecules on a surface. This is fully described in *Drexler*'s Unbounding the Future, Chapter 4.

regularly at the micro level, performing measurements and operations on a millionth of a meter; nanotechnology moves us to a billionth of a meter.[25] By the standards of the newer technology, micro-circuits will seem gargantuan and not potent. We will come to measure, operate and build in terms of "nano meters", one thousand times smaller than micrometers.

Through the manipulation of protein chains, and, subsequently, through second-generation "molecular assemblers", we shall "transcend the limits of bulk technology and open the doors to a positive-sum environment". As Drexler argues, "the greatest technological breakthrough in history is yet to come".[26] Because molecular "assemblers will let us place atoms in almost any reasonable arrangement, they will let us build almost anything the laws of nature allow to exist".[27]

Through the manipulation of protein chains, and subsequently through second-generation "molecular assemblers", we shall "transcend the limits of bulk technology and open the doors to a positive-sum environment". As Drexler argues, "the greatest technological breakthrough in history is yet to come". Because molecular "assemblers will let us place atoms in almost any reasonable arrangement, they will let us build almost anything the laws of nature allow to exist". Many leading scientists believe that the forthcoming age of nanotechnology "will sweep the world within ten to fifty years – that is, within the expected lifetimes of ourselves or our families ... a wait-and-see policy would be very expensive ... [potentially costing] many millions of lives and perhaps end life on earth" (Engines of Creation, p. 17).

Current scientific projections indicate that molecular tech will have several profound consequences. In terms of engineering and design, we can expect "automated engineering systems that will move technology forward with stunning speed" (Engines, p. 80). Entire computer systems "smaller than a synapse and a million fold faster" will enable tremendous design capabilities, empowering engineers to make through molecular assemblers whatever can be designed (Engines, p. 50).

According to Drexler, we may confidently anticipate the emergence of a new world economy. "... [A]t the end of a long line of profitable developments in computer and molecular technologies, the cost of designing and producing things will drop dramatically ... assemblers will be able

25 Engines of Creation, p. 4.

26 As Dozier states more broadly: "We are heading into a revolution in understanding matter, life, and thought..." (p. 259).

27 *Drexler*, Engines, p. 17.

to make almost anything from dirt and sunlight."[28] Moreover, the process will be clean and include very little human labor. "Assemblers will be able to make virtually anything from common materials, without labor, replacing smoking factories with systems as clean as forests ... they will transform technology and the economy at their roots." (Engines, p. 63; Unbounding, pp. 20 - 23.) The traditional limits to resources and growth will evaporate as we begin to manipulate materials on the molecular level, build in increasingly smaller spaces and dimensions, and replenish the environments which our bulk technology has so seriously abused. Assembler-based food systems (including food "built" at home) will transform human food supply and distribution needs into slight inconveniences. Scarcity evaporates to positive sum societies.[29]

Nanotech will also significantly change the state of the medicinal arts. Drexler projects that human vulnerability to illness, disease, aging and some types of physical violence will be greatly reduced. "With cell repair machines, the potential for life extension becomes clear. These machines will be able to repair cells so long as their distinctive [molecular] structures remain intact, and be able to replace cells that have been destroyed ... People who survive intact until the time of cell repair machines will have the opportunity to regain youthful health and to keep it almost as long as they please ... barring severe accident those wishing to do so will live for a long, long time." (Engines, p. 105; see especially Unbounding, pp. 199 - 225.)

Not only will the conditions of life on earth change drastically. Space exploration and colonization will likely become an inevitability (Engines, p. 90). Once in space, vehicles will spread assembler-based energy collectors providing vast energy for self-sustained travel. Drexler states, "space resources join with assemblers and [artificial intelligence] to round out the case for a future of great material abundance" (Engines, p. 93). Within very broad limits, scarcity will become a remnant of our technological past, dependent on political decision making.

Finally, the assembler revolution will produce information systems which will support academic and technological development. As the

---

28 Engines of Creation p. 95. In a classic article published in: Mathematical and Computer Modeling 21 (1995), pp. 55 - 81, K. S. Lackner and C. H. Wendt explain their design of a system of self-reproducing simple, yet diverse and specialized, robotics machines and solar cell array, called auxons, which would reproduce other auxons exponentially though the use of resources "as simple as sunlight, air, and common dirt or rock," until reproduction results in massive-scale replicated auxons, within a short period of time, covering for example a large desert within years. Then, the auxons' production capacity could "be diverted to useful applications such as large scale energy collection, control of greenhouse gases in the atmosphere, and fresh water production."

29 Engines of Creation, pp. 5 - 98.

Gutenberg revolution, establishment of supercomputers and nanotechnology will produce capacities allowing for an incredible information evolution. Virtually all of the information known and useful to mankind will be linked in real-time. Information highways are the crude beginning. Such systems will serve independently to increase effective intelligence.[30]

Returning momentarily to Day, we may conclude that human's "use of implements to extend [their] biological powers beyond physical development seems to be a new phase of evolution ... [Humans], will not change appreciably or advance beyond [their] technological society, simply because technology has replaced biological evolution. Nevertheless, [they] will splinter into types of humans with differing mental faculties that will lead to diversification and separate species. From among these types, a new species will emerge either alone, in union with others, or with mechanical amplification to transcend to new dimensions of time and space beyond our comprehension – as much beyond our imagination as our world was to the emerging eucaryotes. It is reasonable to assume that man's intellect is not the ultimate, but merely represents a stage intermediate between the primates and [the new species]." (Day, pp. 388 - 391.) A type of intelligence more evolved than current human's will emerge, conceiving of a reality and manipulating it in a manner difficult for us, homo sapiens sapiens, to comprehend. Humankind procreates a new species.

In evolutionary terms, the time is increasingly ripe for the creation of new species, with higher intelligence, rationality, and ability to develop and deploy presently incomprehensible technologies, thereby unleashing new species and worlds. A leading scientist in computers, robotics, and artificial intelligence, is Hans Moravec, director of Carnegie-Mellon's Mobile Robot Laboratory, and the author of *Mind Children.*

Mind Children explores a future which contains new species. Among other things, Moravec conceives of "bush robots", with billions of fingers extending into the nano-dimension, which will enhance data collection through nano-touch, perceiving and comprehending a world unknown to humans, and literally operating a billion things at once. "They'll be exploring the boundaries of the universe, of mathematics, and all the other things I'm interested in. They'll be getting answers to questions I can only fuzzily dream about," Moravec contends (cf. Omni 8 (1989), p. 79). He envisions supercomputer driven robots, creating the capacity to "download" human intelligence, minds, and personalities into themselves. Moravec explains that humans' brains are biological computers

30 Engines, p. 222.

and the "self" is simply software, a complex pattern of information and collection of programs. Such information could be isolated, "extracted and downloaded" to programs in a more advanced, less limited non-organic computer external to the body; one's memories, emotions, intellect, talents would become discrete data housed now in a faster, more potent mainframe which now would constitute that "person" liberated from its organic prison inside its prior body and brain. "Your metamorphosis is complete." (Mind Children, pp. 109 - 110.) New possibilities emerge. "You could be sent via a modem to another city in a matter of seconds. You could be faxed to another planet, star, or galaxy." (Omni, p. 76.) Lodged in the computer, a person would never die, because backup copies of self would exist. Moreover, dysfunctional properties, such as obsessive, violent, or other non-valued qualities, could be "edited out" by the robot, while saving the rest. We have confused the self with "body-identity", when "pattern identity" more properly fits the case. "Pattern-identity ... defines the essence of a person ... as the pattern and the process going on in my head and body, not the machinery supporting that process. If the process is preserved, I am preserved." "The message is the information conveyed, not the medium on which it is encoded." Human thought will be liberated from its "bondage to a mortal body..." Moreover, "[m]ind transferral need not be limited to human beings."[31] DNA does not limit combinations or permutations.

The time frame for this genesis? Many see it within the next 50 years, with development, perhaps slowly at first, but accelerating with phenomenal, or extra-phenomenal speed.

Supercomputers, lodged in and generating ever new "bush robots", however, will extend their being far beyond that imaginable by human minds, limited as they are presently. "[T]here are going to be intelligent robots in the future who will design robots that are even more intelligent - much more intelligent than we are." These entities will produce themselves, forming ever new species, ever expanding intelligence through ever extending technologies, adapting themselves in new generations to meet newly discovered environmental needs, traveling into ever enhanced dimensions of space, time, and understanding. "Sooner or later, our machines will become knowledgeable enough to handle their own maintenance, reproduction, and self-improvement without help. When this happens, the new genetic takeover will be complete." (Mind Children, p. 4.)

As "Alpha-bots" expand their environments and "selves", into new and more comprehensive dimensions of space, time, and understanding,

---

31 Mind Children, pp. 116 - 117; 119; 4; 115, respectively.

adapting universe and selves, in ways incomprehensible to human minds, homo sapiens sapiens' place and role, not only in the evolutionary hierarchy, but also in terms of political hierarchy, change radically.[32] Can law promulgated from lower-level species control? What is the source of this law? Ironically, John Austin's formulation seems on target,[33] but oh so troublesome as we redefine political superiors – sovereigns.

III. Some Traditional Jurisprudential Thought

Modern political and legal theorists tend to view the parallel dynamics of species and technological evolution from a synchronic perspective. Where we address these eventualities at all, our treatment has been cursory. In essence, jurisprudence needs a "futurealism" school that will address the role and concepts of law as related to an oncoming world.

The social foundations upon which concepts of law are built are inadequate to a theoretical assessment of law in the future. A brief examination of one of the best formulations of the unitary foundations of contemporary law, H. L. A. Hart's discussion of a "minimum content of natural law"[34] reveals how radical an assault, upon jurisprudence, these scientific prophesies produce. This outline is not meant as a criticism of Hart's work, but in many senses as a tribute to it, since Hart saw his underlying empirical conditions as *contingent* truths, which may be different some day.

Hart's system may be outlined in the following summary way. First, humankind has a goal, as empirically demonstrated. Humankind's "concern is with social arrangements for continued existence, not with those of a suicide club" (p. 188). In the "modest aim of survival" lies "the central indisputable element which gives empirical good sense to the termi-

---

32 As Moravec states: "Humans will never cease to exist as long as robots continue to exist, because the robots can fully reincarnate people at any time ... But you've got to remember that the human being is this very limited thing that won't be able to participate in all the good stuff that's going to be going on ... We're going to be so enormously out of our league if we stay in these bodies and brains that all we can hope for is to have specially prepared areas set aside for us where we can't get into trouble ... [But] without humans, there'd be no hope for any of this. These robots are really going to be our children. This is our destiny; to become something vastly greater than we are now, something we now just have a hint at." (Omni, p. 86) The similarity of Day and Moravec, operating from different scientific backgrounds, disciplines and perspectives is remarkable.

33 Viz, the general commands of the sovereign backed by force. Though "force" may be the force of knowledge. Remember Foucault.

34 *Hart,* The Concept of Law, pp. 189 - 195 borrowing from *Thomas Hobbes'* Leviathan, chapters 14 an 15 and *David Hume*'s Treatise of Human Nature, Book III, part 2.

nology of Natural Law" (p. 187). Human activity's goal, in this sense, is survival.

First, in evolutionary terms, survival of the species converts into ascension of intelligent life, which results in generation of new species with higher intelligence, better able to adapt their environments and selves into reciprocal accommodation. Ironically, ascension seems to fit more closely with Lon Fuller's or even, in metaphorical terms, St. Augustine's and Aquinas'.

Undoubtedly, a people's goal includes survival, but this views the foundations from a synchronic, not evolutionary, perspective. Moreover, the next generation of species in a post-biological age will retain survival and ascension relative to themselves, but survival as we know it as a goal of humans, forging our destinies as highest order species through law, self-determination, design, and control will alter. Humans will survive, but in a Moravec way, as described above and in *Mind Children.* Ascension as a goal seems to take on another dimension as well. As Moravec states: "if we choose to stay just the way we are now – human beings on Earth – the almost certain outcome would be that we'd cease to exist. Sooner or later something would happen that would be beyond our means to control. And it would destroy us ... But seriously, I don't believe that the choice of remaining just as we are now as human beings is open to us." (Omni, p. 92.) In this sense, the Hart-Fuller jurisprudential debate becomes fused, if not resolved, for survival, ironically, depends upon evolutionary ascension, restructuring life and enhancing species development ever upward into new packaging, ever inward through nanotechnological exploration and re-assemblage, and ever outward into new environments throughout our galaxy and others.

Second, Hart, borrowing from Hobbes and Hume, denotes five "truisms", not necessary truths, but rather contingent empirical truths which have described accurately the conditions of existence of species and environment, historically. These include: *Human Vulnerability, Approximate Equality, Limited Altruism, Limited Resources, and Limited Understanding and Strength of Will.* Hart recognizes that they are empirically based and therefore contingent "truths". The scientific explorations outlined in this paper reinforce this point and indicate the ephemeral nature, in evolutionary terms, of these truths. In theory and projected scientific future, each contingent truism evaporates, as unnecessary conditions.[35]

---

35 For an extensive discussion of why each "truism" becomes "unnecessarily the case", see *Gambitta,* Scientific Advancement and Feminist Jurisprudence, New Orleans: Southwestern Social Science Association 1993.

As nature "as we know it" changes, so too does "natural law". From a futurealist perspective, what shall be the role, nature, or applicability of law, as the concept now exists? What shall happen in that transition which moves us far beyond Ronald Dworkin's Hercules, to domination by Omegacles, or Alphabots, the intellectual offspring and physical creation of homo sapiens sapiens? To these questions, jurisprudence should now turn, so that humans shall have input into if not control over the future.

First, current models of law presuppose that humankind is the highest developed species in terms of intelligence, knowledge, and rationality. "Rational" human sits atop the highest rung of the evolutionary ladder. That notion is proving antiquated and historical, discrediting the presupposition upon which the model of law and law-as-we-know-it is built. Humankind will not be top species; Omegakind or Alphakind will be. This creates danger to homo-sapiens sapiens, though they be our intellectual offspring. Omegacles possesses superior intelligence, larger knowledge and knowledge capacity, and greater rational facilities. Survival of the homo-sapiens sapiens may not be rational from the more comprehensively informed mind, though there are clear genetic reasons, given present understandings, to believe that it would be. Yet survival of homo-sapiens sapiens would no longer necessarily be the ultimate goal. A more objective and comprehensive rational actor, it seems plausible, would not direct the system to an ultimate goal defined in gist as survival of a second-level species. Survival would plausibly be one goal, but others could certainly emerge displacing the model's goal in at least the sense that it would be the new system's ultimate goal. With the ascension of Alpha-bots, and a multitude of new species, mechanical and organic, comes the subrogation of human power and its rights, including, we necessarily add, the right to decide. Hart emphasizes the distinctively rational connection between "natural facts and legal and moral rules". Natural facts will be known by Omegacles which will be unknown to Hercules. Legal rules and right action will remain connected rationally to natural facts which would be known by Omegakind or Alphakind, hence rendering much rule-making power a province beyond if not inappropriate to humankind.

Interesting becomes the question whether survival is the best described goal of humankind. Ascension, more than survival, seems much more teleologically descriptive of the evolutionary pathway along which many species have traveled naturally. As Lon Fuller argues a rationality attaches to the morality of aspiration,[36] including here moving rationally

---

[36] *Lon L. Fuller*, The Morality of Law (rev.), New Haven: Yale University Press 1969.

towards ever-greater understanding and control of environment and self. It is rational to proceed in such a direction.[37] In fact, history indicates the severe impracticality associated with attempts to legislate against its progression. This we may call the scientific dynamic. Based on evolutionary trends and the scientific dynamic, intelligence ascends, and supports ascension, even where there are risks concerning survival.[38] As Aquinas wrote in *Summa Theologica,* "Hence, a captain does not intend as a last end, the preservation of the ship entrusted to him, since a ship is ordained to something else as its end, viz. to navigation." This metaphorically captures evolutionary ascension, rather neatly.[39]

Hart recognizes the possibility of the empirically 'otherwise', and that as the conditions of nature change, so too do the concept of law and law's role in the world. Law's existence will require new justifications, beginning with those contending its relevancy.

What will "law", if it exists, look like. The insights, I believe, come from the emerging feminist jurisprudential literature. The five contingent truths, some may contend, have contributed greatly to if not been integrally a part of the subordination of women – human vulnerability, approximate equality, limited altruism, limited resources, and limited understanding and strength of will. The nature of contingent existence serves as the basis of disproportionate power relationships in society which then get incorporated into the law. The law is based on power, not neutral, objective principles. This is what has been recognized and rejected by many critical legal theorists and feminist jurisprudes.

In the new world, law based on power relations renders humans secondarily powerful, except through the control of learning and the escalation of violence, both futuro-fascist, but also subordinated through law, even with some benevolent designation of home rule for humans granted by a kindly taskmaster.

In a sense, we are at the beginning of a new world where it seems we are at an empirically-based "original position" similar in concept to John Rawls ideally constructed version. Moreover, Rawls' two structur-

---

37 Rational according to one predominant definition of the term, but there are others, and this is one of the major points, not developed in this essay, but forthcoming, assuredly. Much of post-modernism and feminism objects to this type of scientific deterministic sense of rationality. Also see interesting feminist treatments in *Carole Pateman,* The Sexual Contract, Stanford University Press 1988; *Donna J. Haraway,* Simians, Cyborgs, and Women: The Reinvention of Nature, New York: Routlege 1991.

38 Again, intelligence, knowledge, choice and power are complex, not so simple, as discrete entities, or as interwoven.

39 Is it so simple as a modernized version of Nietszche's insight? Humankind will have created its god – as a result of the ever inquiring, empirical-proof-demanding mind.

ing principles, rephrased for present purposes as (a) relative equal treatment and (b) advantage if advantageous to the lesser, may be instructive, but far fetched and beyond control if adopting traditional, "rational", power-based models (Rawls 1971).

Such jurisprudential schemata cannot find itself rooted in a power foundation or mooring. Rather, it would be based much more on "subjective" types of "knowing", similar to that advocated by Robin West, for example, to pick one leading feminist scholar.[40] As she states: "the source of our knowledge of this subjectivity may not be our capacity for rationality at all, but rather our utterly arational capacity for *sympathy*. When we sympathize with the other, we open our hearts to his or her subjective predicament, rather than our minds to his or her behavioral choices and preferences." "Moral criticism of law might be properly grounded not in abstract reason, nor in general truths, nor in the dictates of preexisting law, nor in naked power, but, rather, in the sympathetic judgements of the heart." Furthermore, if one looks at the pluralistic communities which Moravec and others anticipate for humans as a secondary level species, Martha Minnows' notions of individualistic, particularistic, and specific types of law, decentralized and non-universalistic show great potential, far greater than other varieties.[41]

References

Day, William (1979): Genesis on Planet Earth: The Search for Life's Beginning, East Lansing Michigan: The House of Talos Publishers

Dozier, Jr./*Rush,* W. (1992): Codes of Evolution: The Synaptic Language Revealing the Secrets of Matter, Life and Thought, New York: Crown Publishers, Inc.

Drexler, K. Eric (1986): Engines of Creation, Garden City, NY: Anchor Press/ Doubleday

— (1991): Unbounding the Future: The Nanotechnology Revolution, Morrow

Foucault, Michel (1980): Power/Knowledge: Selected Interviews and Other Writings, 1972 - 77, New York: Pantheon

Fuller, Lon L. (1969): The Morality of Law, New Haven: Yale University Press

Haraway, Donna J. (1991): Simians, Cyborgs, and Women: The Reinvention of Nature, New York: Routlege

Hart, H. L. A. (1961): The Concept of Law, London: Clarendon Press

Hoffman, Antoni (1989): Arguments on Evolution, New York: Oxford University Press

---

40 *Robin West,* Disciplines, Subjectivity, and Law, in: Sarat/Kearns, The Fate of the Law, 1991, quotes are from pp. 153 and 155; Taking Preferences Seriously, in: Tulane Law Review 64 (1990).

41 *Martha Minow,* Partial Justice: Law and Minorities, in: The Fate of the Law, 1991.

Johnson, George (1991): In the Palaces of Memory, New York: Knopf

Jones, Steve (1994): The Language of Genes: Solving the Mysteries of Our Genetic past, Present and Future, New York: Anchor Books/Doubleday

Lackner, K. S./*Went,* C. H. (1995): Exponential Growth of Large Self-Reproducing Machine Systems, in: Mathematical and Computer Modeling 21, pp. 55 - 81

Moravec, Hans (1988): Mind Children, Cambridge, MA: Harvard University Press

Pateman, Carole (1988): The Sexual Contract, Stanford University Press

Penrose, Roger (1989): The Emporer's New Mind, New York: Oxford University Press

Rawls, John (1971): A Theory of Justice, Cambridge: Harvard University Press

Sarat, Austin/*Kearns,* Thomas (eds.) (1991): The Fate of the Law, Ann Arbor: University of Michigan Press

RECHTSTHEORIE, Beiheft 19, S. 235 - 246
Duncker & Humblot, 12165 Berlin

LAW, TECHNOLOGY AND THE ENVIRONMENT: A CHALLENGE TO THE GREAT DICHOTOMIES IN WESTERN RATIONALITY

By François Ost, Brussels

When a speaker juxtaposes "law", "technology" and "the environment" in the title of his paper, he can be expected to approach his subject from the following angle: since today's technology constitutes a threat to the environment, how can the process of law restore the necessary checks and balances? I am not going to take this direct route, even if, like many of you, I consider that the need to leave a viable planet to future generations should have absolute priority in any political action. Too many attempted legal constraints have failed, in the last thirty years at least, for us to take the direct approach here. We must first make a detour into philosophy and consider the type of relationship we wish to set up between human beings and nature, between society and the environment.

The fact is that a technosphere has arisen between us and the biosphere that has radically changed the meaning of this relationship. This change has entailed doubts about, or at least shifts in, no less an institution than the hallowed distinction between subject and object. The hypothesis here is that we cannot begin to overcome the present environmental crisis unless we succeed in thinking dialectically about the relationship between subject and object, and about the relationships between all the other pairs of contradictory ideas associated with this. The opposition of subject and object is in fact associated with that between values and facts, fiction and truth, political/ethical and scientific, proscriptive and descriptive; a division which leads on, at the judicial level, to the opposition between subjective and objective law, between the private and the public sphere, between the law of equity and current legal practice.

Each of these oppositions reflects a way of thinking which is divided, binary and simple: in a word, modern rationality. The modern world, however, has become resolutely complex: between the physical world of objects and the interior world of the subject, a "third world" has evolved, as Karl Popper pointed out, a world of socialized and objectified productions of the human mind, an increasingly autonomous domain which forces us to rethink nature and the ways in which worlds 1 and 2 relate to each other. The reality that imposes itself on us has become hybrid, starting with the very environment whose present crisis concerns us so greatly. We are in fact no longer concerned with nature – unspoilt nature – but with an environment that has been humanized, socialized, taken over, transformed, managed and ... polluted. Saving the biosphere therefore no longer means acting on nature, but rather transforming the technosphere, in other words changing our ways of living, producing and consuming. With regard to this shift in the meaning of the environmental crisis, the present paper will attempt to think about the consequences at the epistemological level (asking the question of how complexity is to be construed) and at the level of ethics and the law (asking the question of how to control our control of nature). Going yet one step further, we should stop making a radical distinction between these two levels, as if knowledge of things had no relation to the government of human beings. If we wish to save the ethical and judicial norm from the sad fate reserved for "threatened masterpieces", if we wish to reintroduce some rule of law and some democracy into technoscience, we should concentrate on where this is to be found: working away at the heart of "world n° 3", at the centre of the socio-technical networks that have sprung up and now overlay both nature and culture.

I. Epistemology

The Ancients, it is well known, reasoned within the framework of a holistic representation of the universe: there was hardly any distinction at all between what is and what ought to be, and the laws of society were assumed to reflect the laws of nature. It might possibly even be better to invert this and state that, for the Ancients, relations between natural phenomena could only be thought of as the result of divine or human will. This is the world that was "disillusioned" by the objectivist and mechanical view of nature imposed by such as Galileo, Bacon and Descartes. Galileo wished to free himself from the world of the senses and rewrite the world in the language of mathematics, Bacon placed science at the service of humanity and nature at the service of science, Descartes invited us to act "as if we were the masters and possessors" of nature.[1] From this, the great divide follows, between subject ("thinking substance" profiting from the exclusive gift of reason) and object ("deployed substance", matter that is available and capable of being transformed at will). The relationship is totally asymmetrical, allowing the subject to place and to manipulate the object in an absolutely external world and to refer to it in all "objectivity". Thanks to the rules of

1 *R. Descartes,* Discours de la méthode, Paris 1966, p. 84.

scientific method, the subject can claim to reveal the object as it is and to pronounce on it in terms of absolute truth – an objective truth totally devoid of the subjective opinions so characteristic of the field of politics and social relations. Scientific discourse – and its technological extensions – places itself beyond and above political judgment and judicial mediation. It may even be claimed that developments in the law in the 17th and 18th centuries encouraged this projected control of nature by providing the categories likely to justify a deprivational expropriation of nature and its virtually unlimited transformation, one of the most recent current manifestations of which is the patent granted to cover life-forms, including human cells.[2].

We know that in the ecological field, the current referred to as deep ecology[3] today claims to be able to reverse this prospect completely, through a return to human immersion in nature, assumed to be the source of all knowledge and all wisdom. "Think like a mountain", and "Nature knows best" are two of the slogans of this holistic and pantheistic movement, which brings us back to a universe before logic: the world of original oneness from before the separation of things from ideas, the world of *Gaia genetrix*. At the political level, the same current appears to entail a return to something like the state of nature and conformity to the rules of a "biotic citizenship".[4]

Today, we well understand the errors of both models: the Cartesian model makes a radical distinction between object and subject and, severing as it does all links between humanity and nature, grants virtually unlimited power to the workings of society, with the disastrous ecological consequences we know so well. The deep ecology model, on the other hand, merges subject and object and thereby grants virtually unlimited power to the workings of nature, at the risk of eliminating humanism.

Moreover, neither the reality of our scientific work nor that of our political behaviour corresponds to either of these models. Bruno Latour has rightly pointed out that, in practice, "we have never been modern"[5] (or anti-modern, for that matter). To understand this, we need to assess the development of Popper's "third world"[6]: a world of socialized and objec-

---

2 Cf. the Moore affair and a commentary by *B. Edelman,* L'homme aux cellules d'or, in: Recueil Dalloz XXXIV (1989), pp. 225 ff.

3 Cf. *A. Naess,* The shallow and the deep, long-range ecology movement. A summary, in: Enquiry 16 (1976), pp. 95 ff.; *R. F. Nash,* The rights of nature. A history of environmental ethics, Wisconsin 1989.

4 *A. Leopold,* A Sand County Almanac, New York 1966, p. 219.

5 *B. Latour,* Nous n'avons jamais été modernes, Paris 1991.

6 *K. Popper,* The postcript to the logic of scientific discovery. II The open universe, in French translation: L'univers irrésolu. Plaidoyer pour l'indéterminisme, Paris 1984, p. 94 (epilogue).

tified human productions (of political institutions as well as scientific theories), an area that cannot be reduced to the physical world or the world of the mind and yet interacting with both of these, involving them in novel relations, increasingly open and apparent (causality and even probabilities being no more than variants among others of this emerging universe).[7] This world n° 3 is the domain of hybrid forms: semi-objects and semi-subjects, socio-technical networks, mixtures of nature and culture. It should be enough here to mention information superhighways and expert systems, synthesized imaging and virtual reality, transgenetic plants and animals, frozen embryos and biological robots, as well as – under the heading of problems and hazards – the greenhouse effect, the thinning of the ozone layer and a reduced gene pool. Objects that are too human to be truly natural and subjects that are too artificial to be truly human. Something like a "milieu": what we make of nature and what nature makes of us. This "world n° 3" of hybrids combines and rearranges the opposing terms from worlds 1 and 2: it takes the opposition of subject and object and replaces it with the specific logic of a given project, it takes the opposition of values and facts and replaces it with debatable issues that are both theoretical discussions and problems of society, it takes the opposition of fiction and truth and replaces it with a scientific practice that is increasingly a simulation and yet workable, it takes the opposition of descriptive and proscriptive and replaces it with an evaluation of performance.

The world of technoscience is in fact built on a generalized criterion of performance: it no longer claims to say what is real but is much more concerned to attach verisimilitude to what is surreal. Until recently, what was possible was merely one variant of what was real; today, the relationship is reversed: what is real is merely one variant of what is possible. Technoscience is involved in systematically exploring all the variations on what is possible, whether these be genetic manipulation, mathematical fictions, computer simulations or virtual images, so that I. Stengers is able to forecast the end of the Galilean era: fiction now no longer has to cede precedence to the phenomenon, but quite the reverse.[8]

How can this "world n° 3" of performance and of projects be thought of and controlled, except by means of an epistemology of complexity[9] and dialectical thinking?[10] Rather than claiming to isolate, as Descartes

---

7 Ibid., p. 107.

8 *I. Stengers,* L'invention des sciences modernes, Paris 1993, p. 155.

9 *M. Tallacchini,* La crisi ecologica tra sienza e filosofia, in: Vita e pensiero 12 (1992), pp. 816 ff.

10 *F. Ost,* Le juste milieu. Pour une approche dialectique du rapport homme-nature, in: Ph. Gérard/F. Ost/M. van de Kerchove (eds.), Images et usages de la naure en droit, Brussels 1993, pp. 13 ff.

wished to do, clear and distinct objects owing nothing to their environment or to the observer who studies them, it is necessary to shed light on the processes of reciprocal formation linking the object, the environment and the observer. Rather than thinking in terms of mechanical movements and linear causality, we should try to look for networked movements and recursive causalities. Rather than trying to cut the Gordian knot of science and politics – which has become far too tangled to be simply divided, if it ever could have been – we should be learning to follow the windings of each of its strands in order to untie and retie it as needed.

Only this dialectic provides some chance of controlling our control by restoring a sense of what links us to nature and what separates us from it. The astrophysicist H. Reeves is saying nothing but this when he writes that humanity, "the voice of nature, is obliged to take charge of the future of complexity",[11] or E. Morin, for whom humanity "simultaneously leads and follows nature".[12] But this leads into an ethical consideration.

II. Ethics

Traditional thinking sees no ethical problems as regards nature or even with regard to nature. Four postulates justify this point of view:

1. Nature presents an inexhaustible reservoir of natural resources (J. Locke's position, for example, with regard to America; a tenet of the founders of political economics) and human activity does not alter this in any significant way.
2. Time is reversible; the laws of nature are immutable and stable.
3. Technical and scientific means enable humanity to create artefacts by which to liberate itself from nature and improve its condition according to a logic of unlimited progress (Bacon's programme).
4. The individual is the basic atom of society. Regarded as free and equal, the individual is thought of as freed from all significant links with nature, as well as with past and future generations.

These four postulates, however, are being questioned fundamentally today.

1. The excessive drains on natural resources and the irresponsible dumping of toxic wastes have today upset the environmental balance; in some cases, as with deforestation of the shrinking gene pool, the point of no return has been passed.

---

11 *H. Reeves,* Malicorne, Paris 1990, pp. 157 and 162.

12 *E. Morin,* La méthode. La vie de la vie, Paris 1980, p. 96.

2. The second law of thermodynamics has taught us the irreversibility of the natural universe governed by the law of entropy. We now know that nature has a history, that its laws can change and that it is vulnerable.
3. Technological progress is today fraught with ambiguity: it serves equally to enslave and to liberate. The image of the sorcerer's apprentice is replacing that of the devoted and altruistic scholar.
4. We daily become more acutely aware of the interdependence of individuals and even of different societies. Synchronically speaking, we are coming to terms with the global village and its forms of interdependence with respect to the media and the economy, and the poorest nations are rightly insisting on a new economic order that must also be a new environmental order (see the Rio summit in June 1992). Speaking diachronically, we are beginning to worry about the inheritance that we shall be leaving to the future inhabitants of the planet.

All this involves a "modification of the conditions for ethical action". Situations which, until recently, belonged to a sphere outside of human will – to the objective sphere, in other words – and which we were prepared to undergo passively as products of chance, necessity or fate, now appear, at least indirectly, as remote consequences of our own decisions. It is as if the borders between the natural and the artificial, the objective and subjective, have been gradually worn away and everything or almost everything, from the climate to the gene pool, has been put into our hands. From now on, we have acquired the power to destroy the planet, while, conversely, the deterioration of natural balances can have a direct effect on the living conditions and even the very survival of future generations.

From this it follows that from now on we are responsible for what we previously had no need to worry about: the earth, the future, the coming generations. We have in fact, following H. Jonas and P. Ricoeur, to adopt as basic axiom the assumption that "we have as much responsibility as power".[13] From the moment that the natural world has been increasingly rebuilt – and to a large extent altered – by technology, we have become responsible for it, as for the coming generations, whose living conditions will depend on what we leave to them.

In introducing the idea of responsibility[14] into the debate in this way, it is obvious that its meaning changes. When speaking of environmental

---

13 *P. Ricoeur,* Lectures I. Autour du politique, Paris 1991, p. 281.

14 *H. Jonas,* Le principe responsabilité. Une ethique pour la civilisation technologique, French translation by J. Greisch, Paris 1990 (German edition dates from 1979).

responsibility, or of responsibility to future generations, there is no longer any question of imputing blame to someone at fault at some moment in the past. This repressive idea of responsibility no longer corresponds to the type of problem raised. It is rather a question of the duty incumbent on the person addressed to respond to the appeal made to him or her. In various languages, the etymology of the word "responsibility" recalls this primary and essential sense: being responsible entails a response to an appeal. Responsibility here, therefore, implies a mission undertaken collectively with regard to the future, not guilt arising from a past act.

This sort of ethic is no longer that pertaining to kith and kin, nor that involving a balance of activities between more or less equal partners (according to Hume & Mart's "context of justice");[15] it is outside the utilitarian calculation of a balance between interested parties. It is quite the reverse in fact, since it involves changes carried out in favour of weaker or even as yet non existent partners. The weight of responsibility and its asymmetrical nature, however, become less extreme if we take into account the fact that if each generation owes a debt to the following generations, it has already received its share from the preceding ones. This consideration underlines the relevance of the description that is used increasingly in international and domestic law to denote the most precious elements of the natural world, i.e. the common heritage of humanity. It is in fact becoming increasingly clear that nature itself constitutes this precious heritage that is handed down from generation to generation and for which we assume responsibility as a whole. This leads us to a consideration, at the judicial level this time, of the consequences of regarding the environment as a new hybrid form.

III. Current Legal Practice

The emergence of the environmental question as a hybrid contention beyond the classic dualities of epistemology and ethics has, of course, important repercussions in the judicial field. The first of these concerns the law of responsibility, which, in this area, has shifted imperceptibly from a subjective responsibility to an objective responsibility. Traditionally, responsibility was regarded as a mechanism guaranteeing reparation for a prior fault on the part of an individual; but technical progress has led to the need to compensate victims of technical or industrial hazards independently of any fault committed by an agent. Responsibility has become objective: it is the risk created rather than the defendant's behav-

15 *B. Barry*, Justice between generations, in: Law, morality and society. Essays in honour of H. L. A. Hart, Oxford 1979, pp. 268ff.

iour which justifies the need for reparation. The first instances of this tendency concerned employers (laws on accidents at work); then hauliers and producers of defective goods were singled out; today, polluters are generally held collectively responsible. Such is the case, for example, with the Council of Europe's Convention of 8 March 1993 with regard to "civil liability resulting from environmentally hazardous activities". We see here that the emergence of a technosphere or "third world" leads to the appearance of a new type of responsibility based on the risk created by the activity carried out or the goods circulated and where it would be unfair, in the absence of any fault by an agent, to have the immediate victims or society as a whole bear the burden of the consequences. We also know that together with this tendency to depersonalize responsibility, collective instruments, either in the form of private insurance or in the form of joint warranty funds, have been developed to provide reparation, both of these forms being very common in the area of pollution compensation. In a way, whole societies have become "insurance-based",[16] which of course contributes to the dwindling significance, or even abolition, of personal responsibility and its replacement by an objective and collective system of compensation for damages sustained.

Furthermore, just as ethical responsibility becomes a responsibility for the future, judicial responsibility is increasingly being seen in terms of a policy of prevention. Here, more than elsewhere, prevention is better than cure. Most of the provisions of environmental law reflect this view. The best example is that of the European guideline of 27 June 1985 "concerning the evaluation of the effects of certain public and private projects on the environment". This text has been referred to as a "quiet environmental revolution"[17] and as a "paradigm shift".[18] The required environmental-impact studies mean, in effect, that the interests of the environment will now have to be taken into account by decision-makers and judges in a way which is on a par with economic interests; this weighing-up of interests should, according to the text of the guideline, include long-term effects and have regard for an environment which is itself very broadly defined as an interaction between human factors and physical factors. Finally, provision is also made for setting up procedures for consulting the general public, which will generate new forms of participatory democracy. The idea of prevention has itself been strengthened by the precautionary principle as written into the agreement on biological diversity signed in Rio on 5 June 1992 and in article 130R of the

16 *F. Ewald,* L'état providence, Paris 1986.

17 *M. Prieur,* Droit de l'environnement, Paris 1984, n° 68.

18 *Ost,* Les etudes d'incidence sur l'environnement: un changement de paradigme? In: B. S. Kackson/D. MacGoldrick (eds.), Legal visions of the new Europe, London 1993, pp. 285 ff.

Treaty of Rome, according to which principle our ignorance of the precise effects of our behaviour may not be taken as a pretext for inaction. This principle entails a radical change in outlook: a reliance on progress and a basically favourable attitude to technology are here replaced by a need for caution. The principle of *in dubio pro natura* has been called into play: reversing the burden of proof, it is up to those undertaking any activity likely to transform the environment to demonstrate the absence of negative effects.

However, here too a dialectical sense is called for: the policy of prevention and objective responsibility should not in themselves lead to the elimination of subjective responsibility, the only one capable of lending moral weight to behaviour. In the absence of any adequate punishment for faults committed, there would be a real risk of innocent parties' having to bear the cost of reparation and no-one would have an incentive to invest in reducing pollution. The protection of the environment involves a combination of subjective and objective responsibility.

The second result of the emergence of the environment is the doubt that this entails in the field of judicial control and of the distinction between objective law and subjective law. Both strategies have in fact failed to ensure efficient protection of the environment: either there is an attempt to regulate the environment by means of authoritarian rules from public law, or on the other hand it is claimed that the same results will ensue from granting fundamental subjective rights to the environment, or by referring to private property and the market. From the beginning of the seventies, administrative environmental law has been developing, including penal sanctions and a host of institutions responsible for carrying it out. Twenty years on, the results of such law, bureaucratic and regulatory as it is, appear extremely disappointing. It strongly resembles Penelope's shroud, woven by day and unravelled each night, according to a classic scenario by which the state-as-impresario aims to satisfy conflicting interests at the same time. As a reaction to this, other – individualist and emphatically private – strategies are currently being proposed. Why not entrust the protection of the environment to private enterprise and the market?[19] Surely the owner is the best protector of his own property? In putting a price tag on nature, surely the market will finally appreciate its value? In the context of this enterprise culture, gain the right to negotiate the norm with the authorities and new markets are created, like the markets in the USA based on the pollution laws. At the same time, more and more states are writing basic environmental rights into their constitutions.

19 Cf. in particular Ecologie et liberté. Une autre approche de l'environnement, ed. by Max Falque/Guy Millière, Paris 1992.

But this subjectivist strategy is hardly more convincing than the previous one: if constitutional rights to the environment are understood as just one more individual prerogative, we are no further from possessive individualism; and if environmental contracts are not supported by an imperative norm, they amount to deregulation pure and simple. The protection of the environment therefore appears, once again, to involve a dialectical strategy that shifts the classic boundaries between objective and subjective law, between public and private law. What we need, in order to build up a legislation really able to deal with the environment as a new hybrid form, are basic rights understood as procedural rights giving citizens a say in the management of the environment: the right to information, to consultation and of recourse to a court of law. These are rights / mechanisms given final expression by a third party or by a higher consideration; Jellinek spoke in this respect of *status activus*[20] that presupposed an active citizenry concerned for the *res publica*.[21] But this movement on the subjective side also implies changes on the side of objective law: the environmental norm can become effective only if it has been arrived at by negotiation between all the social actors involved: local authorities, firms, associations for the defence of nature. Not a take-it-or-leave-it negotiation, but a real procedural emanation of the law which, while maintaining as its aim the best possible defence of the environment, will incorporate different relevant points of view. Two corollaries derive from this reconstitution of ways of regulating the environment, two consequences which, once again, disrupt the classic dichotomies. The first is that these new judicial procedures imply the existence of strong associations – industrial lobbies and national and international associations for the defence of the environment – as a third partner between individuals and the state, between the private and the public spheres. Such associations have been rightly referred to as an "Environmental third estate".[22] The second consequence of this shift consists of the new insistence placed today on duties and responsibilities rather than on rights and interests. After two centuries of insistence on individual prerogatives, the moment has perhaps come to stress that a society is viable only if its burdens too are taken up jointly by its citizens: it is in this sense, as we have seen, that we suggest trying to understand the new environmental rights.

Finally, the third consequence of the emergence of the environment into the judicial field concerns the legal status itself of nature, increas-

---

20 *G. Jellinek,* Allgemeine Staatslehre, 3rd ed., Herman Gentner Verlag 1960, pp. 419 - 424.

21 *A. Touraine,* Critique de la modernité, Paris 1992, p. 384.

22 *P. Lascoumes,* L'éco-pouvoir. Environnements et politiques, Paris 1994, p. 224.

ingly treated as the "common heritage" of the nation or of humanity as a whole. As long as this terminology is not used purely for the sake of rhetoric, the judicial characterization of "common heritage" seems to me to be particularly gratifying as a way of regarding the environment as a hybrid form of subject and object. Since Roman law at least, a heritage has been a mixed concept involving both people and things. On the one hand it covers a set of "saleable" objects, to which a money value may be attributed and which may be relinquished or transferred, but on the other hand it covers a set of symbolic values contributing to the definition of group identity and group memory and which, in this sense, is "unsaleable", being held in common. The idea of heritage is therefore a dialectical concept: in its aspect as "capital" it needs to be conserved and protected as it is (think of the gene pool, the harmony of certain landscapes, the quality of certain surroundings which may not be changed or the size of certain populations which may not be reduced without passing a point of no return), insofar as it refers to the "interest" on this capital, the heritage may be managed with a view to consumption. Heritage is also dialectical in that it transcends the distinction between public and private. As a judicial characterization based on concern for the common good, the idea of a heritage can be applied both to the public domain of the state and to private property. When a natural site or a resource is "included in the heritage", this inclusion imposes specific obligations (constraints on private property, public obligations in administrative law) on the owner – whether a public authority or a simple individual is immaterial – with a view to retaining the property as a whole while guaranteeing a certain division of the use to be made of it. It is therefore not so much a question here of "expropriation" as of "transpropriation"; the use made of the property is determined by reference to the common good. The idea of heritage, finally, is also dialectical in that it appears "translocal" (its value and function go beyond the local framework) and transtemporal" (it is at the same time a product of history and a precondition for a reasonable future).

IV. Conclusion

Just a few closing words. The environmental crisis, we have said, shows the blind alleys into which modern dualist thought leads, as it counterposes subject and object and their countless corollaries. This is not to say that we are appealing in any way for a return to holistic and prelogical thinking with its amalgamation of subject and object. Furthermore, it is well known that monism and dualism are two sides of the same coin. The real alternative is dialectical: here this involves saying what links us to nature and what separates us from it. This alone allows us to appreciate in what conditions the "world" we make up with nature might constitute an "equitable world".

RECHTSTHEORIE, Beiheft 19, S. 247 - 257
Duncker & Humblot, 12165 Berlin

ON GLOBAL ENVIRONMENTAL ETHICS

The Uneasy Case for International Preservation of the Rainforest

By Juha Räikkä, Turku

The discussion concerning international justice has traditionally centred upon the notion of the just war. For hundreds of years it was commonplace to suggest that either there is no morality at all in international affairs or that the rules of morals are the ones – and more or less the only ones – which apply norms to war, i.e. norms which answer questions as to when it is justified to go to war and what means of war are justified. In practice, the only other rule beyond the norms of a just war was the pacta sunt servanda rule. In effect, it is a relatively modern approach to relate questions of morals and global affairs to the conception of distributive justice. Nowadays, of course, the literature dealing with international distributive justice is enormous, beginning with the traditional point of view that there are no distributive norms in the international community, and ending with another ultimate claim, that justified international distributive norms are identical with the distributive norms of the modern democratic nation-state (cf. Pogge 1994). However, what international ethics still lacks, with a few exceptions (see e.g. Wenz 1988; Nickel/Viola 1994), is a serious account of the new ethical problems related to environmental questions and to the current structures of the international system. How should we distribute the burdens of preserving nature and wildlife? What ethical conclusions should we draw regarding current international structures if they cannot handle environmental problems? Obviously, it is impossible to stress too much the importance of explicitly considering these kind of questions.

In an interesting paper, Rachel M. McCleary (1991) makes an important contribution to international ethics, by considering one special problem related precisely to the environment and international affairs: the problem of preservation of the Amazonian rainforest. More precisely, Dr McCleary's question is: Who is the proper object of a moral 'right' to be given the preservation of the Amazonian rainforest, and what is the source of this right and the corresponding duty? Is it Brazil alone which has a duty to preserve the rainforest, located in its territory, or is it rather the international community as a whole? What is the moral basis of this study – from where does the duty derive? (Cf. Gunn 1994.)

McCleary's answer is unambiguous. The duty belongs to the international community (including or excluding Brazil), and the source of the duty is a large-scope ethical principle which she calls the 'Formula of Humanity'. According to this Kantian principle, one should act always in such a way as to treat humanity as an end and never as a means alone. In particular, McCleary claims that the source of the duty to preserve the rainforest cannot be a view which presupposes the moral relevance of national boundaries. For boundaries are not morally relevant.

In what follows, I shall reconstruct McCleary's arguments and claim, first, that relying on the notion of the Formula of Humanity does not imply that it cannot be the case that Brazil alone has a duty to preserve the rainforest, and second, that national boundaries may indeed be relevant in respect of questions of international justice and environmental preservation. In referring to McCleary's text, I shall simply cite page numbers in brackets. The aim of the paper is to show how national sovereignty and global environmental obligations are related to each other.

I. Humanitarianism and International Environmental Preservation

McCleary's argument for the view that the Formula of Humanity is the source of the international community's duty to preserve the Amazonian rainforest has only two premises. The first premise is a claim that the Formula of Humanity (henceforth FH) is a justified ethical principle. The second premise is a conditional: If FH holds (is justified), then the international community has this duty. It follows of course that the duty to preserve the rainforest belongs to the international community, not (for example) to Brazil alone.

It is obvious that, according to McCleary, FH is justified (the first premise). For 'Kant's formula' – act so that you treat humanity, whether in your own person or in that of another, always as an end and never as a means only – is the only source on which she relies in her substantial claim concerning the duties of the international community (p. 701). And she writes that FH 'should be the starting point for demonstrating (...) that there is, in international reltions, a moral foundation for making justified rights and duties claims' (p. 703). Although McCleary does not support her view with any explicit argument, it seems that her reason for trusting FH is a point reiterated in the text. Frequently we read that the merit of FH is that it provides a foundation for moral duties which are not determined by empirical and historical accidents or arbitrary consensus. 'Moral duties are grounded in something else besides empirical contingencies of history' (p. 699). 'Formula is not determined by popular consensus (...)' (p. 704). There is likewise no doubt that in McCleary's view FH implies that the international community has the duty to preserve the rainforest (the second premise). McCleary's point is the following. Because of its economic standing, Brazil can only either satisfy the basic needs of its citizens by deforesting the rainforest or preserve the rainforest at the expense of the welfare of its citizens.[1] In demanding that Brazil preserve Amazonia, the international community is using Brazil (only) as a means to its own end, and this is denied by FH. The 'international community cannot merely use Brazil as a means to its own end' (p. 701). Therefore, the international community's claim is unjustified. But if nobody preserves the rainforest, McCleary says that basic human needs in the international community are not met, and according to her also this is contrary to FH, since it 'ensures that their rights to primary goods for the preservation, development and exercise of rational choice are recognised (...)' (p. 705). Hence, the international community has the duty to preserve the rainforest – by economically aiding Brazil. The 'only way in which the international community can fulfil its (...) duty is by aiding the Brazilians to meet their basic needs' (p. 706).

However, the first premise of McCleary's argument is not clear. If she is defending her reliance on FH by claiming that this notion is independent of the (accidental) support of historical 'contingencies' and 'popular consensus', one wonders what is the alternative basis for an ethical principle. Is it God or Kantian metaphysics? And how plausible are these foundations? Obviously, the view that there is no option other than to trust to some degree in our actual considered moral convictions is well enough supported to place the burden of proof on McCleary to show that there are indeed alternatives. Although we can perhaps imagine a political philosopher who does not use considered moral judgments at all, we would hardly be interested in the results of such a project if these results did not correspond to some degree to our considered moral judgments. If certain physical or linguistic or psychological facts (together with certain further assumptions) implied that, say, arbitrary killing is obligatory for all of us, we would not applaud this result as a long-awaited alternative to historically and 'contingently' grounded theories. Rather, we would reject it as totally irrelevant.

---

1 It is unclear exactly to whom McCleary is referring when she refers to 'Brazil', whose constitution is extremely federal and decentralised, and which has a weak President and a strong Congress.

If McCleary does not show us meaningful alternatives to historical and hence contingent theories, then of course FH is justified only in so far as it is somehow compatible with our actual convictions. And in some cases this is not so clear. However, it does not seem necessary to go into these deep questions of moral epistemology in order to suspect McCleary's viewpoint. For the second premise of her argument seems to encounter a serious objection: Even if FH were a justified ethical principle, it would not follow that Brazil has not a duty to preserve the rainforest.

The point is this. Since FH surely implies that basic human rights are justified, many other things follow from FH as well: first, that Brazil (like any other country) has a duty not to deforest Amazonia, since deforestation would violate (especially native) people's rights; second, that Brazil has a duty to satisfy its citizens' basic needs, since otherwise these rights would be violated again; and third, that the international community has the duty to aid Brazilians in meeting their basic needs, since otherwise, once again, these rights would be violated. However, what FH does not imply is the claim that if the international community (minus Brazil itself) does not aid the Brazilians (as according to FH they should), then Brazil does not have the duty to preserve Amazonia. It is clear that even if the international community's practices are morally wrong, Brazil still has its own duties. For two Wrongs do not make one Right. Thus, FH implies the duty of the international community to aid Brazilians and the duty of every nation, including Brazil, to preserve the rainforest; and these two duties are independent, in the sense that whether or not one of them is in fact respected the other still holds.

Of course, it is possible that McCleary is right in her claim that Brazil probably cannot accomplish both of its above-mentioned duties, although one may suspect even that. The really important issues relating to the satisfaction of basic needs may not be linked to rainforest, but rather to land distribution or reform, a more equitable distribution of opportunities, a reduction of structural violence in Brazilian society and so on. Is there a real shortage of arable land in Brazil, or is the shortage merely a socially created shortage of arable land by an inequitable concentration of land in the hands of a small minority?

But even if McCleary is right in her claim that (without the help of the international community) Brazil cannot both guarantee the well-being of its citizens and preserve the rainforest, it is at least arguable that FH does not provide any further information as to which of the duties is the more important one. In fact, if we simply (in a highly non-Kantian manner) count how many moral rights are violated by not preserving the rainforest, in comparison with the number of rights violations if the basic needs of Brazilians are not met, we may conclude that it is more important to preserve the rainforest. Of course, this presupposes that the link between the rainforest and the meeting of basic needs is valid. Perhaps we can grant that it is – although there is obviously a considerable degree of scientific uncertainty as to the precise effects of deforestation. Thus, if the international community does not aid Brazil – as, practically speaking, it does not – then the correct reading of FH reveals that Brazil does have a duty to preserve Amazonia.

In general, the problem of FH and of Kantian moral philosophy as a whole, with its rhetoric of a 'Kingdom of Ends', has always been that it is not suitable for a world where not everyone acts morally rightly. Unfortunately, the world in which we live happens to be a place where there is wrongness too, and this is something that McCleary does not seem to realise. In practice, FH leaves Brazil alone with her duty to preserve the rainforest, although surely we think that if others do not respect their international obligations then Brazil, too, is entitled not to respect her obligations (or is entitled to respect them less rigorously).

II. National Boundaries as Morally Relevant

McCleary's second argument (presented first in her article) is a criticism of a view that, because of the moral relevance of national boundaries, Brazil has a duty to preserve the rainforest.[2] The argument has two stages. The first is a reconstruction of a view which shows how the boundaries are supposed to be relevant. The second is a claim that they are not relevant in the supposed way.

The view McCleary is criticizing is the claim that 'Brazil has a (...) moral obligation to preserve the rainforest because it has sovereignty (regardless of how it came to have the sovereignty) over the natural resource' (p. 694). According to her, Brazil's boundaries or sovereignty are supposed to be relevant both with respect to (positive) 'obligation', i.e. the duty to aid others, as well as with respect to the (negative) duty not to harm others. The 'international community is arguing that Brazil has a morally enforceable obligation to aid foreigners' (p. 694). 'The international community is also pressuring Brazil to recognise a (...) negative duty to refrain from further deforestation' (p. 694).

But in McCleary's view the representatives of the international community – who by the way are left anonymous – are wrong in both their claims. This is because boundaries are not relevant whatever the pur-

---

2 McCleary criticises two other grounds for the same claims as well, but her main target is obviously this view.

pose. She writes that she will 'show that national boundaries are not an ethically significant criterion for ascribing moral duties', and she 'shows' it as follows: 'Sovereignty over territory is determined by accidents of history, not by some equitable distribution of land and natural resources' (p. 696).

Now one wonders why this 'showing' is needed. Of course, if something has to be shown with respect to the moral relevance of boundaries, it is the view that they are relevant. As is well known, sovereignty over territory (boundaries, nationality, citizenship etc.) is a property which seems to be undeserved in the very same way as for instance sex, race and age. And surely these are the standard examples of morally irrelevant properties. Indeed, the discussion over international justice has largely centred upon the question of what, if anything, is so special about sovereignty (Goodin 1988). (Is sovereignty not morally arbitrary, since political communities fulfill their potential liberty by ruling themselves? Certainly not: It would be cynical and ironical to argue that even most nation-states fulfill their liberty.) Hence, the burden of proof is on the representatives of the 'international community', whose argument McCleary is (without any textual evidence) criticizing, and there is no need of a particular 'showing'.

However, boundaries may indeed be morally relevant (although they are undeserved). The question is: Relevant with respect to what? McCleary's reconstruction of the view that, because of the relevance of boundaries, Brazil has a duty to preserve the rainforest, is very strange. On the one hand, it is difficult to understand how Brazil can even have a positive duty to preserve the rainforest, since preserving here means 'not deforesting'. By definition, if Brazil has a duty, it is a negative one, a duty not to do something. On the other hand, it is also difficult to see how Brazil's boundaries can be relevant to her possible negative duty to preserve the rainforest. If boundaries are morally relevant in this particular case, they have to be the boundaries of other nations. These boundaries may be relevant, namely, with respect to a right not to suffer intervention by any other nation.

Indeed, if we can argue that deforesting the rainforest (and thus seriously harming other countries) should be counted as intervention, and if we can furthermore say that boundaries are indeed relevant in putting a moral ban on invasion, then it is clear that Brazil has a duty to preserve the rainforest – and just because of the relevance of national boundaries. The issues of intervention are of course complex and highly controversial, but perhaps something can be said on behalf of both these conditions.

First, the definition of intervention surely lies somewhere between 'attack with armed forces' and 'influencing internal affairs'. The former is too strong a definition while the latter is too weak. But wherever, in the final analysis, the correct point of the definition is, it seems plausible that it has to include acts which non-accidentally and seriously harm other nations and which can be avoided. If we say that Brazil can avoid deforesting, then her acts should be counted as interventionary (see Rosenau 1969). For some of the non-controversial effects of deforestation, say climate change (at least to some degree) and loss of biodiversity (genetic erosion), are being increasingly acknowledged as global environmental problems transcending national borders.

In fact, writers who have tried to define the notion of intervention have usually accepted a definition which allows the threatened use of force or economic pressure to count as intances of intervention (McMahan 1986). The weaker the definition of intervention, the worse Brazil's situation with respect to her duties.

Second, the boundaries between nation-states may be morally relevant with respect to the justification of the principle of non-intervention – although they are undeserved. This point is argued by several writers, and even those who oppose putting too much emphasis on the notion of sovereignty and citizenship seem to accept the morality of the principle of non-intervention. Indeed, even McCleary herself seems after all to see something in the notion of sovereignty. We frequently read that 'Brazil has state sovereignty over Amazonia' (p. 696), and this makes sense only if we suppose that boundaries are generally morally relevant in some way. Otherwise Brazil does not 'have' anything.[3] McCleary, who says that 'national boundaries are not an ethically significant criterion for ascribing [whatever] moral duties' (p. 696), seems to support the view that sometimes boundaries are strongly relevant.

It is possible that we can argue plausibly that national boundaries are relevant with respect to the non-invervention rule. The view that boundaries are not relevant since they are undeserved is strictly a 'western' idea: In many other moral cultures, the ethics of deserving are not so apparently accepted. In discussing international ethics, obviously, we cannot rely simply on the western moral culture. On the contrary, we have to take into account very different traditions, and when we do that, we can no longer claim that boundaries are irrelevant because they are undeserved. This of course is merely speculation, but on a global view

---

3 Emphasis added. It is clear that Brazil's 'having' sovereignty does not mean in McCleary's view that Brazil in fact has sovereignty; rather, it means that Brazil is entitled to have sovereignty.

national boundaries may indeed be relevant even if they are not deserved.

But whether or not it is true that the moral relevance of boundaries implies that Brazil has a duty to preserve the rainforest, McCleary's criticism of this view seems flawed. For she never discusses the issues relevant here, i.e. issues related to the principle of non-intervention and its counterpart, the right of national self-determination and sovereignty.[4]

III. Global Environmental Obligations

I have argued that McCleary's positive claim in defence of the view that the international community has a duty to preserve Amazonia, as well as her negative claim against the view that Brazil has this duty, both collapse. The main reason for the first fallacy is that, in a sense, she does not distinguish between the duty not to deforest the rainforest and the duty of international redistribution. But they are different things, and even if the latter is not in fact respected (by the international community), the former should still be respected (by the Brazilians). The reason for the second fallacy is that McCleary's reconstruction of 'the international community's argument' is strange, and her account of the relevance of national boundaries – in the face of the text – contradictory.

I now turn to a more constructive part of my argument, although it is obvious that a profound approach to this issue would need more space, and would have to be constructed as a fully-fledged article and not merely as a commentary. I shall claim that it does not follow from the above criticism that it is thus the affair of Brazil alone (or together with other countries in the area) what happens to the rainforest. Before that, however, I would like to demonstrate briefly exactly how the issue goes straight to the heart of the proliferation of international debates, negotiations, conflicts and conflict resolutions concerning global environmental problems and international politics in general.

On the one hand, argumentation concerning international environmental moral obligations is relevant to conflict resolutions, since it helps to understand why exactly there are political conflicts over environmental issues. This is not to say that the explanation of the existence of such conflicts can be put entirely in moral terms. Obviously, socio-economic and cultural disagreements lie in the background of environmental debates. But it seems clear that a reconstruction of moral opinions that

[4] Strictly speaking, the principle of non-intervention and the principle of national self-determination are not counterparts, since the former can be defended without defending the latter.

the parties have or may plausibly have reveals part of the roots of environmental conflicts. In short, argumentation concerning environmental ethics explains conflicts.

On the other hand, ethical argumentation about environmental conflicts may help in solving these conflicts. Again, the point here is not to claim that a solution to the moral conflict is a solution to the political conflict as well. Obviously it is nowhere near that. However, it is clear enough that all the parties involved – 'official' Brazil, the numerous Brazilian minorities, and the international community, led by the United States – try to present their political aims at least partly in moral terms (whether or not their motivation is actually a moral one). If some party is so obviously wrong in its moral reasoning that practically everyone (including the members of that party) can see it, this has to have some effect on the conflict situation. At the very least, the party will have to present a new justification for its position. But of course a real change in the political opinions of the parties, due to a moral argument, are also possible.

Now, the discussion here has so far largely centred upon the question of what is just with respect to the environment and international relations: we have not discussed what is simply morally right in this respect.[5] McCleary's arguments are reasonable to read from the perspective of questions of justice rather than of questions of rightness, and so are the objections presented above against her. McCleary writes about 'rights' throughout her paper, and the notion of a moral right is clearly a concept which is used in discussing justice. Moreover, Kant's moral philosophy, on which McCleary relise, is nowadays a common ground of theories of justice, not theories of moral rightness (see e.g. Sandel 1982). The above objections, on the other hand, are also more justice-oriented than rightness-oriented arguments. For example, the notion of a right to national self-determination which is referred to undoubtedly belongs to the semantics of international justice, not to the question of what is the right thing – all things considered – to do in international relations.

True, sometimes McCleary seems to be thinking of rightness in general and not merely justice. She writes about the 'consequences' and 'effects' (p. 693) of exploitation of the rainforest, which suggests that not only rights are involved. For surely moral rights stand or fall whatever the consequences. But even in these contexts McCleary has the notion of right in mind. She writes that, according to the representatives of the international community, the unfortunate 'consequences' of deforestation

---

[5] Right-making considerations can be different than just-making considerations, although it is unclear what precisely is the distinction between reasons of justice and other moral reasons.

are the ground for the right to preservation of the rainforest (p. 693). It thus seems legitimate to claim that so far we have discussed environmental justice, not environmental rightness.

It is clear why this point is relevant here. Not only are there other moral reasons, which can sometimes override reasons grounded on justice; there are also nonmoral reasons which, arguably at least, may be found in the final analysis to be more important than reasons of justice. Thus, when we think about what we should do, reasons grounded on justice are only one species of reasons which are relevant. In consequence, even if it is the case that it is just for the international community as a whole not to preserve the rainforest (which may be the case), it may still be wrong that it does not preserve it.

It seems that the international community should indeed preserve the rainforest, independently of our conception of justice here. It is possible that there are prudential reasons (defined in terms of self-interest) for such an obligation, but it seems self-evidently clear that there are moral reasons. For if the empirical claim that the consequences of deforestation are catastrophic (or even seriously harmful) for human well-being is valid (as it may well be), then it is certainly also valid to say that everyone who can prevent deforestation is morally obligated to do so. The obligation here is consequential in character, and its ground is very likely a globally firmly held moral conviction that without serious further reasons we should not voluntarily harm masses of people.

Of course, as argued by several theorists, it is in general very difficult to say when and why consequential moral reasoning (which is not related to justice) can override reasoning grounded on justice (Larmore 1987). These two modes of reasoning, among others, seems to be entirely incommensurable, and thus beyond a well-grounded consideration when taken together. However, it seems plausible enough to claim that there are clear cases even though the matter is unclear in general, and that the issue here is obviously a clear one. Consequential ethical reasoning (not related to justice) does override reasoning which is related to justice (whatever that turns to be).

In conclusion, then, the right thing to do now for the international community is to preserve the Amazonian rainforest and not to leave Brazil alone. Although one may expect trouble if one tries to defend the international community's duty purely on grounds of justice, as Rachel McCleary does, it seems to be the case that the international community nevertheless has an obvious duty to preserve the rainforest. This duty can be denied only by improbable empirical claims or by rejecting moral values which are globally shared. This price should be too high for anyone to pay.

References

Goodin, R. E. (1988): What Is So Special about Our Fellow Countrymen? In: Ethics 98

Gunn, Alastair (1994): Environmental Ethics and Tropical Rainforest: Should Greens Have Standing? In: Environmental Ethics 16

Larmore, Charles (1987): Patterns of Moral Complexity, Cambridge: Cambridge University Press

McCleary, Rachel (1991): The International Community's Claim to Rights in Brazilian Amazonia, in: Political Studies 39

McMahan, Jeff (1986): The Ethics of International Intervention, in: Anthony Ellis (ed.), Ethics and International Relations, Manchester: Manchester University Press

Nickel, J. W. / *Viola,* E. (1994): Integrating Environmentalism and Human Rights, in: Environmental Ethics 16

Pogge, Thomas (1994): An Egalitarian Law of Peoples, in: Philosophy & Public Affairs 23

Rosenau, James (1969): Intervention as a Scientific Concept, in: Journal of Conflict Resolution 8

Sandel, Michael (1982): Liberalism and the Limits of Justice, New York: Cambridge University Press

Wenz, Peter (1988): Environmental Justice, Albany: State University of New York Press

RECHTSTHEORIE, Beiheft 19, S. 259 - 270
Duncker & Humblot, 12165 Berlin

LEGISLATION, BIOETHICS, JUDGEMENT

By Jacob Dahl Rendtorff, Copenhagen

In the following I will discuss the relationship between law and ethics concerning the foundation of legal and legislative judgement in biomedicine related to the human body. Legislation on biomedical issues, e.g. organtransplantation, embryo experiments, reproductive technology, and genetic engeneering is a most extreme case of the intervention of the state in private individual life. Due to the special character of technological progress in biomedicine the usual understanding of law as a neutral procedural practize is challenged by technological civilisation and society experience the emergence of new arguments for legal regulation of the biomedical field. In particular, one can mention arguments from state responsibility, the primacy of the dignity of the human person and the need to care for the vulnerability and fragility of defenseless human life. These foundations of legal regulation of biomedicine surpass with the understanding of law as a closed system and hierarchy of norms and different western societies experience a closer relationship between law and ethics where the fundamental ethical understandings in different political communities, lifeworlds, cultural and religious traditions surprisingly play an increased role as legitimation for legislation in the supposed pluralistic liberal democracies of the west.

I. Background

This is emphazised by the fact that bioethical problems are moving from the sphere of low politics to high politics and have become central and controversial questions in almost all western democracies. In Scandinavia the debate has focused on reproductive technology, in France it concentrated on the problem of organ donation, in Germany embryo experiments, in Great Britain the patentability of human genes, and in the United States euthanasia. Everywhere we experience a strong public debate on the treatment of the human body in biomedicine. Although the framework for this process is the political reality of the modern welfare state; a strong and all-inclusive, but at the same time decentralised and centerless state, the public engagement in bioethics challenges many recent theories of the welfare state arguing that welfare state policy-making is pluralistic and procedural in such a way that citizens consider even basic beliefs to be subject for negociation and exchange. Using Jürgen Habermas concept of discursive legitimacy, one can say that communicative action based on fundamental values has replaced charismatic personality, goal rationality and the definition of law-making as nothing but a function of power relations between different social groups (Habermas 1981). In a discursive political democracy, the argumentative validity of the proposed norms are tested according to the ideals of the universal communication community. But one can even go beyond Habermas and argue that a concern for the common good based on substantial cultural traditions are filling in the gap of empty formalism in communicative democracy.

II. Re-emergence of Consensual Politics?

Legislation and decision making processes on the biomedical treatment of human beings are considered by most governments to acquire speciel political legitimacy by consensual support of the citizens. A particular wide range of of organisations and interest groups are involved in these processes; e.g. patient organizations, physicians, ethicists, religious groups, industrial concerns. And on the level of democratic institutions in most western countries we see the emergence of new bodies for treating problems of biomedicine according to the particularity of the legal culture in each country (parlamentary commissions, ethics councils, hearings of different organizations) to assure a wide political legimacy behind the creation of new laws on biomedicine. By analyzing this formation of a multitude of decision making institutions, and the arguments for legislative proprosals, one can observe how ethical legitimacy based on culture and tradition slowly becomes a reinforced part of politics.

III. Why Make Legislation?

But a very basic point of the reasons for intensive legislation in biomedicine often remains unanswered in the public debate. Why do the state and the political community have to intervene in questions of the treatment of the human body, gene therapy, experiments with embryos or artificial insemination technology? All very technical medical problems that in earlier historical periods would have been regarded as internal to the self regulation of medical practize, or in the case of the dead body as a sacred thing carefully kept by the preast and the different religious institutions in society. Further, in a liberal democracy, based on individual liberty, extensive collective laws on the biomedical use of the human body is very delicate. A liberal state is very modest about intervening in the personal sphere of the citizens, their privacy and individual freedom. Following the critique of power of the french philosopher Michel Foucault in *History of Sexuality* one can describe such an intervention as an extension of machiavellian power politics (Foucault 1982). The dark side of the modern welfare state is the danger that it continues the selective eugenic and hygeinic projects of the churches and the medical practizes where an absolute and all-embracing biopower of the state subordinates the bodily integrity of the individual to community.

IV. State Responsibility for Legal Subjects

Contrary to this danger, the basic reason for the need of state intervention in biomedical practize is rather the increased vulnerability and fragility of human subjects confronted with the power of biomedical practizes. The basic argument in Hans Jonas famous book *The Principle of Responsibility* is that the increased capacity for domination of nature and human nature through technological control has changed the position of human beings in the world (Jonas 1979). Because of the human power to eliminate and control life and living nature responsibility emerges as an ontological imperative. The reason for the imperative of responsibility is a revitilization of a classic organic antropology stressing the origins of human beings in a universe of natural processes.

However, with Karl Otto Apel in *Discurse and Responsibility,* it is also possible not only to found responsibility on the position of human beings in the natural world but also to give responsibility an intersubjective dimension (Apel 1989). The rational foundation of responsibility in the actual communication community is given in the *Letztbegründung* of the ideal situation of communication. The responsibility for future people is given by their unrestricted participation in the ideal communication community. Therefore, they have an advocatory relation to the actual communication community, being particulary vulnerable because not able to express themselves, their rights and interests, and only present as possible people to be taken into account by communicative reason.

The revitalization of the natural and intersubjective dimensions of responsibility is especially urgent given the possibility of being able to change the structure and genetic constitution of individual subjects and future human generations, biomedical technology can change the very foundations of the democratic state. And in the present situation, a liberal laissez-faire policy, leaving the body for total self-determination could also imply totalitarian elements i.e. in the case of extended commercialisation and reification of the human body. And further, the human genome project and DNA techniques to genetic testing are powerful means for social exclusion and increased domination of individual citizens. The asymmetric relationship between social power and individual fragility demands stronger state responsibility, where intervention in biomedicine and the treatment of the body is motivated by the necessity in a democratic Rechtsstaat to protect the bodily incarnation of the human person as basic legal subject.

V. Pressure for Legislation

In most countries this need for social responsibility by governments and legislation is manifested by a strong social pressure as well as confrontation between different groups in society; the citizens, the physicians, the industry and the researchers. The distance between citizens and biomedicical interest groups motivated by economical gain increase the fear of totalitarian development and reification of human life. But even science seems to expect state intervention. The reaserchers want clear guidelines for experiments and the physicians want indicators of social attitudes i.e. in relation to reproductive technology and donation of eggs and sperm. And the industry needs precisions of limits and possibilities for action, for example for applying genome analysis for testing of workers, the right to patentability of human genes, or the use of fetus tissue in cosmetic industries. The social attitudes to these problems are surprisingly characterised by concerns for the common good and the respect for the dignity of human life rather than the promotion of individual interests.

VI. The Argument From the Sacredness of Human Life

The analysis in Ronald Dworkins book *Life's Dominion* can be seen as an example of such a concern for the vulnerability of human life. Dworkin argues, that the abortion debate in the United States is not primarily about the rights and interests of the embryo or the fetus, but first of all about what it means to respect unborn human life in an ethically right way (Dworkin 1994). In this perspective, Feminists, Catholics and Pro-life groups really do not basicly argue about if the fetus is to be considered as a person; looking closely to the debate, one can see that they all agree that it is not. Instead they desagree about the right way to respect unborn human life. The people who are against abortion, think that unborn human life is absolutely sacred from the moment of conception, while the people in favor of abortion, the liberals, agree that human life is sacred and of infinite value, but think at the same time that only the pregnant women herself can decide about the required respect for unborn human life in a particular situation. They do agree that it is always a deep moral problem to bring an end to human life, but they also think that other reasons have a decisive impact on the situation; i.e. that concern for the womens life, her personal life situation, if the fetus is severely handicapped, if the pregnancy is a result of incest or rape, could be overruling reasons in the early stages of pregnancy, where the respect for the life of the mother is more important than the respect for the life of the fetus.

VII. A Moral Phenomenology

Dworkin can be said to develop a moral phenomenology as the basis for his view that the concern for the sacred character of unborn human life is the central question in the debate about abortion. This can be extented to understand the framework of the whole debate about biomedicine. A fact of the human lifeworld is that citizens contribute intrinsic value to human life, animal life and nature as such. In the same way as people think that cultural traditions, aestetic objects, religions, symbolic values, works of art have significance as Ends in themselves. Also the human body and parts of the body as symbols of the human person is seen to posess a certain integrity. Society is repugnant to the total commercialization of human organs, tissue or cells. We are protecting animals species for the concern of their existence as an End in themselves and not only for the sake of ecological sustainability or aesthetic variation. Although somebody may find the attitude sentimental, Dworkin argues that the respect and the feeling to honor the sacred character of vulnerability in nature and the integrity of unborn human life is a basic moral fact in the lifeworld of modern society. Nobody really doubts the intrinsic value of the existence of future life on earth; the survival of genuine, animal, plant, and future human generations is considered as an End in it self.

But the liberal will not interpret this concern dogmatically. Natural disasters, Cancer, AIDS and life created in incest or rape are not necessarily good things. And the use of organs for transplantation can be said to do more good than staying in the dead body. The idea of the integrity and intrinsic value of life must be interpreted in relation to concrete situations; in the case of abortion, the concern for the lived life of the mother, her autonomy and bodily integrity means that she in the early stages of pregnancy, herself, must decide if she wants an abortion.

VIII. Legitimation Crisis of the Traditional Concepts of Law

The revitalization of the concept of state responsibility as response to the vulnerability and integrity of the human life constitute a challenge to the major legal thinking of the west. The need for extension of law to imply the body, future generations and unborn human life is at the limits of the dominating concepts of law operating only with the autonome person as a real subject of law and having difficulties to cope with the body and unborn human life between persons and things. In the tradition of modern natural law, i.e. in Rousseau and Locke positive law is founded on the autonomy and freedom of individuals in a contractual relationship (Locke 1698). This implies an antropocentric concept of law, where neither the human body, nor the relationship to the living nature is included in the grounds of political community, because, in opposition to classical theories of practical reason as deliberation about the particularity of the situation, the nature of things and human nature, only human liberty is the foundation of the contract. But exactly this norm of freedom is challenged by the developments in biotechnology, that through the intervention in the biological foundations of human nature, i.e. in genes, reproductive possibilities, changes human nature, reason and liberty. And based only on human liberty, some contract theories have difficulties explaining why we should care for future generations, fetuses or human cells.

But also the positivistic and realistic understanding of law i.e. in the works of Hans Kelsen and the famous Danish jurist Alf Ross, that has had a decisive influence on danish legal theory, is caught by this *bioethical crisis of law*. The realistic and positivistic conceptions of law claims, that a system of law is a totality of legal propositions that is founded on a logically necessary basic norm and which reflects a given contingent set of power relations in a specific historical society (Ross 1953). The particular subject of law posseses as a participant of this system of law certain procedural rights and duties, garantied by the legislative framework.

In such systems of law, the human body is related to the integrity of the legal subject of the person and has barely no status of its own, at the limits of the legal subject between persons and things. A subject of law can as owner of a body or parts of the body have a claim to protection or compensation in relation to body damage, but is in itself considered as a thing with hardly any legal protection. If it is not considered as expression of the person by the concept of right to bodily integrity, the body is quite absent in modern systems of law.

Also, one can discuss liberal models of law, considering law as a garantie of certain neutral procedural structures, where there is an absolute distinction between law and ethics and self-determination to the extend that it does not harm the liberty of other peoples is the basic principle. But the concept of self-determination is also quite problematic in relation to biomedical problems. Take for example questions of euthanasia, organ donation, premature born babies and embryo experiments – where self-determination is at it limits and cannot be the only foundation of an argument seeking to respect the integrity and vulnerability of human subjects. In relation to biomedicine arguments from human dignity and the value of life seem to accomplish the theories of self-determination.

IX. Abortion Law as a Another Route of Argument

An example of another route of argument is Dworkins argument about about abortion law in *Life's Dominion*. Dworkin analyses the famous 1973 Roe v. Wade Supreme Court decision, considering a law of the State of Texas that wanted to forbid abortion totally as against the constitution of the United States (Dworkin 1994). Further the court said that laws forbidding abortion before the third trimester of pregnancy would be contrary to the constitution, because they would interfere with the womans basic liberties, her right to privacy, personal freedom and self-determination of citizens that are basic in the constitution. But the respect for individual freedom is not the only reason for the Roe v. Wade decision.

The other side of the story is state responsibility for the respect of unborn human life. The Roe v. Wade decision can be seen as a Supreme Court interpretation of the relation between two principles of the constitution, namely the limits of state interference with personal freedom and bodily integrity on the one hand and the state' duty to protect the ideals of the constitution on the other; in this case the respect for unborn human life. To do so the Roe v. Wade decision restricts abortion after the first three month of pregnancy. It argues that it is state responsibility to protect the integrity and special dignity of unborn human life. The state has no direct right to forbid abortion, because it would be a violation of the womans constitutional rights. The state cannot consider the fetus as a person with rights and duties, because it is against the principles of the constitution and American legal practize. However the state has a duty to protect the dignity of human life as such, a duty that can be derived from the constitution. It is the concern of the political community, with the words of Dworkin, to find the right place for human freedom in *Life's Dominion*.

X. The Paradigm of Blood Legislation

Also concerning the body one experience the emergence of new legal thinking where the body is becoming a special status in law independent of the person. In traditional legal theory the person is considered as the basic subject of law and one cannot imagine that the body can be separated from the person, therefore the body as such can barely be said to have a legal status, Jean Pierre Baud argues in his book *L'affaire de la Main volée*. He shows that Western legal thinking has been reluctant to see the body as anything else as the expression of personal integrity. But this means that the body as such is non-existent in law (Baud 1992). The famous Moore case in the California Court where a person was denied ownership to his own cells is for Baud a paradigmatic example of the isolation of the body from law. Historically, decision making about the human body has been left to the preast and the medical practice, that were considering the body as a sacred thing. But the history of modernity as the story of isolation of the body from law has lead to a paradoxical situation where the body has been subject to intensified domination and exploration of all other social practizes. The challange is intensified in industrialized society where the body is exposed to increased risk in traffic, work conditions but also in the horrifying eugenic practizes from the beginning of the 20th century to the 2end world war. However, in relation to the emergence of blood legislation and legal regulation of organ donation a new legal status of the body can be observed. In many countries, concepts of generosity and gift are opposed to commercialisation of the body, where one can say that human dignity is the modern metaphor of the status of the body in law as a sacred thing between persons and things.

XI. A New Conception of Law

The philosophical foundations of these legal developments imply a phenomenological concept of the person as expressed in the philosophies of Jean Paul Sartre and Maurice Merleau-Ponty. Sartre stresses the fundamental ambiguity of human bodily existence where the body is both a thing and a lived experience, expressed in the distinction between being-in-it-self – the body as a thing and being-for-it-self, the lived experience of the body (Sartre 1993). Merleau-Ponty is very inspired by the Sartrian idea of the discovery of my body as the discovery of my being, but is also a harsh critique of the Sartrian emphazise of the body as a part of the alienating world of things. For Merleau-Ponty, as follower of Henri Bergson, the human being is not separated from the living world, but is seen as a part of the living nature. This does not lead to the position of the so-called Deep Ecology movement nearly proposing ontological primacy of nature to man, rather we must not forget the outstanding situation of the human beings in the universe. However, in stead of antropocentric blindness, one can describe the relation of man to nature as an antropocentrifugal relation, where the power of human beings imply awareness of responsibility for human and natural life.

In this perspective, the concept of judgement can be analysed as a hermeneutical interplay between universal principles, cultural philosophical presuppositions and collective historical experiences. One can mention Immanuel Kants concept of judgement in the *Crititique of Judgement*. Judgement work in the intersection between aesthetic sensibility, opinion and taste. As a *Weltbetrachter*, one judges the progres in history of human civilisation in relation to nature as organised teleological autopoetic natural processes (Kant 1794). Judgement takes its point of departure from the shared understandings of the political community (Sensus Communis), but at the same time relate these to the universal ideal of the Kingdom of Ends in themselves.

Judgement is not only determinate application of a pregiven rule, but rather reflective thinking. There is a logical and structural anology between aesthetical, political and juridical judgement. The characteristics of judgement is a mediation between particularity and universality in a space of intersubjective, public deliberation and communication concerning judgements of opinion and taste related to particular cases and founded on the common understanding of validity and shared values. Judgement as formation of political opinion, legislative act and concrete legal proceses can be conceived as an interaction between understanding, imagination, reason and Sensus Communis.

Being a result of intersubjective public debate, the formation of law in judgement has a teleological function as mediation of conflicts and contribute to social peace in the lights of the regulative idea of progres in history and the perfectability of the Insociable Sociability of humanity. Given legal rules and principles of justice cannot be directly applied to all situations, but must be interpretated of reflective judgement relative to new situations. The pluralistic character of social conflicts make the application of universal moral principles and revitalization of narrative traditions, a question of a dynamic interpretation, where new situations without preceding cases challenges given legal standards and demand imaginative and original solutions at the limits of traditional understanding of law.

The modern development in biomedicine necessitate this dynamic understanding of law. The new biotechnological possibilities of manipulation with the human body, fetus and embryo demand reflection on to which extend the dignity of human beings also apply to potential persons and future generations. The imaginative invention of law is searching to determine the legal status of these peculiar subjects of law, between persons and things. Here legislation and judgement on biomedical problems cannot be founded on the preference of the majority, but must be based on deeper consensus. Lawmakers are not simply buraucrats who blindly apply pregiven rules to new cases. Instead the lawmaker must be considered as a "Creative Ethicist", who must relate what the french philosopher Paul Ricœur calls the common ideal of the "good life for and with the other in just institutions" (Ricoeur 1990) to new scenaries of biomedical use of human body, the embryo or the fetus.

XII. A First Example: The French Laws on the Human Body

The new legislation *Les lois sur la bioethique* (1994) in France can be considered in this perspective. The ethical foundations of the French laws on the protection of the human body, artificial procreation and experiments with embryos can be interpretated, not only as a set of subjective norms, but rather as implying an ethical vision of the individual human being, the family and the role of the human beings in the world. The new laws stresses the need for respect for the unborn human life and the body, as a consequence of the dignity of human life, a basic principle in French law although not mentioned explicitly in the constitution. One can say that the new laws is an application of bioethical principles that reflect basic values of French society and is founded on shared understandings. The basis of the French laws is a search for an equilibrum between individual liberty and the public good taking into account the special dignity of unborn human life, future generations and the need to respect the integrity of the human body as such (Lenoir 1993).

The law on the use and treatment of the human body, on donation and use of parts of the human body is based on three basic principles; the inviolability, dignity and indisponibility of the human body. At the same time, in the case where the body is considered as an expression of the human person, there are limits for individuals for free dispositions over their own bodies i.e. the law implies a limitation of individual freedom by forbidding commercialisation of the human body. The body, organs, tissue, cells cannot become object for heritage, patent or commercial use. Organ donation in a system of presumed consent requires the personal acceptance of the individual or his relatives. But not only restrictions on the use of the singular body is imposed by the French legislations; also the body as a collective good and heritage is protected. Positive and negative eugenic manipulation and change of the genetic inheritence of the human species are forbidden.

An interpretation of the dignity of the human body and person is also the foundation of the law on reproductive technology and artificial insemination. Some very strict laws have been proposed, very far from the Italian anarchy and liberal English or Spanish legislation. Techniques for artificial procreation are only allowed for medical reasons and only for married couples who have lived together for more than two years. Donation of eggs from fetuses and of embryoes is forbidden in respect for the rights and interests of the child.

A third group of laws concern the liberty of research, that is limited by a total interdiction of eugenic practizes. Also here the state intervenes in a basic democratic liberty; the freedom of expression. Again the argument is based on common values, the respect for the integrity for human life. Manipulation with fetuses and gene structures is not allowed and the law does forbid research on embryos for non therapeutical purposes, because this kind of research is thought to violate the integrity and inviolability of the human body.

XIII. A Second Example: The German Embryonenschutzgesetz

The protection of the embryo as protection of the integrity and vulnerability of the unborn human life is another example. The famous first paragraf *"Die Menschenwürde ist unantastbar"* of the German "Grundgesetz" is the basis of the socalled "Embryonenschutzgesetz" (1992). In contrast to other countries Germany has made a specific to law to protect the embryo. As unborn human life the embryo is not considered as a person as an adult, nor really as a potential person. The law can rather be said to protect the specific dignity of unborn human life (Menschenwürde). As a criminal law, and one of the most strict in western Europe, the law for the protection of embryos is forbidding embryoexperiments, restricting reproductive technology to married couples only allowing sperm donation and forbidding egg donation or other donation practizes. Also donor anonymity is forbidden. Furthermore, genetic techniques of germe line therapy, of cloning, making of hybrids and mixing human and animal genes are forbidden. The reason for applying criminal law is the need to protect fundamental principles as bodily integrity, human dignity and the human person. The starting point is the need for protection of unborn human life especially outside the woman.

The sources of law in the German debate can be said to be a wide social legitimacy where physicians, jurist, churches are confronted with the progres in biomedicine. Partly due to the historical experience of Germany as well as dependence on religious values, the law to protection on embryos is very strict. But at the same time it also reflects a certain view on the family and the relationship between human beings and nature. Generally, one can interpret the law to acknowledge the right of future human beings not to be genetically manipulated and be a product of natural contingency, being part of a family and a continuity of generations. The german law is defending the actual concept of a human being in its corporal ambiguity against all kinds of Frankenstein models of human beings and interpret the concept of human dignity as the rights of future individuals not to be genetically manipulated.

XIV. Conclusion: The Character of Biomedical Law Making Processes

Against this background of the discursive character of biomedical legislation and lawmaking, briefly illustrated by the French and the German laws, the basic framework of biomedical lawmaking processes can be defined as a *Communitarian Kantianism*. Biomedicine can be said to constitute a specific sphere of justice where universal principles of human dignity are interpreted in relation to particular historical experiences and juridical traditions. The understanding of law making processes in biomedicine is the determination of the interaction between ethics, law and politics, where respect for and protection of human dignity cannot be seen as abstrabt constructions, but are realised as a concrete tension between power politics, shared understandings, universal principles, collective experiences and democratic traditions.

References

Apel, Hans Otto (1988): Diskurs und Verantwortung, Frankfurt

Baud, Jean-Pierre (1993): L'affaire de la main volée, Paris

Dworkin, Ronald (1994): Life's Dominion, New York

Foucault, Michel (1982): Histoire de la Sexualité 1, Paris

Habermas, Jürgen (1981): Theorie des kommunikativen Handelns, Frankfurt

Jonas, Hans (1979): Das Prinzip Verantwortung, Frankfurt

Kant, Immanuel (1971): Kritik der Urteilskraft (1794), Hamburg

Lenoir, Noëlle (1993): La génétique humaine, in: Deuxième Symposium du Conseil de l'Europe sur la bioéthique, Strasbourg 30/11 - 2/12 1993

Locke, John (1993): Two Treatises of Government (1698), London

Merleau-Ponty, Maurice (1945): Phénoménologie de la Perception, Paris

Ricoeur, Paul (1990): Soi-même comme un Autre, Paris

Ross, Alf (1953): Om ret og retfærdighed, København

Sartre, Jean-Paul (1943): L'Etre et le Néant, Paris

RECHTSTHEORIE, Beiheft 19, S. 271 - 280
Duncker & Humblot, 12165 Berlin

LAW, TECHNOLOGY, AND THE ENVIRONMENT

By Michael Arthur Simon, Stony Brook

Human beings, like all other creatures, keep themselves alive by doing things that affect the life prospects of other flora and fauna. What is peculiar to human interaction with nature is the use of technology. Humans not do very well without tools and technologies, either in exploiting their environment or in defending themselves against other species. They need technologies to survive.

Technological development is cumulative. History began when technological change so altered the conditions of human life as to make the world to which each generation had to adapt significantly different from the one its ancestors inherited, and different from the one it bequeathed to its successors. Human groups have histories because they have developing technologies. As change in the natural environment drives biological evolution, technological change drives cultural evolution.

Since human-environmental interactions are mediated by technology, environmentalist philosophy cannot be in total opposition to technology. Environmental policy questions are not about whether humans should intervene, but how. Humans have a dual relation to nature: they are part of nature and they stand outside of it. To the extent that they are outside nature, everything they do is a form of intervention. Their capacity to disturb the rest of nature is linked to their propensity to be concerned about it and to intervene. Environmental protection advocates depend on technology, not only in their everyday lives, but also with respect to species management, environmental conservation, biological research, and law enforcement. Environmentalism assumes both the possibility and the necessity of intervention.

Concern about environmental crises brought on by human technology is derived not from the fact that humans can be blamed for rapid and extensive species destruction, but from the recognition that humans are the only creatures able to do anything about it. Technological problems spawn technological solutions. Humans engage in productive and destructive acts, and they also have the capacity to deliberate and conscientiously intervene in each others' lives and the lives of other creatures. Technology threatens nature, and it manages that threat.

Two kinds of laws govern human behavior. Biological laws provide the basis for explanations of what happens in the lives of natural creatures. Environmental laws are prescriptive legal rules that human beings enact to direct and restrain what their conspecifics do in and to nature. Laws of the second kind, which apply only to humans, protect the parts of the world that are governed only by laws of the first kind, by limiting what happens as a result of human use of tools and technology.

Positive law – the rules human societies adopt to direct voluntary action – can be conceptualized in two ways, corresponding to two ways of viewing the management of human behavior. Rules are outcome-directed, or they are process-oriented. Laws are designed either to achieve or prevent certain types of outcomes or to promote and maintain social practices. Rules can serve to advance independently specifiable goals, and they can secure the continued operation of a system of activities.

Law that fits the outcome-directed model is exemplified by substantive criminal law. Its prohibitions presuppose the existence of independently identifiable wrongs: conduct that is bad in itself or bad because of its foreseeable consequences. Whether grounded in natural law or based on a social value such as utility, criminal law is directed toward acts whose rightness or wrongness does not depend on the laws that prohibit them.

Arguably, much of the law that limits the use of technology is outcome-directed as well. Technology regulation concerns the way people do things, but its focus is often on resulting states of affairs. Legislation is supposed to prevent people from pursuing goals using methods and materials in ways that produce unacceptable outcomes. Rules governing the use of hazardous commodities are defended as needed to protect the innocent from the intended and unintended consequences of their use. Technology law addresses the negative externalities of productive activity.

Process rules have a different thrust from outcome-directed rules. Their purpose is to maintain procedures and processes whose continuance is important to the functioning of a collective. Laws of this kind regulate human activity not for the sake of achieving or preventing specific outcomes but to allow activities to continue without breakdown. Their job is to moderate, not to prohibit. Process laws balance opposing interests. Their efficacy depends on the extent to which they prevent the destruction of practices that can yield any of a number of possible outcomes, or no outcome at all.

The process model finds its clearest application in politics and in the legal process itself. Election laws set the rules of political succession by specifying how a political system can continue without serious disruption. Rules of criminal procedure and civil procedure detail the ways disputes are to be resolved while maintaining peace and stability. The function of these rules is not to prevent harm or achieve any specific result but to keep the activity going.

Commercial transactions are also governed by process laws. Contract's facilitate human interaction by setting boundaries around certain classes of activities. Rules of contract encourage productive exchange by reducing risks. By increasing the likelihood that transactions will be mutually beneficial, these rules help to keep the economic system running smoothly. Antitrust laws maintain competition by regulating aspects of commercial activity that are destructive of competition. They protect human agents by restraining acts that would lead to the cessation of their productive activity. The benefit to outsiders of antitrust law, thus conceived, is secondary to the preservation of process.

The quintessential practice whose rules are process laws is a game. Games are self-contained activities with no external payoff and no predestined winners or losers. Rules limit what participants can do to each other, but only so far as they are all players in the game. The importance of what happens in a game depends entirely on its role with respect to other occurrences within the game. Nothing outside the game is supposed to affect the outcome.

Besides constituting a set of activities as a game, rules ensure that the game continues to run its course. The rules are not designed to prevent anyone from suffering the harm of losing. Enforcement is important, not to ensure or prevent any particular outcome, but to allow the activities of game-players to continue without disturbance. Cheating renders a game unstable. Participants are compelled to follow the rules in order that the game go on.

Games are governed by a number of different types of rules. Rules of play and the rules of scoring define the course of the game and indicate how the outcome is determined. Rules specify the actions participants must perform, and in some instances disallow certain actions and bodily movements. Rules of participation determine who shall be allowed to play. Rules also specify the arena. Others set the conditions under which the game is to be played. Still others work to neutralize certain natural and unnatural advantages.

The most important kind of rules, for the purposes of this essay, are technology rules. These are rules that are intended to eliminate or prevent the creation of advantages resulting from superior tools and technologies. In a game, this is done by specifying what equipment is and is not permissible. Balls and sticks have to be of regulation size. A baseball pitcher is prohibited from moistening the ball. Track and field competitors are not allowed to inject themselves with performance-enhancing chemicals. Boxers can use only gloves of a certain size and weight. By specifying and limiting technology, rules limit the extent to which any class of participants can dominate the game. They help to ensure that the practice of participation in this cooperative and competitive activity will not cease altogether.

The thesis here advanced is that the most effective way to conceptualize rules that limit technology in nature is to view them as process rules whose function is to protect the environment in the way that technology rules of games limit action in games. Environmental law is a form of technology regulation whose task it is to maintain the conditions that keep technological societies going.

Nature itself can be seen as analogous to a game. Like a game, nature is self-contained. Its effects are found only within nature, and need not be assessed in terms of any outside standard. Nature's continued survival, from a naturalist perspective, is all there is. There are no privileged players, no preordained winners or losers, no one who deserves to win or lose. It is the system that must survive, not any particular components. As nature is both competitive and cooperative, so are games. A game is a cooperative enterprise wherein participants compete against one another according to rules.

Conceiving nature according to a game model allows us to view technology's threat to nature as comparable to the potentially disruptive effects of technological innovation on competition within a game. Collective acceptance of constraints makes the game possible. Use of extraordinary means for pursuing individual ends can lead to its destruction of the entire enterprise. When a player or team introduces a device that enables it to vanquish all opponents and makes them unable or unwilling to continue to participate, the game is ruined.

The idea that rules function to keep the game going explains why there are rules of ritualized conduct, and even rules of war. Traditionally, war has been waged according to rules. To the extent that both sides adhere to rules of military engagement, war is a cooperative venture. A state of war requires mutual recognition that both sides are engaged in armed conflict. Rules keep the brutality from escalating to the point where all participants are in danger of being wiped out.

Rules of war include technology rules. Such rules limit the kinds of destruction that one side may inflict on the other. The adoption of a rule by the Geneva Convention after World War I not to use poison gas represented a collective decision of nations not to allow such injuries to continue as part of the costs of war. The kind of war everyone wants to avoid is the war that will end all wars – because there will be nobody left to fight on either side. War technology rules preserve the world for more wars.

Games are a paradigm of Rawls calls pure procedural justice. In a game there is no independent criterion for the rightness of the result. It is not merely that the rules must be followed for the game to be fair: the rules are all there is. Pure procedural justice means that the outcome is fair whatever it is, as long as the activity is carried out according to mutually agreed-upon rules. That situation contrasts with the imperfect procedural justice of a criminal trial, wherein a person is supposed to be convicted if and only if he has committed the offense with which he is charged. There procedural fairness makes a correct result likely, but it cannot guarantee it.

Activities such as games, wherein competition occurs against a background of cooperation, depend on notions of fairness. Fairness is a matter of procedure, not outcome. In nature, love, and war, as in games, all is not fair. When the rules of a game establish that the contest shall be won by skill, strength, or fortune, succeeding by other means is unfair. An unfair procedure is one in which a participant has an unfair disadvantage. An unfair practice gives its user an advantage that is deemed unfair because it falls outside recognized rules of competition.

Fairness does not require that everyone have an equal chance of winning or achieving dominance, however. Fairness implies a kind of equality whereby everyone is bound by the same rules, but it does not require the sides to be evenly matched, or that the outcome was ever in doubt. A lop-sided contest can still be judged fair as long as none of the differences between contestants is seen as arbitrary.

Not all games are fair, furthermore. A game can be unfair even when nobody cheats, if the rules favor one side or the other. A game is fair only when the rules minimize the effects of arbitrary conditions. A gambling game is unfair if the bets are unfair. (A fair bet is one in which no participant has a rational expectation of gain.) When the rules of a gambling casino give an enormous advantage to the house, fairness is violated. The same would be true of a system of insurance in which one's chances of "winning" depend significantly on whether one is the seller or the purchaser. The rules of that kind of game would ensure unfairness.

One way that a contest can be unfair is for the outcome to be determined by one side's having access to technology not available to the other. Among the rules that maintain competition in sports, we have noted, are technology rules. Disparate technologies upset equality of chances of winning in ways that may be considered arbitrary. Technological advantage can turn a fair contest into an unfair one – or at least provoke complaints to that effect – by shifting the balance between competitors. In a race of gravity-powered go-carts known as the Soapbox Derby, for example, fairness was violated when one competitor surreptitiously installed an electric motor into his cart. If the rules are designed to maintain a lively competition, that purpose is frustrated when devices are employed that allow one competitor to dominate the outcome. Technology regulation serves to maintain an appropriate degree of fairness.

Sports rules regulate technology by placing limits on the equipment participants may use. When a pole vaulter first introduces a fiberglass pole, when the Americas Cup is won by a multi-hulled boat, when a weightlifter or shotputter takes steroids, or when runners engage in "blood-doping" (where a contestant receives a transfusion of artificially oxygenated blood), rule-makers have reason to be concerned. Rules specify types of sticks and poles, types of shoes, and types of substances competitors may inject or ingest. Unless the contest is itself a competition between technologies – automobile racing is an example – technology upsets the balance that fairness requires because it renders the existing rules inadequate to preserve fair competition.

There are no principles behind these technology rules, other than they should contribute to what will be acknowledged as a proper balance. Rule-makers' concern is not to eliminate all differences, but only those that allow some participants to dominate. The criteria are pragmatic: whatever is in the interest of the game. What matters is that the game be fair and be seen as fair. Technology rules are adopted in order to sustain that end. If participation is voluntary and motivated by a desire to win, rational players will demand that the game be fair as a condition for entering.

Among the kinds of activities wherein fairness is determined by technology rules are those human interactions with nature that comprise the predatory sports. Hunting and fishing – at least to the extent that they are governed by rules concerning what is and is not permissible – have the express logic of games. Hunting laws limit the season, the quarry, and the weapons. So far as they are conceived as sport and not (merely) as productive activity, they are expected to reflect standards of fairness. Environmentalists typically recognize at least minimal technology as fair. Few environmentalists are upset by fly-fishing. Sport fishing by machine gun, on the other hand, would probably be universally condemned. Tracking deer with electronic motion-detectors, using headphones that amplify lowdecibel sounds and deaden loud noises, and using a rifle equipped with a high-powered telescopic sight, all contribute to making hunting a very different activity from hunting by long-bow. The use of maximal technology strikes most sports enthusiasts as unfair. They say that it takes all the fun out of it.

Given that humans make the rules, it should not be surprising that they favor the human contestant. Rules tend to focus on fairness between human competitors rather than between humans and other creatures. The rules are designed to give the quarry a chance, but not an even chance. Biased standards are standards nonetheless. In bullfighting – one of the most ritualized of predatory sports – the rules are set to ensure that the bull loses most of the time, but not all the time. The derision that greets the bullfighter who violates standards of fairness reflects the demand for fairness that sportsmen and women insist on, even in the most brutal sports. Sportsmanship is expected to prevail.

As technology undermines fairness in the predatory sports, so it does with respect to environmental interaction in general. Environmental regulations set limits as to how much and what kinds of assault on other organisms shall be permitted, given humans' need to consume other organisms in order to survive. Human values, not biological necessity, are what make it acceptable to satisfy human desires by sacrificing some flora and fauna and not others, and unacceptable to destroy as many as the most aggressive may choose. In the absence of an independent outside standard that determines what kinds of plunder shall be allowed, human agents' concern must be limited to choosing rules that the human community believes achieves fairness, all things considered. The analogy with hunting and fishing reminds us that political battles over environmental issues are debates concerning what is fair – not only with respect to contending human parties, but to other creatures as well.

Fairness being a human value, it has no place in nature except as humans are themselves intervening participants. As far as interactions involving only nonhuman creatures are concerned, nothing in nature is either fair or unfair. That some animals prey on others by taking advantage of their weaknesses does not raise questions of fairness. Humans, as voluntary and responsible agents, regulate their interactions with nature because they value the continued existence of the natural world and the species it contains. They make legislative decisions requiring substantive determinations reflecting human values, and they are accountable for following or flouting environmental rules.

Fairness in interaction with other organisms is in some respects like fairness in a political order, but it reaches beyond. Like fairness in politics, environmental fairness requires procedures for determining whose values will be decisive. Unlike political fairness, it requires being fair to creatures that are neither members of the electorate nor represented by members. Regulation by humans need not be construed as only for humans.

Some people may resist the game analogy for environmental regulation, stressing that much of environmental law is specifically designed to prevent specific kinds of harm. The process model is, after all, not the only way that environmental protection can be conceived. Critics of the game analogy may point to environmental protection laws that are designed to prevent certain kinds of harm such as pollution and the destruction of species. Laws regulating automobile engines and fuel, like laws regulating ownership of weapons, are surely intended to prevent harm to those who breathe the air. Conservation laws prevent the destruction of (some) items of natural beauty. Endangered species laws are supposed to preserve the present configuration of natural kinds of creatures on earth. Pesticides are prohibited because of their harmful effects on creatures other than the ones they have been devised to control. Recycling laws retard the exhaustion of natural resources and reduce the quantity of solid waste.

Acknowledging that many environmental laws target specific ends does not render the game analogy inappropriate for nature, however. The rules of games include not only internal, formal rules but also rules that limit the time, place and manner in which an activity can be pursued. There are restrictions as to where and when a game can be played, and there are rules that determine who is an eligible participant. Like the predatory sports, games are confined within socially recognized limits. Bald eagles and Bengal tigers are ineligible players.

Regulations entail restrictions, but that does not make them prohibitions. There are indeed conditions under which playing a game has independently identifiable bad effects. Sports activities are often limited for that reason. Duelling is illegal and boxing is regulated because of these sports' adverse consequences. Bad consequences are also the reason why trade in rhinoceros horns and elephant tusks and alligator hides is prohibited. Societies have rules that restrict human economic activities in order to keep them from depleting certain of the earth's resources. The rationale is not that extracting wealth from nature is bad, but that it can have harmful consequences when pursued in certain ways. Like the rules of games, rules that direct human productive activity enable as well as restrict.

Regulations in general are not prohibitions, except in a derivative sense. By requiring that activities be done safely and in moderation, regulatory rules allow cooperative and competitive enterprises to flourish. Laws that specify limits concerning wages, hours, and the work environment should be considered not as prohibitory legislation but as rules that set conditions conducive to the safe conduct of these activities. By the same token, rules that limit human productive and nonproductive activity for the sake of environmental conservation, like laws of business practice, are laws that can be thought of not as preventing evils but as contributing to the preservation and continuation of practice.

Conceiving environmental laws as process rules does not imply that laws governing human conduct with respect to other creatures have to be seen in all cases as regulation of legitimate activities. Laws regarding the treatment of dogs and cats are clearly designed to prevent abuses and are better seen as proscriptions of plain wrongdoing. Such measures are more like criminal law than the are like rules of a game. Animal protection laws that presuppose independent notions of right and wrong are not environmental laws at all, because they are directed at individuals rather than species. Laws that protect individual creatures are aimed not at regulating technology but at achieving certain specific results.

Environmentalists' efforts to save tropical rain forests and endangered species drive them to seek laws they believe will achieve those ends. The burden of this essay has been to suggest that the ultimate concern of environmental protectionists, like that of sports promoters, is to maintain a lively competition. Applications of technology to improve performance beyond what can be attained by competitors lacking that technology not only eliminates serious competition but can ultimately destroy the activity altogether. Wiping out species through the use of powerful technologies is a way of ending the game for present and future participants.

The fervor with which many conservationists and species-protectors defend their positions often distracts people from the noticing that what environmental law protects are differing conceptions of the quality of life on our planet. Disputes between those who view certain kinds of individual life as inviolable and those who view species as sacred objects whose extinction is tragedy, are irresolvable so long as these are conceived as struggles over what evils law should prevent. Without principled grounds for deciding which destructive acts by humans should be allowed and which not, causing injury to nature cannot serve as a reason for declaring certain acts illegal. Political debates over the value of biodiversity and the rights of humans and other animals are less intractable when interpreted as disputes over how to keep the game of life going and what kind of game we want to play. The argument is not over ultimate values, but over competing forms of life.

Technology is where games and environmental concerns come together. Environmental regulations set forth what may and not be done with technology. By limiting the technological advantages humans enjoy over other creatures, environmental rules, like the technology rules of sport, serve to maintain a balance by ensuring that competition occurs at a certain level. Regulations are necessary to prevent some people from spoiling the game for others. That is all that can be expected of them.

Environmental and ecological studies often reflect a desire to help people disabuse themselves of the idea that humans are not part of nature. As coinhabitants of the natural world, humans need not and cannot accept the idea that nature is only a set of resources to be managed and exploited. Yet humans are outside of nature so far as they are the only interveners. Recognizing that humans do unnatural things is necessary for an environmental policy to be possible at all. The game analogy points us in the direction of remembering that humans are part of nature, that they belong to nature. It should also remind us that ultimately there is little difference between humans managing nature and humans managing their own affairs.

RECHTSTHEORIE, Beiheft 19, S. 281 - 291
Duncker & Humblot, 12165 Berlin

MEN, NATURE AND WORLD VIEW

By Mark Van Hoecke, Brussels

In his book 'La nature hors la loi'[1] François Ost shows how, over the last centuries nature has increasingly been seen as a tool for human aims, which could be used (almost) without limits. He criticises this approach by which nature is seen as a pure object (of law). But he is also criticising the recently developed current that considers nature to be a (potential) subject of law. As an alternative he proposes the concept of nature as 'patrimony' as a kind of dialectical synthesis between 'object' and 'subject' of the law. I would like to add a few points to his analysis and/or to make them somewhat more explicit.

Several 'shifts' have been influencing the different positions taken at the current debate. There is a 'shift' of starting point (antropocentrism – ecocentrism), a 'shift' in power relation towards nature (men dominated by nature – nature dominated and manipulated by men), and a 'shift' on the concept of fundamental rights (human rights – animal rights – rights of all (living) species). In this paper I would like to draw attention to some other shifts and oppositions that have (strongly) influenced the current ecological viewpoints: individualism/communitarianism, rationalism/irrationalism, and a shift as regards the moral agent(s) accepted.

I. Who Is a Moral Agent?

In Western civilisation until the Modern Times, and in other cultures until today, nature has been seen as some divine project in which man is an object rather than a subject, someone who undergoes, willy nilly, the plan of God(s) rather than someone who is steering the world. The world view is theocentric. Morality is based on some (presumed) divine will. God(s) is (are) the primary moral source. Mankind is just one part of nature, in a role and a position as awarded by God(s).

In Modern Times, Rationalism directed the world view from a theocentric one to an anthropocentric one. Man saw theirselves increasingly as the disengaged subject of rational agents. This dignity became itself a

1 *François Ost,* La nature hors la loi. L'écologie à l'épreuve du droit, Editions La Découverte, Paris 1995, 346 pp.

moral source. Until the eighteenth century it was still placed in a theistic perspective: human reason and will are God-made and part of God's plan for the world and for nature.

But in so far as human beings are now recognised as (autonomous) moral sources, the way is open for developing a non-theistic morality.[2] It is the reaction against this rationalist movement, including notably Rousseau, and Romanticism, which has laid the philosophical basis for the current ecological worldview. The worldview shifted from an instrumental reading of nature towards a sense of *nature as an inner moral source*.[3] This shift is not only the result of a change in viewpoint (less anthropocentric) or a change in hierarchy of moral values, it is essentialy a change in the interpretation of what is essential to human beings. As rationalism (over)emphasises the rational features of men, counter movements (over)emphasise the emotional feelings.

For Rousseau, nature is fundamentaly good[4] and men cannot really be free when they try to dominate nature. They have to keep their appointed place in the order of nature: "O homme! reserre ton existence au dedans de toi, et tu ne seras pas misérable. Reste à la place que la nature t'assigne dans la chaîne des êtres, rien ne t'en pourra faire sortir".[5]

Romanticism is following this approach. When analysing this movement (with writers as Goethe, Hölderlin, Schelling, Lamartine, Musset, Blake), Taylor concludes that "all these writers see human beings as set in a larger natural order, often conceived as a providential order, with which they should be in harmony".[6]

However, in this approach, the moral agent is still the (individual) human being. Morality is not imposed from outside. It follows from the very nature of reason itself.[7]

The deep ecology movement drops the human being as a moral agent. Nature does not get anymore its moral value from Gods(s) or from men. It becomes an autonomous moral agent. Where Rousseau considered men

2 *Charles Taylor,* Sources of the Self. The making of the Modern Identity, Cambridge: Cambridge University Press 1992, p. 315.

3 *Taylor* (note 2), p. 319.

4 *J. J. Rousseau,* Emile ou de l'éducation, Paris: Garnier, Flammarion 1966, book I, p. 35: "Tout est bien sortant des mains de l'Auteur des choses, tout dégénère entre les mains de l'homme.", and book II, p. 94: "...plus l'homme est resté près de sa condition naturelle, plus la différence de ses facultés à ses désirs est petite, et moins par conséquent il est éloigné d'être heureux".

5 Ibid., p. 98.

6 *Taylor* (note 2), p. 369.

7 *Taylor* (note 2), p. 363.

to be intrinsically good, but perverted by society, ecological fundamentalists consider nature to be intrinsically good, but perverted by mankind. Nature, here, is more than just a (human) moral value, it becomes the moral standard, and even the moral agent. This, inevitably leads to paradoxical and absurd consequences. In the first place, because nature cannot act 'morally', think, speak, etc., but through human persons. It doesn't make sense to speak in terms of moral value without reference to human beings or to God(s). In the second place, the deep ecologists accept as a basic principle that all living beings have an equal right to live. This principle is one of those who are in the most flagrant way in contradiction with nature itself. In order to survive all living beings need to eat, and thus to kill, other living beings. Enforcing the principle of an equal right to live would kill all species in a short time. Thus it is obvious that this 'moral principle' is a typical human product, completely alien to nature as such.

In a way deep ecology could be defined as a 'non theistic pantheism'. It is pantheistic in that it gives an autonomous and the highest value to anything in nature. Nothing is ruled by anything or anybody else: everything and everybody is its own God. They all have some inner meta-physical moral value. It is non theistic in that it doesn't refer to any kind of God in the traditional sense. An abstract concept of Nature has taken His place.

Actually, a utilitarian morality is transposed to nature. The criticism, as worded by Taylor, towards Bentham's reduction of morality to pure physical desires can also be adressed to the deep ecologists.

> "In their insistence on the physical nature of the moral life or on the reduction of all human motivation to pleasure, in their zeal to root out all religious and metaphysical doctrines about "higher" or "spiritual" aspirations, to leave them absolutely no ontological space, seemed also to abolish the space for what I have been calling 'strong evaluation', the recognition that certain goals or ends make a claim on us, are incommensurable with our other desires and purposes.
>
> The utilitarianism of Bentham or Helvétius illustrates this clearly. These thinkers recognized only one good: pleasure. Moreover, even this was not defined as a strongly valued good. The whole point was to do away with the distinction between moral and non-moral goods and make all human desires equally worthy of consideration."[8]

Deep ecologists are extending these 'human desires' to the desires of all living beings, being considered equally worthy of consideration. Rationalism and utilitarianism having been thrown out through the front door by ecological fundamentalism are smuggled into their theory through the back door. Because of the kind of their moral agents, their

---

[8] *Taylor* (note 2), p. 332.

morality cannot be but utilitarian. Moral values, and morality in general, are thus drowning in an immense marsh of opposite desires of a countless amount of living beings. A complete moral relativism is the inevitable result.

II. Individualism or Communitarianism?

Deep ecologists have still more in common with utilitarianism. The individualistic world view that is underlying utilitarianism and that is so much typical for Modernism, is also one of the roots of ecological fundamentalism.

The atomistic approach already appears from the way these ecologists are arguing that no clear cut distinction could be made between human beings and animals. Instead of comparing human beings and types of animals as categories, as groups, they refer to extreme examples of mentally handicapped persons on the one hand and the most intelligent animals on the other. These mentally handicapped people are not seen as part of a group, as members of mankind, but as individuals for whom comparison with some animals as regards rational abilities, is unfavourable.

The atomistic approach also appears from the above analysed underlying moral theory: every living being is its own, autonomous moral agent. There is no framework left for common values, for a common concept of 'good life', for a concept of 'common good'. On the contrary, an atomistic focus on individual goals dissolves community.[9] Humanity needs some belief in a common good, in common values, in a common future for mankind.

Individualistic utilitarian use of nature entails a free rider problem. If 99 % of the world population tries to behave in such a way as to protect as much as possible what is left of the rain woods, of the ozone layer, of nearly exterminated species, etc., the other 1 % will still not bother about the consequences of their own behaviour, as they don't think in terms of a common interest. The only thing they see are 99 % 'idiots' who are frustrating their individual desires, so as to allow the other 1 % to satisfy their desires. Or, conversely, when almost everybody is using a polluting car, why should I refrain from doing so? What I am adding personally to the pollution is so limited, that it never will matter as such, at least not in an atomistic perspective.

---

9 *Taylor* (note 2), pp. 500 - 501, with reference to Schiller, Marx, Lukács, Adorno, Horkheimer and Marcuse.

It is not by cutting nature in still more atomistic entities that this problem will be solved. On the contrary, in the deep ecologist perspective mankind will become the 1 % (and, in fact, far less) 'idiots' who will be refraining from using other living beings for satisfying their individual desires, whereas all other living beings will, inevitably, go on doing so.

Every human being is an individual and needs a personal identity, by which he differs from every other human being. Individuality and individual freedom are basic values in our society. But every human being is also part of a community, or, in fact, of different communities: family, village, school or work, sportclub, country, etc. ... This is not only a fact, it is also a necessary condition to survive. To survive in a material sense: a small child needs the help of adults to get food and to stay alive, an adult needs the help of others to survive for a longer time.[10] To survive as a *human* being: children who survive because animals cared for them, do not develop mentally above the level of these animals. When found by human beings some years later, they afterwards never develop into a normal human being. Robinson Crusoë, alone on his island, seems to be completely free: no rules, no other dominating persons, even not anyone he should take care of, which also would have limited his opportunities. But, except maybe for the very first days, our Robinson will never feel 'free'. On the contrary, he will be the slave of nature, with which he will constantly struggle to survive. He will have no opportunities at all to enjoy life as a 'free man'. Only a community is able to offer room for freedom.

At last, a community is also necessary for human beings in order to survive *psychologically;* in the trivial sense that people need other people to talk with (even about nothing), or just to live with. Intellectual and emotional communication is essential for human beings, both to develop as such and for surviving mentally.[11] But, maybe still more, they also need this community to give sense to their life. What would be the sense of life when, after some worldwide disaster, one would, as the only human being, survive? It would entail a problem of sense in the short term: what do I live for? But it would also entail a problem of sense of life in the long run: what can be the sense of my life, when I know that I am the very last human being, so that there will be no more mankind at all after my death? This last question points to the fact that this human

---

10 The 'real' Robinson Crusoë, on whom the book was based, lived (completely) alone on an island for four years. He was found after that time, still alive, but in a deplorable state. Within one year after his rescue he died.

11 On how subjectivity (only) develops in intersubjective communication, see: *Jürgen Habermas,* Theorie des kommunikativen Handelns, Band 1, Handlungsrationalität und gesellschaftliche Rationalisierung, Frankfurt/Main: Suhrkamp 1982, esp. pp. 489 - 534.

community is a *historical* one: we don't feel only a member of present communities, we have roots in the past and we have hopes fot the future. We are part of a historical community. We find ourselves in the middle between our parents, grandparents and other ancestors, on the one hand, and our children, grandchildren and further descendants, on the other.

For our identity, our past and our future are at least as important as our place in one or more communities today. In law this psychological identity is translated into a legal identity: name, descent, civil status, nationality. But not only one's human environment is part of one's identity. Nature seems to be as essential too, both in a material and a psychological sense. It is obvious that non-human nature is essential to any being to survive. Nature offers us food and all other basic products we need, both in a Robinson Crusoë situation as in the most advanced and sophisticated society.

But we do not only need nature in this material sense: resources for surviving and for living somewhat more comfortably. We also need nature from a psychological point of view. We grew up in some specific natural environment and are, generally, attached to it. It forms part of our identity. 'Home, sweet home' means more than just one's house or one's family: it is the larger environment, including both human and natural environment. Most people have a rather strong link with the environment in which they grew up. They will have a tendency to stay there or to go back to it, at least from time to time, even without personal ties with relatives or friends. This is not a rational choice, as it is even the case for those who grew up in very desolate country or region, like e.g. Iceland, and have lived, afterwards, in a much more attractive natural environment.

It is not only a matter of roots. Human beings need a living natural environment. When they live in a region where nature offers only rock stones and water (like e.g. in Iceland or at the south coast of Tenerife), they will try to cultivate trees, flowers, grass and other non eatable greenery in order to make their environment more pleasant. They force nature to offer more than it would do 'in a natural way'. A good, nice natural environment is, for human beings, part of 'good life'.

The natural environment is an important part of what gives sense to life, what makes life worth living. When altering the environment far too rapidly and too dramatically, and certainly when to a large extent destroying it, mankind is also destroying the framework of what gives meaning to life. But this meaning is not (mainly) constructed on an individual basis. It is the emotional and intellectual interaction with the natural environment which results in a world view that gives sense to life.

As we have argued, a world view is a necessary framework for human beings in order to give sense to life. This world view encompasses both a view on mankind and on nature, and on their mutual relationship. It also encompasses a historical perspective, both for the past (the roots) as for the future (the perspectives for ourselves and for the future generations). When combining both, it follows that for an equilibrated and convincing world view, which is able to give adequate sense to our lives today, we need to preserve the natural environment for future generations. Could one live with the knowledge that within a few years after one's own dead the whole world would be destroyed, e. g. by some interplanetary collision that would be predicted by scientists? Even if one was completely sure to die before this disaster, it would give much less sense to life. Moreover, one would worry for one's children who, normally, would become the victims of this disaster. If the same disaster would be predicted for within not less than one century, it would make life easier for the present generation, as one would be sure that also one's children and (already born) grand-children would die before the disaster. But still it would change life dramatically. Probably, there would be some hope that new technical developments would allow future generations, before the end of that century, to move to other planets and to 'reconstruct' a more or less normal 'natural environment' allowing them to survive in the long run. But then life will remain possible, from a psychological point of view, because there will be a real hope that there still will be a future for mankind, be it on other planets.

This perspective for the future is not only a matter of individual perspective (for one's own life or for one's own descendants). It is, to a very large extent, also a matter of perspective for the community. A lot of people will bother about the perspectives for future generations even if they don't have children theirselves and know that they never will have them. A concern about the survival of the group, if need would be even at the cost of one's own life, seems moreover to be a very 'natural' behaviour amongst living beings. It has been shown how a lot of suicidial animal behaviour only makes sense because it helps to guarantee the survival of the group or the species.[12]

III. Rationalism or Irrationalism?

Animal trials in the Middle Ages are puzzling us. During many centuries animals were summoned to appear in court because they had injured people or they had damaged goods or eaten food belonging to human

[12] *H. Crombag,* Een manier van overleven: psychologische grondslagen van moraal en recht, Zwolle: Tjeenk Willink 1983.

beings. We are not able to understand this within the frame of our modes of thought. And we don't even see the medieval world view which could help us to understand, at least partly, medieval 'rationality' as regards this approach to animals. Were our ancestors just so 'stupid' or 'mad'? This is an easy interpretation which allows us to drop the whole matter, but which does not seem very realistic. If it doesn't fit at all with our modes of thought, it can only mean that our worldview and our way of reasoning are very different from the medieval ones.

But, is this medieval approach to animals so different from the current animal rights approach? In both cases animals are considered to be subjects of law. The interesting difference is that, whereas present day animal rights proponents only emphasise animal *rights* towards men, animal trials in the Middle Ages were concentrated on animal *duties* towards men. Both were concerned with legal relations between men and animals, but they each pointed to a different side of it. In fact, they seem to follow the same type of reasoning. Nevertheless, even animal rights proponents will, today, feel rather uncomfortable with these medieval animal trials. Why? Because the similarity is to a large extent only apparent.

Conflicts and trials, including animal trials, in Middle Ages have to be understood in the communitarian and irrational worldview of that time. Conflicts were not (strictly) individualised. When, e.g., someone was killed, the family was striving towards a revenge. In the first place they would try to kill the murderer. If this did not prove easily possible, or if they just had an opportunity to kill somebody else of the murderer's family they would consider this to be an appropriate redress. But it even did not need to be a member of the murderer's family. Killing a servant could often also do, and was even to be preferred when the murderer belonged to a socially important family. Killing one's brother, maid, horse, dog or cat, were alternative ways of revenge. Some *personal* guilt of the killed person or animal was not required. It's absence did not prevent the revenger from killing the innocent.

Domesticated animals were considered to be part of the 'household'. When they had injured or killed a human being they were summoned to appear in court and judged on the basis of the ordinary, secular law. The other animals, for their part, felt under the jurisdiction of the ecclesiastic law.[13] In both cases, however, irrational elements played a major role.

---

13 *E. P. Evans,* The Criminal Prosecution and Capital Punishment of Animals. The Lost History of Europe's Animal Trials, London/Boston: Faber and Faber 1987 (1st ed. 1906), pp. 2 - 3.

As regards domesticated animals, the *symbolic* function of the trial was very important. Rather than a means to judge an individual (a human being or an animal) in order to prevent him or her to commit new crimes in the future, the trial was a symbolic ritual through which justice was seen to be done. Moreover, when animals injured human beings this was considered to be the work of the devil. A ritual exorcism had to take place. The trial was part of it. A formal condemnation was considered necessary. Otherwise the effect of the exorcism could be annuled because of formal failures.[14]

As regards the non domesticated animals the trial had also an essentially ritual function. Whereas agressive behaviour by domesticated animals disturbed the 'natural order', wild animals did nothing 'unnatural' when they devoured the harvest of the peasants. The harmful behaviour of these animals thus was not necessary the work of the devil. As creatures of God they had the right to eat.[15] This entailed a lot of theological discussions: how could human beings interfere with God's plan? Maybe the plague was a punishment imposed by God?[16] For this reason the public prosecutor was careful when demanding a penalty. Generally he only sued for the expulsion of the animals concerned from the cultivated area. It was believed that this ritual would influence the behaviour of these animals, in as far as they were considered to be satellites of Satan.[17]

The whole approach to animals during Middle Ages, cannot be understood but in the context of this rather communitarian, irrational worldview. A concept like 'animal rights' as it is understood today would not have made sense in the Middle Ages. Everybody had his place in the natural order, according to God's plan. In this context a concept of (complete) (legal) equality amongst all human beings, let alone amongst all living beings, could not fit.

As we pointed out in the first pages of this paper, there has been an increasing recognition of the autonomy of men after the Middle Ages, be it until the eighteenth century still in a theistic perspective. Today, in the

---

14 Ibid., p. 4.

15 "Inasmuch as God, the supreme author of all that exists, hath ordained that the earth should bring forth fruits and herbs (*animas vegetativas*), not solely for the sustenance of rational human beings, but likewise for the preservation and support of insects, which fly about on the surface of the soil, therefore it would be unbecoming to proceed with rashness and precipitance against the animals now actually accused and indicted" (French judgement of 1546 in a case against insects, which had ravaged the vineyards of Saint-Julien in the Médoc region, quoted in: *Evans* (note 13), p. 38; see also p. 50 and p. 101).

16 As often argued by the animals advocates (*Evans* (note 13), pp. 52 - 53, 101).

17 *Evans* (note 13), pp. 54 - 55, with reference to Thomas Aquinas.

Western world, rationality and individualism are at their height. These main characteristics of Western (legal) culture[18] are challenged both from the outside and from the inside. From the outside, by other cultures, who are much less individualistic and/or rationalist as e.g. Asian culture in the far East. From the inside, by movements such as Feminist Jurisprudence, which is not just another 'school' in legal theory, but which is attacking (legal) rationality as such, and thus is challenging the basic features of our present day (male dominated) Western (legal) culture.

The animal rights movement for its part is constructing a theory which doesn't fit in this dominant Western worldview. It is implicitly attacking this paradigm, but not explicitly. On the contrary: it tries to smuggle irrational elements, as e.g. 'feelings for nature', into the rational constructs, as 'subjective rights', of predominant Western legal theory.

These exponents of non Western legal cultures and of countermovements like Feminist Jurisprudence, animal rights theorists, and others, have a point where they criticise current Western jurisprudence and legal tradition to have created a onedimensional, too rational and too individualistic worldview. The alternative is of course not complete irrationality and complete vanishing of the individual. Some of those critics, also, and maybe mainly, within animal rights movements, seem to defend this radical alternative. But it is obvious that, if man is not pure rationality nor an isolated individual, he is not pure irrationality or just an anonymous part of a community either.

What we need is a right balance, a synthesis between these apparent opposites. As regards the opposition individualism-communitarianism several theories have been proposed recently by which it is argued that the opposition is indeed only apparent and that the one presupposes and needs the other to develop.[19] We also need a similar synthesis between rational and irrational elements. We need a (rational) theory in which an adequate account is given of both these rational and irrational elements in human behaviour. These irrational elements include the survival instinct, both at the level of the individual as at the level of the group: the natural instinct of all living beings, which we have already mentioned, by which one is prepared to sacrifice one's own life for the survival of the children, the family, the group, the species. They also include

18 *Mark Van Hoecke,* Rationalisme et irrationalisme dans les diverses conceptions du droit, in: Symposia I, Memoria del X Congreso Mondial ordinario de filosofia del derecho y filosofia social, volume V, ed. by José Luis Curiel (ed.), Mexico: Universidad Nacional Autonoma de Mexico 1981, pp. 289 - 300.

19 See esp.: *Joseph Raz,* Rights and Individual Well-Being, in: Ratio Juris 1992, pp. 127 - 142; *Habermas,* Human Rigths and Popular Sovereignty: The Liberal and Republican Versions, in: Ratio Juris 1994, pp. 1 - 13.

the feelings which create and determine the individual human identity: the psychological influence influence the natural environment exercises on men, the group interaction, and the historical dimension in human psychology (human beings are tied by the past and are worrying about the future).

RECHTSTHEORIE, Beiheft 19, S. 293 - 302
Duncker & Humblot, 12165 Berlin

OLD RIGHTS AND NEW MEDICAL TECHNOLOGY

By Carl Wellman, Saint Louis

A vast technological revolution defines our age, and in few countries are innovative technologies more radical or more influential on medical practice than in the United States. It is no wonder, then, that United States medical law is changing rapidly to cope with the changing realities of modern medicine. I will report some of the recent changes in old legal rights and occasionally speculate about how the rights to life, to refuse medical treatment and to procreate may change in the near future. I will also assess these legal developments in terms of the analogous fundamental moral rights. My report of recent United States law will be relatively uncontroversial, but my claims about moral rights will be more speculative and debatable.

I. The Right to Life

One of the boundaries of life is death, and death has been redefined in United States law. This process began in 1968 with the report of the Ad Hoc Committee of the Harvard Medical School. It proposed irreversible coma as a new criterion for the death of a patient. Two sets of new medical technologies occasioned its proposal. One consists of various mechanical means, such as artificial respirators or devices to supply nutrition and hydration, of sustaining vital biological processes long after everything that gives meaning or value to human life has perished; the other consists of the techniques of transplanting organs such as hearts or livers. Accordingly, the Committee hoped to draw the line between life and death in a way that would both permit the withdrawal of useless so-called life-prolonging medical care and legitimate the procurement of organs before they had deteriorated to the point where attempting to transplant them would be futile.

Because one of the criteria for irreversible coma specified by the Ad Hoc Committee was a flat electro-encephalogram indicating the absence of brain waves, their redefinition became know as brain death. In 1970 Kansas was the first state to enact a statute specifying alternative definitions of death, either the absence of spontaneous respiratory and cardiac function or the absence of spontaneous brain function (Kan. Stat. Ann. º 77-202). This statute was widely copied by other states. A decade later the Uniform Determination of Death Act, again widely adopted, specified either the irreversible cessation of circulatory and respiratory function or the irreversible cessation of "all functions of the entire brain, including the brain stem" as determining death for legal purposes.

How has this new definition of death modified the right to life traditionally established in common law and also recognized in the Due Process Clauses of the Fifth and Fourteenth Amendments to the United States Constitution? Although explicit definitions of this right are hard to find, it seems to be some sort of a rights-package certainly including at least the claim-right not to be killed and probably the claim-right not to have one's life endangered. Now redefining death necessarily redefines what constitutes homicide or murder, as the Massachusetts Supreme Court recognized in Commonwealth v. Golston (Mass., 366 N.E.2nd 744). Presumably it also modifies what constitutes endangering someone's life, for no act could possibly endanger the life of someone who is already dead.

Has this redifinition of death dealt adequately with new medical technologies? Some physicians, jurists and moral philosophers think not, for it still precludes the use of anencephalic infants as organ donors. These are babies born with a brain stem but no other functioning brain tissue. Because the new definition of death requires the death of the entire brain including the brain stem, these neonates are legally alive and the act of taking vital organs from them for transplant would constitute a violation of their right to life. Many argue that it makes no sense to require the death of an otherwise healthy infant with heart or liver disease by prohibiting transplantation from an infant with no cerebrum who will inevitably die in a few days anyway. I hazzard no prediction as to whether United States law will, as these persons advocate, abandon its current definition of death and adopt a higher-brain death definition.

How should one define death for moral purposes? The moral philosopher should, I believe, distinguish between two definitions of death. Although they are logically distinct, they do not constitute alternative criteria for death in the same sense; they are very different concepts of death relevant to moral judgments in very different ways. One is the death of the human being as a moral agent; it consists in the loss of those psychological capacities required for acting on moral reasons. The other is the death of the human being as someone who is morally considerable, someone whose well-being or ill-being is relevant to the decisions of those who are moral agents; it consists in the loss of those psychological capacities that render one an end in oneself or give intrinsic value to one's life. An enencephalic infant or an irreversibly comatose adult is morally dead in both senses. A severely brain-damaged child or an elderly person suffering from severe dementia is dead in the former sense but not in the latter as long as he or she can enjoy or suffer experiences that are better or worse.

This suggests that the law ought to adopt a definition of death specified in terms of the absence of higher-brain function, for any human whose cerebrum has irreversibly lost its ability to function has lost both all capacity for moral agency and all capacity to enjoy or suffer intrinsically good or intrinsically bad experiences. Although I agree with this suggestion, it is not strictly entailed by my view of moral death. It might be, although I doubt that this could be established, that adopting a definition of whole-brain death in the law is morally justified, perhaps even morally required, as a means of giving more secure protection to the moral right to life of those subject to the law. It might do this because the more restrictive definition of legal death provides something like a moat around each individual life defined by death in the moral sense.

A more radical change in the old right to life is now resulting from a variety of cases upholding a patient's right to die. The landmark case was In Re Quinlan (70 N.J. 10 (1976)). On the night of 15 April 1975, Karen Ann Quinlan ceased breathing for at least two fifteen minute periods. As a consequence, she was rendered irreversibly comatose and in a persistent vegetative state, although not brain dead. Hence, the attending physician could not certify her death and then disconnect her from the artificial respirator that seemed to be sustaining her merely biological life. Joseph Quinlan, her father, petitioned to be appointed Karen's guardian with the power to authorize the discontinuance of all extraordinary medical procedures.

In due course, the Supreme Court of New Jersey noted that Karen's right to life was at issue but asserted that "the law, equity and justice must not themselves quail and be helpless in the face of modern technological marvels presenting questions hitherto unthought of" (at 44). It reasoned that Karen Quinlan's constitutional right to privacy was broad enough to encompass her right to refuse even life-sustaining medical treatment and that the only practical way to protect her right, given that Karen was incompetent to exercise it herself, was to permit her guardian and family to do so on her behalf. Accordingly, it granted Joseph Quinlan's petition on the ground that the individual's right to privacy grows and the State's interest in preserving life weakens "as the degree of bodily invasion increases and the prognosis dims" (at 41). In effect, this decision recognized Karen Quinlan's legal right to choose to die.

On the night of 11 January 1983, Nancy Cruzan lost control of her car and was later discovered lying face down in a ditch without any detectable respiratory or cardiac function. Although paramedics were able to resusitate her, the permanent brain damage she had suffered left her irreversibly comatose and in a permanent vegetative state. Her parents petitioned a Missouri court for authority to terminate all artificial nutrition and hydration procedures. Although the trial court granted their petition, the Supreme Court of Missouri reversed on the ground that there was no clear and convincing evidence of Nancy's desire to die under the given circumstances.

The United States Supreme Court granted certiorari to decide the question whether Cruzan had a constitutional right that would require the Hospital to withdraw life-sustaining treatment from her (Cruzan v. Director, Missouri Dept. of Health (497 U.S. 261 (1989)). Chief Justice Rehnquist, speaking for the Court, traced the derivation of the patient's right to refuse life-prolonging treatment from the common law right to bodily integrity and, after Quinlan, also from the constitutional right to privacy. He then said:

> In this Court, the question is simply and starkly whether the United States Constitution prohibits Missouri from choosing the rule of decision that it did. This is the first case in which we have been squarely presented with the issue whether the United States Constitution grants what is in common parlance referred to as a "right to die." (at 277)

He reasoned that the patient does have such a right grounded on the Due Process Clause of the Fourteenth Amendment. Nevertheless,

> We believe Missouri may legitimately seek to safeguard the personal element of this choice through the imposition of heightened evidentiary requirements. It cannot be disputed that the Due Process Clause protects an interest in life as well as an interest in refusing life-sustaining treatment. (at 281)

Apparently the Court wished to recognize a right to die that would not unduly threaten the right to life.

The four Justices that dissented argued, although not in so many words, that a stronger right to die is entirely consistent with the right to life. Justice Brennan, with whom Justices Marshall and Blackmun joined, objected to the way in which the Court had weighed the State interest in preserving life against the patient's interest in refusing treatment.

> But the State has no legitimate general interest in someone's life, completely abstracted from the interest of the person living that life, that could outweigh the person's choice to avoid medical treatment. (at 313)

Two insights are implicit here, that the individual's right to life is the right to a life, not merely remaining alive, and that it is grounded on the right-holder's interest in his or her life, not the value of that life for the State.

These insights are made explicit in the opinion of Justice Stevens.

> But for patients like Nancy Cruzan, who have no consciousness and no chance of recovery, there is a serious question as to whether the mere persistence of their bodies is "life" as that word is commonly understood, or as it is used in both the Constitution and the Declaration of Independence. ... Life, particularly human life, is not commonly thought of as a merely physiological condition or function. Its sanctity is often thought to derive from the impossibility of any such reduction. When people speak of life, they often mean to describe the experiences that comprise a person's history, as when it is said that somebody "led a good life." (at 345 - 346)

Although the Supreme Court was unanimous in recognizing what is commonly called a right to die, it refused to interpret the right to life in the terms proposed by Justices Brennan and Stevens. What interpretation will prevail in the future remains to be seen.

Which interpretation is more consistent with the moral right to life? Justice Stevens applied his interpretation both to the constitutional right to life recognized in the Due Process Clause and to the natural right to life asserted in the Declaration of Independence. I emphatically agree. It is not mere biological existence, but the experiences that comprise a person's life, that have the significance and value upon which the fundamental human right to life is ultimately grounded. Because neither Karen Quinlan nor Nancy Cruzan any longer had a life in either of the morally relevant senses, their respective rights to die were in no way inconsistent with their individual rights to life.

Although I have here defended the individual's moral right to die, one might well hesitate to assert that there is today any right to die in United States law. Justice Rehnquist described the issue as to whether the United States grants what is "in common parlance" referred to as a "right to die" (at 277). And every one of the opinions in the Cruzan case hinged on "the right to refuse medical treatment." Because the most careful jurists prefer to use this more traditional legal language, let us now turn our attention to this old right.

II. The Right to Refuse Treatment

No right not even a constitutional right, is absolute. Does the pregnant woman have a legal right to refuse medical treatment necessary to preserve the life or health of her fetus? This question will be increasingly debated in state legislatures and litigated in the courts as new medical technology develops fetal therapies. For example, deficient pulmonary surfactant, which causes respiratory distress syndrome, can today be relieved by giving glucocorticoids to the mother before delivery, and a diaphragmatic hernia, a quite common and usually fatal congenital malformation, can now be corrected by surgery while the fetus remains in utero. How will the old right to refuse treatment change to deal with such new medical developments?

One leading case is Application of President & Directors of Georgetown College (331 F.2nd. 1000 (1964)). Mrs. Jesse Jones was brought by her husband to the hospital for emergency care after losing two-thirds of her body's blood from a ruptured ulcer. Although the attending physician informed them that her death was inevitable without a blood transfusion, they both refused to consent to this treatmen because it was contrary to their religious faith as Jehovah's Witnesses. Nevertheless, the District of Columbia Circuit Court granted the petition of the hospital to administer blood to the patient against her will, and the United States Court of Appeals denied certiorari. "The final, and compelling, reason for granting the emergency writ was that a life hung in the balance" (at 1009).

Although this case is only indirectly relevant to fetal therapy because the life at stake was that of the woman herself and the child she was not permitted to abandon was already born, in Raleigh Fitkin-Paul Morgan Memorial Hospital v. Anderson (201 A.2nd 537 (1964)) a New Jersey court authorized a coerced blood transfusion of a pregnant Jehovah's Witness in order to save her life and that of her unborn child. These cases strongly suggest that increasingly the courts will limit a pregnant woman's right to refuse to take drugs necessary for the life or health of her fetus. This is so both because normally the woman's right to refuse treatment will not be reinforced by her First Amendment right to freedom of religion and because ingesting drugs will in most cases be less invasive than transfusing blood.

What of fetal surgery? Here the most relevant prior case is probably Jefferson v. Griffin Spalding County Hospital (Ga., 274 S.E.2nd 457 (1981)). The hospital petitioned the Butts County Superior Court for an order authorizing it to perform a caesarean section and any necessary blood transfusions upon Jessie Mae Jefferson who had refused consent to this surgery even when informed that she had a complete placenta previa and that there was a 99 % certainty that her unborn child could not survive vaginal delivery. The Superior Court granted this petition in the interest of her thirty-nine week old unborn child, and the Georgia Supreme Court denied the motion of the parents for a stay of the order granted to the hospital. Justice Hill, speaking for the Court, wrote:

> In denying the stay of the trial court's order and thereby clearing the way for immediate reexamination by sonogram and probably for surgery, we weighed the right of the mother to practice her religion and to refuse surgery on herself, against her unborn child's right to live. We found in favor of the child's right to live. (at 460)

Because this precedent has been followed in some subsequent cases, it now appears that a pregnant woman's right to refuse medical treatment is limited by the authority of the State to preserve the life of her fetus. Now if the mother's legal right to refuse surgery on herself is limited by the right to life of her fetus, it would seem that her right to refuse surgery upon the fetus would be even more limited.

How often these cases involving the very life of a fetus will carry over to treatment needed to restore or preserve the health of a fetus is most uncertain. But there is a third line of precedents that might in time imply a legal duty of a pregnant woman to submit to medical treatment for the future well-being of her unborn child. In Bonbrest v. Kotz (65 F. Supp. 138 (1946)) a federal court sustained an infant's action for its injury resulting from the medical malpractice of the physician who delivered her. Over the years, this precedent has given birth to a series of cases in which state courts have recognized the legal right of an infant born with serious defects resulting from medical malpractice to sue for so-called wrongful life.

Most recently, a child born with Tay-Sachs disease recovered damages from a laboratory that negligently used the new technology of genetic testing and assured her parents that they were not carriers of this disease (Curlender v. Bio-Science Laboratories (App., 165 Cal. Rptr. 477 (1980))). Although no similar cases have yet been sustained in the highest United States courts, there seems to be a tendency to move in that direction. Suppose that this trend continues. Could such medical malpractice cases give rise a parental malpractice suits? Justice Jefferson speaking for the California Court of Appeal wrote:

> If a case arose where, despite due care by the medical profession in transmitting the necessary warnings, parents made a conscious choice to proceed with a pregnancy, with full knowledge that a seriously impaired infant would be born, ... we see no sound public policy which should protect those parents from being answerable for the pain, suffering and misery which they have wrought upon their offspring. (at 488)

Were such reasoning accepted, it would, as well as sometimes imposing a legal duty to abort upon a pregnant woman, at other times limit her right to refuse treatment urgently needed for the health of her fetus.

Is United States law developing in a way that will adequately protect the pregnant woman's moral right to refuse medical treatment. This right is a small rights-package consisting of a moral liberty-right to withhold consent to proposed medical treatment and a moral power-right to claim performance of the medical practitioner's duty not to treat one without one's consent. The former is grounded on the absence of any general duty-imposing reason to consent to medical treatment; the latter upon the way in which the act of claiming performance strengthens the grounds of the duty not to treat without consent. Both of these moral rights are broad enough to cover the pregnant woman's right to refuse fetal therapy. It is no rebuttal to point out that what is being refused is treatment of another patient, an unborn child, because it is also treatment of the mother herself. As such, it threatens her fundamental rights of personal security and privacy upon which the duty not to treat without consent is grounded. Still, I believe that a pregnant woman sometimes has a moral duty to refrain from exercising her liberty-right to withhold consent. This is so when the fetal therapy is relatively nonintrusive and imposes only slight risk upon the mother and is urgently needed for the sake of the health of her child.

The most difficult question is whether the mother's moral duty not to refuse consent to some fetal therapy ought to be legally enforced. I believe that it should, but only when the medical treatment is absolutely necessary for the health of her child and would impose only a minor burden on her. Given the woman's moral right to abortion, however, I do not believe that the law should require her to submit to medical treatment to save the life of her fetus. This may seem illogical until one realizes that what overrides the pregnant woman's moral right to refuse treatment necessary for the health of her child is the extreme hardship its exercise would impose upon the child who would consequently be born defective and that abortion eliminates this overriding consequence. In deciding cases of this sort, what is required is not simply balancing the probable harm to the pregnant woman against the utility of fetal therapy but weighing the mother's right to refuse treatment against the right to personal security of the future child.

Hence, it seems to me that recent legal developments regarding the right to refuse treatment are moving in about the right direction. The crucial tendency is toward the recognition of wrongful life suits. These tend to limit the pregnant woman's right to refuse fetal therapy while at the same time they suggest that that right is partially grounded on her constitutional right to procreate, at least if this includes a right to control the procreative process.

III. The Right to Procreate

The right to procreate was first clearly affirmed in Skinner v. Oklahoma (316 U.S. 535 (1941)) in which a statute authorizing the sterilization of individuals convicted of three felonies was declared unconstitutional. In the opinion of the United States Supreme Court, Justice Douglas wrote:

> We are dealing here with legislation which involves one of the basic civil rights of man. Marriage and procreation are fundamental to the very existence and survival of the race. (at 541)

Eisenstadt v. Baird (405 U.S. 438 (1971)) later described it as the right "to be free from unwarranted governmental intrusion into matters so fundamentally affecting a person as the decision whether to bear or beget a child" (at 453). The negative right not to procreate was more fully defined in Roe v. Wade (410 U.S. 113 (1973)) in which the pregnant woman's right to abortion was recognized, but the positive right to procreate remains indeterminate. Presumably it is a liberty-right, but does it include the liberty to use the new reproductive technologies?

Artificial insemination with semen from a donor is now common, and artificial enovulation with ova from another female is relatively easy. Even children born from in vitro fertilization are no longer rare. Some jurists argue that the right to procreate does imply the right to use these artificial means of reproduction. For one thing, infertile couples will be totally denied their right to procreate if these cures for infertility are prohibited to them. For another, the fundamental personal interest underlying the right to procreate is scarcely fulfilled by the birth of a seriously defective infant, and these technologies enable one to select genetically sound sperm and ova to use for reproduction. What guidance for future judicial decisions might one gain from the moral right to procreate?

The defining core of the human right to procreate is the bilateral liberty to procreate or not to procreate, and its most relevant associated element is the moral claim against coercive interference with one's exercise of this core liberty. This liberty is grounded on the absence of any general contrary duty-imposing moral reason. That is, there is nothing essentially immoral about either procreating or not procreating, although each may be morally wrong under special circumstances. The moral claim against interference is grounded upon the human right to privacy. Procreative decisions are private because they so profoundly affect the life of the individual for better or worse and do not per se equally affect the life of anyone else. They affect one's life causally because of their far-reaching consequences and intrinsically because of the significance they have in the experience of living a life. Whether one's child is related biologically to one and whether it is genetically healthy are as important to one as whether one can found a family at all, say by adoption. Hence, the legal right to procreate ought to allow married couples, and probably unmarried couples and even single people, to use the new reproductive technologies when necessary to procreate or to prevent the birth of a seriously defective child.

I have here reported some of the ways in which the old rights to life, to refuse medical treatment and to procreate have recently changed in United States law to cope with new medical technologies and indicated several likely directions for future development. I have also argued that, for the most part, these changes are justified by my conceptions of the analogous moral rights. If reasoning such as mine is to provide any reliable guidance for future legislators and judges, my moral speculations must be supplemented, and in part corrected, by a more adequate theory of the nature and grounds of moral rights in general. Therefore, I urge moral philosophers and jurists alike to turn their attention to the task of constructing a philosophically sound and legally applicable theory of rights.

V. Post-Modern Identity and Colonization of the Life-World

RECHTSTHEORIE, Beiheft 19, S. 305 - 319
Duncker & Humblot, 12165 Berlin

(DÉ)COLONISATION CULTURELLE OU «L'HABITUDE DE SINGER TOUT CE QUI EST ÉTRANGER»: RÉFLEXIONS SUR LE POSTMODERNISME DANS UN PAYS TROPICAL

Par Wanda Capeller, Toulouse

L'indépendance du Brésil a été déclarée en 1822. Est-ce à dire que la décolonisation politique de ce pays a donné naissance à une quête d'identité culturelle, au développement d'un processus de *décolonisation culturelle?* La dépendance économique qui s'en suivit et la position du pays comme périphérique – aujourd'hui considéré comme semi-périphérique (Boa Santos 1994, p. 228) – par rapport au système mondial témoigne d'un mouvement culturel contradictoire. D'un côté, la culture d'élite est mimétique, a-critique, réceptive des modèles de pensée développés dans le pays centraux, car les élites intellectuelles ont été toujours à la recherche des paradigmes explicatifs importés, susceptibles d'apporter des solutions magiques à une société dépendante, chaotique et destinée à l'échec.

D'un autre côté, ces élites se sont souvent interrogées sur leur identité culturelle. Tout en adaptant à la réalité politique et sociale des modèles venus d'ailleurs, elles ont eu la prétention de répondre par leurs propres moyens matériels et symboliques aux problèmes sociaux et économiques du pays (Capeller 1995). Aujourd'hui encore la quête d'une identité culturelle propre est observable, malgré la globalisation des échanges qui suppose une recherche des solutions aux problèmes nationaux (locaux) à partir d'une «irrationalité globale» (Boa Santos 1994). Pour ces élites, s'interroger sur sa propre identité est un exercice à double tranchant: les références culturelles hégémoniques des pays centraux sont mises en cause, mais il faut admettre une situation de précarité et de subordination (Boa Santos 1994, p. 119).

Peut-on, au Brésil, pays semi-périphérique, revendiquer le débat sur la postmodernité sans «singer» les sociétés centrales? Il faut d'abord prendre en considération les notions de *centre* et de *périphérie* dans le système mondial. Les conditions de la production du savoir scientifique ne se présentent pas de la même façon partout, et les inégalités à l'intérieur du système mondial sont aussi visibles lorsqu'il s'agit du débat scientifique qui reflète cette configuration spatiale et socio-économique. On s'interroge alors à propos de la discussion sur le postmodernisme, et si elle est porteuse d'un sens particulier dans la périphérie ou la semipériphérie du système mondial. Le débat sur le postmodernisme a-t-il le même sens dans les pays périphériques et dans les pays de capitalisme avancé? (Boa Santos 1988, p. 15).

I. Les Déshérités de la Modernité

Un débat sur la postmodernité suppose tout d'abord une réflexion sur la modernité (Pita 1988, p. 77). Sousa Santos montre que la modernité est axée sur deux piliers fondamentaux, celui de la ***régulation*** et celui de l'*émancipation*. Chaque pilier, à son tour, est constitué par trois principes. Ainsi, le pilier de la régulation est basé sur le *principe de l'État* (Hobbes), le *principe du marché* (Locke) et le *principe de la communauté* (Rousseau). A son tour, le pilier de l'émancipation est soutenu par trois types de rationalité: la *rationalité morale-pratique de l'éthique et du droit,* la *rationalité cognitive-instrumentale de la science et de la technologie* et la *rationalité esthético-expressive de l'art et de la littérature.* Pour comprendre la trajectoire de la modernité et l'actuelle phase de transition vers le paradigme émergent de la postmodernité (Boa Santos 1994, p. 70), encore faut-il considérer les développements du capitalisme dans les sociétés centrales, qui a connu trois périodes bien distinctes: celle du *capitalisme libéral,* celle du *capitalisme organisé* et celle actuelle du *capitalisme désorganisé* (ibid., p. 72).

Pendant la période du capitalisme libéral, le projet de la modernité a développé les sciences objectivantes et les fondements universalistes du Droit. Habermas montre que, à cette époque, la libération des potentiels cognitifs était à la base d'une «transformation rationnelle des conditions d'existence» (Habermas 1981, p. 958). La modernité fut baignée dans l'optimisme d'un progrès général de l'humanité. Cette idée d'un progrès possible, probable et nécessaire était à la base de la certitude qui pendant très longtemps a rassuré l'Occident: certitude que le développement de l'art, de la technologie, de la connaissance et de la liberté était profitable dans son ensemble à tous les hommes (Pita 1988, p. 78).

Dans les traces de la «science mélancolique» de l'École de Francfort (Ribeiro 1988, p. 23) Habermas affirme que «de cet optimisme, le XXe siècle, n'a pas laissé grand chose» (Habermas 1981, p. 958). Boa Santos parle lui aussi du XXe siècle comme un «siècle malheureux» que «cours le risque de ne commencer jamais ou, en tout cas, de ne pas commencer avant de finir» (Santos 1994, p. 69). Si le XXe siècle n'a pas accompli les promesses de la modernité dans les sociétés centrales, cela est encore plus vrai en ce qui concerne les sociétés périphériques, déshéritées de la modernité.

Et pourtant, les pays périphériques se sont efforcé de réaliser le passage à la modernité – un passage par ailleurs conflictuel – du mythe au logos, du sacré au rationnel. La colonisation elle-même s'est chargée d'exporter les rationalités propres à la modernité à ces pays lointains, car leur adoption était indispensable pour l'organisation politique et sociale de ces sociétés désordonnées. Les sociétés périphériques ont importé et appliqué, dans un tout autre contexte que celui de leur émergence, les rationalités instrumentales dont parle Weber. Ces sociétés colonisées – ou tout juste post-colonisées – avaient en fait besoin d'importer des modèles d'organisation politique et sociale; d'où, par exemple, l'ancrage immédiat de la rationalité morale du droit et de l'administration et de la rationalité cognitive-instrumentale au Brésil (Capeller 1995). La rationalité cognitive-instrumentale joue ici un rôle important: elle sert moins à créer les conditions de la production d'une connaissance scientifique autonome qu'à évaluer les moyens et les règles techniques les plus appropriés pour réaliser les fins déterminées par les élites dirigeantes.

J'ai montré dans une étude sur l'engrenage de la répression et les politiques criminelles au Brésil[1] que la construction et l'institutionnalisation du champ pénal dans ce pays a obéi à ces deux types de rationalité, notamment la rationalité morale-pratique du droit, «rationalité-ustensile» selon l'expression de Grondin (1986, p. 41). A partir d'une réception a-critique des modèles pénaux occidentaux, les élites brésiliennes ont importé des théories criminologiques positivistes sans se rendre compte que, parfois, ces théories allaient à contre-courant de la réalité sociale. C'est le cas du débat surréaliste développé à la fin du XIXe siècle au Brésil par Raimundo Nina Rodrigues qui, dans la polémique qui l'opposait à Tobias Barreto sur déterminisme et libre arbitre, s'interroge sur la pleine responsabilité pénale des noirs et des indigènes (Capeller 1995).

Les rationalités modernes ont servi ainsi à la domination et à la répression par les élites brésiliennes des couches populaires. Weber avait raison lorsqu'il parlait de l'existence d'une logique «occulte» à la rationalité instrumentale qui se traduit notamment par la mise en oeuvre d'une logique de domination et de répression. Le désenchantement de

1 *Wande de Lemos Capeller,* L'engrenage de la répression. Stratégies sécuritaires et politiques criminelles, Collection Droit et Société, Paris: LGDJ 1995.

Weber par rapport à la *Zweckrationalität* témoignait de son désarroi vis-à-vis de la modernité: il soutenait que l'espoir des philosophes des Lumières était une illusion amère et ironique (Bernstein 1988, p. 20).

II. Le Dilemme de l'Accès à la Modernité

Cinq cents ans après l'aventure de Christophe Colomb, l'Amérique latine, ce continent incertain depuis sa «découverte», dérive autour de notions telles que la *modernité* et la *modernisation*. La *modernité,* notion qui porte en connotation toute une évolution historique, économique et sociale, mais aussi un changement de mentalité et de formes traditionnelles de compréhension du social et du politique ... La *modernisation,* concept développé dans les années cinquante pour désigner la mobilisation des ressources, le développement des forces productives, la mise en place de pouvoirs politiques centralisés, l'extension des droits à la participation politique, les formes de vie urbaine, etc. C'est à ce moment-là, selon les mots d'Habermas, que la théorie de la modernisation détache la modernité de ses origines – l'Europe des temps modernes – et la présente comme un modèle général de processus d'évolution sociale, indifférent au cadre spatio-temporel auquel il s'applique (Habermas 1985, p. 3).

Au Brésil, le dilemme de l'accès à la modernité – profond dans la mesure où des attitudes, des comportements, des «inerties mentales» pour utiliser une expression de Michel Vovelle (Vovelle 1982, p. 13) sont à l'origine d'une culture politique autoritaire calquée sur le clientélisme, la politique du faveur, du parrainage, de la valorisation de l'idée du *personnel* par opposition à l'idée de *l'individu* (Da Matta 1983, p. 210) ce qui finit par déterminer les conditions de la citoyenneté et de la démocratie – le dilemme de l'accès à la modernité, répétons-le, se réduit à une difficulté d'accès à la modernisation.

On l'a constaté: l'avènement de l'État autoritaire est, au Brésil, le résultat, pour paradoxal que cela puisse paraître, des mouvements nationalistes des années 20, quand les intellectuels se trouvaient «à la recherche de la modernité». A ce moment, la *«brésilianisation»* est – elle aussi – une quête d'insertion dans les courants de la modernité culturelle universelle (Pécaut 1989, p. 78). Luciano Martins a montré dans son étude sur le pouvoir et le développement économique au Brésil les racines profondes de cette *«modernisation conservatrice»* (Martins 1976, p. 19). Ainsi, au moment où des éléments archaïques au niveau du marché et de la communauté rendaient difficiles la modernisation de la société brésilienne, l'autoritarisme d'État a été renforcé pour promouvoir celui-ci en agent de la modernisation. Au Brésil, en fait, la modernisation fut la conséquence de la poussée des gouvernements autoritaires, l'État autoritaire étant à la base de cette entreprise. L'État militaire post-64 prône la modernisation basée sur la *Doctrine de la Sécurité Nationale,* qui loin de se résumer à une conception de l'action anti-subversive, comportait à son origine un projet modernisateur (Pécaut 1989, p. 89).

Je propose alors trois axes de réflexion: *la chasse à la modernité et sa cannibalisation, la cacophonie épistémologique et le postmodernisme tropical.*

- *la chasse à la modernité et sa cannibalisation* désigne, dans la société brésilienne, un processus contradictoire qui consiste à aller chasser sur les terres riches pour trouver une meilleure «nourriture intellectuelle» pour le pays tout en assaisonnant les plats selon la cuisine traditionnelle. Cette idée imagée traduit bien le rôle des élites brésiliennes à la recherche des modèles occidentaux pour les «tropicaliser» et les «adapter» à leur réalité politique et sociale;
- *la «cacophonie épistémologique»* est le résultat de ce processus contradictoire: d'un côté l'importation des modèles et, de l'autre, la volonté de trouver des ressources intellectuelles autochtones. Cette ambiguïté finit par marquer incontestablement le débat scientifique des pays périphériques, au moins ceux de l'Amérique latine;
- *le postmodernisme tropical* se réfère à une question essentielle: si l'on perd les certitudes qui n'étaient pas les nôtres, sommes-nous enfin obligés d'assumer les incertitudes propres à notre destin et d'y trouver les outils interprétatifs nécessaires à mieux vivre?

III. La Chasse à la Modernité et sa Cannibalisation

Au Brésil, les contradictions au sein de la société et l'absence de cohésion sociale ne représentent pas des phénomènes nouveaux (Buarque de Hollanda 1987, p. 5). Les origines coloniales propres au Brésil, parce qu'elles ont été fondées sur des bases rurales, ont déterminé l'apparition d'un comportement autoritaire incompatible avec les formes de vie propres au capitalisme libéral. Société de racines rurales, la société brésilienne «a rendu incompatible le processus d'industrialisation et d'urbanisation accélérées, et les formes de vie importées des nations socialement plus avancées, avec le patriarcat et le personnalisme inculqués depuis des siècles» (Buarque de Hollanda 1987, p. 47). L'étude de notre héritage culturel nous donne conscience de notre condition «d'exilés dans notre propre terre» en raison de l'importation de «nos formes de vie» (Buarque de Hollanda 1987). Buarque de Hollanda écrivait déjà dans les années 1920 que, au Brésil, *«l'habitude de singer tout ce qui est étranger est, si l'on peut dire, la seule chose qu'on n'emprunte à aucune autre nation. C'est l'unique marque caractéristique qu'on puisse percevoir dans cette société en formation qui s'appelle le peuple brésilien»* (Eulalio 1987).

Du début du siècle à l'heure actuelle, la discussion sur l'importation des modèles socioculturels et politiques dans la société brésilienne demeure centrale: elle est à l'origine des mouvements de recherche «d'un fonds national authentique» et de «l'agitation de l'intelligentsia» en signe de contestation et de négation de la culture étrangère. A tel point que Roberto Schwarz a montré que le sentiment d'inauthenticité «a été partie intégrante de la réflexion critique menée sur notre continent depuis l'époque de l'Indépendance» (Schwarz 1987). Ainsi, le même auteur, se référant au Brésil, parle-t-il d'une *culture nationale par soustraction*. Il montre dans son étude que la discussion sur la contradiction qui existe entre la réalité brésilienne et le prestige idéologique des pays qui y servent de modèles, appartient toujours au débat national. C'est ce qu'on peut voir à travers l'image réelle, et absurde, d'un père Noël vêtu, au mois de décembre – en plein été tropical – comme un Esquimau. De là, il est facile de déduire que l'imaginaire social ainsi fondé à l'encontre de sa propre identité serait sans doute déterminant d'une mentalité très particulière, à la fois en porte-à-faux avec son environnement réel, et en rébellion contre la pensée étrangère, «imaginant qu'il suffit de ne plus reproduire les tendances des métropoles pour donner plus de substance à la vie intellectuelle» (ibid., p. 6). En fait, l'idée d'une *culture nationale véritable étouffée sous un corps étranger* peut favoriser aussi bien «la grossièreté idéologique» que «la pauvreté intellectuelle» qui dégage un «nationalisme populiste qui rejette sur l'extérieur tout ce qui va mal» (Schwarz 1987).

Si l'on s'accorde à reconnaître que la caractéristique de notre vie culturelle, surtout dans l'ambiance universitaire, est la faculté d'imitation, on admettra avec Schwarz que «nous ressentons en permanence, nous les Brésiliens, comme les autres latino-américains d'ailleurs, ce qu'il y a de ‹postiche›, d'inauthentique, d'imité dans notre vie culturelle» (Schwarz 1987). Cette prise de conscience qui se trouve à la base de notre autocritique nous attire inéluctablement vers la recherche des origines de notre culture sans pour autant rejeter aveuglément les apports d'autres cultures, mais tout simplement dans l'urgence de comprendre ce sentiment d'inauthenticité. Parce qu'il n'est pas moins vrai que l'on vérifie dans la réalité quotidienne que l'importation des modèles étrangers des pays «qui alimentent notre culture intellectuelle» (Schwarz 1987) l'emporte en bonne partie sur notre capacité créative dans maint domaine, principalement dans ceux qui concernent l'organisation du politique et du social. En fait, l'urgence d'accès à la pensée hégémonique, qui représente effectivement l'accès à la modernité, condamne l'*intelligentsia* des pays récepteurs de savoirs, à une acquisition culturelle par sauts (Schwarz 1987).

Mais, s'il est vrai que l'Européen a transféré à ces régions en très peu de temps quasi toutes les valeurs et styles de vie civilisés, il ne l'est pas moins que «cette culture est devenue peu a peu spécifiquement tropicale» (Freire 1975, p. 27), c'est-à-dire que *les valeurs et les modèles importés ont acquis très rapidement une couleur locale*[2]. On reconnaît ici les traces d'un certain «cannibalisme», d'une «anthropophagie culturelle» (Pécaut 1989) bien représentée au Brésil par les écrits les plus intéressants de l'avant-garde esthétique brésilienne connue sous le nom de «Mouvement moderniste». Dans les années vingt le «programme Pau-Brasil et anthropophage» d'Oswaldo de Andrade[3] a tenté de donner une interprétation triomphaliste de notre retard. Ici, le clivage culturel par rapport à la culture dominante et hégémonique des pays centraux n'est pas perçu comme une humiliation. Au contraire, la culture brésilienne est «réhabilitée» avec optimisme (Schwarz 1987, p. 11). Mario de Andrade, s'inspirant du folklore brésilien, crée, de son côté, le personnage *Macunaíma,* l'antihéros, le cannibale, qui transforme tout en dérision, à son gré. Cette oeuvre est l'expression d'une conscience nouvelle d'un pays qui «tropicalise» en permanence les apports d'une civilisation imposée. Mais au delà de cet optimisme triomphant, l'important de ce courant culturel fut de proposer un «commencement radical», une «autodécouverte» qui dévore tout ce qui précède (Boa Santos 1994, p. 120).[4]

---

2 En ce qui concerne le domaine du droit, par exemple, la transculturation de l'Europe continentale vers l'Amérique latine coloniale a pris un profil particulier, car la culture forgée dans ces pays a intégré les éléments culturels européens dans leur contexte de vie, sans pour autant perdre leurs caractères originaux. Ce phénomène dévoile un mouvement à la fois de *résistance* à la domination et *d'acculturation* plus au moins passive. Le *mouvement de résistance,* on le trouve lorsque l'organisation juridique préexistante avait atteint un haut niveau de développement culturel autochtone, qu'il fût inca ou aztèque. Dans ce cas, le dominateur espagnol dut élaborer un type de droit (le «droit des Indes») approprié à ses colonies américaines. Dans d'autre régions, comme dans le «cône sud» du continent, l'on observe par contre un *processus d'acculturation* en raison de la présence d'une culture indigène faible, où l'instauration de l'ordre juridique des dominateurs ne se heurta à aucun obstacle majeur, et modifia radicalement ces sociétés dites primitives. Cf. *Ricardo Entelman,* Pour une étude du transfert des connaissances juridiques en Amérique latine, dans: Domination ou partage? UNESCO, 1980.

3 *Manifesto da poesia Pau-Brasil* (1924) et *Manifesto antropófago* (1928) d'Oswaldo de Andrade sont les écrits programmes les plus audacieux du Mouvement moderniste brésilien.

4 «L'expérience et la tradition ont appris que, en général, toute culture n'assimile (et élabore) des traces d'autres cultures que s'elles trouvent la possibilité d'ajustement à ses cadres de vie» (T. D. A.). Cf. *Sérgio Buarque de hollanda,* op. cit., p. 11.

En ce qui concerne plus particulièrement le champ juridique, sa modernisation au Brésil a exigé également l'acquisition rapide d'un savoir produit par les sociétés centrales. Mais si l'on prend en considération ces aspects de «cannibalisme culturel», on verra que le processus de production du savoir juridique est la conséquence non seulement de l'importation des modèles étrangers, mais surtout de l'existence d'une dynamique propre, à laquelle correspond le développement économique et culturel[5] de la société. Ces aspects contradictoires qui se trouvent à la base du processus de production du savoir dans les sociétés périphériques témoignent d'une «cacophonie épistémologique» qui caractérise aujourd'hui la pensée politique et sociale latino-américaine et brésilienne à prétention critique. On verra comment des amalgames au niveau théorique se font très facilement, parfois en détriment d'une réelle compréhension et capacité de théorisation de nos formes de vie.

IV. La «Cacophonie Épistémologique»

La question de l'importation et de l'adaptation des modèles occidentaux par les sociétés latino-américaines, et par la société brésilienne en particulier constitue à mes yeux un thème de recherche majeur (Capeller 1995). A l'occasion du Séminaire organisé par le *Réseau européen Droit et Société,* le *Critical Legal Studies* et des sociologues juristes latino-américains sur l'avenir du champ socio-juridique, je m'interrogeais sur la capacité de ces derniers de «changer de peau» et de suivre de nouveaux chemins épistémologiques sans brouiller les pistes. J'ai dénoncé alors ce véritable «cocktail tropical épistémologique» qui marque la production scientifique latino-américaine dans ce champ, sans pour autant négliger les possibilités de changement au niveau épistémologique. En Amérique latine comme ailleurs, l'avancement dans ce domaine n'est envisageable que si l'on s'efforce de théoriser les nouvelles expériences que nous sommes appelés à vivre, développées notamment à l'intérieur des nouveaux mouvements sociaux.

Sans vouloir simplement dénoncer les difficultés trouvées par les chercheurs latino-américains en marge de toute production scientifique con-

---

5 Par «développement culturel», on entend la formation d'une culture nationale brésilienne forgée non seulement sur des éléments de colonisation et d'acculturation, mais aussi sur quelques aspects caractéristiques de la société brésilienne comme l'autoritarisme. Sur ce sujet il y a une richissime littérature brésilienne. Voir, entre autres, *Dante Moreira Leite,* O Caráter Nacional Brasileiro, São Paulo: Livraria Pioneira Editora 1969; *Carlos Guilherme Mota,* Ideologia da Cultura Brasileira (1933 - 1974), São Paulo: Editora Atica 1985; *Reginaldo Moraes / Ricardo Antunes / Vera B. Ferrante* (sous la direction de), Inteligência Brasileira, São Paulo: Editora Brasiliense 1986. En France, voir *Daniel Pécaut,* Entre le peuple et la nation, op. cit.

sidérée comme «légitime», j'ai abordé dans ce Séminaire le soi-disant «retard» vis-à-vis de la production scientifique hégémonique de pays centraux. L'«ethnocentrisme épistémologique» dénoncé par Boa Santos (1989, p. 70), ou «le monopole de la légitimité culturelle dominante» en termes bourdieusiens (Bourdieu 1970, p. 37), caractéristique des sociétés centrales, prive en effet les chercheurs latino-américains des centres de pouvoir intellectuel et scientifique. Les difficultés d'accès à la littérature produite dans les pays développées (Capeller 1992) et les différences d'approche par rapport au champ politique et social ont été peut-être à l'origine d'un malentendu: pour les chercheurs latino-américains le thème général de ce colloque – *Approche critique et études socio-juridiques: quel rapport?* – a été perçu comme «une idée déplacée» (Junqueira 1994, p. 1). D'une perspective périphérique, les rapports entre la pensée critique et les études socio-juridiques sont plutôt considérées comme «allant de soi». Malgré l'hétérogénéité des positions idéologiques à l'intérieur du groupe latino-américain, un sentiment d'étonnement l'a envahi: est-il possible de développer des études socio-juridiques en dehors de toute perspective critique?

En fait ce Séminaire proposait la rencontre des lignes directives d'un champ – le champ socio-juridique – au risque, à mon avis, d'une «universalisation paradigmatique». Et nous voilà de nouveau à chercher les éléments capables de nous identifier aux approches scientifiques du premier monde. Pour nous, latino-américains, il s'agissait avant tout de montrer notre appartenance à un même champ de recherche tout en affirmant notre différence! C'est pourquoi nous avons assumé notre «cacophonie épistémologique», nous réclamant d'une *perspective alternative* immergée dans les rapports de pouvoir, dans le politique – attitude qui constitue une distance certaine vis-à-vis du débat des pays centraux. Un étrange malaise se faisait sentir néanmoins: celui d'un certain «racisme intellectuel» (Bourdieu 1984, pp. 264 - 268) doublé d'un enthousiasme de la part des collègues du premier monde à nôtre égard dû, peut-être, au constat même de notre existence. Au lieu d'une «violence symbolique» (Bourdieu 1970) généralement subie par les intellectuels du Tiers Monde (Capeller 1991, p. 77) on fut surpris de la curiosité qu'on était en train de susciter!

La méthodologie de travail adoptée dans ce Séminaire, c'est-à-dire une discussion plus développée à l'intérieur de chaque groupe de travail dont l'appartenance géographique était fortement mise en valeur, jointe à une *faible transversalité culturelle,* ont eu comme conséquence le renforcement de la position Nord/Sud dans le débat scientifique. Pour faire avancer la réflexion, non seulement à l'intérieur du groupe latino-américain, hétérogène et idéologiquement partagé, mais aussi vis-à-vis des chercheurs européens et nord-américains, il fallait trouver des éléments communs capables d'analyser les divergences au plan épistémologique. Les *moments épistémologiques* suggérés par Adelaide Villmore, (Villmore 1990, pp. 150 - 153) qui sont à la base de certains postulats théoriques, m'ont paru être des outils indispensables à cette réflexion. Je pense qu'ils ont permis d'expliquer nôtre «cacophonie épistémologique», et de débloquer les positions figées - dominantes ou dominées - où se trouvaient les chercheurs présents.

En effet, le clivage Nord/Sud n'est pas susceptible d'expliquer par lui même un champ façonné de manière conservatrice ou critique. Comme ailleurs, on trouve en Amérique latine des analyses conservatrices du droit et de la société et, là-bas aussi, des chercheurs à prétention critique sont persuadés que leur «autorité est mise en valeur par l'appropriation de la voix de ceux qui n'ont pas de voix» (Harrington/Yngvesson 1990, p. 147). Pour comprendre comment le champ socio-juridique est perçu par les chercheurs latino-américains eux-mêmes et développé en Amérique latine, il faut savoir comment ces chercheurs contextualisent les *moments épistémologiques*. Autrement dit, comment ils utilisent les concepts d'*idéologie,* de *pouvoir* et de *pratique*.

En ce qui concerne l'*idéologie,* la littérature en la matière montre que les latino-américains sont loin de pouvoir «changer de peau», autrement dit d'adopter des nouvelles approches épistémologiques. Si les pays de capitalisme post-industriel vivent l'ère de la fin des idéologies et de la fin des «grands récits» pour utiliser l'expression de Jean-François Lyotard (Lyotard 1979, p. 31), cela est loin d'être vrai en Amérique latine. S'agissant du *pouvoir,* deux «stratégies» sont observables. La première consiste à conquérir des espaces de macro-pouvoir: autrement dit, les chercheurs en sciences sociales sont assez soucieux d'occuper des espaces dans la sphère politique, voire gouvernementale. D'où une certaine instrumentalisation de la recherche scientifique (Capeller 1991b, pp. 95 - 110) notamment dans le domaine socio-juridique en raison des conflits inhérents à ces sociétés périphériques. La deuxième «stratégie» consiste à développer des espaces à l'intérieur de l'académie elle-même sans pour autant créer des «enclaves contre-hégémoniques» (Trubek 1990, p. 25). Il s'agit alors de créer des espaces de micro-pouvoir, qui, une fois mis en place, finissent par renforcer le développement d'une science «bien portante». Quant à la *pratique,* c'est-à-dire les expériences développées et vécues par les sociologues juristes en contact avec des mouvements sociaux, où les questions liées à la citoyenneté et aux droits de l'homme sont mises à jour, c'est par là qu'une *activité* et une *pensée critique* peuvent se développer. Encore faut-il que la théorisation de cette pratique soit fondée sur une *méthodologie interprétative* (Harrington/Yngvesson

1990) dans laquelle la perspective critique est essentielle. Cette approche permettra de saisir le «nouveau sens commun juridique» (New juridical common sense, Boa Santos 1992) qui, là encore, dans la pratique, trouve sa source. Il ne s'agit plus, ici, d'une réflexion sur le droit *et* la société, mais sur le droit *dans* la société (Harrington/Yngvesson 1990). A mon avis, ce n'est que par là qu'il sera possible de renouveler la pensée socio-juridique dans les pays périphériques; et peut-être même ailleurs.

Or, Friedman avait raison d'affirmer qu'en Amérique latine «most law and society people started out in legal philosophy, and drifted over in the direction of social science. In this process, they never quite melted old skins. They never decisively passed out of sociological jurisprudence into sociology of law» (Friedman 1986, p. 765 repris par Junqueira 1994, p. 3). Si l'on prend en considération les *moments épistémologiques* proposés par Villmore (Villmore 1990), notamment le *moment libéral* et le *moment marxiste,* on peut alors comprendre les difficultés des chercheurs latino-américains d'un «passage à l'acte» vers une nouvelle pratique et une nouvelle approche épistémologique.

Villmore montre que le *moment épistémologique libéral* demeure une perspective dominante (Villmore 1990, p. 150). Contrairement à Villmore, où les moments épistémologiques sont relativement figés, je pense que dans la réflexion scientifique latino-américaine il y une juxtaposition des moments épistémologiques: le *moment libéral* et le *moment marxiste,* tout les deux inscrits dans le paradigme de la modernité «lui-même présentant une contradiction interne» (Boa Santos 1991, p. 82) ont encore la prétention de répondre à l'échec du projet de la modernité. En fait, les intellectuels se refusent «d'accepter l'irréversibilité du déficit dans l'accomplissement du projet de la modernité» (Boa Santos 1991, p. 86), principalement «la promesse d'une plus juste distribution des ressources matérielles et la promesse d'une plus grande démocratisation du système politique» (Boa Santos 1991, p. 87).

Certains auteurs affirment que le marxisme a disparu du débat universitaire en Amérique latine. A mon avis, une *double prise de position épistémologique* – libérale et marxiste – est toujours observable dans les études socio-juridiques latino-américains. A l'origine de ce phénomène se trouvent d'un côté *les conditions politiques locales* et, de l'autre, le fait que les approches épistémologiques libérales et marxistes «éloignent le droit des lieux où il est produit et situent le pouvoir en dehors des contextes relationnels dans lesquels il opère» (Harrington/Yngvesson 1990, p. 143). Par ailleurs, Luciano Oliveira a montré qu'au Brésil s'est produit un changement d'attitude de la part des intellectuels marxistes; ils reconnaissent désormais l'importance de certains principes libéraux, notamment ceux attachés à l'État de Droit (Oliveira 1991). En fait, «la critique adressée au régime militaire et les revendications concernant les droits civiques ont été peu a peu remplacés par la critique d'un ordre social inégal où les droits constitutionnels ne peuvent pas être effectifs» (Junqueira 1994, p. 6). Dans ce contexte, les intellectuels peuvent se reconnaître comme marxistes tout en adoptant des concepts libéraux, ou encore se considérer comme libéraux en prêchant dans le camp critique.

Lorsque Esquirol a dénoncé la «neutralité éthique» du champ juridique et la «militance» considérée comme «déviance» chez certains auteurs latino-américains (Esquirol 1994), il n'a pas pris en compte l'argument très répandu également en faveur d'une «épistémologie matérialiste». Je pense que cette contradiction inhérente au discours socio-juridique est assez significative: on y trouve la difficulté de concilier l'héritage d'une conception formaliste et positiviste du droit profondément enracinée dans la pensée de Kelsen, opposée à toute connaissance non professionnelle du juridique, avec les besoins d'élargissement de la réflexion juridique plus que jamais soucieuse du social. C'est pour cela que les chercheurs latino-américains ont une énorme difficulté de «changer de peau» et d'adopter de nouvelles approches épistémologiques sans risque de contamination.

En effet, les sociologues juristes latino-américains, en essayant de trouver des nouvelles pistes épistémologiques, finissent par brouiller certains concepts et méthodes sociologiques transposés à l'analyse du droit, développant ainsi une «théorie du droit contaminée» (Junqueira 1994). Cette «théorie impure du droit» est encore plus facilement identifiable dans certains travaux qui essayent de mettre en rapport le marxisme avec la théorie kelsenienne du droit (Correa, 1994, p. 182). Cependant, au delà de la «contamination épistémologique» dans le champ socio-juridique il est important d'observer que l'approche libérale et l'approche marxiste, juxtaposées ou pas, renforcent toutes deux l'importance du «discours de l'efficacité» et du «retour à l'ordre» dans la pensée politique latino-américaine.

V. Le Postmodernisme Tropical

Les considérations précédentes mènent à quelques questions essentielles: quelle est la place du «critique» dans les études socio-juridiques latino-américains, et *comment* sont-elles critiques? Est-il possible de constater l'émergence d'un paradigme «postmoderne tropical»? Le «postmodernisme tropical» a-t-il le même sens que le postmodernisme dans les sociétés centrales?

Eliane Junqueira a montré la nécessité de mieux conceptualiser le mot «critique» (Junqueira 1994, p. 12). En fait, en Amérique latine, les études socio-juridiques ont eu une connotation critique depuis leur naissance, et plusieurs ont été considérées comme ayant une tendance «de gauche» pendant les années 1970 et le début des années 1980. Néanmoins, d'un point de vue politique, la gauche est très hétérogène, et cette hétérogénéité est visible, par exemple, à l'intérieur des services juridiques alternatifs. Les études socio-juridiques à caractère critique sont orientées vers le développement de la société civile face à l'État, et l'augmentation des espaces de pouvoir de celle-ci («social power») *en dehors* de la sphère de l'État. Dans ce sens, les services juridiques alternatifs sont conçus en faveur des «groupes sociaux victimisés» (Capeller 1992; 1994). Les luttes sociales menées par les groupes défavorisés deviennent la «matière première» du processus de démocratisation (Capeller 1994) ici considéré comme «tout processus social qui consiste à transformer les relations de pouvoir en relations d'autorité partagée» (Boa Santos 1992, p. 138). En fait, la lutte contre les monopoles d'interprétation doit être conduite de façon à permettre la prolifération des communautés susceptibles de donner des interprétations du politique et du juridique, que je désignerai comme «communautés interprétatives». C'est alors que la fin du fétichisme juridique marquera l'émergence d'un minimalisme juridique et des pratiques micro-révolutionnaires (Boa Santos 1994).

Je pense que les contradictions à l'intérieur du champ socio-juridique en Amérique latine témoignent de la fin du *moment épistémologique libéral* et du *moment épistémologique marxiste*. La perte de certitudes – qui n'étaient pas les nôtres! – nous pousse inexorablement vers de nouvelles aventures épistémologiques. Celles-ci seront fondées sur des expériences sociales porteuses à la fois de formes nouvelles de sociabilité et de formes nouvelles de compréhension du social. «L'engagement avec ce qu'on étudie» pour utiliser les mots de Harrignton et Yngvesson (1990, p. 148), la responsabilité par rapport à l'usage de notre savoir (Boa Santos 1989, p. 152) celles sont les prémisses qui nous permettrons de «changer de peau».

Si les promesses de la modernité n'ont pas été accomplies dans les sociétés périphériques est-il possible de songer à l'émergence et à la force politique de micro-rationnalités locales issues du paradigme postmoderne? Il semble que oui. Comme l'affirmait Gianni Vattimo, «ce qui nous fait face n'est pas l'organisation totale du monde en schèmes technologiques rigides, mais ‹un immense chantier de survivances› qui, par son interaction avec la distribution inégale du pouvoir et des ressources au niveau planétaire, donne lieu au développement de situations marginales qui sont la vérité même du primitif dans notre monde» (Vattimo 1987, p. 164).

Et voilà que dans cet «immense chantier de survivances» le débat sur le postmodernisme provoque à la fois un sentiment de «déjà vu» et est porteur d'un sens particulier. Le sentiment de *déjà vu* se trouve au coeur même de notre capacité à penser de façon postmoderne (Boa Santos 1994, p. 91); il est résultat d'une réalité vécue en permanence comme précaire et fragmentée. La fragmentation imposée par la modernité dans sa quête d'unicité a fait impitoyablement partie de notre univers, car «la fragmentation majeure et la plus destructive est un legs de la modernité» (Boa Santos 1994, p. 98). Chez nous, le postmodernisme a également un sens particulier; il est la possibilité d'un «retour en avant», de la rencontre avec soi et de la recherche d'une «altérité radicale».

VI. Post Scriptum

Je tiens à remercier ici les collègues qui, par leur participation au groupe de travail «Postmodernismes et décolonisations», m'ont ouvert une nouvelle perspective dans la réflexion sur le postmodernisme dans les pays périphériques. Au delà du clivage Nord-Sud tel qu'on peut le rencontrer dans les lignes qui précèdent, il convient de prendre en compte un autre clivage, Orient-Occident. Je me suis rendu compte, à l'occasion des débats qui ont suivi ma conférence, et grâce aux interventions des collègues du Maghreb, que le postmodernisme est aujourd'hui récupéré par les intégristes fondamentalistes islamistes dans leur opposition à une modernité que nos collègues tentent au contraire d'imposer pour les progrès qu'elle représente, notamment en matière de droits de la personne.

References

Andrade, M. (1928): Macunaíma, São Paulo

Bernstein, R. (1988): Introduction, Habermas y la Modernidad, Madrid: Ediciones Cátedra

Bourdieu, P. (1984): Questions sociologiques, Paris: Les Éditions de Minuit

Buarque de Hollanda, S. (1987): Raízes do Brasil, ed. de José Olympio, 19° ed., Rio de Janeiro

Capeller, W. (1991): Derechos humanos y cárcel: notas sobre la aplicación de la ley penal en Brasil, dans: Jurimprudencias, Bogota

— (1992): Transformations de l'État et changements juridiques: l'exemple de l'Amérique latine, dossier, dans: Droit et Société 22

— (1994): Are We Actually Unable to Molt Old Skins? Texte présenté au Séminaire organisé par le Réseau Européen Droit et Société et le Critical Legal Studies à l'IISL, Onati, juin

— (1995): L'engrenage de la répression. Stratégies sécuritaires et politiques criminelles, Paris: LGDJ

Correas, O. (1993): Crítica de la ideología jurídica. Ensayo sociosemiológico, México: Universidade Nacional Autónoma de México

Da Matta, R. (1983): Carnavals, bandits et héros. Ambiguïtés de la société brésilienne, Paris: Collection Esprit, Seuil

Esquirol, J. (1994): Some Musings on The Readings, texte présenté au Séminaire REDS/CLS/AL, IISL, juin

Eulalio, A. (1987): Sérgio Buarque de Hollanda. Escritor, dans: Sérgio Buarque de Hollanda, Raízes do Brasil, ed. de José Olympio, 19° ed., Rio de Janeiro, 19° éd.

Freire, G., (1975): O Brasileiro entre os outros Hispanos, ed. de Livraria José Olympio, Rio de Janeiro

Habermas, J. (1985): Le discours philosophique de la modernité, Paris: Gallimard

Harrington, C./*Yngvesson,* B. (1990): Interpretive Sociolegal Research, dans: Law & Social Inquiry 15

Junqueira, E. (1994): New Grounds, New Paths, New Politics for Sociolegal Studies, texte présenté au Séminaire organisé par le REDS/CLS/AL, IISL, juin

Martins, L. (1976): Pouvoir et développement économique. Formation et évolution des structures politiques au Brésil, Paris: Editions Anthropos

Oliveira, L. (1991): Images de la démocratie, thèse de Doctorat, Paris: EHESS

Pecaut, D. (1989): Entre le Peuple et la Nation. Les intellectuels et la politique au Brésil, Paris: Editions de la Maison des Sciences de L'Homme

Pita, A. P. (1988): A modernidade de «A condição pós-moderna», dans: Revista Crítica de Ciências Sociais, Centro de Estudos Sociais, Coimbra 24

Schwarz, R. (1987): Culture Nationale par Soustraction, dans: Les temps Modernes 491

Sousa Santos, B. (1989): Introduçao a uma Ciência Pos-Moderna, Porto: Ediçoes Afrontamento

— (1992): State, Law and Community in the World System: An Introduction, dans: Social & Legal Studies 1

— (1994): Pela Mão de Alice. O social e o político na pós-modernidade, Porto: Edições Afrontamento

Vattimo, G. (1987): La fin de la modernité. Nihilisme et herméneutique dans la culkture post-moderne, Paris: Seuil

Villmore, A. (1990): Politics and Research: Epistemological Moments, dans: Law & Soc. Inquiry 15, pp. 150 - 153

Vovelle, M. (1982): Idéologie & Mentalités, Paris: FM/Fondations

RECHTSTHEORIE, Beiheft 19, S. 321 - 331
Duncker & Humblot, 12165 Berlin

TYPOLOGIES OF ACCESS TO JUSTICE IN COLOMBIA (1976 - 1995)

By Miguel Angel Herrera Zgaib, Bogotá

I. The Present Justice's Debate in Colombia

According to the Justice's Minister, Humberto Martínez Neira, when he went to the Senate's hearings, before the First Commission, the past April 5, 80 % of colombians has not any access to Justice. In that session, the Minister also pointed out that Colombia has one of the highest rates of lawyer per inhabitant, that is, 194 professionals for each 100 000 colombians.

The high rank official, talking about the possible causes impeding the access to Justice, enlisted the uneven territorial distribution of the tribunals, the excess of formalism and ritual in judiciary proceedings, the citizenry's ignorance of their rights, the deficient legal services for the poor, and the lack of a basic legal and civic culture among the people. Moreover, there is a crisis within the hierarchy of the Judiciary Branch from the organic point of view caused by the changes brought by the Constitution of 1991. The Constitution created five institutions with almost equal powers and overlapping competencies. They are the Supreme Court, the General Attorney's Office, the Superior Council of Magistracy, the Constitutional Court and The State Council.

From the statistical point of view, there is a precarious report of figures regardind the administration of Justice at all levels. The Ministery is now working on a National System of Judiciary Statistics. The same authority insisted on the need of controlling the Judiciary personnel, as well as to work on a redefinition of the nature and functions of the General Attorney. All these issues were submitted to discussion when the Congress studied the Justice Statute, the Legislative Bill 58/1994, and approved it.

The Senate by itself, after the Minister's hearing in April, demanded to evaluate the highest instances of the Judiciary Branch. The President, Dr. Ernesto Samper Pizano, responding to the Judiciary's critiques, called for a total combat against impunity and corruption through an effective system of administrate Justice instead of increasing the criminal's punishments. All these measures were taken in accordance to the Colombia crime's social reality. To cite only one fact, in 1994, there were around 96 homicides per 100 000 inhabitants.

Now then, from the Florence Forum's conclusions (1979) on "Access to Justice", the Colombian Government's view lacks to connect the Justice debate with social and economic issues. Almost all the governments since 1976 reduced Justice to the parameters of efficiency and efficacy. The priority of Social Justice was not contemplated as a main component to solve impunity, indifference and corruption. That was the pattern officially pursuit until the Peace Agreements in 1984, when three Guerrillas' groups headed by the M-19 Movement accepted the Legal Order in exchange for a political Reform as a way of progressively reachs Social Justice. It was an initiative proposed to Belisario Betancur, the those days President. Nevertheless, the proposal had a tragic end. The M-19, arguing a President's treason, sized the Justice Palace by violent means demanding Democracy and Social Justice.

Despite of that brutal impasse, in which more than 90 persons were killed, the difuse political will of a wider concept of Justice continued their own way. The next President, Virgilio Barco took the lead of responding to the Colombia's quality of life and its preservation. The State recognized that more of 50 % Colombia's population was surviving in absolute poverty. These were official figures revealed by the Government's National Plan. For that population, certainly, the administration of Justice only have a meaning if the State would really guarantee them legal access to minimal social and economic goods.

Shortly, for the Poor in Colombia, Justice's perception was synonimous of redistribution of wealth. They ignore or reject the formal notion of Administrate Justice, that is, to solve legal individual conflicts, because of the unequal conditions under which they have been living. They do not participte of the national wealth, and worsely, the social gap was growing between them and the wealthy few during these years.

This turning point in the Barco's Government treatment of Justice was similar to what the United States experienced during Johnson's Presidency in the 60's. There, first of all, the Justice's problem was oriented to help the poor and handicapped. On one hand, in the U.S., these goals were also radicalized changing social charity for enpowering the Poor. In war conditions, the minorities's activists thought this turnover would provide the Poor of permanent means to transform their unequal social and economic conditions. But this way was blocked by the Congress who instead created a non political way, a Corporation of Legal Services for the Poor. On the other hand, in Colombia, the M-19 after the tragedy of the Palace Justice intended a desperate and sucessful move kicknapping a prominent Conservative figure, Alvaro Gómez Hurtado to seal the avoided political reform. This episode culminated with the installation of the Constituent Assembly in 1990, in which the coalition M-19 and Democratic Alliance (AD) had the second number of delegates. And it was decisive to some central political issues, the fact that Alvaro Gómez and Antonio Navarro joint efforts as the leaders of the Fundamentalist Wing of the Conservative Party and the Alliance M-19/AD.

Summarizing this period, the Acces to Justice in Colombia placed these new challenges through the joint efforts of civil society's organizations, the common citizen activism and the Government. Firstly, it must be transformed the traditional way of administrate Justice circumscribed before to solve interindividual Criminal and Civil Law. Secondly, the Access to Justice should attend the urgent social requirements raised by the poor and the minorities. Thirdly, the new Constitution must expand the citizen's participation from political to economic, social and cultural issues, empowering the participation of the majority. The latter measures have been sistematically avoided by Congress' action to regulate these Constitutional matters.

To change these three levels will require an equal number of public policies reinforcing a National Proposal: a frontal combat against poverty, raising the subsistence level of the Poorest. These policies should be, a) To give an economic content to the actual Bill of Rights, b) To adopt the Opposition Statute and the Collective Actions, and c) To develop a set of extrajudiciary means to solve individual and social conflicts and grievances.

II. A Historical Periodization of Access to Justice in Contemporary Colombia (1976 - 1995)

1. The First Wave: Looking for a Universal Justice (1976 - 1985)

Before analyzing the decade from 1985 to 1995, the most relevant fact in dealing with the access to Justice in Colombia is related to the former president, Alfonso López Michelsen's, initiative to convoke a Constituent National Assembly to reform Justice. That was intended through the Legislative Bill N. 41, August 18, 1976, which sought to modernize Justice and the territorial entities (Departments and Municipalities).

The Reform Bill, which required political, administrative and taxation changes was defeated. Essentially, that Reform looked for Justice's universalization. It also offered independence to the Judiciary Branch, putting it away from the political clientelism. The moto was to obtain quick and effective administration of Justice.

Developing the last antecedents, one arrives to Justice main targets of the next decade. Firstly, the reform of Local Government implemented by Belisario Betancur's Presidency, which established the Major's popular election. This Presidency also attempted an audacious turn in the Peace Policy with the Guerrillas as well as a progressive hardening in treating the Drugs-traffick's problem, after the murder of the Justice's Minister, Rodrigo Lara.

During Betancur's Presidency there was publicized a salient study titled "Reform to Justice" written by Alfonso Reyes, Jaime Giraldo y Jorge Acevedo, well known jurists and magistrates. Their diagnostic denounced that "there was a serious congestion in administering Justice because of its lack of efficency (including procedural and administrative factors), and the increasing volumen of criminal behaviors to be punished".

Now then, the study circumscribed the Justice's problem to reach the whole territory serving the population needs. There was a similarity with the Access to Justice experienced by the United States before the World War II, when that country passed from a rural to an urban society.

Relating Access and Justice's perception, there is a differentiated way in regards to class terms. The governing elites perceived it as the private conflicts' resolution through legal mechanisms. This approach had an approval in the emergent middle classes pressed by the inefficacy of Justice. The Judiciary Branch, including Judges and its Auxiliary personnel, demanded from the Government an adequate bureau's provision and maintenance, the improvement of their salary's scale, as well as a fairplay to elect the Judiciary officials.

Meanwhile, a different reality was growing in the towns, villages, middle range cities, and the countryside. The Justice was intended, first of all, as a widening of State welfare activity. A cross-class alliance raised several demands touching upon the infrastructure defficiencies, the lack of basic services. They fought for energy, pure water, roads, health services. Sometimes those demands were translated into riots and civil disobedience. In the countryside, and several little towns the Guerrillas' activity increased. They claimed for a political opening challenging the exclusive leadership of Liberals and Conservatives, as well as a redistribution of wealth, an Agrarian Reform for the Peasantry.

This period was closed with the assault of the Palace of Justice led by the M-19 suicidal commands, who took militarily the building and a number of Magistrates from the Supreme Court and the State Council.

The Army responded to the attack producing numerous casualities among civil servants and magistrates. The M-19 leaders went to the Palace demanding from Belisario Betancur, the Colombian president, to fulfill his Peace promises. They said in their Declaration, that the highest tribunals were prestigious institutions able to guarantee the legal means to force the President to honor his compromise for Peace and Social Justice through constitutional means. Sinthesizing, the Guerrilla sought with this armed intervention to press a democratic reform with the Judiciary's Branch support. This violent demand for Social Justice ended in a bloodshed episode, whic effects extends to the present times. Derived from this armed legal claim there is another perception of Justice. The M-19 introduced it as the idea of Social Justice. That was the aftermath of this first period.

2. The Second Wave: Peace and Assistance to Absolute Poverty (1985 - 1990)

Elected President Virgilio Barco, with a considerable support, decided to address differently the interrupted peace proposals of his predecessor. On one hand, he made a turnover to treat the Peace process with the insurgency. The new policy adopted, the PNR, the National Plan of Rehabilitation targeted the conflict zones in the countryside to put aside Guerrilla's political and military influence. Meanwhile he offered amnesty to the guerrilla groups, who accepted his Peace conditions. That happened with the M-19, the EPL's majority, The Quintin Lame Army, and the PRT.

However, the main goal of Barco's Government was to progressively erradicate absolute poverty. It raised more than 50 % of the whole country's population. Peace and fight against Poverty were conditions needed to facilitate a Neoliberal Economy variant. There was the time of La Apertura" (Opening), attending the IFM and the World Bank directions. The modernization process was retaken after the crisis of the model of Imports' substitution.

The Barco's administration took the initiative of working a practical notion of Social Justice to erase the political meaning of M-19's bloodshet seizure of the Palace of Justice in Bogotá. Barco's social policy staff tried to carry out the primary Justice institutions to the communities. There was an idea influenced by the Anglo-american policy of creating Legal service offices in the neighborhoods, the People's Houses. It was a measure to respond to the immigrants demands during the 60's and 70's in England.

The fight against absolute poverty in Colombia was paralleled with the ineffectiveness of the Judiciary Apparatus. The middle classes demands for Justice were increased confronted with the unaccomplished goal of universal and effective administration of Justice. The drugs' traffick's infiltration in politics, the Police and the Military alterated the Justice's administration too. The secret services instances, DAS and National Police's special units, were penetrated by drugsdealers networks. That action reached sectors of the Army compromised in fighting the main guerilla groups, the ELN, FARC and EPL's dissidency, and drugstraffickers. The corruption appeared in those spheres. The Government's response was to use the legal tool of extradition to persuade the Medellin Cartel, and minor regional groups. There were essayed speedy criminal proceedings, and several emergency laws with relative and limited success.

Impunity reached international peaks. There was a brutal secuence of Presidency candidates murders. The drug dealers gangs killed Bernardo Jaramillo Ossa, Carlos Pizarro León Gómez, and Luis Carlos Galán Sarmiento, who represented the UP (Unión Patriótica), M-19 (the former guerrilla group), and NeoLiberalism (its progressive political wing). Around them people had the highest expectations to reform the political system. To it were attached the growing claims against the repeated Human Rights violations perpetrated by the Military and the Police. There was not any distinction beetween political activists, common citizens, and paramilitary groups. The Colombian Government was sued before International Courts.

Summing up, the distinguish feature of the Second Wave was the green light for the Old Constitution Reform. The Colombian State was in a legitimacy crisis. It was losing its credibility among the Citizenry and the other nations. In response to it. There was a civic movement led by students from prestigious private universities, very close to the kidnapping of a former Conservative candidate to the Presidency, Alvaro Gómez Hurtado, who was exchanged by the M-19 leadership to ease political conditions, to stop political violence, and to put pressure on a democratic reform. In such crucial atmosphere, The Supreme Court approved the Constituent Process, after being defeated the Government's Referendum initiative, recognizing People's Sovereingnty. The President carried out that process using extraordinary powers. But there was a critical political situation behind his controversial decission.

Looking back to the methodological framework, one would say that the Second Wave added to the Access to Justice first stage, that is, to the unfinished process of its universalization, a new real demand: The Justice's redefinition in terms of redistributive goals. The poorest population was the first beneficiary of this political turn. That public policy was implemented through the PNR. There was a way of recovering legitimacy to overcome the people's consensus. In this period, the prolegomena for the next wave were fixed. The latter assistential measures were accompanied by the adoption of a popular mechanism to decide the way to change the Constitution of 1886, the Constituent Assembly. The political decission adopted by the Government with the support of the Supreme Court opened the gates to a different way of building democracy. It would affect the contents and function of Justice. That will be the matter of the next step in developing Access to Justice in Colombia.

3. The Third Wave: The New Constitution and The Justice's Reform (1991 - 1993)

The new President, César Gaviria Trujillo, a liberal, who was initially affiliated to its party's traditional wing, assumed the task to deep the Neoliberal Openess. He inherited the political decission to change the Constitution. He firstly intended to limit the competencies of the Constituent Assembly to reform the 1886 Constitution through an interparties agreement. But the Supreme Court denied those limitations. The elected constituents would have all the power to change the Constitution without any restrictions.

Then, it came the biggest political surprise. The Colombians who routinely vote they are not more than 30 % of the total able to participate. This time, the voters were around 26 %, and they gave the electoral triumph to the Alianza Democrática-M-19 (AD-M 19), quantitatively speaking. In terms of delegates to the Constituent Assembly the AD-M 19 was second, after the Liberal Party. The results confirmed the people's decission to try a different type of political order. A distinct, heterogeneous political alliance had the task of effectively change the Constitution that lasted more than 100 years. A Constitution characterized for its strong presidentialism, and its lack of citizenry's participation in almost all the levels. This new process was immersed into the trend of Latin America's modernization dictated by the international financial institutions, the IMF and the World Bank.

The topic of Justice was treated by several representatives coming from the whole social spectrum. One could remember the names of Carlos Gustavo Arrieta, an scholar, Hernán Echavarría Olózaga, an industrialist, Javier Henao Hidrón, a magistrate, Luis Carlos Sáchica, a jurist, who were debating the possible reform of Justice during the pre-Constituent Assembly period and afterwards.

One could say, using a recent unpublished review, "Antecedents and Proposals around the Justice's Reform" by Carlos José González, Universidad de Los Andes, that the political and legal elites "emphasized the following aspects: the institutional ineffectiveness of the Judiciary Branch, the operative congestion of the courts and tribunals, the inadequacy of many norms, the lack of material infrastructure, and the absence of legitimacy".

Making the inventory of their solutions, the summary was: "The reform of the Judiciary Branch, the sanction of a fair and effective normativity. Added to it, there is the need to qualify the Judiciary's personnel, to diminish the punishments, to reduce the number of felonies and crimes, to look for extrajudiciary proceedings to access to Justice; and finally, democratize the Judiciary system, which it implies to simplify the proceedings, the increasing of the information network, the reform of Lawyer's Statute, and to overcome the ritual an exaggerated formalization in administrating Justice".

During the sessions and hearings held by the Constituents the reform of Justice was contemplated through very different social lenses. The debate's results were that extradition was abolished. By doing so, the main tool against drugs dealers' delinquency disappeared. At the same time Participatory Democracy was incorporated, joint to an extensive catalogue of Fudamental Rights guaranteed by legal actions, particularly the "Tutela". And, after all, formally, the Representative Democracy was replaced by the Pluralist and Social State Law framework.

By reinforcing electorally a different political force, the AD-M 19, the demands of Social Justice now gained important instruments. The majorities were able to participate in the State apparatus, mainly, at local levels. This Constitutional change generates the third wage on Acces to Justice in Colombia.

The New Constitution incorporated a reform to the Judiciary Branch too. The Government experienced the protection of fundamental rights through citizens demands before the new created Constitutional Court. Replacing the strategy of extradite drugs dealers to the United States, the Gaviria's Justice Minister, Jaime Giraldo, developed the public policy of "Surrendering to Justice" to persuade the more dangerous type of delinquency to come to terms with the establishment.

Responding to the extralegal Opposition forces, the Civil Disobedience Movements, and the reinsertion of former Guerrilla's groups were recognized the Oppostion's rights. The General Attorney's Office was created to reinforce and modernize the Criminal Justice through a new accusatory proceeding. The "Faceless Judges' Justice" was established too. An instrument that was used in Italy against the Maffia criminal activities. Here it was applied to prosecute drugs dealers, subversives, an paramilitary gangs.

Summing up, this Third Wave incorporates the political dimension to the first two waves already analyzed regarding the treatment of Access to Justice. The Constitutional Court would be from now on the instance to interpret the reach of Social Justice by developing the guaranty of the Bill of Rights. The apex of the Judiciary Branch consacred several instances with similar powers creating a competence's conflict among them. Moreover, the mechanisms of Participatory Democracy and the Opposition's rights pending on regulation, wide the options of new kind of Justice. The other two dimensions were not well developed.

The expectations raised. The perception of a generalized disorder kept the public opinion's attention during this phase with perverse effects. The Justice's situation, instead of being improved, was aggravated. It was crystal clear the existence of a contradiction inside the Judiciary Branch produced by the crash between a new kind of democracy and a reinforced Presidentialism.

4. The Fourth Wave: An Integral Access to Justice? (1994 – ?)

From a statistical point of view, the Gaviria's administration main task, the Opening Process consolidation, threw up bad results in terms of a successful fight against poverty. The poorest grew considerably. His policy against drugs dealers was in crisis, and ended with the killing of Pablo Escobar Gaviria, who scaped from a high security prison after he accepted to be prosecuted. The Cali Cartel quickly replaced the Medellín Cartel monopolizing the drugs traffick. The improvement of economic conditions for the Judiciary personnel did not guarantee the expected changes, particularly, an effective administration of Justice.

The new Government led by President Ernesto Samper Pizano inherited a caotic Justice's situation aggravated by the growing conflict among the Judiciary power structure. The ongoing new Justice Reform deals with that conflict, and there are voices from inside and outside Congress, who look for abolishing the Constitutional Court, the main tool to implement the wide perspective about Access to Justice.

The Peace problem subsisted. The major Guerrilla's armies, FARC and ELN, and two little groups dissenters from the M-19 and the EPL, resisted to the Government's strategy of Peace. They represent rural segments of population rebelled against the unequal land distribution, whose primary interest is to access to land with adecuate means to cultivate it. These Guerrillas had also support in depressed urban environments and inner cities. Big cities' surroundings, like Medellin and Cali, have being guarded by popular juvenile armies supported by the Guerrillas.

They were applying private justice very recently. Their actions are contested by paramilitary organization with or without military support. The ELN rejects the new Constitutional Order, characterizing it as a Bipartisan Monarchy, which excludes a fair political play. In current terms, the Peace problem shows the fragility of Social Justice that allows to use economic and political barriers as a pretext to legitimate armed demands to the State. As in Mexico, Colombia experiences the perverse effects of a Neoliberal policy, multiplied by its old unsolved social and economic gaps.

Reviewing these negative features, there is still a Constitutional framework which facilitates a progressive development on Access to Justice. The Citizenry's Participation is an open option to transform the political inconsistencies of the New Constitution by widening the decission powers of the Civil Society, specially in social and economic matters. The Constitution incorporated mechanisms to deal with healt, education, planning, cultural, ecology issues, but they must be regulated.

Nowadays the President's election moved new expectations to deal with absolute poverty growth. He decided to combat it through "El Salto Social" Plan, creating a Solidarity Network Program that integrates a vast assistential plan, which replicates the one essayed in Mexico. This a different way of treating Social Justice. There was also created a High Commissioner Office to coordinate the Peace Process headed by the President. The General Attorney is compromised to prosecute the Cali Cartel by all legal means. This Government's fight has been precipitated for a discredit campaign orchestrated against the elected President presumably accussed of being financed by the Rodríguez Orejuela Brothers, the heads of the Cali Cartel. These accussations have recently reached eight active congressmen and a former senator. The President of the United States asked for sanctions against the country, which ended in a conditioned certificate. In this thick international atmosphere, Colombia must go through an integral Justice goal.

The opportunity to integrate all three dimensions is very propitious. The framework for a new Access to Justice is the Participatory Democracy with a basic accent on redistributive Justice through the consequent development of the Bill of Rights. The redifinition of Justice means not only the administration of courts and tribunals, but also, and after all, the power to reorder democratically the social, economic, environmental and cultural spheres of Colombia's new social contract. It would be translated as new quality of life construct, which recovers the legitimacy and viability of our new political order. That will be a expedite way not only to assimilate alien valuable experieces, but also to positively shows its present inconsistencies.

Nevertheless, the Political crisis produced by the recognition of drugs' trafficker's money in the triumphant Presidential campaign of Ernesto Samper through the Treasurer's revelations had acquired the force of a probe for the whole new political system inaugurated with the New Constitution. Despite of all the previsions and judicial obstacles a new notion of accountability have flourished based on the General Attorney's behavior, who has been helped by the U.S. National Interest in fighting the drugstraffick. What would be the final perception of Justice in popular eyes is linked with the effective and fair decision of the political figures implicated in that scandal, that embarrass the whole political stablishment in Colombia.

RECHTSTHEORIE, Beiheft 19, S. 333 - 341
Duncker & Humblot, 12165 Berlin

SHALL WE NEED A NEW LAW FOR THE 21ST CENTURY?

By Valentin Petev, Münster

I. What Is the Contemporary Society Like?

It is not only the fact that this century is drawing to a close which gives us cause to reflect anew the achievements of our society and the challenges facing it. It is rather the feeling that a qualitatively new era is about to be ushered in, which makes it necessary to raise the question of a new law at this point in time.

Many see in the crises and catastrophies of our time the definitive sign of an impending "end of history" (Hegel). This is so, not because liberty has actually been achieved (in the Hegelian sense), but rather because modernity has probably exhausted all possibilities in quest of this goal. Others regret the inability of our contemporaneity to produce significant new ideas, lasting explanatory models or even comprehensive social theories, and thereby prophesize the "end of philosophy" (Rorty). This diagnosis applies, if at all, of course only to the late modern West. Other parts of the world have their own specific problems to which I shall refer at a later stage.

But even for the contemporary Western society the defining traits outlined above are, in my opinion, not essential. It is not really liberty which is somehow lacking. Nor is it an intellectual poverty which impedes us from inventing appropriate models for a timely social order. What is missing in this society is a strong commitment to the values it is seen to represent.

What is actually needed, however, if we view things more closely, is an overall solidarity between individuals. Individuals should of course be aware of their belonging to respective interest groups. But beyond this, they should be continuously cognizant of being part of the whole of society despite its conflicting nature. Individuals as members of a community should not insist exclusively on their particular interests and corresponding rights. They should not assume that the only way to self-realization leads through a multitude of subjective rights. They should not set themselves apart from each other, thereby atomizing society. One's claims should not be accorded undue weight.

Solidarity is a mental attitude rather than just the fulfilment of specific acts. It depends on concrete situations. Solidarity is not a mere commitment to a diffuse common good but a discernable virtue under the conditions of a risk-filled and divided society. Contemporary Western society has at its disposal all it needs to survive just as it has the capacity to destroy itself. Solidarity involves tolerance. But it requires much more than this. It presupposes an understanding of the needs and problems of others, of different forms of life. Solidarity has to do with the relinquishing of one's own advantage while especially emphasizing collective commitments. It is that peculiar thing which people nowadays attracted by their rights frequently forget to take into account.

It is well known that Eastern European society is presently embroiled in enormous economic difficulties. But these do not sufficiently characterize its situation. Eastern European society has actually attained a considerable amount of liberty. What is presently really lacking is a genuine commitment to democracy. People there are not convinced of the value of democracy. In the present situation people are even tempted to sacrifice democracy for short term economic well-being. This psychological situation is being widely exploited by the supporters of the former regime who still hold important positions in economic and political management. They are trying to persuade people that democracy based on the Western model is not worth pursuing. The danger which results from this is that the increasing economic disintegration seems to prove them right.

In fact the opposite is true. Economic improvement in this region cannot be achieved independently. It is inextricably linked to political stability. And this stability can only be guaranteed under the given circumstances in following the Western political system and its democratic law. A "third way" does not seem feasible. This is not least the case because Eastern European society has, in the course of time, had strong links with the political culture of the modern West.

This kind of analysis cannot be applied for the other parts of the world. This is because the problems involved are quite specific. Strong religious ties, living traditions and completely differing forms of everyday life render comparisons and generalizations in a certain sense spurious. Nevertheless, the geo-political dimension gives us sufficient cause to reason on it.

The preservation of peace continues to present a common goal. The population explosion as well as the ongoing plundering of the earth's natural resources will inevitably concern us all for an indeterminate length of time. Cooperation in economic matters, in the sciences and technology is the necessary prerequisite for the simple existence of this indivisible world. And if we consider, in addition, that the continuing struggle for human rights is, in the final analysis, a commitment to humanity, we can see to what extent all this defines the framework in which politics and law have to play out their respective roles.

II. Is Contemporary Law Deficient?

All contemporary Western societies have a highly differentiated law at their disposal. Every social area is permeated by legal regulation. And this regulatory process is becoming more intensive and far-reaching. It is a well-known fact that many are critical of this development. They regret it, all the while hoping for so-called deregulation.

In her valuable work Mireille Delmas-Marty gives a comprehensive account of different law sources which are already in use on the international and the supranational level (Delmas-Marty 1994). These sources will be more common in the near future advancing new forms of norm creation. The point is whether thereby the promised "socialization of law", which deregulation optimists have envisaged, will in fact take place and, if so, whether it would necessarily mean less authoritative power and a corresponding reduction in coercion. The "espace désétatisé" that Delmas-Marty evokes (Delmas-Marty 1994, pp. 53 - 65) is not significantly reinforced by the so-called privatization of norm-making, especially by ethics commissions or professional organisations. Even large national and multinational companies, which undoubtedly produce a lot of (contractual) norms, are subject to constant control by present-day states in order to balance the divergent interests involved.

The question of the privatization of law or, if one prefers, of its "socialization" is intrinsically linked to the understanding contemporary Western society has of itself. This question cannot be resolved without taking into account the conflicting nature of this society. And if we do so, we cannot indiscriminately claim that the law is a spontaneous, a "social" law. As long as there are conflicting social interests and diverging political and ethical positions representing them, the open Western society should encourage plurality. But this is only possible by creating such legal regulations which have a general binding normative power, that is to say, a power with respect to the whole of the pluralistic society.

Having ascertained that contemporary law is almost exclusively made by the state or by supranational institutions, we have to question the ability of these norm-givers to provide good law for the late modern society. We should also ask ourselves as to what extent this law can be justified. The first question refers to the role of the specialist nowadays in creating law (Arnaud 1991, pp. 262 - 269). The second one has to do with the conceptions of law our time affords.

As is widely acknowledged, numerous branches of present-day law are highly technical in character, for example, tax, insurance or banking law. Here the contribution of specialists is mandatory. At the same time it raises troublesome questions of appropriateness and transparency. On this I cannot expound here at greater length.

On the other hand, to say how the law of our society really is, means explaining and justifying the constructions by which this society presently conceives of its law.

In a widely-shared liberal tradition, law is based on rights. These rights intrinsically belong to individuals. This tradition has at least two main philosophical presuppositions, a Kantian and a utilitarian one. The first emphasizes the singular subject as the holder of liberty and rights, whereas the second one accentuates the relationship between individuals and a welfare optimum.

The Kantian transcendental subject, who alone is autonomous and capable of being free, has often been sharply criticised. This subject, who bears within himself not the real possibility of doing things freely, but the a priori of the possibility of freedom itself, is rightly viewed by many to be too abstract for the construction of a political society.

The Rawlsian conception did its best to avoid this shortcoming. Rawls wished to deal with real members of society who agree upon the principles (of justice) according to which the community should be governed. But even the Rawlsian subject remains abstract, because it is distanced from actual goals and previous experiences. The original position of impartiality, Rawls evokes, in which individuals find themselves, is a fictitious one. As such it can perhaps explain the loose ties between equal individuals. But it can by no means be in keeping with the idea of a political community, which always requires bonds, interests and duties between members of such a community.

Other presently held conceptions of law, which are also based on individual rights, pay particular attention to the category of interest. They maintain that individuals can and should not neglect their interests because interests are strong reasons for action. David Gauthier, for example, places the interests of individuals at the heart of his deliberations, assuming that interest bargaining can lead to rational agreement. This agreement even yields justified moral standards and constraints

(Gauthier 1986). We can suppose that the same would apply to legal standards.

The consequentialist theory of rights brings the dimension of social goals into play by pointing out that these are achieved by means of individual rights. This momentum already shows the genuine relation between individual and common goods (Summer 1987).

Michael Sandel rightly critisizes the current situation in our society where common goals are becoming progressively weaker. Society and its underlying philosophy, according to him, no longer transmit ideas of substantial values. A strong movement towards procedural arrangements is to be observed (Sandel 1984, p. 93).

In the recent past many authors have turned more and more to procedural views in matters of law and justice. Yet, it is Habermas who manifestly adopts this attitude emphasizing the procedural paradigm in contemporary law. He contends that procedures generate legitimacy. According to him, legislators in modern law have the choice between "material, formal and procedural law" (Habermas 1992, p. 528). But procedures, even in the Rechtsstaat, are not meant to be bound to a particular social ideal (ibid., p. 536).

I do not believe that such a position can adequately respond to the needs of a society which is seeking supportive values and overall justifications as our society is presently doing.

It is unlikely that procedures in themselves generate the required substantive values. To proclaim that procedural arrangements which society brings about – not least by means of law – are indifferent to a social ideal amounts to a negation of the regulatory function of contemporary law.

On the other hand, those who nowadays plead for a "responsive" or "reflexive" law, which is intended to replace the old "repressive" or "autonomous" law ("post-regulative law"), overestimate the potential of spontaneous actions in shaping a complex social order. They are distinguished by a certain naivety in placing trust in a social regulatory automatism. But what they neglect to take into account is the level of authority required capable of upholding efficient norms of social conduct.

I cannot expound here at length on the postmodern critique. This has been done elsewhere (Petev 1994). It should suffice for now to remark that the oft-invoked incommensurability of social discourses, and the subsequent embarrassment of contemporary law in the face of it, give a quite distorted picture of this very law. Contemporary law can of course be judged to be more or less efficient. It calls perhaps for deeper justification. But this law is by no means isolated in this purported postmodern way: it is neither self-sufficient nor is it characterized by rivalry with other spheres of society (e.g. the economy, administration, health system, science). Law regulates these spheres giving them institutional shape.

Law is of course self-referential but not in the way understood by the autopoietic theory. It is self-referential as far as conformity and compliance of norms within the same legal system is concerned. But seen under the aspect of its regulatory function, we cannot say that law regulates itself. Law manifestly regulates social relationships and is destined, as will be shown, to do so in the future.

III. Salient Features of Future Law

Over the next while and on into the future, Western society will conserve and cultivate – so I hope – its pluralistic structure and politico-ethical openess. Likewise, its law will remain the expression of this socio-ethical and political plurality (Petev 1989, p. 70).

In the society of the 21st century, assuming that it retains this pluralistic character, people will not see themselves as being merely governed. They will be engaged in many political and cultural processes, in which they will engender different forms of life, preserving rather than discarding the "key ideals of modernity" (Taylor 1991, p. 111). This will be done by seeking the support of others in creating interest groups and in constructing majorities. Thus, citizens will be chiefly engaged in the formation of the societal political will and in exercising democracy (Petev 1988, pp. 207 - 212).

It is to be expected that political activities in the future society shall be bound to – genuine – law. I would like to stress this aspect by contrasting it directly with the idea of a "social" law held by many. Because I conceive the law of the pluralistic society, presently as well as in the future, as the sole possible generally binding normative order, which can really work within this society. Law is and will be backed by institutional authority – national, supranational, international.

Future law will surely continue to protect and strengthen individual rights. For rights have been the uncontested fruit of Western political culture over the past two centuries. These rights have not only expanded the range of possible societal actions for the individual but have also stabilized the self-worth of the citizen. Nevertheless, individual rights can no longer be regarded as the exclusive foundation of a legal order.

Conceptions of law based on individual rights are deceptive. They suggest that individuals are initially endowed with rights and that every political and legal order is built upon and bound to follow them. Such conceptions belong to the early era of the individualistic tradition. Their present day variants are even less acceptable as they encourage the idea of the fragmentation of society. Because individual rights, as understood today, call for an integral personal satisfaction and, where exaggerated, prevent members of society from forming a common identity, this identity being indispensable for the achievement of major societal goals (Taylor 1991, p. 118). This unsatisfactory individualistic construction also applies to the Habermasian discursive concept of law, which presuposes a "system of rights" individuals recognize for each other, before entering into the discursive building of the "legal form" (Habermas 1992, pp. 151 - 165).

Rights are not conceivable as existing apart from a political order. This is because they aim to facilitate personal goal achievements, making sense of them only within social interaction. All constructions of prepolitical rights – were they to be revealed, inate, or conceptually presupposed – amount to a metaphysical stance which is nowadays in many respects scarcely tenable.

Future law should promote solidarity in collective political action. By this, I do not mean a single issue advocacy in particular areas such as in ecology, the restriction of nuclear energy or the legal regulation of abortion. Instead, commitments to overall goals pursued by society, at a certain point in time, should be encouraged. Only in this way can political autonomy be effected by individuals who, in their common action, shape the social world they share.

It might also be appropriate to construct for Eastern Europe a concept of law which expresses the values and the political will of major social groups there. Such is to be recommended as far as this society freely chooses the Western model of political democracy. The latter includes, as is commonly known, respect for differing interest positions relevant groups hold in society. It also embraces an institutionalized rational discourse, which allows a reconciliation of opposing political views and the formation of flexible sets of societal regulation. In addition, we should keep in mind the fact that an intelligible concept of a developed society and its law has never been worked out by the proponents of a "third way".

At present, the European East is in quest of its own new identity. This is a result of the collapse of socialist ethical and political values, which, though supporting the former political regime, were not commonly shared. In this difficult and lengthy process East European society would do well to follow patterns of Western political thoughtways and legal practices without repeating the failures of an exaggerated individualism. This society should avoid moulding all interests into invested rights and claims directed against the whole. An atomization and fragmentation of society must be avoided where possible.

Law in the European East should be conceived in such a way as to promote and stabilize democracy. As I view things, there is presently no workable alternative to this. Moreover, Eastern European law is bound to reinforce adherence to Europe. The cultural tradition of this region will augment such a development.

As law is intrinsically bound to history, culture and tradition, this point of reference has to be taken into account in any analysis of law for the different parts of the world. It is important to bear in mind that outside the West the very notion of law itself is controversial. In its Western meaning this term is not fully applicable to foreign societal realms. Religion and custom are the dominating systems of conduct rules there. The different course of thought and history, and the resultant modes of reality perception have always led to the notable difficulties one is confronted with in inter-cultural dialogue. Complications due to different understandings of cornerstone ideas relating to the organizational forms of society, such as state, government, constitutionalism, individual rights or even contracts also need to be surmounted (Bozeman 1971).

And yet, in today's indivisible world the need for a secure existence and for mutual assistance in attaining prosperity make concordant efforts by all ineluctable. The appropriate legal device for this paramount goal will continue to be the international law, even should it adopt modified forms. It is to be hoped that old international practices of imposing brute force and applying machiavellian tactics will be avoided. What is called for is a fair bargaining on interest positions which, in any case, should be advanced by reasons and arguments.

Possible common objectives should be set, at least for certain periods of time. Here, standards and rules already acquired – e.g. in the field of fundamental rights, environmental protection or the preservation of peace – can and will serve as a basis for necessary agreements. The immense difficulty of setting up common arrangements consists of reconciling present political interests of the involved parties with their values and traditional ties – a task for both politicians and philosophers. In recognizing the promotion of individual liberty, the respect for communities as well as the peaceful relations among communities we can help advance the idea of a just world order (Thompson 1992). Its establishment is sure to be an extremely difficult task but one worthwhile pursuing. In any case we are obliged to attempt it.

References

Arnaud, A.-J. (1990): Pour une pensée juridique européenne, Paris

Bozeman, A. B. (1971): The Future of Law in a Multicultural World, Princeton

Delmas-Marty, M. (1994): Pour un droit commun, Paris

Gauthier, D. (1986): Morals by Agreement, Oxford

Habermas, J. (1992): Faktizität und Geltung, Frankfurt

Petev, V. (1988): Socio-Ethical and Political Conceptions of Major Groups within the Society as Reasons for the Legitimacy of the Law, in: A. Aarnio et al. (eds.), Law, Morality and Discursive Rationality, Helsinki

— (1989): Une conception socio-axiologique du droit, in: Droits 10

— (1994): Is Contemporary Law Postmodern? In: W. Krawietz et al. (eds.), Prescriptive Formality and Normative Rationality in Modern Legal Systems, Berlin

Sandel, M. J. (1984): The Procedural Republic and the Unencumbered Self, in: Political Theory 12

Summer, J. W. (1987): The Moral Foundation of Rights, Oxford

Taylor, Ch. (1991): The Ethics of Authenticity, Cambridge/Mass.

Thompson, J. (1992): Justice and World Order, London

RECHTSTHEORIE, Beiheft 19, S. 343 - 356
Duncker & Humblot, 12165 Berlin

NEW REGIONAL AND TERRITORIAL ARRANGEMENT POLICY IN COLOMBIA

By Luis Villar Borda, Bogotá

The territorial distribution of power was the main subject underlying the Colombian struggles throughout the 19th Century, beginning with the independence from the Spanish Empire and even before the emancipation was truly consolidated. The first of a series of civil wars was triggered off by discrepancies among Colombian patriots about the adoption of either the federal or the centralized regime. At the very beginning, the Independence Act issued by the revolutionaries on July 20th, 1810, stated that the emerging State would conform with the federal system and that all the provinces would assemble in equal footing and reciprocally respecting each other's freedom. The different provinces procceeded to issue their own Constitution, based on the republican and democratic principles of French and American inspiration. Those constitutions transcribed almost textually the dogmatic part of the *Declaration des droits de l'Homme et du Citoyen,* but differences arose on the points concerning the organization of Government. While the Congress of Provincias Unidas de la Nueva Granada adopted the Federal Act, the most important Province, Cundinamarca, proclaimed its inclination towards centralism.[1] Such hapless confrontation on the treshold of independence favored the Spanish Reconquest with its fatal outcome: the initial emancipation movement was drowned in blood and most of the patriot leaders were slaughtered in 1816, thus cruelly extending war until the final victory of freedom's cause.

This precedent doubtlessly served as argument for the adoption of the central system by de Founding Fathers, but they went to the other extreme. The irreparable consequence being the disintegration of Gran Colombia, the great Bolivar's dream. A dream that Bolivar himself contributed to destroy when he failed to enforce a federal arrangement with Venezuela and Ecuador. Had he done so, the local *caudillos* that raised against the Republic in the name of regional interests would have lost most of ther ground.

---

1 *Tulio Enrique Tascón,* Derecho Constitucional Colombiano, Bogotá: Ed. La Gran Colombia, 1944, pp. 10ss.

The country had to wait until the turn of half-century to try again the federal institutions, in the midst of the convulsions that were agitating the emerging nation. The climax of this drive was reached by the Liberal Radicalism with the 1863 Constitution. It was impossible that such institutions created for a nation like the United States of America, a country very early incorporated to capitalist development and with states and communities qualified for self-administration, could effectively function in a yet feudal country, virtually isolated, with great extensions of land and very scarce population, in its great majority illiterate. The particular conditions of the United States arose the admiration of Alexis de Tocqueville, the first one to disclose to the world the features of that system.[2] In our case, the practical results of an attempt based more on those theoretical influences than in the country's reality, were the blooming of fresher disputes and numerous armed conflicts, although we cannot accept as truthful the picture of horror that the enemies of federalism have painted in order to legitimate the centralist system's restauration.

The central system was established in 1886, totally eliminating the autonomy of the Departments (new name for the former Provinces) and Municipalities, despite the stated principle of "political centralization and administrative decentralization". The truth is that the last part of this principle was never honored and could have never been achieved because it was a contradiction. It is unconceivable to apply an administrative descentralization within a highly centralized political system. Various partial ammendments tried to bring alive the content of the above mentioned formula, specially the 1910 reform, but the truth is that the 1886 authoritarian Constitution, with its monarchical presidency, ruled the country for more than one century. The effects in the territorial level have been asphyxiating for the provinces and the local communities, whose development remained blocked over several decades, while modern development was concentrated in three or four cities, particularly in the country's capital.

Underdeveloped nations, particularly in Latin America, exhibit as one of their most striking traits the constrast between hyperdeveloped urban centers, capitals in many instances as big as the major megalopolis of the industrialized world and regions in the most painful state of backwardness. Regional inequalities add up to the great social differences and contribute to aggravate the already complex problems of general development. It will be enough to mention the case of Bogotá, a city whose

---

2 *Alexis de Tocqueville,* La Democracia en América, México: Fondo de Cultura Económica 1957, pp. 117ss. (Translated into Spanish by the Colombian jurist Leopoldo Borda, Paris: Librería de D. Vicente Salvá 1842).

population has grown from about 300 000 in 1938 to more than six million in the present decade, that is a twenty-fold increase in half a century.

It can easily be imagined what this means in terms of public services, environmental deterioration, traffic problems, insecurity and criminality. To the point that authorities themselves declare today that the state of the city is chaotic and totally unmanageable. The overcrowding of peasants in outskirts areas, overrun by ilegal urban development projects without the minimum public services, represent the culture medium ideal for all sort of conflicts, crimes and destitution, a picture made worse by the problem of drug peddling and drug traffic. This abnormal demographic growth, once considered a sign of progress, only disadvantages bring to the city and the same happens in other important cities, while the contryside depopulates because of the lack of goods, utilities and the minimum services provided by civilization, and also due to the chronic violence.[3]

As can be deducted in what has been said sofar in this extremely brief summary, the Colombian constitutional history and specifically the issue of the territorial arrangement, which is our subject, have oscilated between extremes with all sorts of difficulties, beginning with an Utopian federalism that led to anarchy and going into a rigid centralism that resulted in authocracy.

It is well known that authoritarian and absolutist Governments are sworn enemies of regional liberties and that at the inception of any dictatorship one of the first moves taken is directed to destroy community rights in order to concentrate power and impede any form of popular participation in local management. The cases of the National-Socialism Era, the Spain of Franco, the various Latin American dictatorships and the most recent experience of East Germany, are enough to prove how this trend repeats itself inexorably.

Decentralization of power presupposes democracy and this can only be completely achieved in a State where power is fairly distributed in the territorial arrangement. As Professor Eduardo García de Enterría explains, even though for different reasons, it is a fact that the scheme of centralization has reached a crisis point all over the world, to the point that "France herself, undisputable mother of centralism", whose State model was followed by many other countries, greatly influencing the administrative organization of Spain and Latin America, has been gained by the idea of decentralization, even though it has not been fully accepted.[4]

---

3 *Luis Villar Borda,* Democracia Municipal, Ed. Externado de Colombia 1986, pp. 137 ss.

4 *Eduardo Garcia de Enterría,* Estudios sobre Autonomías Territoriales, Madrid: Editorial Civitas 1985, pp. 454.

I. The Decentralization Trend

The struggle to obtain the political and administrative decentralization in Colombia was a long and persistent affair, but the first results were shown in 1968, with the Constitutional Ammendment of that year. This reform was adopted under the influence of the French decentralization tendency, the boom of the indicative planning idea and obviously the worsening of the urban problems and the decay of provincial and municipal life. Among the innovations were the creation of metropolitan areas, the partnership among municipalities, the administrative boards, the tax distribution, the grading of Municipalities and both departmental and municipal planning.

These changes did not touch the territorial arrangement when the project got bogged down by the political interests of local bosses and chieftains who were defending their economic, social and political power base by fighting against any change in the archaic departamental structures. The proposal made for a deep change tending to create large socio-economic spaces corresponding to reality and development requirements and not to electoral interests, did not have a chance. Regionalization of the country was taboo to the parliamentary class. Nevertheless, the reform succeeded in strenghtening the Municipality and by providing some alternatives to the administrative organization of the cities, with a criteria of modernization. As it has happened with so many initiatives in the past, a good portion of the reform was not duly reglamented by law and drifted away into oblivion. Regional spirit began a reawakening and the Regional Development Corporations (Corpes) were created supported by a Constitutional provision in 1968.[5]

II. Election of Mayors

One of the traits of Colombian centralism was the vertical selection of all the executive branch authorities, with the President naming the departmental Governors and the Governors appointing the city Mayors. All these functionaries were freely removed by the superior authority and were strictly under their orders. Their appointment corresponded basically to electoral interests and to the influence of regional or local party bosses.

After long and strenuous debates a new Ammendment passed in 1986 establishing the popular election of Mayors.[6] This reform is really the

[5] National Constitution, art. 7th (replaced by the 1991 Constitution).

[6] Legislative Act. No. 1 (Constituional Ammendment), 1986.

starting point of the great change at the municipal level. It fostered a vigorous trend in favor of decentralization and the political class realized they had to go with it. Decentralization entered into the program of all the political parties, of the left, of the center, of the right, many of them by sheer oportunism since the had been bitterly fighting the idea until the very day before. Up to this date, of course, you can still hear the voices of those who continue predicting disaster with the application of the reform: national disintegration, seizure of municipal Government by drug dealers, etc.

The ancient anti-federalism reflex appears the minute you take a decentralization step. Time has come to compare rules with realities, and the truth is that after three elections nobody would dare to propose a return to the previous system of arbitrary and authocratic selection of municipal authorities. The experiment has been much more successful than expected, although some defficiencies have been noted by the lack of experience of some of the elected Mayors and also by incidents of corruption, a shameful blot – it has to be said – that has been contaminating Government at all levels. But the democratic system still has the resort of penalizing those responsible of crimes or immoralities, not only by legal means but with the repudiation by the voters. This becomes an instrument inexistent under the old regime, since a corrupt Mayor was usually transferred to another city, because his real value was to function as an effective intermediary of the great electors.

Conscious that political and administrative autonomy is not enough if you lack resources and you run the risk of discrediting the system when basic necessities cannot be met, the country advanced one more step with the provision of fiscal means to the Municipalities by the way of money transferences within the limited possibilities of the central Government.[7] In the same fashion, the Municipal Regime Code was updated[8] and a Municipal Administration Basic Statute was issued.[9]

III. The 1991 Constitution

More than four decades of chronic violence, states of exception periods during which the Constitution was partly suspended, clashes with guerrillas, drug traffic, paramilitary bands, all this led to the delegitimation of the Colombian State. In a comparative analysis of Latin America, sociologist Alain Touraine considered that "Colombia is the country that

7 Law 14, 1983.

8 Decree 1333, 1986.

9 Law 11, 1986.

seems to drift in the most dramatic fashion towards political breakdown and aproach to a situation of unchecked violence".[10] And he added: "Guerrillas unfold openly while military and paramilitay groups multiply murders and the uncontrolled power of drug lords feed all forms of decomposition."[11]

These conditions favoured an agreement to reconstitute the State by the means of a National Constitutional Assembly with representation of the various social and political forces, including the guerrillas willing to rejoin civil life and legal political activity. With the attendance of all political parties, representatives of ethnic and religious groups and demobilized guerrillas, specially the M-19 movement, this Assembly drafted and issued the 1991 Constitution.

This Constitution marked a progress in many grounds, specially in the extensión of rights, the trend towards participation and a decentralization spirit. Notwithstanding, the new charter shows contradictions, gaps, superfluous provisions and a cumbersome lenght, all of which contributes to the vagueness of many norms. These faults can only be overcome by legal reglamentation and particularly by the interpretation of the Constitutional Court, which is another of the novelties of the reform.

Open or concealed enemies of change have taken advantage of these vagueness in order to try a constitutional counter-reformation, via the Congress, although luckily these efforts have not received sofar enough endorsement because of the lack of popularity of the proposals. Even though this does not refer directly to the subject of this conference, it is worth of noting that one of the guarantees established to enforce the observance of the fundamental rights and to stave off their violation, the so-called *acción de tutela,* has been one of the main aims of such attacks, as well as the Constitutional Court from whose activity depends the progressive interpretation of the new Constitution.

Of course, nobody could expect that the serious and deep Colombian crisis would be solved by the mere act of issuing a new Constitution. Two years after its promulgation, facts have demonstrated this assertion. The upsurge of violence, the aggravation of social problems as a consequence of a neoliberal economic policy, the weakness of political parties and the absence of an acting civil society, are some of the negative signals that naively or maliciously not few critics have attempted to ascribe to the reforms.

---

10 *Alain Touraine,* America Latina, Política y Sociedad, Madrid: Espasa Calpe 1989, p. 442.

11 See Art. 1, Political Constitution of Colombia, Bogotá: Editorial Temis 1993.

This must not lead to pessimism, since at the same time there are important positive elements that should be taken in consideration in a more long-range perspective. The disrepute of violent ways, pressure of citizenship favoring peace, the formation of social, ethnical and religious nuclei with a greater conscience of their rights and, to return to our subject, the revival of municipal and provincial life, the momentum achieved by the decentralization reform and the regional awareness of their rights are among those positive elements.

IV. The New Territorial Organization

On Article One the Constitution defines the country as a social State of law, organized in the form of a unitary republic, decentralized, with autonomy of her territorial divisions. It is certainly a shy definition but it contrasts with the previous Constitution that emphasized the unitary character without even mentioning decentralization nor territorial autonomy. The new wording sought to specify that autonomy did not mean sovereignty, still afraid of the already mentioned consequences of the federal system.[12]

These basic principles are expounded in Title XI, of the Territorial Organization, on the premise that regions are autonomous to manage their interests, within the limits established by the Constitution and the law. The features of the new organization are: 1. Proliferation of territorial entities. The country was divided in Departments, Districts, Municialities and Indian territories. It is also possible to divide the Departments in Provinces and to group them together in Regions that will be explained below, with the possibility that these groups acquire the status of territorial entities. 2. The greater possible democratic participation, beginning with the popular election of authorities that now include not only the municipal Mayors but also the Governors of the Departaments. 3. A moderate decentralization, in several cases interfered by and generally under the control of the central power, particularly in the administrative, fiscal and public order fields. Public order being understood as general situations of conflicts, particularly those emanating from armed confrontations or social upheaval.

The Constitution delegated in the law the reglamentation of the above mentioned norms. As distinctive of all periods of transition, the Departments and Municipalities presently face multiple problems that can only be solved as Congress passes the numerous bills under discussion, beginning with the organic law of territorial arrangment. This is the law that

12 Political Constitution, art. 306.

will define the distribution of competences between the State an the territorial entities.

The previous trend was to strenghten the Municipality and it was a common thesis that such tendency should end with the extinction of the Departments, an entity copied from the French law and generally created by artificial means considering more political than social and economic interests. The 1991 Constitution sought to strenghten the Departments within a more democratic framework with the popular election of Governors, that were previously appointed freely by the President of the Republic. It is true though that most of the Departments have a long life tradition and that each one has seen the surge of interests that can hardly be defeated by democratic means.

V. Regionalization

The struggle for regionalization, that is for a territorial division more in agreement with the development requirements of the country, the planning of avalilable resources, social, economic and cultural realities prevailing over political and electoral interests of local party bosses, has a relatively long history. But it is only in 1968 that such struggle is updated and expressed in concrete terms in a regionalization bill introduced at Congress, but rejected at the time. The interests of provincial oligarchies were still too strong to even permit a debate of the issue. By 1991 there was a much more developed awareness on the subject, although not yet the political force required to implement the regional project on a short-range basis.

Colombia is a country of provinces with a vigorous regional tradition. Provinces began shaping up with their own traits during the Colonial period. Geographical complexities, the different types of population and development of cultural milieus with peculiar features contributed to this formation. You can state today that the regional identity is more clear and more vital than the national identity.

Answering those hopes, the Constitution establishes the possibility that two or more Departments can group themselves together in administrative and planning Regions with the capacity of legal incorporation to manage their autonomy and their own patrimony. The objective of such regional bodies will be the social and economic development of the corresponding territory.[13] The precedent of this norm are the Regional Development Corporations (Corpes) already mentioned.[14]

The regionalization bill that I introduced at Congress as reporter of the 1968 Constitutional Reform[15] was not accepted, but in 1991 succeeded in the norm above commented, going still one step further with the proviso that such administrative and planning Regions could become territorial entities after fulfilment of a series of requeriments, among them a referendum of the inhabitans of the Departments that are to enter into the new Region.

Paul Claval has said: "Within a State, a region is more than a mere administrative division. It is a territory integrated by a network of ancient links still very present, and by its environment, its landscapes, its population, with a very strong distinctive outline. A state can function only when the constituent groups share a common culture and endorse common values and principles of organization. These groups as a whole form a nation. That is how notions such as democracy and popular sovereignty can function. Law can really be for all and solidarity can be accepted by all the members. Any other form of State cannot survive unless they appeal to compulsion and violence, finally making it frail and wrecking it."[16]

Here you can detect the influence of what happens in the international scenario in connection with regionalization, even in traditionally centralized countries, as a way out for old and repressed hopes of national minorities or provinces forgotten by the central power or to comply with the technical requirements of development and planning.

Spain with the autonomic regime approved in the democratic Constitution, Italy with her regional division, France with the decentralization of

---

13 See *Hans Jürgen Patz,* Regionale Entwicklungsgesellschaften in Kolumbien, Göttingen: Verlag Otto Schwartz 1970. Excerpts: "Colombian economy shows an spacial structure extraordinarily multiform from which emerged the topographical relations of the territory, accross three montain ranges and a multiplicity of natural spaces. A regional division of the state's territory embracing 1'138.000 square kilometers, according to economic and geographic criteria, leads to the recognition of five great spaces with a different participation in the economy and the population of the country. They are:
- the central Andean region
- the Caribbean coast space
- the Pacific coast region
- the Orinoco hidrographic basin
- the Amazonas hydrographic basin."

The above division was made by the Colombian nationalized German Professor Ernesto Guhl, a learned expert of Colombian geography and follower ot the great tradition of Alexander von Humboldt and Alfred Hettner.

14 Historia de la Reforma Constitucional de 1986, Imprenta Nacional, 1969, Bogotá.

15 *A. Paul Claval,* Introduction a la Géographie Régionale, Tours 1993, p. 283.

16 *Karl Loewenstein,* Teoría de la Constitución, Barcelona: Ed. Ariel Derecho 1986, p. 384.

a unitary State by definition, they have all searched for an answer to those requirements. As in the Latin American countries that have followed similar courses, results there have been unequal, but nobody would think today in a return to authoritarian centralism.

The crisis of the State-Nation, of course, is something that affects the territorial problem and in some cases in the most dramatic fashion, as can be witnessed in the post-Communist transition of Eastern Europe. It is evident that the emergency of repressed regional aspirations is present everywhere and that only a suitable channelling can provide a solution through a system of autonomies and democracy and not by the road of submission and dictartorship.

The numerous conflicts crushing presently the world essentially have a regional character for ethnical, religious, cultural or national reasons. Economic want and world recession magnify and make worse those conflicts, as can be seen in the tragic cases of former Yugoslavia, in Africa and in the Middle East. Separatism has many origins and various causes, but in the great majority of the cases it obeys to discriminatory treatment, unfair exclusions and peripheral conditions and backwardness within a national context. The painful trauma of Panamá concerning our country is a sufficiently clear historical case. Centralism, exclusion, economic and political discrimination were the motivation behind Panamá's separation from Colombia and not the 1.000-Days War, as some superficial historians maintain. That secession was foreboded since the middle of the 19th Century when the Isthmus was asking for a federal system. This type of events will not happen again among us if the decentralization process continues and the country succeeds in enforcing a regional reform.

I agree with Karl Loewenstein's opinion: "Federalism, as an application of the principle of distribution of power, is incompatible with the autocracy embodied in power concentration. The exclusive power holder – an individual person, an assembly, a committee, a board or a political party – can hardly put up with autonomy spheres inaccessible to his authority, since they could eventually become potential nuclei of an opposition to his autocratic practice of power."[17]

Colombia adopted an intermediate solution betwen the 1886 centralism that suffocated the provinces and reduced municipal life to misery, and the extreme federalism unsuccessfully tested as we have seen. Regional-State is the name of the solution with a high degree of decentralization and autonomy for provinces and municipalities. The problem today is to bring this system to reality, with the certainty that it is now impossible

[17] Op. cit., p. 163.

to turn back, unless dictatorial methods are used. With the serious disorders and problems surrounding this transition period, to turn back the clock of history would lead to catastrophe.

Only small nostalgic circles or persons totally out of reality could advance today the reactionary proposal of cancelling the advances obtained in local democracy and returning to the method of arbitrary appointment of the Governors and the system of finger-picking the Mayors. Against the new institutions the argument is corruption. But we can ask: was there not corruption before Governors and Mayors were elected? Was there not and is there not corruption at the level of the central power and national authorities? To say that democracy is responsible for administrative immorality is just like examining the bed sheets to find the sickness. Corruption is a phenomena of very deep roots and causes, linked to the economic and social system, to the collapse of moral values, to the eagerness for a quick enrichment and the vulgar pragmatism that permeates social life. The remedy, of course, cannot consist in crushing the democratic and decentralization advances. On the contrary, the purification of Government management requires an effective participation of everybody in the conduct and control of public business, in information readily accesable to rulers and subjects, and a dynamic public opinion. This has to go with a legislation that severely penalize offenders against the national patrimony, as well as social and political sanctions by voters against officials or leaders that may have incurred in crimes or unethical conduct. More democracy and not less democracy is the weapon to overcome the state of prostration affecting the country's administration at all levels.

What has been asserted above does not mean that the State cannot intervene at a national level in order to favor the equilibrium among the various regions and to apply the solidarity principle that compels the collaboration of the most prosperous and wealthy to help in the development of the poorest and most backward. The contrary would be the break-up of national unity and, as Paul Claval affirms, modern State is unitary, but this must not be misunderstood as centralist and autocratic.

National identity has been shaped during a lenghty and difficult process, but nobody can deny today that it does exist, even if its feeling is weak and even if it has less dramatic expressions than in the period of the Founding Fathers. It is possible to ask one-self if that is not inevitable in the same measure in which a nationality matures and consolidates itself. At any rate, nobody would deny today that the sense of being Colombian is a reality, even if not as firmly rooted as in those nations with a history of thousands of years. But that identity strengthens itself precisely by recognizing and respecting regional realities, the diversity of ethnias, of religious groups and confessions, and cultures not only as words written down in the Constitution's pages, but as real elements of the daily life in our provincial and local communities. Variety inside fundamental unity, or what is known today as pluralism, is what will give us strenght and will provide us with more means to face a future so fraught with challenges and problems, not only in our country or our hemisphere, but at a world level.

VI. Municipal Organization

On the municipal side the Constitution increased the local power, considering the Municipality as the basic entity in the whole territorial division.[18] At the same time, the democratic nature of the Municipality was enlarged with a greater popular participation, not only through the election of Mayors, but with popular referendums to decide on issues affecting the city, in similar way of what can be done at a departmental level. Private citizens can also make proposals for debate at the public corporations (art. 105, 106).

We have already mentioned the huge problem created by the disordinate urban growth, specially in the capital of the country, which is now a great city affected by the most different scourges: insecurity, contamination, traffic jams, lack of services, tearful differences between the wealthy suburbs and the slums and peripheral shantytowns of the poor bordering administrative chaos. Bogotá was given the special regime of the country's capital, but it still lack reglamentation and, at any rate, this regime is not going to solve *per se* all the mentioned scars. A great national effort is necessary to solve them, but at the same time there is a want for a policy making appealing the countryside life, providing adequate services to the rural areas in orden to stop the anarchical migration to the urban centers, as well as a bigger help for the development of intermediate cities.

The authorization to establish Indian territorial entities must be considered as one of the major achievements of the new Constitution. These territories will be managed according to the customs and traditions of their communities. This is the redressing of a century-old injustice with native people, divested of their properties and their cultures destroyed. They have survived decimated by all sort of penalties and in miserable conditions. For the first time in five centuries they had their own representatives in a Constitutional Assembly and they are represented today in Congress. This is not the least of the achievements of the pluralist

18 Art. 311 C.P.

ideal. The same can be said in relation with religious groups. Evangelic minorities elected their representatives to those corporations, in a nation in which the Catholic Church hegemony and political influence were total up to a few years ago. These are progress signals that should be reckoned with.

Persistence of centralism must not be ignored, as can be surmised from some of the observations previously made. The Presidential regime not only remains, but in certain aspects it has been solidified to the detriment of regions and municipalities, maintaining the trend of limited democracies to privilege the executive branch over the others that form the State.[19]

Congress presently debates various bills related to the different and complex subjects of the territorial arrangement. The advance and success of the territorial reform depends from those reglamentations, from the jurisprudency of the Constitutional Court and particularly from the development of an active and independent public opinion. Otherwise, that reform might well end in a new frustration for the Colombian people.

The field that the 1991 Constitution left in the hands of Congress is very large, precisely because of its imprecision. As it usually happens with the Constitutional charts, this is only a frame, a guide line, that permits a long journey if there is the proper political determination, but that could prolong the submission to centralism if the legal and jurisprudential developments curtail the meaning of the Constitutional norms. The profusion of provisions, in many cases contradictory, of the 1991 Constitution could lead to one or the other extreme. Scholars that have seriously studied the problems involved have made judicious observations.

This is the reason why it is timely to demand from political leaders to state clearly their commitment to an issue of vital importance for the future of the country, as is this one of the territorial organization.

In connection with projects already advanced that we cannot discuss here in detail due to time limitations, but that will be subject of other reports, I would like to point out as a general conclusion of this talk:

First. It is unconceivable a Region as territorial entity without legislative powers, partly autonomous and partly delegated, because those powers are implicit in the definition of the entity. The law ought to provide, hence, for a Regional Assembly with due and clear competence and

---

19 *Sandra Morelli/Jaime Orlando Santofimio,* El Centralismo en la Constitución Política de 1991, Bogotá: Externado de Colombia 1992.

authority over the entire territory belonging to the Region, within the proper Constitutional and legal limitations. Otherwise, the Region is bound to become another bureaucratic body without clear functions and lacking political and administrative power, in open challenge to the autonomic and decentralization aims contained in the letter and the spirit of the Constitution.

Second. The Region must secure financial resources, both directly owned and transferred, permitting the execution of functions within the limits of its competence. Both of these resources must be outlined in the territorial arrangement law.

These two basic enunciations are enough to realize that those proposals advanced sofar do not answer to the expectations created by the institutional change and must be carefully studied and debated in order to consider the different options that may verytably satisfy the Regions' just aspirations for autodetermination.

At any rate, I have the conviction that the democratization of this country – an oligarchic republic par excellence, as has been described by the distinguished Argentinian historian Tulio Halperin-Donghi – will be attained from below to above, starting at the municipal level and ending at the central power, after going through Provinces and Regions. Changes operating at the base will presure the whole political, social and administrative structures of the country, including the political parties and other mediums of expression of the citizenship. We have confirmed by recent experiences that a bureaucratic change imposed from above winds up in anarchy or dictatorship. It is simply the substitution of one elite by another elite.

VI. On Feminist Jurisprudence in a Post-Modern Age

RECHTSTHEORIE, Beiheft 19, S. 359 - 367
Duncker & Humblot, 12165 Berlin

TIME AND WORK – PRIVATE AND PUBLIC

By Letizia Gianformaggio, Ferrara

In different societies and cultures people of both genders have always performed many different kinds of activities; in my opinion it is not an exaggeration to maintain that one of the most significant distinctions among those activities can be drawn between those that have to be performed regularly in a fixed period of time and those that do not have to be. The latter require the dedication of an unlimited amount of time and energy, and do not, in principle, guarantee to the worker the availability of a leisure. This distinction intersects in a significant way another one, namely the distinction between private and public spheres, notoriously an immensely relevant distinction inherent to nearly all discussions about gender, and one which refers to the fundamental concepts of equality, inequality and difference. In this paper I intend to offer a key for dealing with time and work in a gendered perspective, leaving three different dichotomies to interact with one another: the *fixed time work / non fixed time work* dichotomy; the *public/private* dichotomy; the *equality/difference* dichotomy. Moreover, I shall employ the *public/private* dichotomy in terms of three different conceptions, which I shall call the *classical* conception, the *romantic* conception, the *liberal* conception. My goal is to stress the network and the bonds of all these intersections. In the end, I put forward only tentatively the following thesis: the genuine access of women to every kind of work and activity – either within the private or the public sphere, carried out either between equals or unequals – requires a new definition of the term 'freedom' with relation to work, such that it no longer has the meaning "freedom from work" or "freedom to devote oneself only to work (or to a particular kind of work)", but has the meaning "freedom to shift from one to another of the spheres in which the different kinds of activities are performed".

To begin with, I shall distinguish – within the public/private dichotomy peculiar to the classical tradition – two different kinds of activities, both of which require a total and unconditioned and unconditional offer of time and energy: namely domestic work, and the fulfilment of citizenship, that, according precisely to that tradition, have to be conceived of as a typically female activity in the former case, and a typically male activity in the latter. Then, I shall deal with different kinds of activities differently situated in the two spheres, according to different conceptions of their relationships. These activities are: dependent work, autonomous work, political or institutional work; with regard to each of them I shall ask what the access of women can produce as far as the four connected topics of time, work, freedom and equality are concerned.

I.

The oldest conception of the relationship between public and private domain goes back to classical Greece; which interprets the *private* as *domestic* and the *public* as *political.*[1] First of all, it has to be stressed that the ancient political theoreticians did not conceive of women as subject in this sphere; neither did they count women among the "political animals", nor think women's exclusion worth stressing. Political subjects are by definition equal, but women live in and by the private-domestic sphere, where there are no equals. In the private-domestic sphere one finds only prearranged roles, conceived of as settled by the natural reality of needs, and not by a confrontation of arguments, judgements, interests. The domestic sphere is "private" because it is the sphere of deprivation, marked by nature by differences and thus by oppression and inequality. It is, nevertheless, a "social" and not merely a "personal" sphere; within it personal relationships are established and developed; and in these relationships woman's role is a subordinate, even menial one. Now women, as far as they are marked (like handicapped people and servants) by their condition of being "slaves of urgent life needs", and consequently "inferior", cannot be subjects in the political sphere: they cannot be "equal". In politics, men are equal; men are equal because are free from, and not dominated by needs, and consequently can leave the house. Inside the house, in fact, they dominate, because they do not care about their own and other's needs, but others care about theirs. Therefore they are not really located *inside* the house, they are not prisoners inside it, but can play, and carry out their activities, can exert themselves and have an influence, far away from it.

In the political sphere outside the house, beyond the natural sphere of the needs where differences are inequalities, those who are free, and thus equal, meet "face to face"; this is the "horizontal" dimension of politics, the meeting of equals, life in *koinonía.*[2]

---

1 See *H. Arendt,* Vita activa. La condizione umana, 1958, tr. it. Milano: Bompiani 1964.

2 *G. Sartori,* La politica. Logica e metodo in scienze sociali, 2. ed., Milano: Sugarco 1980, p. 191. "Per converso, – Sartori writes – l'uomo "non politico" era

Now, according to this conception, both domestic work and political activity surely require unconditional devotion, an unlimited offer of time and energy: therefore they are incompatible. The basic difference between them amounts to the fact that in the first sphere there is domination and submission, while in the second there is equality. But a crucial common feature is that both domination and equality are conceived of as natural, the first grounded on natural differences, the second on natural similarities.[3] And if a being is bound by nature to accomplish a certain activity, it is meaningless to state a definite period of time in which this activity has to be accomplished.

II.

Strictly fixed time work presupposes a different conception of work. It presupposes precisely the conception according to which different subjects, all equipped with legal capacity and so, formally equal, inside the *private* sphere of the *liberal* tradition, the *social* sphere of the labour market, engage in a relationship of exchange whose outcome, nevertheless, creates between them an inequality. This inequality is, definitely an unbalanced relationship; but here the imbalance – unlike that in the domestic sphere – is conceived of as justified not by natural differences, but by a contingent situation, i. e. the outcome of a negotiation freely undertaken, with a definite purpose, resolved by the socially determined relative strengths of the parties involved. As a consequence, it is not supposed to pervade all the time and the life of the subjects involved, but rather is supposed to be confined to a determined time and place. This imbalance is not labelled dominion and submission, but supremacy and subordination. Now submission, unlike subordination, is restrained to a particular situation. One cannot leave the house; on the contrary, one leaves the factory or the office, even if at night-fall after a long day's work. Outside the factory or the office, one is formally free and equal again. And the time not dedicated to the factory or the office is free.

But what if that time is not really available, since it has already been promised to other people within the domestic sphere, for the satisfaction

un essere diffettivo, un *ídion,* un essere carente (il significato originario del nostro termine "idiota"), la cui insufficienza stava, appunto, nell'aver perduto, o nel non aver acquisito, la dimensione e pienezza della simbiosi con la propria *polis.* In breve: un uomo "non politico" era semplicemente un essere inferiore, era meno-che-uomo."

3 *S. Moller Okin,* Justice, Gender, and the Family, Collins: Basic Books 1989, Chapt. 6: "Justice from Sphere to Sphere: Challenging the Public/Domestic Dichotomy".

of their needs? What kind of liberty can be enjoyed after work time in this case?

Subordinate, non-menial (therefore non-domestic) work, emancipates whoever performs it from domestic slavery just because it can only be accomplished by formally free and equal persons. Just by leaving the house, in fact, a woman becomes equal, even if she leaves the house merely in order to enter the factory.

On the other hand, she is allowed to leave the house because (and as long as) the time and energy she spends outside the house are fixed, though considerable. Thus, a woman's access in the labour market amounts to a contradiction with her domestic role. Is the offer of a part of her time to work compatible with the already established total transfer of it to the domestic sphere? It is and it is not. It is not compatible, because the partial transfer presupposes an equal relation between two individuals, whose willingness is needed; and how can the woman, who already agreed that others have at their free disposal all her time and work, be free to bind herself? It is compatible, because if she never entered expressly into such an agreement, her access to the labour market shows her the ideology embedded in the assumption of her natural lack of liberty and equality; while, if she did enter into such an agreement (by marriage for example), her access to the labour market shows her the conventionality of the obligations already undertaken and even of the rules about obligations that can be legitimately undertaken.

III.

We have seen up to this point that, in the classical conception, the private-domestic sphere is, for women, the sphere of their total lack of liberty. That sphere is constructed in opposition to the political sphere, the public space of free and equal people. We have seen, moreover, that, however paradoxical it may seem, both the total liberty of the political subjects and the complete subjection of the prisoners in the house, justify the same lack of restriction of time for the activities undertaken inside the two opposite spheres. And finally, we have seen the rise of a third kind of activity, in an intermediate space between the *domestic* and the *political:* the *social* space where people are neither totally free and equal, nor totally subjected, but have the liberty of giving up their own time and work, and thus the capacity to enter into a legally binding agreement. Women's access to this space, which can not, by definition, occupy all their time, amounts to a factor of crisis of the exhaustive and exclusive *domestic/political* dichotomy, and teaches them that their inequality is not naturally and necessarily grounded on a difference, and thus is not a symptom of their difference. On the contrary, that difference, for which they are confined inside the house is constituted of inequality, and should be conceived of as an exclusion-difference and not as a specificity-difference.[4]

But in the social sphere, the emerging space between the domestic and the political domains, another kind of activity is developing, combining, as in subordinate work, some features of the two spheres classically irreconcilable: the equality of the public-political sphere and the *bond of needs* of the private-domestic one. It combines them, however, in a different way than in the former. Here in fact the equality of the involved subjects remains unmodified throughout the entire development of the activity itself; and the needs satisfied, and the wealth produced by the activity belong to the one who accomplishes the work, not to the one the worker gives his own time and work to. This kind of work is the activity accomplished in the so called *"liberal arts"*, an activity developed within the space occupied by the *otium* of the Romans. It is autonomous, professional, creative work, whose aim, however, is one's own well-being, rather than the common good. In the performance of this work the entire personality of the agent is involved. As a consequence, it does not demand a slight segment of time, rigorously predetermined. It requires devotion, a total offer of time and energy, and does not guarantee free time to those engaged in it.

We saw that women's access to dependent work to be accomplished in a rigorously predetermined segment of time, provides them with the capacity to enter into a binding agreement, in particular with the liberty to sell part of their time and work; this, in turn, provides them with the consciousness of their liberty from a destiny of subjection. Now we see that women's access to independent, professional work provides them with the consciousness of a superior kind of liberty.

It provides them not only with the consciousness that the yoke of the work can be temporary, but also with the consciousness that work need not be a yoke at all, but on the contrary can be a fulfilment of one's personality. That work time can be not only a time given up, but also a time lived; and that it is possible, while working, to enter into equal relationships, and so to be full-fledged subjects, to live "face to face", as in the sphere of politics.

This kind of equality, in fact, is not the same equality that women can experience with their access to the labour market. It is not only formal equality, that while ignoring differences, is perfectly compatible with

---

[4] See *L. Gianformaggio,* Politica della differenza e principio di uguaglianza: sono veramente incompatibili? In: Lavoro e diritto VI (1992), pp. 187 - 204.

subordination. It occupies, in principle, the entire life and all the time of the subjects, and therefore is strictly linked with personal identity, and means equal dignity.

Subjectivity that women gained while entering the economic, dependent, but no longer domestic sphere, becomes a superior, more complete subjectivity after their access to the economic professional sphere. This new subjectivity is no longer just the capacity to bind themselves, but something very similar to political subjectivity. This capacity is still bound to the sphere of needs and personal relationships, but it is a capacity to negotiate, in a condition of parity with other subjects, not only the achievement of a living wage, but the fulfilment of one's own interests and values, therein producing legal consequences which overstep the limited sphere of one's own essential physical needs.

The legal consequences produced by the capacity exercised in professional work, however, are connected to the field of the *private* life of individuals; this is why, as we will see, it is conceivable that women, even though still deprived of their full political subjectivity, have access to this kind of work. This kind of work can be reconciled, in fact, with domestic work, even though it requires the total dedication of time and energy: metaphorically, but not only metaphorically, we can emphasise that it is not impossible to perform professional work without leaving the house.

Anyway, the consequences are connected to the field of the *private* life of individuals in a third sense of the *private/public* dichotomy. In this new sense the *private* sphere neither contrasts with the *public* one as, classically, the private sphere of social relationships in terms of oppression and subjection contrasts with the public sphere of social relationships in terms of equality; nor as, according to the liberal tradition, the private sphere of equal bargaining contrasts with the public sphere of the legal power of the state. In this new sense the *private* sphere contrasts with the *public* one as, according to another liberal conception of Romantic origin,[5] the sphere of *personal* freely chosen relationships contrasts with social *impersonal* relationships (with anyone or everyone).[6] In this third meaning the *private* sphere is, like the classical *private* sphere, an incorrect place for equality; surely not in the sense that people are not equal inside the sphere, but in the sense that they are seriously selec-

5 Cfr. *N. Rosenblum,* Another Liberalism: Romanticism and the Reconstruction of Liberal Thought, Cambridge Mass.: Harvard Univ. Press 1987, p. 59 (cit. in: W. Kymlicka, Contemporary Political Philosophy. An Introduction, Oxford: Clarendon 1990, p. 258).

6 See *S. I. Benn/G. F. Gaus,* The Liberal Conception of the Public and the Private, in: Benn/Gaus (eds.), Public and Private in Social Life, cit., pp. 31 - 65, at p. 35.

tive, and do not conceive of everyone as equal to everyone, as far as the decision about whom to accept inside the sphere is concerned.

Now this liberal-romantic conception of the *private* singles out, like the classical conception, a typically female sphere. And likewise, woman's nature – in this case her spiritual, and not her physical-biological nature – defines her as totally included in, and prisoner of, this private sphere. In particular, the great mistrust regarding woman's capacity to play the role of political subject follows precisely from the assumption of the "particularistic, emotional, non-universal" specificity of woman's nature. Necessary traits of the political subject are, in fact, rationality and universality, so that "the confinement of women to the private sphere is justified by reference to woman's particularistic, emotional, non-universal nature. Since she knows only the bonds of love and friendship, she will be a dangerous person in political life, prepared, perhaps to sacrifice the wider public interest to some personal tie or private preference."[7]

IV.

And so, we have now to deal, with political work or profession: a kind of profession requiring a peculiar consideration, in our context. Let us recall that a profession is a working activity, located inside the *private* sphere, demanding a total dedication of time and energy, an activity strictly bound to needs and where personal ties are very important, and one which is undertaken by and between free and equal individuals who earn from it not only their living, but the realisation of their self.

The political profession is a very peculiar kind of profession, being an activity exercised in the liberal *public* sphere, conceived of as the sphere of relationships "between anyone or everyone", ruled by general rules, and not as the sphere of personal relationships. People engaged in political work, moreover, take part, more or less directly, in the production of such general rules (or in the formal or informal procedures aiming at the decision about who has to take part in the production of such general rules). Moreover, in our democratic systems, they take part in this activity in their capacity as representatives, that is to say by virtue of delegation.

Now, if there is an activity demanding devotion, total offer of time and energy, political activity is such an activity. It has been said that politics is our age's religion: politicians, then, are its priests – and have to be totally free from other kinds of commitment.

---

[7] *E. Kennedy/S. Mendus,* Women in Western Political Philosophy, Brighton: Wheatsheaf Books 1978, p. 10 (cit. in: W. Kymlicka (note 5)., p. 254).

While speaking about political work, we are dealing with the vertical dimension of politics, which refers "to the idea of power, of command, and finally of a State superior to society".[8] The vertical dimension of politics – linked with power and command – contains, by definition, inequalities. According to the liberal conception, however, political power is strikingly different from the private power of the classical tradition, because, being institutionalised, it is "artificial", not "natural", and thus cannot be unlimited: it is, actually, limited by the rules themselves that institute it. Therefore it is not irreconcilable with equality. On the contrary, equality, liberty and rationality define the subjects of the public liberal sphere, exactly like the subjects of the "horizontal" dimension in the classical conception of politics; and, according to the liberal version, power – legal coercive power – is an artificial structure built by these equal, free and rational subjects as an instrument for the realisation of their interests and values.

Political work, then, can only be accomplished, and political power can only be acquired, by equal and free subjects. It is not enough for these subjects, however, to be *formally* free, as dependent workers are, in their capacity to enter into legally binding agreements, or free *from physical needs* in order to be able to devote themselves to the fulfilment of their personality. They have to be *substantially* free, that is to say, free from needs and relationships, free from every bond capable of limiting their commitment to their political work. They have to be totally self-controlled and unmindful of their own personal interests, totally devoted to a general principle, a value, an idea: the common good.

Now our problem is: what does it follow from the access of women to this kind of activity? First of all, it has to be stressed that this access, unlike the others which I have spoken about in this paper, have not really taken place yet.[9] We have of course cases of women invested with significant political power, but not always is this immediately perceived, by them, by women in general, or by the society as an improvement of women's power in society. In any case, the most significant fact that we have to deal with as soon as we confront the topic of women's subjectivity in the vertical dimension of politics is their scarce presence in the places where political power is located; therefore we cannot avoid

---

8 Cfr. *G. Sartori* (note 2), pp. 190 - 196.

9 *P. Piva,* Il lavoro sessuato. Donne e uomini nelle organizzazioni, Milano: Anabasi 1994, p. 59: "Ogni giorno si raccolgono notizie di un donna che è diventata capitano di lungo corso, un'altra questore e un'altra ancora che si trova a capo di una Prefettura. [...] Perfino nella magistratura, dove le ultime limitazioni legislative all'ingresso delle donne sono cadute nel 1969 (!), le donne sono già il 17%. Più difficile è trovar posto nelle organizzazioni politiche – ai vertici dei partiti e dei sindacati – e farsi strada all'interno dei meccanismi di rappresentanza, cosicché il club maschile per eccellenza non a caso è ancora oggi il Parlamento."

asking: "What encumbers women's presence in representative organisations?"[10]

V.

"Time!", of course, is one of the easiest answers. Time and devotion demanded by politics as a profession could be said to encumber women's presence in it, that is, in the sphere of activities more or less directly linked with political power. Women, having gained full formal rights of citizenship, already entitled to political participation, i. e. to the status of the subject in the horizontal dimension of politics, will also be able to exercise these rights in order to gain, through political work, political power, when, released from their private destiny of subjection, they have time and energy saved from domesticity and particular relationships.

But where does this redemption from the *private* lie? My answer will be very short. I am used to devoting my time and energies to analyses rather than to solutions. So I shall suggest, very briefly, just the sketch of an answer in terms of both *time* and *equality* – which certainly needs to be worked through more deeply, even though, as everyone will see, it is far from being new and original. First of all I want to say that redemption from the *private* has to mean that women's subjection in the private sphere has to cease, and not that women have to expunge the private dimension from their lives.

Women's exclusion from politics has been the price of men's devotion to it, that is to say of men's exclusion from the (burdens of the) private. What women should not do – if they aim to become new, i. e. different, political subjects, that is to say if they want to keep and claim their difference (as a specificity-difference, and no more as an exclusion-difference) – is look for somebody (a new category of excluded from politics) who pays for the costs of women's presence on the scene of the political work and power. Men have to pay the costs, not in terms of exclusion, of course, but in terms of distribution of time and object of devotion. Women, therefore, will show their real difference insofar as they will succeed in becoming free from domination without claiming to dominate; they will bring to the public sphere a real political equality insofar as they succeed both in the reorganisation of their private lives and in the redefinition of the relationship, for themselves and for men, between public and private. Real liberty for all the members of the society will be, in the end, the freedom to shift from one to another of the spheres in which the different kinds of activities are performed.

---

10 *Piva* (note 9), p. 147.

RECHTSTHEORIE, Beiheft 19, S. 369 - 383
Duncker & Humblot, 12165 Berlin

IN THE RIGHT TIME

The End of the Woman-Identity in Law or Equality as the Right to Differ

By Marjet J. Gunning, Utrecht/San Domenico di Fiesole

I. Introduction

The problem of the unequal position of women in western societies is often translated in terms of the unequal distribution of *time*. In the discipline of law and jurisprudence, the solution for this inequality is found in an equal distribution of time between men and women. For example by the right of childcare facilities or paternal leave which permit both parents to spend time on work and care. The title of this article, *In the Right Time,* refers in the first place to this right on an equal distribution of (clock-)time. But this is not enough to make fundamental changes possible. The idea of redistribution of clock-time is still based on a *gendered* vision on how men and women should spend their time.

In the past, the way in which women were to spend their time was legitimated by their so-called natural destiny. This determined their position in society. At present, biological differences can no longer legitimize a legally unequal position. Biological differences between men and women are now seen as *differences* which law should take into account in order to be able to treat women equally. That is to say, equal with regard to the distribution of clock-time and to the male worker, as is the norm in equality-cases. Is that *right?* What are the restrictions of the dominant time-conception for changes in social systems? Can we use it as a neutral concept? The second meaning of the title of this article therefore does refer to a wish for a *right* time in the sense of a *just* time.

In the following, I will examen some aspects of time and see how they influence the meaning of equality. We might discover a time and a space in which we can feel free to shape ourselves in any field we choose, beyond fixed identities of 'the' man as opposed to 'the' woman and in which equality is the right to differ. That would be a right time.

II. The Prisons we Choose to Live Inside...[1]

Equality in the sense of the equal distribution of clock-time alone is not the first trap for women. From the start of the women's movement in the eighteenth century until today women have been falling into all kind of traps. After the eighteenth century revolutions the so-called universal rights appeared to be illusory rights for women. Since then women declared themselves being men's equal by asking for equal treatment. They wished to have the same civil and political rights as men. They saw their struggle as a struggle for universal norms applied to men and women, whereas, in fact, equality appeared to be a synonym for *sameness*. At best, female identity was identified with the male identity. Universality had become the norm. Particularities had to legitimate themselves in front of the universal law. Out of a fear for the uncertainty of the 'vérités de fait', only the timeless 'vérités de raison' were accepted as truths. Women had to accept assimilation to the male norm, or to stay imprisoned in the image of 'the' woman-identity which was determined by their proper places at home.

In the 1960s and 70s women wanted a room of their own, but also women's institutions, women's parties, women's studies. It was believed that their existence should be made more visible, not only in the private, but also in the public sphere. Women wanted special treatment in many cases. This approach however did not challenge the norm of the white western autonomous man.

Is it time now to ask for a different approach to differences – also as jurists – which neither equalizes differences between men and women nor maintains them as hierarchical opposites? When it cannot be *equal* rights we ask for – because they are illusory as long as the criteria are set by the dominant legal norms which refer to a construction of a male subject – nor *different* rights – because these condemn women to stay in their proper places,[2] that is to say hierarchically subordinated to men –, should we then instead wish to have postponed or *adjourned* rights (to use a term of Derrida[3]), by acknowledging that we never can give a final or general answer to the question asking in what way are women (and men) different, being only certain that we are different, in many ways and that we wish to live according to many styles of femininity (and masculinity)? Will this mean that before the law the undecidable should

---

1 This is also the title of a book by *Doris Lessing*, Prisons We Choose to Live Inside, London: Flamingo 1994.

2 To which *Mary Wollstonecraft* (1985, pp. 88 - 89) agreed, when alone there would be no coercion established in society anymore.

3 Or 'ajourné' as *Derrida* calls it. See the thesis of *Van den Oord* (1994).

remain caught in every decision which we *do* have to make in unjust situations?[4] I adjourn the answer – if there is one – to this tricky question. I prefer to first deal a bit more with the concept of time.

III. ... But Not Anymore

> *"My conclusion is that until we know the patterns that dominate our thinking and can recognize them in the various forms they emerge in, we shall be helpless and without real choice. We need to learn to watch our minds, our behaviour. We need to do some rethinking. It is a time, I think, for definitions."*[5]

To rephrase this quotation of Doris Lessing, I think it is time for some rethinking on the dominant concept of time. By way of clarification I will start with a fable of Kafka, *Before the Law,* and apply it to the position of women. The story is as follows:

> "Before the Law stands a doorkeeper. To this doorkeeper there comes a man from the country who begs admittance to the Law. But the doorkeeper says that he cannot admit the man at the moment. The man, on reflection, asks if he will be allowed, then, to enter later. 'It is possible', answers the doorkeeper, 'but not at this moment'."[6]

In comparison with the man from the country, western women have been waiting for a long time at the entrance of the city door, until they realized that citizen's rights for women were illusory. After the eighteenth century revolutions they were supposed to be excluded from citizen's rights. Now women in western countries have received permission to enter the public space, but they are still desillusioned, because they have not found a room for themselves. They still feel excluded, although they are formally included.[7] Women look for a space of their own, not for a space in which they are permitted to live like men. Women realize that they did wanted to be admitted 'but not at this moment' because of the unchanged criteria for admittance that force women to assimilate to men. By now, women have developed 'a well-founded fear of justice'.[8] They do not want to be subsumed anymore to the generality of the male-norm. Translated to the metafor of Kafka we could say that women sometimes wish to get out the arena of Law again and close the door, behind themselves. In that case they will be excluded again, but this

---

4 *Derrida* (1990, p. 965).

5 *Lessing* (1994, p. 104).

6 This fable of *Kafka* (Before the Law) is cited by *Douzinas / Warrington* (1991, p. 128). These authors use the fable in the case of the treatment of refugees by the law, not of women.

7 *Kymlicka / Norman* (1994, p. 370).

8 This expression is used by *Douzinas / Warrington* (1991) in the cases of refugees, not of women.

time by their own free will, looking for justice before the law. I do not want to promote this solution, but I wish to express a feeling women might have. To stay inside can be felt as an act of *self*-destruction.

IV. Taking Time Seriously

Seeking justice, what are the restrictions of the dominant time concept for changes? Mostly time is dealt with in the sense of clock-time. This time can be measured: time to work, time to relax, time to care. The only solution for the unequal distribution-of-time problem is: a structurally and substantially shorter working day of circa six hours.

A shorter working day for everyone will not only solve the unequal time spending of men in comparison with women, but has all kind of other positive effects. Unemployment rates will be minimized, children will not *need* to go to child-care institutions or at least not all day, everybody will have time to work as well as care and participate in public as well as in private and social life. Nevertheless, this proposal has not received much attention. Why not? A 6-hour working day is said to be too expensive. If true, this statement can only be made because the economic market does not take into account unmeasurable values, for example the value of a father and a mother both available to take care for their children. Also ignored is the value for men and women when they are in the same position from which they can choose to participate in whatever part of life they want. And even women 'forget' the desires they had, the feelings they can gain. In our modern times – where men *and* women are used to thinking about their lives in terms of clock-time alone – the answer to the 6-hour proposal will be 'no', we cannot all work less. Today, we seem to think that parental care is the same as the 'care' given by a caring service. It might be the same with respect to the (clock)hours, but you cannot substitute one 'care' by the other. We might even say that in such intimate relationships as carerelationships, clock-time should not count at all. I would like to include in the discussion the apparently self-evident 'nature' of time as clock-time and its omnipresence. If clock-time is suitable to measure time-spending, is it also the *right* method to measure time for a *good* life? Can we ever become aware of the deeper conflicts in ourselves by merchandising our lives in terms of hours and minutes? These questions arise for at least one reason: namely the implicit way we talk about the concept of time as self-evidently defined by the clock.

V. Le Temps Perdu[9]

There are other concepts than the one defined by the clock. First, I will mention the distinction made by Heidegger between 'uneigentliche Zeit' or 'Jetzt-Zeit' and 'eigentliche Zeit'.[10] The first is vulgar ('vulgären Zeitverständnisses') or inauthentic and is used every day when we look at the clock. We can find this concept as early as in the work of Aristotle. It reappeared in the work of Hegel and Nietzsche as the 'natural' time. Vulgar time consists of an endless numeric chain of irreversible moments of 'now'. The 'now' in this linear progressive interpretation of time is conceived as a point of no return. From this follows that history consists of fixed actualities. Inauthentic time does not face death, the ultimate human necessity. Or, as Elizabeth Deeds Ermath expresses it:

> "To exist in historical, inauthentic time is (...) to act like an immortal or (...) to pretend that one's finitude is not absolute and that it can be mediated by (...) achieving fame or amassing a fortune (...) to guarantee survival according to the logic of historical time."[11]

The second kind of time and preceding to the physical clock-time is the real or existential time ('eigentliche Zeit'). Behind concepts as the 'begriffene Geschichte' (Hegel[12]) lies this concept of time. The atomistic, contentless moments of the clocktime get a meaning in the real time by a connecting principle. Nietzsche calls it the 'un-zeitgemässe' approach, in which history is opened to the future by shaping potentialities of the past. The past returns transformed as future possibilities.

We could say that only this second concept of time makes sense of the otherwise unconnected fragments of acting within clocktime.[13] Questions of value become urgent, only when you are aware of the inevitable finitude of life.[14]

For example, when we talk about care-tasks, I feel very uncomfortable – or I could say now, alienated from my real existential being – when I am forced to think about my children in terms of the time they 'take' and the need to 'buy' another person's time to take care for them in order to get 'free' time for myself. It suggests that women can liberate themselves by making themselves 'free' from their child. This way of thinking about our selves has much to do with our way of thinking about time.

---

9 This is part of the title of the cycle: A la recherche du temps perdu by *Marcel Proust*.

10 *Heidegger* (1984, pp. 304, 328 - 329, 416 - 418).

11 *Deeds Ermath* (1992, p. 35).

12 *Hegel* (1974, p. 584, 591).

13 *Baekers* (1989, p. 36 - 41).

14 *Deeds Ermath* (1992, p. 36).

Women (too) have started to think about children as consumers of their time. Doing so, we begin to *live* according to these categories of thought. Children are translated as (unbearable) tasks which lie on female shoulders and can be measured in terms of the amount of clock-time spent on them. In doing this, we seem to think that life consists of fragments of time to be consumed by men and women as equally as possible. This is an unjust identification of clock-time with life-time.

It might be clear by now that the title of this paragraph, *Le temps perdu,* has a double connotation as well. One refers to a woman's sense that of 'a loss of her self',[15] when she spends her time not according to her own needs but in occupying herself with others. Then she loses time. She does not feel a space for her own subjectivity in which intersubjective relations can be experienced not only as a burden but also as a pleasure. The second meaning of the title lies in the expectation that the Enlightenment would make a better life possible. A good life as an existential being with others. Instead it produced a dictatorship of clock-time covering up existential time which in a sense got lost.

VI. Progressists

Another distinction between clock-time and authenthic time, is the one which is made between the kind of movement time is supposed to make. On the one hand the experience of time developing in a linear way (which presupposes a clock-time) and on the other hand the experience of a more cyclical movement of time (which stresses upon the real, existential time).

It is only since the Enlightenment that people could experience time as a linear succession of moments.[16] Scientific developments caused rapid changes within society which were viewed as progress. Before the Enlightenment the future was seen as fate or given by God. Since the end of the eighteenth century the future lay in the hands of men. The future was managable and so could be developed in a progressive way.

Nietzsche revolted against this linear progressive thinking, because it destroys the past, the continuity gets lost and there is only a 'becoming'. The world of the past is detested. Only progression can repair the imperfections of the present. For Nietzsche this was obviously not always the same as an improvement. Moreover, big moments remain alive,[17] he said, they never flee away as do the moments of the linear time.

---

15 See Programme 1994/95: Gender et emploi du temps, Institut Universitaire Européen, Forum Européen, Version provisoire Mai 1994, p. 13.

16 *Bulhof-Rutgers* (1989, p. 54).

17 *Nietzsche* (1954 - 1965, p. 220).

Did this change to a linear time-concept in the eighteenth century have any positive consequences for the way of thinking about women in society and for women's experiences with time? Did *they* make any progress?

Before the Enlightenment women have been associated with imperfections for centuries. According to Thomas Aquinas for example (who lived in the thirteenth century) a woman lacked full 'dominium' over herself. With regard to God and the heavenly order, men and women were seen as equal, but on earth women remained 'men-with-an-imperfection' (as Aristotle called them and whose vision regarding this point was taken over by Thomas[18]). Women had a ratio, but a defective one. And their strength of mind was not enough to resist lusts.[19] This imperfection legitimated – according to Thomas – their legal subordination to men.

Could women then be hopeful by the end of the eighteenth century that this imperfection could be repaired as a result of the general enlightened idea of progression? Obviously not with respect to their bodies. Women tried to escape from their fate to stay irrepairable by stressing the fact that their different physical nature does not necessarily mean that they lack ratio. If so, it is a repairable lack and a plea for a better education of girls. A second argument arose that although their nature might be different, women are nevertheless human beings who have by their very nature the same rights as man. In terms of Kafka's parable: women were convinced by that time that they could 'enter the Law' as citizens but were not allowed to. It was said that they would disturb the meetings of the Assembly.

Two centuries later they were acknowledged as citizens, but what kind of improvement did they make? What did women gain or lose when together with the emergence of linear time the cyclical time-elements were driven out? In fact, women's 'progress' was reduced to emancipation, that is to say the right to be treated equal to men. Is this a consequence of the prevailing idea about time as a linear track of progress?[20] To answer this question it might be useful to look at time from another point of view when progress alone fails to improve the position of women. Another kind of movement of time is found for example in the concept of cyclical time.

---

18 *Thomas Aquinas* (1934 - 1961), Summa, I, q. 92, art. 1.

19 *Thomas Aquinas* (1934 - 1961), Summa, IIII, q. 149, art. 4.

20 See in a general way, without explicit reference to the position of women, *Bulhof* (1990, p. 16).

VII. Cyclists

The idea of total progress was the concept of revolutionary France. Condorcet was one of the very few philosophers who had a progress in mind for women as well.[21] But what are the limits of Condorcet's plea for the admission of women to citizenship? It was a view in conformity with the progressive mode of historical perception in which the eighteenth century revolutions are seen as the beginning of the fulfilment of the enlightened ideas. From this perspective it was perfectly reasonable of Condorcet to see the admission of women to citizenship as a step forward. At the appointed end mankind would have overcome primitive times and would be ruled by the rational mind alone. What is neglected by Condorcet is the other movement of time, namely a more cyclical one. Shortly after Condorcet, it was Saint Simon (and after him the Saint-Simonians) and Giuseppe Ferrari for example who criticized the egalitarian ideal model of rational units behaving in accordance with mathematicized social rules. Saint-Simon thought this atomist egalitarian society which functions like clockwork, cries out for a vitalist force, emotion, feeling, to give life to the body.[22]

Another philosopher who was aware of the ambivalences of the eighteenth century idea of progress was Johann Gottfried Herder, a pupil of Kant.· In contradiction to for example Condorcet, who thought of the forced conversion of so-called 'savage' peoples from superstition to scientism as an incontestable good, for Herder this occupation was the great historic crime of modern times.[23] No peoples, according to Herder, could ever be assimilated with another. He combined a stubborn belief in the progress of humanity with a conception of the jagged, irregular, discontinuous, even antithetical, rhythm of human events:

> "The line of progress should be conceived as neither straight nor uniform, for it proceeds in all directions, contains all possible twists and angles. The course of nature cannot be adequately rendered by asymptotes, nor an ellipse, nor a spiral."[24]

---

21 Only recently I realised that what at first sight seemed to me a positive result of Condorcet's progressive vision of women, can also be seen as a plea for the forced assimilation of women. I refer to a text of *Condorcet* (1968, p. 122), called 'Sur l'Admission des femmes au droit de cité' of 3 July 1790. At another occasion (in my doctoratethesis, *Gunning* (1991, p. 245)) I mentioned his view that the exclusion of women from citizenship is to be called tirannic. The rights of women should be the same as of men, he said. Inequalities are the result of a different education, not of nature.

We could conclude from this that Condorcet could be seen indeed as a philosopher who promoted the acknowledgment of women as citizens.

Now I would add that Condorcet's ideas about a better education can also be seen as the wish to *assimilate* women: only when they have been educated in the same way, can they have equal rights.

22 *Manuel* (1965, p. 105).

23 *Manuel* (1965, p. 85).

So, in fact, a more cyclical view never disappeared totally but was submerged by the theories of progress after the eighteenth century revolutions. Today Derrida, Lyotard, Kristeva and other postmodernists criticize linear thinking because it presupposes an autonomous subject which creates his own world and history. For this subject there are no dreams anymore which cannot be fulfilled. In such a world it becomes very important to know who are the productive subjects, what kind of world they make and how they think about the future. But more important even, which dreams do they not want to realize, who are they excluding, who is the 'other' apart from the subject?[25] The process of exclusion can be analysed by making use of more than the linear time-concept alone in order to make it possible to include many possible futures and histories. Postmodern thinkers refound the nearly submerged concept of non-linear or cyclical time. This does not mean that the usefulness of linear time or progress is denied, only relativated. Neither is the subject denied existence, but it lacks superiority above the unpresentable[26] or 'the other', such as women. The other should be recognized, included in ourselves. What do women gain by such an inclusive approach?

VIII. Le Temps Retrouvé[27]

I therefore return now to the earlier question about what women gained or lost by a linear time concept. According to Kristeva, in an article dated 1979 about 'Women's Time',[28] women are connected to cyclical time because of the cyclistic changes in their bodies. From this point of view, it is a clear loss for women when society deals only with linear fragments of time. But to talk about 'women's time' is a contradiction, feels Deeds Ermath.[29] When linear time became dominant, women's time ceased to exist. Kristeva's distinction between linear and cyclical time strongly resembles Heidegger's distinction between authentic and inauthentic time, but its attribution of cyclical time to the womanly body alone and calling it women's time might be dangerous. The association of cycles with women's nature has lead to the construction of The Woman-Identity as the opposite of the male. By genderizing the distinction between linear and cyclical time, Kristeva did not solve this binarism but in fact reinforced it. It looks as if we have to choose in favour of

---

24 *Herder,* Briefe zur Beförderung der Humanität, II, pp. 113 - 114, quoted by Manuel (1965, pp. 86 - 87).

25 Compare *Bulhof* (1990, p. 21).

26 *Lyotard* (1986, p. 25).

27 See *Proust* again in his: A la recherche de temps perdu.

28 *Kristeva* (1979).

29 *Deeds Ermath* (1989, p. 37).

cyclical time at the cost of linear time. In fact I do not wish to argue that women have (had) better lives in (earlier) more cyclical organized societies. To overcome these connections I would like to refer to Deeds Ermath' terminology of time as *rhythms,* that is to say: the time we want to re-find (as suggested in the title of this paragraph). Furthermore *I* 'cry' today for a more vital approach (like the earlier mentioned Saint-Simon after the french revolution) of the legal principle of equality. A real problem of an exclusive linear time concept is that it presupposes, not only an autonomous subject, but that this concept is also refering to a *male* subject, with the world in his hand, opposite to a another subject, the one with a woman-identity.

A postmodern view acknowledges uncertainties in life caused by unexpected actions of others, by a past which has not been totally overcome, or by desires which are neither rational, nor measurable, etcetera. This presupposes a subject with an individuality of his or her own by being involved in all kind of relationships and events instead of an autonomous one.[30] Also time cannot be seen anymore as a neutral, constant condition. Time is a function of a position, of actual events. In fact we should use the word time between quotation marks ('time'), as Deeds Ermath suggests.[31] To know how to behave is a question of self-reflection which can take place only via the other. Human experiences cannot be reduced to the now of clock-time but are related to the past and the future.[32] Here we become aware of a rhythmic element: life-experiences connect past and future, memories and desires, but not in a fixed way. It is the acknowledgement of other time concepts which got submerged but can be refound: *le temps retrouvé.*

IX. The End of the Woman-Identity in Law

That does not mean a backward movement (like the term cyclical might suggest), on the contrary. It opens the future for possibilities which under the rigid regime of clock-time alone could not get into existence. From this (real enlightened?) point of view it becomes clear that it does not make sense enough to redistribute measurable time as a solu-

---

30 When we give up individuality in the sense of being a static subject, apart from others, seperated, we do not give up subjectivity but only a certain form of subjectivity. The subject-in-process, as Deeds Ermath puts is, becomes important. This subject is involved in several engagements and is always situated (*Deeds Ermarth* (1992, p. 111)). Subjectivity then is not fixed, but is involved in a differential process (ibid., p. 113). "Particularity derives from the contextuality of existence; the being of a thing (...) is a function of its contextual relation to other things", instead of isolation (*Young* (1990, p. 315)).

31 *Deeds Ermath* (1992, p. 11).

32 *Ricoeur* (1995).

tion for the unequal position of women, the question with which I started. We become aware that although a lot of experiences in life presuppose the *availability* of certain goods, such as time, they are based furthermore on the *capability* to make use of those goods. I would dare to propose the following thesis: when goods should be redistributed in such a way that everybody has the 'same', with reference to disposable clock-time, it would not change our lives. When we do not get the chance to articulate our capacities in such a way that they become life experiences, we cannot speak about a good life. To illustrate this statement I would like to go back to the earlier mentioned example of dealing with care-tasks as 'a feel of loss of our selves'. By taking care for their children, women do not lose their 'selves', but only changeable time. To put it more harshly: subordinating our very different lifestyles and deep life-experiences to an economic market which is oriented to one single life-style, we lose the connection with our whole existential being. We lose the possibility to experience the existential, authentic time. We lose the experience to give love and receive it. By 'losing' clock-time on care-activities, we (women *and* men, I am not cheering maternity!) *gain* big moments of life which are not measurable, nor interchangeable with other moments. When it is time to care, we have the chance to experience our selves, or even re-find them (which is the opposite of losing them). I think that a woman only starts to feel 'a loss of herself' when she has a fixed gaze on the clock? When we redefine time in such a way that it cannot be fixed or planned, for example as rhythms, it might be possible to make an end to the also 'fixed' woman identity in law.

X. Equality as the Right to Differ

Let me try then to connect those comments on the concepts of time to the discussion within legal women's-studies about the usefulness of the equality-principle. Early capitalism asked for efficiency and rational timeorganisation.[33] Since then cyclical time arrangements have changed into linear ones. The only – or anyway by far most important – criterion for time arrangements became the marketprice for each measurable and divisible bit of time. Although we can discern many different subsystems with different timesystems within society, the *norm* became the measurable time. "Sie dient der Glättung, Einebnung, Egalisierung von an sich sehr viel komplizierteren Zeitverhältnissen", as Niklas Luhmann puts it.[34] Although this might be perfectly true, it is not very useful for jurists to accept this fact as a tragic, unchangeable fate. The legal principle of

33 *Scheiwe* (1995).

34 *Luhmann* (1982, p. 115).

equality does not have to be interpreted as sameness alone. It can be interpreted as sameness, but only thanks to a linear timeconcept. The comparison of linear fragments of time *creates* similarities and so identities. Equality between identities violates differences.[35] As soon as a legal case cannot be related to fragments of time which have to be distributed equally, the equality-principle does not *seem* to be applicable.

From this (narrow) interpretation of the equality principle rises a serious problem. It looks as if two (incompatible) *principles* are at work: the (general) legal equality principle and the principle to deal in a just way with inequalities (for example between men and women). Only differences which can be brought under the principle of non discrimination on grounds of sex can legally be accepted. In the case of such a difference between men and women (as for example with pregnancy), there is no need to apply the equality principle. This is the reason why some feminists want to introduce a second principle to the equality principle, namely the difference principle. Ferrajoli has raised serious comments against this proposal. He feels that equality as a normative *principle* is all right. We should only attack the *meaning* given to the equality principle.[36] We should radicalize this meaning. So far, I agree with him, but I would like to radicalize *his* opinion.

I see on a legal level only an equality principle, which is therefore not at odds with differences on another level. I refer to an article by Letizia Gianformaggio in which she argued "that the only meaning of equality incompatible with the value of difference is sameness".[37] Gianformaggio explains this as follows: "Equality is a comparative relationship between distinct, separate, entities, which are equal (from a certain point of view, according to a certain standard) in so far as they are different (from another point of view, according to another standard)." Refrasing it in brief, I would say that equality is the right to differ. For this reason I do not see a real dilemma for a judge when dealing with differences and the equality-principle, only a false one. The judge can apply the principle of equality from a legal point of view, leaving differences for what they are according to another point of view. Only before the law are those differences treated as equal. When our concept of equality is so narrow that it cannot deal with all the differences that we today qualify as differences which should be treated equally by law, then we have to extend the meaning of equality.[38]

---

35 *Kulke* (1993, p. 143).

36 *Ferrajoli* (1993, pp. 72 - 73).

37 *Gianformaggio* (1993, p. 125).

38 Compare *Gianformaggio* (1993, p. 124).

I think we should do this by departing from another time concept than the linear one. We should unfix the fixed past.[39] What we need is the acknowledgement of time arrangements other than the linear one alone. A postmodern vision which points at differences between subjects living along all kind of different time managements, rejects a concept of the subject defined as an autonomous superior being living along linear exchangeable tracks of time. It does not mean a rejection of the principle of equality. We can (or we should) uphold values, even preach them, but reject that they have only one meaning.

XI. Conclusions

There is no contradiction between the equality-principle and accepting differences when we accept the different points of views from which each relationship between human beings can be seen. Differences are inherent to equality. When there were no differences (from a certain point of view, for example a biological one), there was no need for the principle of equality (from a legal point of view). We do not have to equalize differences, when there is merely a justifiable need to treat differences equal legally. It is just because of the many inequalities between people that we need a legal principle of equality. Postmodern insights as to the rigidity of a view on equality as sameness, does not necessarily lead to the abolishment of this principle, only to a need for an-other meaning. A meaning which does not refer to equality as sameness alone, as this covers only situations fixed by clocktime in which differences can only refer to different clock-time spending and are therefore measurable and thus comparable. A radicalized meaning of the equality-principle should refer to complicated situations in which human beings behave themselves according to several time concepts because of all kind of life-experiences and their wish to live according to different lifestyles. The sense of our lives lies in the possibility to pass through more than clock-time alone. Real life expects from us the flexibility to adapt to the sometimes cyclical, sometimes linear movements of time, i.e. in different rhythms which are often unmeasurable. At stages we have to bear with making no 'progress' at all with respect to our individual well-being. And sometimes our identity within a certain context is so different from another identity that we should not (wish) to be treated equally at all. Women should not fight against the historical and cultural image of their female selves as The Woman Identity by assimilating to one lifestyle as dictated by the clock. The only result will be the acknowledgement of being that is the same as men and therefore comparable and legally

39 *Hannah Arendt,* in: The Human Condition, 1958, cited by *Baier* (1994, p. 300).

treated equally. The subject is gendered but neither fixed nor tieless[40] and has several identities. There is no need to equalize men and women when we can live differently within interdependent relationships, when our lives are not frozen in easy compatible ice-blocks, but melt into the air, spread a smell of forgotten odours, inhale memories and breath desire. That would be a right time, in the just sense.

References

Baekers, S. F. (1989): Geschiedende vrijheid. Een beschouwing van geschiedenis en historiografie in het licht van Heideggers tijdconceptie', in: Groniek, Gronings Historisch Tijdschrift 103/104, pp. 27 - 53

Baier, Annette C. (1994): Moral Prejudices. Essays on Ethics, Cambridge, Mass./ London: Harvard University Press

Bulhof, Ilse N. (1990): Het postmodernisme als uitdaging, in: Ilse N. Bulhof/ J. M. M. de Valk (red.), Postmodernisme als uitdaging, Baarn: Ambo

Bulhof-Rutgers, Ilse N. (1989): Nietzsche's afwijzing van de lineaire tijd, in: Groniek, Gronings Historisch Tijdschrift 103/104, pp. 53 - 67

Condorcet, Marie Jean Antoine Nicolas de Caritat Marquis de (1968): Sur l'Admission des femmes au droit de cité (3 July 1790), in: Oeuvres de Condorcet, Stuttgart: Friedrich Frommann, Tome X, pp. 121 - 130

Deeds Ermath, E. (1989): The Solitude of Women and Social Time, in: Frieda Johles Forman (ed.), Taking our time. Feminist perspectives on temporality, Oxford: Pergamon Press

— (1992): Sequel to History. Postmodernism and the Crisis of Representational Time, Princeton: Princeton University Press

Derrida, Jacques (1990): Force of Law: The 'mystical foundation of authority', in: Cardozo Law Review

Douzinas, Costas/*Warrington,* Ronnie (1991): "A Well-Founded Fear of Justice": Law and Ethics in Postmodernity, in: Law and Critique II, pp. 115 - 147

Ferrajoli, Luigi (1993): La differenza sessuale e le garanzie dell'uguaglianza, in: Diritto Sessuato? In: Democrazia e Diritto V

Gianformaggio, Letizia (1993): Identity, Equality, Similarity and the Law, in: RECHTSTHEORIE Beiheft 15, pp. 121 - 134

Gunning, M. J. (1991): Gewaande rechten. Het denken over vrouwen en gelijkheid van Thomas van Aquino tot de Bataafsche Constitutie (Illusory rights: Ways of thinking about women and equality from Thomas Aquinas to the Batavian Constitution), Zwolle: Tjeenk Willink (with a summary in English)

Hegel, G. W. F. (1974): Werke in zwanzig Bände, Band 3, Frankfurt am Main

Heidegger, M. (1984): Sein und Zeit (1927), Tübingen: Max Niemeyer

40 A remark by Tamara Pitch at a seminar she gave at the European University Institute in Florence (Italy) at 15 november 1994.

Kristeva, Julia (1979): Le temps des femmes, in: Cahiers de recherche de sciences des textes et documents 34/44, transl. in: Women's Time, in: Signs 7 (1981), pp. 5 - 35

Kulke, Christine (1993): Equality and Difference: Approaches to Feminist Theory and Politics, in: Joanna de Groot/Mary Maynard (eds.), Women's Studies in the 1990s. Doing Things Differently? London: MacMillan

Kymlicka, Will/*Wayne,* Norman (1994): Return of the Citizen. A Survey of Recent Work on Citizenship Theory, in: Ethics

Lessing, Doris (1994): Prisons We Choose to Live Inside, London: Flamingo

Luhmann, Niklas (1982): Soziologische Aufklärung 2. Aufsätze zur Theorie der Gesellschaft (1975), Opladen: Westdeutscher Verlag

Lyotard, Jean-Francois (1986): Het postmoderne uitgelegd aan onze kinderen, Kampen: Agora, transl. of: Le Postmoderne expliqué aux enfants; correspondance 1982 - 1985, Paris: Galilée 1986

Manuel, Frank E. (1965): Shapes of Philosophical History, Stanford: Stanford University Press

Nietzsche, Friedrich (1954 - 1965): Werke in drei Bänden. I, München: Karl Schlechta

Ricoeur, Paul (1995): In: NRC/Handelsblad, 10-2-1995, Literary Supplement, p. 3

Scheiwe, Kirsten (1991): Männerzeiten und Frauenzeiten im Recht. Normative Modelle von Zeit im Arbeits-, Sozial- und Familienrecht und ihre Auswirkungen auf die geschlechtsspezifische Arbeitsteilung, Berlin: Duncker & Humblot

Thomas Aquinas (1934 - 1961): Summa, in: Die Deutsche Thomas-Ausgabe. Vollständige, ungekürzte deutsch-lateinische Ausgabe der Summa Theologica (1267 - 1273), Salzburg/Leipzig/Heidelberg: Verlag Anton Pustet/Kerle-Styria

Van den Oord, J. W. J. (1994): Verdaagde rechten (Ajourned rights. A view of female and male legal equality seen from Derrida's philosophy of sexual differences), Arnhem: Gouda Quint (with a summary in English)

Wollstonecraft, Mary (1985): Vindication of the Rights of Woman (1792), Penguin Books

Young, Iris Marion (1990): The Ideal of Community and the Politics of Difference, in: Linda Nicholson (ed.), Feminism and Postmodernism, New York: Routledge

RECHTSTHEORIE, Beiheft 19, S. 385 - 395
Duncker & Humblot, 12165 Berlin

FEMINIST MORALITY AND RIGHTS

By Virginia Held, New York

The liberal traditions in which rights have been developed have, it seems fair to say, presupposed a context of social trust. But they have done little, themselves, to contribute to that trust. Perhaps they have even contributed to undermining it. Many feminists are concerned with the centrality of trust and human connectedness, and think that when trust breaks down, or fails to exist, there can be little respect for rights. But some feminists go further in their skepticism about rights.

Some feminists have interpreted the morality of rights as masculine and have suggested that it is unsuitable for handling moral problems as women often interpret them. I will deal first with rights in general, whether moral or legal, and then focus more specifically on legal rights. Carol Gilligan, for instance, has said that "a morality of rights and noninterference may appear frightening to women in its potential justification of indifference and unconcern."[1] Nel Noddings has clarified "the destructive role of rules and principles" – of which rights are reflections – in contexts of care.[2] We may, she suggests, come to rely on rules to lighten the load of responding to everyone we encounter, but if we "come to rely almost completely on external rules [we] become detached from the very heart of morality: the sensibility that calls forth caring."[3] Finally, Annette Baier has written that "the moral tradition which developed the concept of rights, autonomy, and justice is the same tradition that provided 'justifications' of the oppression of those whom the primary rights-holders [got] to do the sort of work they themselves preferred not to do. The domestic work was left to women and slaves..." and the official morality ignored their contribution.[4] "Rights have usually been for the privileged," she observed, "the 'justice perspective' and the legal sense that goes with it are shadowed by their patriarchal past."[5]

---

1 *Carol Gilligan,* In a Different Voice: Psychological Theory and Women's Development, Cambridge, MA: Harvard University Press 1982, p. 22.

2 *Nel Noddings,* Caring: A Feminine Approach to Ethics and Moral Education, Berkeley: University of California Press 1984, p. 47.

3 Ibid.

4 *A. Baier,* Moral Prejudices, p. 25.

5 Ibid., p. 26.

There is general agreement that rights attach to persons as individuals. And many think they call attention to individuals even more strongly than other concepts in traditional moral and legal theory. In Annette Baier's view, "the language of rights pushes us, more insistently than does the language of duties, responsibilities, obligations, legislation and respect for law, to see the participants in the moral practice as single clamorous living human beings, not as families, tribes, groups, classes, churches, congregations, nations, or peoples."[6] And the contrast between all the major traditional frameworks of justice – with their concepts of rights, obligations, interests, rules, and principles – and the contexts of care being explored by many feminist theorists is sharper still.

The emphasis of much feminist theory on caring relations between persons rather than on distinct individuals and their possessions, seems thus to conflict with a morality of rights. And the tendency of feminist theorists to value moral approaches that attend to particular persons and actual contexts, in all their diversity, rather than to value approaches that posit abstract rational beings in an ideal or hypothetical realm, casts further doubt on the worth of moralities of justice and rights. Whether rights are based on deontological or utilitarian rules, they may be ill-suited for dealing with actual relations between actual persons.

There is of course recognition that women and other oppressed groups have used the language of rights to redress their grievances and will probably need to continue to do so for the foreseeable future. But feminists often call attention to whole domains of human experience – mothering, children's trust, the care of the vulnerable – where moral issues are ubiquitous but have gone unrecognized and unexplored by the ethics of rights and rules. And many feminist moral theorists suggest that an "ethic of care" is what would be suitable here, but not only for the domain of the family. Care may be a political and social value as well.

Some think care should replace justice as the central moral concept; others think care should supplement justice. How justice and care, as organizing moral concepts, should be related is a topic being addressed; no consensus has yet emerged.[7] It is unsatisfactory to see justice as the value appropriate to public life, and care as the value appropriate to private life. Women and children clearly need greater justice in the private domain: protection against rape and domestic violence, a more equitable division of labor in the household, better protections against child abuse of all kinds. And care is clearly a value that should infuse the policies

6 Ibid., p. 237.

7 See *Virginia Held* (ed.), Justice and Care: Essential Readings in Feminists Ethics, Boulder, CO: Westview Press 1995.

and programs of the welfare state and that should be increasingly influential in international relations. But how justice and care *should* be meshed is still being worked out.

I. The Development of an Ethic of Care

If we *start* with the contexts of family and friendship, what should we say about morality? Feminist moral theorists have been working to develop conceptions of morality suitable for experience in the contexts of family and friendship, especially as women experience these. In doing this, they often suggest that ethical theories centered around justice are inadequate. The framework of justice, moral law, abstract rules, rights, and obligations, does not provide the moral conceptions needed for the context of caring for children and other dependent persons, of developing and maintaining relationships between persons, or for cultivating what some call the moral emotions, or for developing trust. We do not, for instance, play with our children out of respect for the moral law, or trust our friends because an abstract rule about maximizing satisfaction requires it. Rules specifying constraints on our actions leave unevaluated the moral issues surrounding caring well and being well cared for, of cultivating good relationships whatever the level, of living well with others who live well with us.

Many feminists have been persuaded that an ethic of care quite different from an ethic of justice needs to be developed.[8] Feminist moral theorists are engaged in lively and ongoing debates about how these two kinds of moral approach should then be seen: are justice and care compatible? Are they alternative and incompatible ways of interpreting the same moral situations? Are both indispensable for adequate moral understanding? Should care supplement justice, or justice supplement care, while one or the other is the more fundamental? Do they appropriately apply to different domains or do both apply to all or most domains? Can either one be included within the other as a special case, and then which is the more comprehensive? These are the sorts of questions that are being raised. There is by no means agreement on how they should be answered. Not all feminists even share the view that there *is* something like a separate and different "ethic of care" but many, at least, are convinced that there is, and that whatever we hold about justice – that it is indispensable or that it is replaceable, for instance – any adequate morality must include as a strong component the kinds of consideration that

[8] For further discussion and many references, see *Held,* Feminist Morality: Transforming Culture, Society, and Politics, Chicago: University of Chicago Press 1993.

have come to be identified as belonging to an ethic of care. The activities of caring for actual persons require moral evaluation in terms of considerations such as empathy, sensitivity, and attention to the particular aspects of persons and their needs. The ways in which traditional moral theories, whether Kantian or utilitarian, deal with issues from the perspective of universal features of those who act and those who are affected seem to miss the point of what is important in such practices as care and friendship. So, to many feminist moral theorists, an ethic of care is indispensable.

What, then, should be said about law and rights? Traditional thinking about them has been framed almost entirely by an ethic of justice, when morality has been brought in to provide foundations for or evaluations of existing legal systems or outlines of better ones. Some critics have always argued that legal systems are little more than the outcomes or upholders of power, whether military, political, or economic, in whatever combination. But those who have sought some role for morality within or underlying law, or by which to make moral evaluations of law, have conceptualized that morality in terms of an ethic of justice, with universal rules that treat persons equally, that accord or recognize persons' rights, and that look to law to ensure the protection of rights and the fulfillment of obligations. How does an ethic of care relate to law and rights?

II. Feminist Ethics and Legal Rights

The criticism of rights from the perspective of care, as I see it, is a criticism of the conceptually imperialistic role that law has played in moral thinking. It is not directed at overthrowing rights in the domain of law, but at keeping legal thinking where it belongs – in the domain of law – rather than supposing it to be suitable for all other moral problems as well.

It is true that some feminist writers on law have been critical of rights analysis. As Elizabeth Schneider writes, "Recently, legal scholars, in particular CLS [Critical Legal Studies] and feminist scholars have debated the meanings of rights claims and have questioned the significance of legal argumentation focused on rights."[9] Catharine MacKinnon writes that "in the liberal state, the rule of law – neutral, abstract, elevated, pervasive – both institutionalizes the power of men over women and institutionalizes power in its male form. ... [M]ale forms of power over

9 *Elizabeth M. Schneider*, The Dialectic of Rights and Politics: Perspectives from the Women's Movement, in: Katharine T. Bartlett/Rosanne Kennedy (eds.), Feminist Legal Theory: Readings in Law and Gender, Boulder, CO: Westview Press 1991, p. 318.

women are affirmatively embodied as individual rights in law. ... Abstract rights authorize the male experience of the world."[10] Some feminists see rights as inherently abstract and reflective of a male point of view. Some think the use of rights discourse requires a social movement to adapt its goals unduly to what an existing legal system will permit, fostering conflict within the movement and diverting its strength. But such criticisms do not, I am arguing, amount to an overall rejection of rights, especially by feminist moral theorists. There are many feminist legal theorists working within the framework of law to improve the rights protected and the principles upheld by law.

Feminist legal theorists are developing *within* the framework of justice and rights more satisfactory interpretations of equality than those which simply require women to be treated in the *same* ways as men where differences between women and men are significant and where similar treatment means that women must adapt to a male standard already in place. As Patricia Smith asks, "Why should equal protection of the law depend on being relevantly similar to men? ... The analysis of equality in feminist circles now revolves around understanding what equal treatment requires among those who are different in important respects. This advances the analysis of equality from the first half of Aristotle's formula to the second half – from the idea that like cases must be treated alike to the idea that unlike cases should be treated in proportion to their differences."[11]

This may well require governmental action rather than inaction to bring about substantive equality. As Titia Loenen puts it, "The focus is not on the sameness of the equal treatment conferred, but on the equal results to be achieved in terms of basic rights and interests like the right to work and education. In this way ... equal treatment on a higher level is achieved by differentiating the actual treatment given." Thus, if a pension scheme that excludes part-time workers, and appears to be gender-neutral, has a much more adverse effect on women than on men, it may be found discriminatory. And government may be required to provide support for pregnancy leave or child care facilities.

Feminists have demanded reform in many aspects of law. In the case of rape, for instance, they ask why women should be expected "to fight like men" to demonstrate non-consent in potentially life threatening circum-

---

10 *Catharine MacKinnon,* Toward a Feminist Theory of the State, Cambridge, MA: Harvard University Press 1987, pp. 238 - 248.

11 *Patricia Smith,* Feminist Jurisprudence: Social Change and Conceptual Evolution, in: American Philosophical Association Newsletters, Spring 1995, p. 39. See also *P. Smith* (ed.), Feminist Jurisprudence, New York: Oxford University Press 1993, Part II.

stances where attackers are often far stronger than victims. Joan McGregor states that "statutes and the courts employ assumptions and standards about rape, consent, force, reasonable belief, and resistance that fail to account for the perspective of women."[12] The law's standard "reasonable person" is one who fights back, though many women typically do not respond to threatening situations by fighting. As Susan Estrich puts it, "The reasonable woman, it seems, is not a schoolboy 'sissy'; she is a real man."[13]

And feminists are showing how behavior which might not seem threatening to men, such as aggressive sexual advances, may well seem threatening to women. Rights not to suffer such harms, or others, are of course of vital importance to women.

The difficulties but also the possibilities of relying on law are well illustrated in a discussion by Frances Olsen of statutory rape laws, which provide, she says, "a concrete example of the advantages and disadvantages of rights analysis."[14] Such laws "both protect and undermine women's rights, and rights arguments can be used to support, attack, or urge changes in the laws".[15] Although such laws do provide young women some protection against coerced sex, they violate the privacy and sexual freedom of young women compared to young men, and perpetuate sexist stereotypes. Changing such laws brings the following problems: "Rights analysis does not help us as an analytic tool because it is indeterminate. Every effort to protect young women against private oppression by individual men risks subjecting women to state oppression. Further, any acknowledgment of the actual difference between the present situation of males and females stigmatizes females and perpetuates discrimination. But if we ignore power differences and pretend that women and men are similarly situated, we perpetuate discrimination by disempowering ourselves from instituting effective change." Nevertheless, Olsen concludes, "effective reforms do take place and do change people's lives. Some of the proposed changes ... are better than others."[16] She considers proposals to change statutory rape laws so that underage women would control the decision of whether or not to prosecute and so that the young woman's characterization of the sexual encounter as voluntary or coerced would be determinative. But the major effort must involve changes beyond the reach of law. "Instead of arguing about

---

12 *Joan McGregor,* What Can We Learn From Feminist Jurisprudence About Harm and Injury? Ibid., p. 47.

13 *Susan Estrich,* Real Rape, Cambridge, MA: Harvard University Press 1987.

14 *Frances Olsen,* Statutory Rape: A Feminist Critique of Rights Analysis, in: Bartlett/Kennedy (eds.) (note 9), p. 306.

15 Ibid.

16 Ibid., pp. 310 - 311.

which is worse – men's exploitation of women or the state's repression of women – let us devise strategies to overcome both."[17] We should strive to empower women generally and to transform sexuality away from "eroticized violence and domination" in such a way that sex "as an expression of an equal, sharing relationship" is eroticized instead.[18]

In an article on contract law, Clare Dalton gives a related account of the shortcomings but also the possibilities of legal analyses: "My story reveals the world of contract doctrine", she says, "to be one in which a comparatively few mediating devices are constantly deployed to displace and defer the otherwise inevitable revelation that public cannot be separated from private, or form from substance, or objective manifestation from subjective intent."[19] Yet realizing the inadequacies of traditional doctrinal analysis helps us in rebuilding the legal and social worlds.

There are many ways in which law itself can be more receptive to care-based values, for instance in dealing with the harms of hate speech, or devising more satisfactory ways than those available so far for handling the sexual abuse of children.[20] This would involve greater sensitivity than we have seen so far in the determination of which rights there are, but since rights lead necessarily to dichotomous decisions that there is or is not a given right and that it is or is not overridden by other rights, the discourse of justice may often be less useful than the discourse of care for many moral concerns.

In criticizing the presuppositions of liberal conceptions of justice and rights, Eva Feder Kittay notes how "liberalism constructed an equality for heads of households ... and then counted the head of household as an *individual* who is independent and who can act on his own behalf".[21] This, she says, creates the illusion that dependencies do not exist, that society is composed of independent, free and equal individuals who come together to form associations. In fact, however, social cooperation is required "first and foremost for the purpose of sustaining those who are not independently functioning, those who are not equally situated, and those who are unable to benefit from an equal empowerment.

17 Ibid., pp. 312 - 313.

18 Ibid., p. 314.

19 *Clare Dalton,* Deconstructing Contract Doctrine, in: Bartlett/Kennedy (eds.) (note 9), p. 298.

20 For other examples see *Diana Tietjens Meyers,* Social Exclusion, Moral Reflection, and Rights, in: Law and Philosophy 12 (1993), pp. 217 - 232.

21 *Eva Feder Kittay,* Taking Dependency Seriously: The Family and Medical Leave Act Considered in Light of the Social Organization of Dependency Work and Gender Equality, in: Hypatia: A Journal of Feminist Philosophy 10 (1995), p. 11.

They are persons who are too young, too ill, too disabled, or too enfeebled by old age to care for themselves and to speak for themselves."[22]

All of us are dependent for periods of our lives, and many of us are what Kittay calls "dependency workers", those on whom the dependent must rely to fulfill basic needs, and who are themselves secondarily dependent on others for the resources needed to sustain cared-for and caregiver, since their own labor is used up in caregiving. Such dependencies, Kittay notes, "are part of a network of interdependencies that form the central bonds of human social life".[23] Theories of justice omitting the dependent and dependency-workers are ill-suited for meeting the needs which dependency makes pressing. The same could be said about the framework of law: it is unsuited for dealing with urgent issues of human needs. As Kittay concludes, "We need to shift our vision and see society as constituted by the nested dependencies that require a concept of justice between persons who are equal in their connectedness but unequal in their vulnerability and for whom a notion of ... caring for those who care ... is central".[24]

It is quite easy to interpret an ethic of justice as a generalization to the whole of morality of a kind of thinking suitable for a legal context but not for a great many other contexts. But it is also quite easy to argue that feminists of course do not want to jettison rights altogether. As the experience of many women and minority members affirms and as Patricia Williams effectively shows, persons suffering domination on grounds of race, gender, or sexual orientation usefully think in terms of rights to counter the disrespect they encounter. In taking issue with a Critical Legal Studies critique of rights, Patricia Williams says that "although rights may not be ends in themselves, rights rhetoric has been and continues to be an effective form of discourse for blacks".[25] Describing needs, she asserts, has not been politically effective for blacks; what she recommends instead is "a political mechanism that can confront the *denial* of need",[26] and rights can do this.

Uma Narayan also raises some cautions about care discourse. She recalls the colonialist project of denying rights to the colonized in the name of paternalistic concern for their welfare. The colonized were seen as childlike and inferior, in need of guidance and control by the colonizers, and a discourse of care was used to justify such domination. Rights

22 Ibid., pp. 11 - 12.
23 Ibid., p. 12.
24 Ibid., p. 24.
25 Ibid., p. 149.
26 Ibid., p. 152.

discourse, in contrast, played a powerful role in the emancipation of colonized people. Within such nationalist movements, however, traditional and oppressive views on women were often prevalent; here again, the discourse of rights was and is useful to women contesting patriarchal views.[27] Rights are not fixed but are contested, and political struggles are often effectively organized around the indignation widely felt over clear denials of rights and persuasive reasons to recognize new rights not previously acknowledged, such as rights to be free from sexual harassment.[28]

Among the strongest arguments women and minorities have made have been that they have not been accorded even the minimums of equal respect supposedly guaranteed by law; cases can often be pressed in terms of equal rights. There are of course complex issues of how to interpret the content of equal rights, the extent to which differences of gender or race should be recognized, for instance. But the basis for many of the most fundamental advances made by disadvantaged groups has been composed of justice, equality, and rights. Of course, this discourse should not be abandoned.

This does not mean, however, that rights arguments serve well for the entire spectrum of moral or political concerns or that legal discourse should be the privileged discourse of morality or politics. The framework of justice and rights should be one among others rather than dominant. And the conceptions of persons that focus on individuals as the bearers of rights should not be imagined to be complete conceptions of moral subjects. The law treats persons as conceptually self-contained individuals, not the relational persons of much feminist theory and of the ethic of care.[29] The legal image of the person is unsuitable for much moral discourse.

---

27 *Uma Narayan,* Colonialism and Its Others: Considerations on Rights and Care Discourses, in: Hypatia 10 (1995).

28 See *Smith* (note 11).

29 For discussion of the way law is built on such a conception of the individual, see *Robin West,* Jurisprudence and Gender, in: Bartlett/Kennedy (eds.) (note 9). A good example is *Robert Nozick*'s claim that the "root idea" of any acceptable moral or political philosophy is that "there are individuals with separate lives". Anarchy, State, and Utopia, New York: Basic Books 1974, p. 33. As *Michael Sandel* says, most modern political theory holds that "what separates us is in some important sense prior to what connects us – epistemologically prior as well as morally prior. We are distinct individuals first and then we form relationships...." Liberalism and the Limits of Justice, Cambridge, England: Cambridge University Press 1982, p. 133.

III. Persons and Society

Many feminists characteristically see persons as at least partly constituted by their relations to other persons and social groups.[30] From this perspective, the individual of law and liberal political theory is an artificial and misleading abstraction. It may, however, be an abstraction that is useful for some legal and political purposes. The mistake is to suppose it is adequate for morality in general.

Feminists can recognize that legal change under some circumstances may be the best or most effective way to bring about change. However, once the framework of justice and rights is understood as a limited one rather than as the appropriate way to interpret all moral problems, other arguments can become salient, and political organization can occur around other goals than those of law and rights. For instance, although legal restraints on the pornography industry may be of some use, a widespread change of attitudes relegating a taste for pornography to a position comparable to the socially disdained position that an addiction to smoking is coming to have might be more effective. This would rely on increased awareness of the harm caused by pornography even if it is not of a kind or level that would be recognized by the legal system as a harm justifying intervention or as a violation of women's civil rights.

For many issues, there are choices to be made about whether to interpret them primarily as matters of justice and rights, or whether to interpret them more from a perspective of care. The latter might often be the better interpretation. Feminists may well be persuaded that persons are not in fact the individualistic, self-contained abstract entities the law and much traditional moral theory conceptualizes the bearers of rights to be or to be best treated in terms of. Nor should persons resemble such conceptions, or be thought to do so, any more than is necessary for limited, legal purposes. Once a much richer conception of persons and their interrelations, their thinking and their feeling, is accepted, as the experience of women makes it easy to do, then other interpretations than those of rights and justice become more salient. The role of culture, for instance, rather than of law in changing attitudes and influencing how people act and relate to others, may loom much larger. This does not suggest that rights will no longer be important, but it may well displace them from the center of attention to a more peripheral position. And feminist morality may in time move the legal system itself from being the

---

30 For recent discussions see *Elizabeth Frazer/Nicola Lacey,* The Politics of Community: A Feminist Critique of the Liberal-Communitarian Debate, Toronto: University of Toronto Press 1993; and Feminists Reconsider the Self, ed. by Diana Tietjens Meyers, Boulder, CO: Westview Press 1997.

highest or most powerful or most central institution of society, or at least thought to be this by many legal and moral theorists, to becoming, and becoming understood as, a much less important form of social organization than in the past.[31]

---

31 This paper is based in part on my: Rights and the Ethic of Care, in: American Philosophical Association Newsletter, Special issue on Feminist Jurisprudence (Spring 1995), and on my: The Meshing of Care and Justice, in: Hypatia 10 (1995).

RECHTSTHEORIE, Beiheft 19, S. 397 - 409
Duncker & Humblot, 12165 Berlin

POETIC (IN)JUSTICE: WOMEN, RELATIONSHIPS, AND NERVOUS SHOCK LAW

By Barbara Ann Hocking and Alison Smith, Brisbane

I. Introduction

This paper draws out the threads to the criticisms of law advanced by feminist theorists, focussing in particular upon arguments concerning the gendered nature of harms and injury. It then examines one particular area of tort law, that of negligence in the context of nervous shock, in order to ask the question "does tort law fail women". An historical overview of these cases reveals that a considerable moral scrutiny often informs the legal outcome as, step by step, the law has moved to recompense women, particularly mothers, and to recognise their suffering consequential upon harm to their immediate family members. However, the courts continue to prevaricate, often in moving and poetic language which speaks of a sympathy that does not extend to legal translation of women's harms. This is particularly so where the harm may not be distinctly physical and is consequential upon injury to another. Legal redress for nervous shock is redress for harm to another: is it this very fact which restrains the courts?[1]

The restrictive parameters to the law of nervous shock, particularly the narrow formulation of the duty question in many of the cases, confirm the concerns which feminists have raised about the inadequacy of the law of torts to encompass women's injuries. New cases confronting American courts in particular indicate that the law must develop a more rational and explicable set of reasons for denying recovery. For example, Appleberry refers to the case of *Boyles v. Kerr*[2] where *Boyles* secretly video taped *Kerr* while they engaged in sexual intercourse. The Supreme Court of Texas denied *Kerr's* claim for negligent infliction of emotional

1 Graycar refers to a case that exemplifies the contradictions in this area. In *Woods v. Lowns*, SC NSW Feb 95, the father of a seriously disabled child recovered from shock. See note 4 and *R. Graycar/J. Morgan*, The Hidden Gender of Law, Sydney: Federation Press 1990.

2 855 SW 2d 593 (Tex. 1993).

distress, provoking a range of criticisms about the inconsistency and arbitrariness of this area of the law.[3]

In examining the case law, a contrast is drawn between the graphic horror or long term anxiety often involved in nervous shock case law (often eloquently depicted in judgments) and the legalistic response (again, often eloquently articulated) that ultimately denies compensation. The tension thus drawn out exemplifies the paper's characterisation of the law as poetic (in)justice; its poignancy is underlined in the case of women since they are the dominant carers for family members[4] and more likely to be a vulnerable party.

II. Critiques of Tort Law

The critical tradition in American legal scholarship has been characterised by attention to certain themes – such as instrumentalism, formalism and the public/private dichotomy – which have proved to be foundational to the evolution of modern United States legal doctrine.[5] Economic analysis was one such critique, adopting an entirely different perspective from feminist theory, in taking the standpoint precisely of the rational, self interested, self seeking "man of law" that feminist analysis seeks to redefine. Howe sets out one means by which Kelman's assertion of the need to redefine the meaning of "social injury" within the framework of critical criminology might be adapted and developed within feminist discourse. The influential American theory, the Critical Legal Studies movement, is perhaps close to feminist critique in drawing attention to harms that engender a "near-universal acceptance"[6] and are "routinely tolerated"[7] by the law in contrast to harms that are condemned yet are manifestly "incidental or disruptive".[8] There is the related work by Abel, who asserts a correlation between class, race, and

---

3 *J. Appleberry,* Negligent Infliction of Emotional Distress: A Focus on Relationships, in: American Journal of Law and Medicine XXI (1995), p. 301.

4 *R. Graycar* refers to the pervasiveness of gendered assumptions in tort law. The paper: Damaged Awards: the vicissitudes of life as a woman, in: Torts Law Journal 3 (1995), p. 160 refers to the New South Wales Women's Advisory Council's research indicating the enormous extent to which women outnumber men as carers of family members with disabilities and as unpaid (and poor) carers generally.

5 *N. Duxbury,* Robert Hale and the Economy of Legal Force, in: The Modern Law Review 53 (1990), p. 421 at 421.

6 *A. Howe,* Social Injury Revisited: Toward a Feminist Theory of Social Justice, in: International Journal of the Sociology of Law 15 (1987), p. 423 at 427, citing *M. Kelman,* Criminal law: the originals of crime and criminal violence, in: D. Kairys (ed.), The Politics of Law: A Progressive Critique, 1982, at pp. 218 - 221.

7 Ibid.

8 Ibid.

gender and "the way in which the experience of injury is transformed into a claim for legal redress".[9] While seeking more to relate this to a strategy of political empowerment, these theorists share boundaries with feminist theorists, who also seek to challenge and expand the definitional boundaries to legally recoverable harm.

III. Feminist Perspectives on Tort Law

Feminist theory is one of the most concerted critiques that has been advanced in relation to the law of torts generally and the law of negligence more specifically. Within the framework of a range of criticisms of the law, several salient points can be emphasised. Feminist theory, in attempting to break with the legal reproduction of men's values and consequent treatment of women as "other", provides incisive criticisms of the "reasonable man" upon which the law of negligence relies in constructing a supposedly neutral standard bearer against which to measure the extent of duty owed and standard of care breached. This seemingly neutral construct has been exposed by feminist theorists to be gender specific: to represent the values of the average man and to perpetuate the view that women comprise some "other" value that cannot be quantified in legal terms.

By this view, the law of negligence reproduces the socially institutionalised refusal to recognise the nature and extent of women's work and perpetuates the injustices and inequalities consequent upon that lack of recognition, in its assessment of common law damages. In characterising women's work as non-economic loss, the courts have effectively disenfranchised women from the common law damages system.

Feminist theories, which have concentrated upon the gendered nature of legal harms, have challenged tort law to reconsider the framework of individual rights and to reorient the subject in the wider, more collective context of responsibilities. Feminist theorists have pointed the way forward for the construction of a possible alternative approach which in "effecting a paradigm shift in common sense understanding of social injury – would include harm to women".[10] Feminist jurisprudence has not only advanced the conceptual argument but has considered in detail the scope of legal categories and doctrines such as duty and standard of care.

One of the most influential works has been that of Bender, who has persuasively argued that the current tendency towards "negative responses make it extremely difficult to understand what feminism is

---

9 Ibid. citing *R. Abel,* Torts, in: Kairys (ed.) (note 6).

10 *Howe* (note 6), at p. 428.

and what promise it holds for all of us".[11] Bender's salient conclusion is that tort law, like the other areas of law scrutinised by feminist analyses, perpetuates, through its focus on individuality, reasonableness and economic efficiency, "traditional male values and perspectives".[12] A feminist perspective would redefine the law to focus on "interdependence and collective responsibility".[13] Furthermore:

> "Feminism raises questions about both the external structure of our negligence analysis – how we frame our understanding of negligence problems – and its internal categories, such as duty and the standard of care."[14]

For Bender, reproducing and perpetuating men's values, patriarchy has powerful implications for vast areas of law and society, from the political system to the legal profession[15] and, most significantly, for the conceptual doctrines and categories upon which law redresses harm and injury:

> "Because our legal system has developed from an unstated male norm, it has never focussed adequately on harms to women."[16]

By this insight, the duty formulation in tort law is revealed as woefully inadequate: indeed, as manifesting the trademark stamp of legal rationality. A critical view of this form of reasoning was encapsulated many years ago (which in dealing with formalism might equally have dealt with patriarchy) by Wallace and Fiocho:

> "'Legal rationality', that is, reasoning with rules, is recognised at the expense of all other components of decision, such as creativity, imagination, feelings, states of mind, instincts and the limitations inherent in language itself."[17]

Tort law's inability to deal with the particular harms suffered by women has been exemplified in the case of nervous shock, at the same time as it affords women a modicum of success in the legal outcome. As Graycar and Morgan note, once we isolate the way in which the legal system responds to "women's participation in families and their broader relationships with others",[18] we confront the veracity of Smart's asser-

---

11 *L. Bender,* A Lawyer's Primer on Feminist Theory and Tort, in: Journal of Legal Education 38 (1988), p. 3, at 3.

12 Ibid., at p. 4.

13 Ibid.

14 Ibid.

15 Ibid., at p. 7. Bender notes in this respect the patriarchal and masculinist means both of framing legal problems and the means of effecting their resolution: "Men have constructed an adversary system, with its competitive, sparring style, for the resolution of legal problems."

16 Ibid., at p. 8.

17 *J. Wallace/J. Fiocco,* Recent Criticisms of Formalism in Legal Theory and Legal Education, in: Adelaide Law Review 1980, p. 309 at 314.

18 *Graycar/Morgan* (note 1), at p. 177.

tion that "women encounter law as gendered persons"[19] and Frug's related assertion that women encounter law "as relatives of others".[20] It is not that the law has failed categorically to compensate for nervous shock but rather that the case law evinces a "dispassionate unpredictability" to its recognition, "that a mother's fear of injury to her child is a real fear, experienced by her in a material, harmful and ultimately compensable way...".[21]

IV. Sexual Harassment of Working Women: Highlighting Tort Law's Inadequacies

Virtually single-handedly, Catherine MacKinnon developed the cause of action based on sexual harassment of working women.[22] MacKinnon's contention was that the traditional legal remedies against harm must be revealed as conceptually inappropriate and technically inadequate in relation to this particularly gendered harm. It was precisely in recognition of the limiting features of an action in tort law that MacKinnon proposed the conceptual unsuitability of the law of negligence to deal with this specifically female harm: sexual harassment. It is not that sexual harassment is not an injury and not a wrong but that the extent and consequences of that wrong render the application of the law of torts and the structure of its remedies inadequate. A whole new area of law was required to deal with this type of harm experienced by women. The feminist perspective on this issue is that harassment of a sexual nature has a discriminatory impact. From this position, tort law cannot be fashioned to provide a suitable remedy:

> "The major difference between the tort approach and the discrimination approach, then, is that tort sees sexual harassment as an illicit act, a moral infraction, an outrage to the individual's sensibilities and the society's cherished but unlived values. Discrimination law casts the same acts as economic coercion, in which material survival is held hostage to sexual submission."[23]

---

19 Ibid., at p. 176, citing *Carol Smart,* Law's Truth: Women's Experience, in: Graycar (ed.), Dissenting Opinions: Feminist Explorations in Law and Society, Sydney: Allen and Unwin 1990, at p. 7.

20 Ibid. Citing *Frug,* Re-Reading Contracts: A Feminist Analysis of a Contracts Casebook, in: American University Law Review 34 (1985), p. 1065 at 1078.

21 Ibid., p. 178.

22 *Bender* (note 11), at p. 8. *MacKinnon*'s work,.particularly her landmark treatise: Sexual Harassment of Working Women: A Case of Sex Discrimination, New Haven, Conn. 1979, was largely responsible for the 1986 decision of the United States Supreme Court in *Meritor Savings Bank v. Vinson* 106 S. Ct. 2399 (1986), where the court recognised that "sexual harassment resulting in a hostile working environment is a violation of Title VII".

23 *Graycar/Morgan* (note 1), at pp. 355 - 366, citing *C. McKinnon,* Sexual Harassment of Working Women: A Case of Sex Discrimination.

Furthermore, MacKinnon considers that the individualised nature of legal remedies in the tort law context masks the social, political and economic implications of the harm at issue. It is in the remedial nature of tort law that it "individualises the experience of injury, thereby hiding its gendered nature".[24] The thread that links feminist theoretical analyses here is their assertion of "women's different perspective on the wrongs (or injuries) we experience"[25] and consequent construction of a "model for equality"[26] which accounts for that different perspective and which considers women's too familiar experiences (pregnancy discrimination, rape laws, sexist stereotypes, employment discrimination and sexual harassment in the workplace) *as injuries*. For the purposes of this paper, this sensibility will be related to the law's treatment of women's distress, suffering, anxiety and fear for their children as harm. This paper takes up that theme as a means of asserting the fundamental importance of arguments about the prevention of "future" "generalised" harms.[27] We move therefore from compensation to consideration.

V. Tort Law and the Gendered Nature of Harm

Margaret Atwood once wrote that women are afraid of being killed: men are afraid of being mocked. When we consider the financial outcomes of the recent Andrew Ettinghausen and Jason Donovan suits[28] side by side with the minimal financial outcomes in anti-discrimination cases and the resources accorded to policing of women,[29] we see how the law values those respective fears. Atwood's comment points to the single most significant problem with all aspects of the law in its dealings with women: it cannot, and does not attempt to, adequately protect women

---

24 Ibid., at p. 356, noting that the increasing reliance upon class actions as a means of obtaining redress for harms specifically suffered by women might offer a way out of MacKinnon's concerns about "tort as an individualised remedy".

25 *Howe* (note 6), at p. 429.

26 Ibid.

27 *Howe* (note 6), at p. 429. Howe refers to Thornton's crucial arguments in relation to the capacity of anti-discrimination and affirmative action laws and measures to prevent the occurrence of "future harms" and the need for these measures to extend beyond the individualised impact of the civil law model to "foreclose the possibility of harmful conduct of a general kind". *M. Thornton,* Affirmative Action and Higher Education, in: M. Sawer (ed.), Program for Change: Affirmative Action in Australia, Sydney: Allen & Unwin 1985, at p. 123.

28 Both of which involved the awarding of large sums in relation to damage to reputation. The cases arose through the seeming humiliation of being insinuated to be gay (by certain British tabloids in Donovan's case) and through publication of a naked photo (by an Australian publication in Ettinghausen's case).

29 Indeed, policing of the entire community. This issue is addressed further in *B. A. Hocking,* Is There a Feminist Perspective on Criminal Conspiracy? Paper Presented at Critical Legal Conference, University of East London, 1996.

from the multitude of harms that are inflicted upon them, and upon their children, mostly by men.

Notwithstanding the fact that "injuries to women occur on an epidemic proportion",[30] the construction of injuries and consequent legal doctrines and categories is, from the feminist perspective, male-placed and mis-placed.

Even the very political and public policy priorities that contribute to the distribution of harm in our society are male-placed: for example, the use of the roads to shift freight, the failure stringently to enforce breaches of road rules, the "downsizing" of the public sector, and the increasing reliance upon employment contracts and upon individual "negotiation" in the workplace.[31] Furthermore, the means of resolution of resulting conflicts, where they are conceptualised as legal issues, is for the most part the masculinist one referred to by Bender: the competitive, sparring style underwrites the resolution of legal conflict.

MacKinnon notes that tort law sees injury as injury to the individual person, with its essential purpose being to "compensate individuals one at a time for mischief which befalls them as a consequence of the one-time ineptitude or nastiness of other individuals".[32] Tort law is therefore not concerned with the context to women's injuries, and because it is "unsituated in a recognition of the context that keeps women secondary"[33] it "considers individual and compensable something which is fundamentally social and should be eliminated".[34]

VI. Nervous Shock: Occasional Recognition of Women's Frailty or Mothers' Rights?

It is in the area of what has traditionally been termed nervous shock that women have been most notably successful in pursuing negligence actions. The law's concern in this area has been the relationship between persons: the disruption of that relationship is what the law seeks to define and recompense. Inevitably, given the fear of the floodgates which has characterised judicial jurisprudence, nervous shock is an area of the

30 *Graycar/Morgan* (note 1), at p. 307.

31 For comments upon this issue, see *B. A. Hocking,* Economic Rationalism and Social Justice: Is There a Way Forward? In: Socio-Legal Bulletin 13 (1994), pp. 4 - 12.

32 *Graycar/Morgan* (note 1), at p. 354, citing *C. MacKinnon,* Sexual Harassment of Working Women, 1979.

33 Ibid., at p. 354.

34 Ibid., at p. 355.

law of negligence that has been closely confined and restricted. Judicial approaches have essentially emphasised a distinction between two differentially perceived types of injury: physical injury and nervous shock; and "the law has always displayed a reluctance to compensate as generously for nervous shock as for direct physical injury".[35]

The drawing of boundaries between types of harm is, of course, a persistent feature of the law of negligence. The categorisation of economic loss has provided a brake upon recovery in economic situations and the specific nervous shock category has been hemmed in by a range of proximity type restrictions. Certain areas of law simply fall foul of the persistent theme that 'in a practical world the common law cannot spread its protection too widely'.[36] In economic loss and nervous shock cases courts tend to fall back upon a denial of duty and proceed on an incremental or piecemeal basis.

VII. Major Recent Cases

What can be asserted more confidently now is that the legal issue that is determinative of outcome is that "in every case it is a question of whether the defendant ought to have foreseen that the plaintiff might suffer shock".[37] Thus the old confusion between foreseeability of physical injury and foreseeability of nervous shock has been replaced by a more rational formulation. However, a variety of rules has emerged over time, including the zone of danger rule and the physical consequences rule.[38]

A confusing early congruence has been replaced by a more open acknowledgment of the place for policy (disguised as proximity) in determining where the line should be drawn around a defendant's liability for his harmful conduct.

What is also clear from the more recent case law is that the closeness of the relationship has become increasingly central to the proximity test

---

35 *F. Trindade/P. Cane,* The Law of Torts in Australia, 2nd ed., Oxford University Press 1993, at p. 340. Trindade and Cane note that historically the drawing of a judicial distinction between the two types of injury is virtually universal: "Apart from an isolated dictum of Denning L. J. in *King v. Phillips* (1953) 1 QB 429, 440 to the effect that the duty owed by the driver of a motor vehicle did not differ according to whether the injury inflicted was physical injury or nervous shock." (at p. 340)

36 *White v. Jones* [1995] 3 WLR 730 at 751 per Steyn LJ.

37 *Trindade/Cane* (note 35), at p. 345, citing *Alcock* and *Jaensch v. Coffey* (1983 - 4) 155 CLR 549, at pp. 569 - 570, per Brennan J., and at pp. 605 - 611, per Deane J.

38 *Appleberry,* op. cit., at pp. 308 - 309.

just as the courts have reiterated that simple foreseeability is not enough. There is now little doubt that the law has been formulated in such a way as to exclude from the ambit of compensation a range of situations which might result in women caring for (broadly defined) accident victims over a long period of time. It is a seemingly harsh, dispassionate, yet legally correct view, which has failed to expand upon the potentially expansionary line of reasoning in *Benson v. Lee.*[39] In this case, the mother was linked into the aftermath, as she saw her injured son within hours of the accident. Any judicial emphasis upon the impact of the accident, as opposed to caring for an victim over a period of time, inevitable raises questions about where the lines will be drawn. Recent cases do not indicate that even now the harm caused to women through nervous shock situations has been understood. Isolation of the particular cases that have brought successful outcomes must be counted against those many and varied cases where plaintiffs have not been successful.

Lest the early cases be seen only as remnants of a less understanding, uncaring judicial age, it is arguable that, in the modern context, an equally restrictive approach has recently been taken by the House of Lords in the Hillsborough decision, *Alcock v. Chief Constable of South Yorkshire.*[40] This appears to pave the way towards a new line of harsh authority, where virtual physical presence at an accident or at its direct aftermath is required in order to maintain an argument concerning shock inducement. This continues the Bourhill reasoning that requires foreseeable injury or shock to any person in the vicinity. A more compassionate approach is in evidence towards the notion of a rebuttable presumption which simply requires proof of the closeness of the emotional tie between plaintiff and primary victim. It remains to be seen whether this approach, rather than dispassionate legal formulations concerning physical proximity and direct perception, provide a legal way forward.

However, comments advanced by way of obiter leave some confusion in the law, and the overall effect is one of having to slot your case into the appropriate step on the incremental negligence ladder. The real consolation from the feminist perspective is that following *McLoughlin*[41] and *Alcock,* there is considerable legal support for the proposition that the closer the tie (in relationship and care) the greater the legal support for the claim. For the Court in *Alcock* drew upon the "ideas inherent"[42] in the *McLoughlin* formulation to the effect that "the closer the tie the

39 [1972] VR 879.

40 (1992) 1 AC 310.

41 [1983] 1 AC 410.

42 Ibid.

greater the claim for consideration".[43] Thus, the law has shifted closer to the Evatt formulation with its emphasis upon the relationship between the plaintiff and the primary victim. Whatever language a court may use to recognise this, it provides an advance upon the more orthodox approach to this area of law.

Despite the incremental advances, it is unlikely that the courts will radically change the law:

> "All the indications are that any expansion of liability is now firmly in the hands of Parliament. It is submitted that, in view of the manifest injustices yielded by the law, Parliament should respond by dispensing with the requirement of direct perception, at least for claimants with a strong bond of affection with the primary victim."[44]

Although the House of Lords recognised that damages for nervous shock could be recovered in situations such as that which occurred at Hillsborough, the actual decision in the case went against the claimants on the specific question of proximity.

The House of Lords considered the question of liability for nervous shock in *Page v. Smith,*[45] a case involving a participant in an accident. In a decision harkening back to the reasoning in *Coultas,* their Lordships drew a distinction between participate and bystander cases. In the former, the test is reasonable foreseeability of personal injury of some kind, as proximity is considered to be established in a case involving actual physical contact.[46] In contrast, in a bystander case, the plaintiff must establish proximity, reasonable foreseeability of psychiatric damage, and that the plaintiff is a person of 'normal fortitude'.[47] It is disheartening to note that the example Lord Ackner choses to justify this distinction has echoes of the condescension of eras past. He cites the example of a relatively harmless accident in a car park causing a 'condition with consequential physical injury'[48] in a person involved in that accident. It is an innocuous enough example if left at that, but His Lordship describes this person as a 'hysterical woman', thus perpetuating the myth inherent in the law reports that it is only women 'prone to hysteria' who suffer nervous shock, and, further, suggesting that timid nervousness is a relatively common state of mind for women to be in. There are however encouraging Australian developments, particularly Kirby P's

---

43 (1983) 1 AC 410, at 422, per Lord Wilberforce.
44 *Nasir,* op. cit., at p. 707.
45 [1995] 2 All ER 736.
46 Ibid., at p. 759.
47 Ibid., at pp. 760 - 761.
48 Ibid., at p. 749.

dissent in Coates v. Goverment Insurance Office[49] and adaptations of that in Quayle v. State of New South Wales.[50] The latter claim concerned the news by which police told an Aboriginal family of the suicide of a family member in a police cell. Following Reeve v. Brisbane City Council[51] too, the proximity concept can be strongly influenced by closeness of relationship rather than closeness to the accident scene.

The approach is one of greater flexibility, and the proximity requirement – that increasingly "normative facet of the modern duty of care"[52] – has assisted here in the recent Australian law.[53] Cautiously expansionary developments have occurred in English negligence recently. The House of Lords decided a trilogy of cases imposing liability for a carelessly prepared reference;[54] liability for underwriting agents' conduct of their "Names" underwriting affairs[55] and solicitor's liability to a disappointed third party beneficiary.[56] These are all however arguably transaction and not relationship relaxed nervous shock claims.

The case law in nervous shock, seen across jurisdictions, indicates that the courts have taken tentative steps along the road towards removal of the arbitrary barriers to redress erected in this area. The situations causing the harm have been varied beyond the motor car accident. Yet there is a depressing indication that damage to property may be considered more likely at law to give rise to compensable harm for consequential nervous shock. So a more stringent criticism of the likely effect of the restrictive approach is that advanced by Vines, who has argued that the requirement of "shock" or "sudden sensory perception" has been incorporated through the proximity notion into legally recognisable nervous shock and provides a major limiting factor in recognition of the category of harm. It may mean that a mother may be "equally traumatised by having nursed a child who has a long battle with AIDS caused by a blood transfusion, but this would not amount to a sudden sensory perception and she could not recover for nervous shock".[57]

---

49 (1995) 36 NSW LR I.

50 (1995) Aust Torts Reps 81-367.

51 (1995) 2 Qd R 661.

52 *Mullany/Handford,* op. cit., at p. 80. They note that there has been an increasingly normative absorption of this "nebulous concept" into the "modern duty of care".

53 Ibid. (Commenting on the High Court decision in *Gala v. Preston* (1991) 172 CLR 243.) Mullany observes that in relation to the problematic proximity concept, the recent High Court decision "promised much" but "sheds little illumination".

54 *Spring v. Guardian Assurance* (1994) 3 All ER 129.

55 *Henderson v. Merrett Syndicates* [1994] 3 All ER 506.

56 *White v. Jones* [1995] 1 All ER 691.

57 *P. Vines,* A Defence of Proximity in Australia: Looking at Negligence Through Nervous Shock, in: ALTA Interest Group Paper, 47th. ALTA Conference, 1992.

The strict emphasis upon the technical legal requirements and the convenient misnomer of nervous "shock" have acted as barriers to women's wider recovery in this area. So once again it is clear that the law is reluctant to compensate for a form of harm more commonly suffered by women than men. The courts have, for the most part, taken a restrictive view of the "significance of the personal relationship between the witness and the primary accident victim"[58] and not countenanced a broad conceptual recognition of the significance of emotional and human ties. Nor have they even consistently recognised the full significance of that relationship to which they have accorded most legal recognition in this area of law: that between mother and child. If negligence's omnipresent and none too benevolent conceptual God, proximity, can intervene between mother and child or indeed between any relations of life,[59] He is likely to be tempted to do so. This must change through Kirby P's emphasis on closeness of relationship.

VIII. Conclusion

In essence, family based harm, which affects women in complete disproportion, has traditionally been considered outside the ambit of tort law.[60] Yet what nervous shock case law reveals, as for other areas of negligence, is the potential for a certain limited form of redress on a highly individualistic basis. Intermittently, this form of redress has been resisted by feminist theorists because the individualised basis to recovery in a negligence action is seen to obscure the gendered basis to the harm suffered. MacKinnon's argument that workplace harassment falls completely outside the boundaries and requires precisely the new body of rules that has been developed is a salient argument in point. Yet this is now being challenged by some theorists who assert that a broader range of conduct involving bullying might be appropriately remedied by torts irrespective of any gendered dimension. The essence of this argument is that we must assess harms both more closely and more broadly. In the nervous shock context, a reorientation away from "arbitrary and artificial barriers"[61] such as causal proximity and direct perception, might provide a legal way forward if we are to attempt our correction of law which implicitly mis-places and male-places social liability.

The problem remains that injuries identified with men tend to form the primary standard. To return to the *Boyle* case mentioned at the outset: is

---

58 Ibid., at p. 839.

59 Lord Ackner in: Alcock.

60 *Howe* (note 6), at p. 431.

61 *Beecham v. Hughes* (1988) 52 DLR (4th) 625, per Taggart JA at p. 639.

there not an irony that women can be paid huge sums of money to appear in pornographic videos yet that no compensation was available in this case? Feminist theory would ask an ever critical question about the need to adequately recognise, translate and compensate women's experience of suffering (and particularly of fears of harm to their loved ones or to themselves) through the law. And whether there should be such risk of harm at all.

RECHTSTHEORIE, Beiheft 19, S. 411 - 423
Duncker & Humblot, 12165 Berlin

MOTHERHOOD, EQUALITY AND LEGAL CHANGE

By Patricia Smith, Lexington

Motherhood, as traditionally understood, is becoming obsolete. It is not yet as obsolete as, say, knighthood, but it is moving just as inevitably in the same direction. No one wants to admit that, but it is true. Traditionalists are horrified. Most men are uncertain. Even progressive women are ambivalent. We don't know what it will mean. If the standards we should use today are radically different from the standards we grew up with women, like men, do not know what to do, how to act, how to evaluate ourselves.

Basic change is difficult. So we avoid it by means of every tactic and device that we can find. And some reject change altogether. The "new right" calls for a return to traditional family values, meaning, as I understand it, that women should stop working for pay, or at least stop thinking that it is important to work for pay, and return to the traditional relationships of the nuclear family which featured a male breadwinner and a female homemaker who was a full-time wife and mother. Conservative evangelists and politicians proclaim the virtues of traditional motherhood and chide working women and feminists for supposedly pursuing their own interests at the expense of the moral development of their children. Traditional motherhood is the destiny of women as well as the solution to the moral crisis of post-modern civilization, we are told. Despite these urgent admonitions, however, there are at least three world-class revolutionary changes occurring in this century that make the traditional ideal of motherhood obsolete.

I think that it is time that we face these social facts and the enormity of their implications. The truth is, we cannot go back, any more than the entrepreneurs of the eighteenth century could go back to the feudal society that held sway for centuries before the industrial revolution finalized its decline. We must find new solutions to our moral and social problems because the world has already changed in ways that make a return to the past impossible. We are experiencing a reproductive revolution in this century at least as profound and inevitable as the industrial revolution of two centuries ago. And our legal systems, world-wide, must eventually come to grips with it.

This, of course, is not to suggest that cultural evolution progresses at the same rate among all classes or in all parts of the world. Beliefs, attitudes and living conditions vary widely. Many women of third world nations live as they have lived for centuries. The cultural revolution that I, in my leisure, am exploring here, has not yet reached them. It is my belief, however, for reasons that I will supply shortly, that these changes will inevitably encompass the entire world – not in my lifetime, but eventually. In any case, my remarks obviously do not apply to those who have not yet experienced the twentieth century changes that I will be discussing.

Perhaps I should also make clear that I am not suggesting that most women in advanced nations manage to avoid restrictive or discriminatory conditions. A discussion of that set of issues simply is not a part of my focus in this particular paper. A great many women live with poverty, oppression, and prejudice on a daily basis, even in advanced societies. I would be the last to deny the existence or significance of such conditions, but they are not the point of this essay. The point of this essay is to examine the norm of middle class motherhood in advanced technological nations. Unless otherwise stated, all future references should be taken to refer to that context. The norm of middle class motherhood, I contend, has changed so drastically during the twentieth century, that the traditional ideal of motherhood must be viewed as obsolete.

The political, legal and economic implications of this social fact are enormous, since all traditional legal and social institutions were built on the assumption of unequal sexes and divided roles. Indeed, one of the greatest challenges to law in the twenty first century will be to facilitate the structural transformations that must occur in order to accommodate the emerging needs of modern families and individuals in a world that acknowledges and even assumes real gender equality. This change will ultimately affect the legal status and life prospects of literally half the population of the world, the living arrangements of the entire population, and the legal institutions of every nation. Yet the enormity of this basic social fact is widely ignored or underrated. So, in this paper I will undertake to illustrate its importance.

Traditional motherhood is obsolete. In order to see this, first consider what "traditional motherhood" means. I take that role to have three salient features. First, the primary mission of the traditional woman was to get married and provide reproductive services to her husband. Her pride and destiny was to produce and rear children. That was her purpose in life, and it was a purpose predetermined for all women. It was not a matter of choice. It was not up to individuals. Any woman who deviated from the reproductive path simply was not normal. This presumption was pervasive world wide at least through the 1950s with only slight variations, and is still rather commonly held.[1]

Second, in all but a few truly exceptional cases of exceedingly high-born women, the reproductive role was combined with domestic duty. All women were presumed to be naturally domestic and solely responsible for the home. Either they were responsible to do the work – the cooking, cleaning, marketing, production and care of clothing, and child care – or they were responsible to manage servants who did it. This might be combined with other work they did (if they were poor) either inside or outside the home, but even if they worked outside the home for pay, their primary responsibility was the home.[2] All this was premised on the assumption that women were "naturally" domestic. Husbands were not responsible for daily household chores. These were considered woman's work. If this work was not done, or not done well, it was the woman's fault. This belief that woman is by nature properly suited only to the role of domestic duty held true from the beginning of civilization, consistently and almost universally until about the twentieth century. It was never seriously challenged in the western world until about the 1960s, and it is still strongly and widely held today. But again, it is no longer universal.[3]

---

1 Cultural change, as noted, progresses unevenly, with variations resulting from national, regional, and class-based biases or customs. Working-class attitudes, for example, have always differed from those of the upper classes. Subcultures differ from dominant cultures, as well as from one another. The point is simply that despite the many variations in detail, the general belief that a woman's destiny is motherhood was virtually universal until the late twentieth century. The only honorable exception was the convent.

2 This point is born out by numerous anthropological studies of contemporary and ancient societies. In fact it has been shown that in many circumstances in which the male breadwinner is unable to support the family singlehandedly, the contributions of the wife are often covered in various ways so as to maintain the illusion of the male breadwinner and the dependent wife even when the wife may in fact be providing the bulk of the support. The result is that poor women's work is often invisible and home responsibilities remain their official charge. See e.g. *Stichter/Parpart,* Women, Employment and the Family in the International Division of Labor, London: Macmillan 1990. It has also been shown in studies of domestic violence that poor working women are often made to feel apologetic and guilty for challenging their husband's proper authority and manhood by working (despite its necessity). The result is that she must care for her home responsibilities that much better to make up for the fault of working. See e.g. *Culliton,* Domestic Violence Legislation in Chile and the United States, in: American University Law Review 1993; or *Rhode,* Justice and Gender, Cambridge: Harvard University Press: 1989.

3 It may also be notable that this woman's work is considered demeaning for men in all but the most enlightened segments of society. See e.g. *Stichter/Parpart* (note 2), or *Culliton* (note 2). And even among those enlightened individuals who agree that household burdens should be equally shared, the actual distribution of burdens is far from equal. See e.g. *Googins,* Work/Family Conflicts, New York: Auburn House 1991.

Third, a corollary of the idea that women were naturally domestic was the belief that they were not fit to function in the public sphere. Traditional wives were dependent on and answerable to their husbands economically and politically. Until the nineteenth century they had no legal existence. Their wages were owned by their husbands and fathers. They were not independent and they certainly were not equal to men in either the eyes of society or the eyes of the law.[4]

Still hierarchical and patriarchal as an institution, the traditional family today functions as a unit that revolves around the male head of household, the husband and father. The wife provides the support system. The success of the family unit depends on the success of the head of household. Thus, it falls to the woman of the house to provide whatever support she can to ensure her husband's success. If she works, her work is subsidiary, a contribution that may never interfere with or compete with her husband's career. Her success and the success of the family unit depends on the success of the breadwinner, and not on any separate work that a wife and mother might do on the side. At least in Europe and the United States, these attitudes may have broken down more than the attitudes captured in the other two defining features of the traditional middle class woman as wife and mother. But they were little challenged before the 1960s, and they still manage to comprise the norm in much thinking about the wife/mother role, despite the wailing of traditionalists regarding the disintegration of traditional family values.[5]

---

4 This is well supported by historical treatments such as: Blackstone's Commentaries, Oxford 1765: "By marriage, the husband and wife are one person in law: that is, the very being or legal existence of the woman is suspended during marriage..."; or more recently reiterated and reinforced by judicial decisions such as *Bradwell v. State,* 83 US (16 Wall.) 130 (1872). For contemporary discussion see e.g. *Rhode,* Justice and Gender, Cambridge: Harvard University Press 1989.

5 Unlike the first two factors, which cut across class lines, there is a significant deviation from this norm for the wife/mother role which is based directly on class. A more accurate statement of the norm, then, is that women are to be wives and mothers, and middle- and upper-class women have been economically dependent on and answerable to their husbands until recently. At the same time, poor women commonly have been breadwinners or otherwise not economically dependent, but until recently they were legally answerable (and still are in many nations) and all classes of women are susceptible to the superior strength of their husbands with little protection available to them from the state. See e.g. *Culliton* (note 2). The interesting point is that the lives and status of poor women (although numerically a majority of most populations) have always been completely ignored in the understanding of so-called normal behavior for women. Thus, poor women would have been counter examples to the middle class norm, if they had counted. Instead they have always been invisible. In the nineteenth century, for example, American courts declared that women were too frail and unfit to be allowed to practice law (see *Bradwell* (note 3)); yet the same courts considered poor women sufficiently fit to work in factories and sweat shops without state interference. (See e.g. *Adkins v. Children's Hospital,* 261 US 525, 1923.) Thus, despite significant numbers of poor working women, the norm has always been that women "normally" are, in virtue of their very nature, wives and mothers, who are inher-

To sum up so far, the three salient features of the traditional mother are that her livelihood and self respect rest in (1) having children and caring for them, (2) keeping a good house, and (3) providing moral support for the success of her husband's career, on which depends the success of the family unit. Her primary dedication is to her family. She may do other things "on the side", but they are incidental to her material well being and to her self respect. She is answerable to and dependent on her husband, and her success is measured vicariously through the success of her husband and children.[6]

Now, what are the three world-class cultural changes that I claim undermine the viability of the traditional portrait of motherhood? First, and most basically, the mission to populate the planet has been more than accomplished. The goal now is to restrict, not increase the population. Furthermore, much of the world's population has shifted from an agrarian to an urban economy, making large families financially unfeasible for members of these populations. Because of these two factors, coupled with amazing advances in medicine and birth control, the average family size has plummeted from 8.3 children in 1785 to 1.8 in 1985. The world does not need babies any more, at least not very many of them. And you don't need mothers if you don't need babies.[7]

---

ently dependent and properly answerable to their husbands. Such norms evolve slowly, and many remain in muted or not so muted forms today.

6 This, it may be noted, contrasts directly with the traditional role of men, which is primarily that of breadwinner and/or public participant (e.g. statesman, scholar, scientist, soldier, craftsman, etc.) and only secondarily husband and father, except in the context of procreation. Traditionally, it was considered a sign of manhood to produce children (especially sons) but not particularly to spend time raising them. This, is an oversimplification as applied to common people. Until two or three centuries ago, formal education was reserved for the aristocratic elite, who hired (male) tutors for the job. The children of the masses were informally trained by example, girls following their mothers and boys their fathers. But the point still holds. The standard of accomplishment for men (and for boys following their fathers) was and is determined by material success or pubic contribution, not by child rearing. Man was the breadwinner. Woman was the homemaker and caretaker. Those are the traditional complimentary roles. The difference that makes is that fatherhood as breadwinner required an outside occupation, whereas motherhood as caretaker was itself an occupation. On traditional role division see e.g. *Veblin,* The Theory of the Leisure Class, New York: New American Library 1958; or *Beauvoir,* The Second Sex, New York: Random House: 1989 (1952).

7 The general statistics on birth rates and infant mortality rates are widely available and often quoted, especially for the drop in both during the twentieth century in particular. See e.g. *C. Scholten,* Childbearing in American Society, 1650 - 1850, New York: New York University Press 1985, pp. 9 - 13, 29, 110, or *Callahan / Knight,* Preventing Birth, Salt Lake City: University of Utah Press 1989. Recent studies have put the average birthrate even lower in 1993, at about 1.43 children per woman in western europe, for example. See USA Today, December 1993.

Second, technological advances have revolutionized all human life in modern societies, including the lives of women. Most significantly, technology has not only given women control over their childbearing role, it has streamlined their housekeeping role, restructuring the daily duties that once comprised the bulk of the homemaking occupation of mothers. And it has revolutionized the work place, making physical strength largely irrelevant, increasing clerical and administrative jobs, and pulling women into the work force. Contemporary Moms and Dads both spend their days in the office, and housekeeping has become a part-time, after hours job. The result is that the "natural domesticity" of women doesn't look so natural any more.[8]

Third, despite many setbacks and disappointments, social changes and political victories have liberated women more during the twentieth century than during all of the history of civilization before it. It is commonly thought that once people have tasted freedom they will never again be satisfied without it, and there is no reason to think that will not apply to women. This means that women who were once dependent on and answerable to their husbands now consider themselves to be autonomous. That attitude is incompatible with hierarchical family relationships, and it cannot be eradicated once it is acquired. Traditional motherhood was a subordinate role, but many women today do not consider themselves subordinate to men, as such, and those women are living counter examples to the world view that is necessary to support traditional patriarchal family structures.

There you have it. Every major feature of traditional motherhood (full time childbearing, dependence and subordination, restriction from public life, and domesticity by nature) is undermined by significant cultural changes that have occurred largely during this century. Taken together, these changes constitute a revolution. The changes are permanent. They cannot be undone, and it is foolish to think that no consequences will follow from them. In fact, as a result of these revolutionary changes the lives and thinking of women, at least in modern industrialized countries, are so drastically different from the life and thought of women just eighty years ago, that it is unrealistic, indeed, it is delusionary, to think that women could live the way they used to live, even if they wanted to (as some of them seem to think they do.)

We do not realize this impossibility because of an interesting feature of cultural revolutions, namely, that they are basically invisible to their participants. I am not suggesting that people who are going through a

---

[8] For discussion see *Googins* (note 3), or *Rosenberg,* Divided Lives: American Women in the Twentieth Century, New York: Noonday Press 1992.

period of great change do not know it. Most of us now have a vague sense that these are anxious, unsettled times when roles and relations and responsibilities are uncertain and in flux. But we do not, and cannot easily understand how profound these changes are or how much basic change has already taken place. We often do not feel the effects of the most fundamental cultural transformations until after they have already occurred.

Since cultural revolutions actually evolve over time and progress unevenly, we, who are part of them, do not tend to characterize our own part as revolutionary. That gets done later by historians, who can look back over a period of time and identify certain centuries as revolutionary because the changes that took place during those times were so fundamental that human thought and life could never again be quite the same. That, I submit to you, is the kind of time in which we now live, even if it is hard to perceive it clearly. If we can take a step back to examine the cultural changes I have mentioned, and compare the lives of our grandmothers with the lives we live today, we will see that fundamental and irreversible steps have already been taken that eliminate the possibility of a societal return to the traditional family. Although I cannot adequately support the claim here, I believe that the changes I have cited inevitably lead to the total eclipse of traditional motherhood. Informal support can be supplied by appealing to common experience.[9]

If we put the various factors I have mentioned together – the changes in legal, social, educational, economic, and moral structures – we see a clear picture of a new world. The difference in the degree and consistency of oppression has made the difference between the virtual impossibility and the reasonable possibility of freedom for women. The conditioning is no longer consistent. There are now cracks in the patriarchal picture, so everyone can see that it is just a picture. It is not the only way the world could be. Both the conditions and the conditioning have changed.

These changes have transformed the very identity of women from fated to free, and with that transformation the institutions of marriage and motherhood are irretrievably altered. Most of us can see these changes by examining our own family histories. We should look to the lives of our grandmothers. For example, my grandmother lived as a full time wife and mother at a time when doing otherwise was almost unthink-

9 For further support and discussion see my paper: The Metamorphosis of Motherhood, in: J. Callahan (ed.), Reproduction, Ethics and the Law: Feminist Perspectives, Bloomington: Indiana University Press: Bloomington 1995. This paper itself is an abreviated outline of a much more complete work in progress, titled The Reproductive Revolution.

able. She spent her life fulfilling the requirements of the traditional role. That supplied the standard by which she judged her success and self respect. Living through the early twentieth century, her experience may not have been universal but it was still strongly predominant. Today, when she is in fact economically independent (because she was provided for by my grandfather) she cannot deal with independence. She cannot understand it. After ninety years of domination and domesticity, freedom is foreign to her entire life's experience. My daughters, by comparison, growing up in the late twentieth century cannot understand what it means not to be free. This is not to say that they cannot understand being oppressed or restricted, but that they cannot understand accepting it (as our grandmothers did) as just the way things are, as a neutral description of the world as it must be, or as an expression of innate differences between men and women, rather than as domination or injustice. My daughters can understand being subordinated, but they cannot imagine being subordinate in some essential way.

Thus, there are two great differences between my grandmother's generation and that of my daughters. One is the material difference of reproductive, legal, economic, and social emancipation that I have so briefly outlined above. The other is the psychological and epistemological transformation of the identity of women that corresponds to such material change. These are interactive factors. They leverage one another. Consider how. Almost all women of my grandmother's generation, like all generations before them, accepted their destiny as mothers – and with good reason. The odds against escaping it were astronomical. Even the possibility of imagining a different life was minute. All the structures of morality, religion, law and socialization were uniformly set up to preclude any role for women but one.[10] So women accepted their destiny. Their acceptance was entirely reasonable and understandable, and yet it sealed their doom. It made their destiny reality, because freedom finally depends on how one thinks.

Even in the most adverse circumstances the remote possibility of autonomous thought exists. Frederick Douglass and his mother (whom he credits with his ultimate emancipation) both existed under the yoke of slavery, but no one was able to enslave their minds. Yet the chance of escaping the mental enslavement that accompanies material subordination is minute. For every Douglass there are a thousand who are not strong enough or have not the imagination. Legal, social and economic structures will make it more or less difficult to realize your freedom in

10 See e.g. *Ehrenreich/English,* For Her Own Good: 150 Years of Expert's Advice to Women, New York: Doubleday 1978 for discussion of the powerful socialization of women for motherhood to the exclusion of all else.

practice. What finally makes you free is knowing that you are. If your entire life's experience denies it, discovering that you are an autonomous being may not be a reasonable expectation. Psychological bondage can be maintained even as legal restrictions are lifted. Women, like my grandmother, understood that they were subordinate and unequal, and so they were. They understood that they were not free; and so they were not, even when they were legally autonomous. One thing we have learned in the past thirty years is that formal freedom, technical freedom is not equal to substantive freedom.

Yet they are interactive. Political progress is not sufficient, but it is crucially connected with the reasonable possibility of social advancement and personal emancipation. Given the material changes I have noted, the flourishing of intellectual autonomy is becoming a reasonable possibility. One need not be a hero to achieve it, and many women of my daughters' generation now understand that they are responsible for their own choices and their own futures. They know that they are free; and so they are. But if they are free as women, then they are not subordinate as such. That undermines the hierarchy of traditional marriage and motherhood roles, as well as traditional economic and political institutions based on them.

I am not saying anything here that most people do not already know. I am just reviewing well known historical developments and drawing a conclusion that too often seems to go unrecognized. A reproductive revolution has occurred in this century although the roots of the revolution reach back into the last century and the fruits will be harvested in the next. This revolution is substantially complete and irreversible, and it has profound implications for the traditional role of motherhood – basically transforming it completely. Traditionally, women were viewed as essentially child bearers and domestic servants who were the property and responsibility of their husbands and fathers. To put it bluntly, women were breeders, very valuable, but certainly not persons in the male sense of the term. And all legal, political and economic institutions were premised on that traditional view.

During the twentieth century these features of women's lives have changed drastically, so drastically that the transformation can only be described as a new identity. Women have finally transcended their fated status to achieve freedom. Thus, women have become autonomous persons who, among other things, occasionally give birth to children. In the 1990s they are not necessarily subordinate or domestic. They are frequently well educated, often economically independent, not uncommonly professionals, typically have goals of their own, usually work for wages outside the home, and not infrequently consider themselves free and equal to men, and entitled to justice and equal rights. In the 1890s none of those things were true.

The political, legal, and economic implications of all this are enormous, and require exploration and recognition. By comparison, when the universal rights of man were recognized in the eighteenth century as applying to all regardless of class, it caused political upheaval, promoted the ascendancy of democratic government and among other things, provided the constitutional foundations for the fledgling United States of America. The moral discovery that all men are created equal was a revolutionary idea that is only now being extended to women. There is no reason to suppose that it will be any less revolutionary applied to the female half of the human race than it was applied to the male half. All legal, political, economic and social structures were built on the idea of unequal sexes and divided roles. It would be naive to think that we now can recognize equality for all just by saying that we do, but without restructuring institutions that were organized around opposite assumptions. Many changes that will be necessary we don't yet even see, when later they will seem obvious. Signs of some such developments are already apparent. For example, many women from diverse nations have for several years now appealed to the United Nations for affirmation that human rights acknowledged in treaties and agreements be applied equally to women. From one point of view this is hardly a radical proposal. Yet it is strongly opposed by some nations, and with good reason. Such recognition will ultimately destroy traditional hierarchical structures based on gender inequality. Every foothold toward equality makes the next step more viable. The "women's rights as human rights" movement represents the spread of the idea that women are not fundamentally different from men as moral and rational or intellectual beings, and therefore that they should be accorded basic equal rights. Once that demand is made (whether or not it is met) it indicates that the reproductive revolution is underway in that place, even if it is only beginning there.

The rate of progress varies enormously. In many nations profound changes in the legal status of women occurred during the 19th and 20th centuries. In many other societies such revision has not yet occurred. Given the growth and spread of modern technologies, global economies, and mass media, however, in the twenty first century it will become increasingly difficult for any nation or even any subculture to remain isolated and untouched by the rest of the world. This means that new ideas will continue to reach women across the globe, and the old picture of "natural subordination" will be undermined, requiring significant legal and social reorganization. Like any cultural revolution, this one too will be incremental and evolutionary. Ultimately, I believe, it is unavoidable world wide.

There is far to go, even in the most progressive countries where many legal changes have already taken place. This is because the reproductive revolution implies the reorganization of our most basic institutions, including the economy and the family. Basic change is difficult. It generates new needs, new problems and repercussions that we are naturally slow to acknowledge or address. The most common reaction to such problems is to lay blame for them on the failure to comply with old structures and ideals, and consequently to urge the reinforcement of those old structures and ideals, when innovative solutions might be more effective. I will mention only two of many possible examples.

First, one fundamental change that is implied is the reorganization of spousal relations from a hierarchical structure to an equal partnership. This, apparently, will not be an easy change. The assertion of women's autonomy and equality has been accompanied (whether by coincidence or not) by a sharp increase in complaints of domestic violence and of rape.[11] Whether violence against women itself has increased, or only the reporting of it we cannot know. What we do know, however, is that this violence is a serious international problem that is barely acknowledged, let alone addressed. Rights to physical integrity are among the most basic rights human beings can have, and among the first to be claimed as essential for the exercise of other rights and freedoms. No nation yet adequately protects women in these most basic rights to physical security.

Second, the reorganization of the family generates a need for a reorganized work place. Some societies have attempted to address this need more than others. Perhaps the most advanced in this regard are the former Soviet countries, which did at least provide child care facilities and maternity leave with job reinstatement attached. Even here, however, conditions were far from equal, despite the appearance of formal equality. Parental obligations were still considered to be maternal obligations, and domestic duties were clearly women's work. Thus, all women were working two jobs instead of one, and found themselves limited in the competition for advancement by competing obligations at home. These are not innate restrictions, but social ones fostered by value systems that perpetuate the advantage of men in the public sphere on the backs of women in the home. The experience of Soviet women is being repeated currently in Western nations, which should be no surprise. All our institutions and moral expectations are formulated to reinforce the responsibility of women (but not men) as caretakers of the home and

---

11 See *Culliton* (note 2); or *Rhode* (note 2), among others.

family. The interesting question is how to reformulate our institutions and expectations to get past this inequity. The change must be incremental for no top down legislation across the board can address problems of attitude. On the other hand, structural reorganization may require legislation (such as primary educational organization to accommodate working parents, for example) and without some impetus to encourage change it is not clear how it can ever get started. Ultimately the change must be comprehensive or it only disadvantages individual men who are sympathetic to the cause of gender equality, without introducing the institutional reform that is necessary to accommodate the needs of families in a way that does not disadvantage women. There is much work to be done.

The justification given for the traditionally unequal and subordinate treatment of women has always been that it was for their own good. The reason for subordinating women to men was supposedly that women were innately incapable of taking care of themselves. They were not the prisoners but the wards of men. Full time motherhood was not restriction but fulfillment. Domestic duty was supposedly appropriate to the natural instincts of women. And women were not restricted from public life, but protected from it, given their inability to function there. In other words, women until recently were viewed as something like *idiot savants,* children with a certain special talent for childbearing and homemaking who can never grow up. Now that such assumptions are no longer plausible, the inequality that they were once thought to support cannot be justified.

It is now clear to many that men and women are moral and rational equals. But changing entrenched institutions and attitudes will be no small task. We now know that merely removing legal barriers to women's participation in the public sphere hardly constitutes equal treatment for women or due regard for the integrity of families subjected to the strain of new pressures and problems. A just society must be organized to protect the physical integrity of women from men at least as well as it protects men from one another. A fair society cannot reasonably expect women to participate equally in the public sphere and also uphold all the burdens of the private sphere alone. But if women are not to bear these burdens alone then they must be shared by all; and if they must be shared by all then they must be accommodated systematically. A humane system must recognize that its members live in households, exist in families and necessarily have personal as well as professional lives. A truly just system must facilitate change in our basic institutions – the organization of norms and standards for the work place, the public schools, healthcare and child care facilities and so forth – that recognize the existence of household responsibilities on the part of workers and citizens, whether male or female. This may involve a partial merger between private and public spheres, will certainly require innovative assessment and restructuring of traditional institutions, and will constitute one of the greatest challenges to law and legislation in the twenty first century.

RECHTSTHEORIE, Beiheft 19, S. 425 - 433
Duncker & Humblot, 12165 Berlin

WOMEN'S RIGHTS IN LITHUANIAN CONSTITUTION

By Alina Zvinkliene, Vilnius

I. Preface

Both socialist propaganda and liberal propaganda have used the equal rights and liberties conception that, undoubtedly, is one of the most efficient means for changes in social order. During USSR' time, in political discussions communist authority emphasized, that people did not need rights and liberties without social and economic guarantees which could be given by powerful State. It was underlined, that soviet people possessed all rights of free citizen secured by the Constitution.

In present day life of Lithuania it is possible to observe all principal features of liberal practice which is secured by Lithuanian Constitution (1992). However, a "local" theory of liberalism totally negates socialistic principles in political, economical and social spheres. Apparently, it could be one of the reason why Lithuania' transition to democracy in western meaning or, in other words, 'return to Europe' is prolonged till indefinite term. Under such new conditions the problem of equal men's and women's rights is emerged once again.

II. Sociology Towards Human Rights

Current trend in social sciences is to blur the borders of the disciplines and to borrow ideas from one discipline to another that yield certain results in order to explain social reality. The idea of Human Rights is derived from ideas of "what it is to be human" (Minogue 1989, p. 14). It proposes both protection of human security, survival, well-being, dignity, and obligation to every individual and organ of society to respect the human rights of others. Human rights are dynamic reflecting the changing needs and aspirations of humankind. Thus Human rights impose an universal responsibility on all, that's mean a new moral order of society. Human rights are realized as moral values that often not coincides with law. Theoretically, Human rights are not created by law, and they cannot be abrogated by human law. At the same time, they can be protected by law. For this purpose constitutions (basic laws) are written and proclaimed in the modern states. So, constitution under which a country is ruled gives the people rights and duties and the government powers and duties, reflects an actual moral order or at least declares moral principles which are expected and desirable.

According Durkheim, sociology is the scientific study of ethics, and sociologist is concerned with actual moral orders of societies. Simply speaking the subject matter of sociology is the complexities of social reality/experience; it remains social behaviour, social groups, systems of values, meanings and beliefs. The final arbiter of social reality is – empirical criteria. Human mankind consists of man and women. Only biology determines the differences between sexes: females are weaker than males; they have different biological responses. At the same time, these biological differences are used for social determination of woman's and man's role in society which are in basic opposition to each other. In Parsons and Merton terminology, "each role, defined as a set of system-related behaviours, is seen to be associated with particular status, defined as a particular social position (class), entailing various rights and privileges" (Smith 1979, p. 75).

Historically women's class are subordinated by the man's class that reflects ideology of masculinity and femininity where masculinity is absolute. So, individual rights cannot protect woman as individual before man's class, before world which are created by man and for man; she is unequal by social definition. It seems that women's class rights might be a solution to the problems of protection women's particularities. Nowadays, the principle of equality of men and women has won almost universal acceptance. However, social experience shows that liberal individual rights are formal and therefore do not hinder an unequal use of these rights, in consequence a full equality between men and women is far from being realized in practice.

Sociological approach to theoretical debates related to special women's rights gives the possibility for correct argumentation of necessity to consider women's rights as collective rights. Entering women's rights as collective rights in constitution, of course, not denies the social inequality between women but should be the first step for denying inequality between men and women.

III. Equal Rights Traditions in Lithuania

Lithuanian women can be proud of equal rights traditions. According to Lithuanian Statutes (1529, 1566, 1588) women-nobles had not political rights, but had equal economical and social rights in modern meaning that corresponded to high status of woman, especially widow, in medieval Lithuania. In the independent Lithuania as well as in most States formed after the First World War, the conditions spreading of liberal ideas were not favourable, first of all, there were no democratic traditions, they were lost many years ago. At the same time, the frontier to the USSR caused entering in the national Constitution (1922) the equal rights principle. So, Art. 10 declares – "All citizens of Lithuania, men and women shall be equal before the law", however, there is no one mention that citizen may not have his rights restricted or be granted specials privileges on the basis of his or her sex. The last mention about sexes equal rights is related to protection of matrimony in the Art. 98 of Lithuanian Constitution 1922.

After the overturn in 1926 the authoritarian regime had been established which limited political and civil rights. The new Constitution (1938) declared citizens equality before the law and prohibited citizen's rights restriction on the basis of religion and nationality (Art. 18) without mention of sex. In generally, the mention about woman's equal rights there was absent even in the article related to family (Art. 34), at the same time, there was article concerning motherhood protection (Art. 35) that could mean a special woman's right. Undoubtedly, these articles of Constitution reflected a real woman's situation in the society where the supremacy of catholic church and its privileged position hampered spreading of men's and women's equality ideas.

In 1940 Lithuania had been incorporated by the USSR. The new social order was secured by the new Constitution (1940) which, generally, was an impression of the Stalin's constitution (1936). According to ideas of socialism, women's inequality was considered as particular case of discrimination and oppression of working people in antagonistic society, thus, the "woman's question" would be solved by itself in socialistic society. At the same time, a solution of feminine problems had been considered as depending on successes in economic and social development of whole country. Lithuanian women did not know the experiments in nullifying of managing the household, liberalization in mutual relations between sexes. They became a part of "liberated" soviet women during the Stalinist regime which in reality deprived all citizens of the USSR of their civil and economical rights despite the whole ideological propaganda.

The principle of equality in rights in the Soviet society deprived of rights was used from a point of view supposing the duties of women in respect to society. Woman received her right as duty to work. This right can also be considered as reward for right to life, to labour for subsistence minimum, which could be earned only in State enterprises; this right concerned only loyal citizens which were not "enemies of people", their relatives or friends. Woman had also the right as duty of motherhood. The prohibition of abortion in 1936, the virtual interdiction of divorce, bringing uncivil actions for ascertaining the paternity and recovery of allowance due to children from father on separation, tax for childlessness introduced in 1944 – all these measures in the USSR were sanctions directed to increase in birth-rate. Simultaneously, a social policy of motherhood protection: maternity leaves, workplace nurseries and kindergartens, extra safety working conditions for pregnant women etc. was developed. Thus, despite the fact that 'new legislation' ensured a maximum of state intervention in private realm a new social order was more liberal in respect to woman than in the period of independence.

After Stalin's death legislation related to private sphere had been changed towards the liberalization. The Constitution of developed socialism (1978) also secured equal citizens rights before law (Art. 32), emphasized equal women's and man's rights and their ensuring by according women equal access with men to education, equal opportunities in employment, by special labour and health protection measures for women, by legal protection, and material and moral support for mothers and children and so on (Art. 35). Constitution guaranteed a family protection by the state and the state aid to families with children (Art. 51). Most of these principles, especially in the family policy field, were implemented during the last decade of existence of Soviet Lithuania. Certainly, a real threat of depopulation of the European part of the USSR on the one hand and an irrationally high level of women's employment on the other hand caused broadening of State's support to family in 1981 - 1983. At the same time, it is possible to say that maintain and even revival of traditional family was one of rare cases in the USSR history when state interest coincided with personal interests, prolongation of maternity leave and some other advantages for stimulating birth-rate, as it happened, provisionally liberating working places that was economically advantageous during a dissembled unemployment.

Unfortunately, the problem of women equal access with men to educational and vocational and professional training, equal opportunities in employment, remuneration, and promotion was far from being realized in practice. For example, women appear to have equal or even better access to education, but obtain fewer benefits from their educational achievements. Although in the total number of specialist having a higher and a secondary education there was 61 % of women, their percentage among leaders of the first rank accounted for Lithuania 5.5 % and for the USSR 5.6 % (Women in the USSR 1990). According to the figures of one of latest All-Union research made in 1990 eight among ten women motivated their professional activities by necessity for their families to be in better living conditions. At the same time, working women practically were not interested in improvement of their professional skill, because this do not ameliorate their financial position. On the average, only one fifth of interrogated women obtained higher wages after improvement of their professional skill. Moreover, enterprises' managers were in a lesser degree interested in women's professional skill than women themselves 22 % comparatively to 54 %, in Lithuania this difference point accounted for 47 % (All-Union Research 1991b). There was also the sex-differentiation of income in Lithuania. Males held more highly ranked positions and were higher paid on the average than women – from 20 % to 30 % – at all educational levels (Hernes / Knudsen 1991). The insufficient financial position for most part of women caused 41 % of working women (and only 31 % of men) for extra jobs (Purvanieckiene 1991).

Theoretically, since 1955 when abortions were legalized, reproductive rights were executed in the USSR as well as in Lithuania. However, the Soviet Union was the only economically developed country in the world, where demographic trend to a lower level of birth-rate took place and this birth-rate stays because of artificial abortions. In 1989 among republics having a low level of birth-rate Lithuania had the least deal of abortions per 1000 females aged 15 - 49 - 54.3 and the USSR – 95.6. Percentage of women having used contraception was in Lithuania 12 % and in the USSR – 18.7 % (All-Union Research 1991a) One may come to a rather odd conclusion that it is state was interested to a significance extent in the preservation of the given situation. The absence of real conditions for reproductive rights may be regarded as one of the voluntary-compulsory methods of birth-rate stimulation. Women who refuses to bear was practically compelled to abortion, because the activity of medical institution was aimed at performing abortions but not at its prevention.

The ideology of the communist regime was always characterized by a certain contradictions between declared rights and real conditions of their realization. Women ostensibly had equal rights combined with their actual exploitation. At the same time, existence of a dissembled women's discrimination in the former USSR, to some extent, had been compensated by system of pensions (the retirement age for women was 55 years old and for man – 60 years old); by privileges in the labour, corrective-labour, military service legislation.

Undoubtedly, Lithuanian constitutions as well as constitutions of the USSR were only political and ideological act. But, in any way, the last Soviet constitution recognized special woman rights and the rights related to her reproductive functions were ensured by the law and realized in the practice.

IV. Equality Between the Sexes Under the New Constitution of the Republic of Lithuania

The new Constitution of the Republic of Lithuania was approved by the citizens of the Republic of Lithuania in the Referendum on 25 October 1992 after the restoration of independence in 1990. Since all far-going changes in Lithuania have proceeded from revolutions denying the recent past there are a lot of declarative and even conflicting articles in Constitution. In any way, the first time in Lithuanian history the Constitution pretends to be as fundamental law as fundamental right. "Any person whose constitutional rights or freedoms are violated shall have the right to appeal to court" (Art. 30) but not to constitutional court. In addition, the article which shall suppress the Government to adopt laws purposeful to restriction of human rights and freedoms is absent in Constitution.

Lithuanian Constitution also proclaims all people equality before the law and banning of restriction of individual rights "on the basis of his or her sex, race, nationality, language, origin, social status, religion, conviction or opinions" (Art. 29). Undoubtedly, this article secures the principle of equality between the sexes, but in the true, this article denies special women's rights in the public sphere because the article securing that women and men have equal rights as well as equal access and opportunities is absent in the Constitution. At the same time, equal rights are provided for spouses in the family (Art. 38) as well as special women's rights – only in connection with motherhood. "The State shall take care of families bringing up children at home … The law provide for paid maternity leave before and after childbirth, as well as for favourable working conditions and other privileges" (Art. 39). In regard to the strategy of market economy that has been enunciated by Government, one may come to conclusion that state is interested to direct and keep a woman's activity in the private sphere that is reflected by a family policy.

The direction of family policy is towards a rise in financial support (according to the level of inflation) and, simultaneously, reduction of assistance: State subsides for children's nourishment and garments have been abolished, investitions for maintenance of pre-school and out-of-school institutions are being reduced or abolished. All this being caused by ideological reasons – using out-of-home establishment are considered as part of the soviet past, and a difficult economic situation of Lithuania. In addition, the price for such establishments increased to the extent of becoming beyond the means of many families. Thus, per cent of children attended pre-school establishment decreased from 47.6 in 1990 to 20.5 in 1993 (Lithuanian women 1994). Simultaneously, women are forced out from the public sphere. According to the Labor Exchange data, about $^2/_3$ of unemployed are women. However, according to the results of the sociological survey, 62 % of the population (72 % of men and 54 % of women) are of the opinion that in the case when jobs are scare men have more right to a job than women (Purvaneckiene 1994). Being aware of all provisions protecting women employers are inclined not to employ women, especially young and having children. The similar situation could be found in the system of education – the majority of Universities and other higher schools use protective rules for men at the entrance competition.

Obviously, discrimination by sex exists in Lithuania but people don't pay attention to this situation too much, take this as the norm. According to the sociological surveys Lithuanian men "believe that sex discrimination occurs seldom, while women say it happens often" (Hernes/Knudsen 1991, p. 151), at the same time, only from 6 % to 14 % of women were aware of this (Purvaneckiene 1994). Family studies in Lithuania show, that Lithuanian people differ in the conservative attitudes towards family relations and woman's role in society and it is still impossible to say what it is: self-censorship or natural conviction since all tendencies inherent in contemporary family relations are there. In any way, the Constitution has been valid for more that two years, but up till now there has been no single case in the courts on violation of the principle of sexual equality.

Moreover, the principle of sexual equality has entered in the new legislation on pension – during next 30 years, beginning from 1995 the retirement age should reach 65 years old for both sexes. There is no place for explanation of official reasons caused it but, it seems, that such tendencies in legislation will be expand according to Constitution. According to Constitution "The right to life of individuals shall be protected by law" (Art. 19). Abortion is still the main method of family planning in Lithuania. For every 100 births there are about 80 abortions; the correlation between births and abortions has remained the same in the last time. In country where due to the growing influence of the Catholic Church and western anti-choice groups as well as recent past when theme of abortion was closed for discussion, the issue of national family planning services is very difficult to discuss in public. At the same time, due to strictly negative public opinion towards abortion probability of adoption of an anti-abortion legislation is very high.

So, it is possible to conclude that, in general, Lithuanian Constitution is against women's liberalization. This document protects women's inequality, oppression, and subordination in spite of that Convention on the Elimination of All Forms of Discrimination against Women (1979) became valid in Lithuania on the 17 February 1994. Lithuanian women lose even those few benefits which they have had during Soviet period of history.

V. Inference

Continuous antagonism between the desirable and the reality, counteraction of liberalization and discrimination engender the problems of contemporary woman which are problems of today not only for women in post-totalitarian countries, but also for women living in the free democratic world. Case of Lithuanian Constitution can be one of example that idea of Human rights, especially, Women's rights needs a long time for the purpose of realizing in actual moral order of society.

References

All-Union Research on Problems of Family, Maternity and Childhood Protection 1989 (1991a), in: Vestnik Statistiki 8, pp. 55 - 64

All-Union Research on Women's Work and Family Life Conditions 1990 (1991b), in: Vestnik Statistiki 2, pp. 53 - 60

Constitution of the Republic of Lithuania 1992 (1992): Parliamentary Record, Supreme Council of the Republic of Lithuania 11, pp. 2 - 30

Constitution of the Soviet Socialist Republic of Lithuania 1978 (1980): Vilnius: Mintis

Constitution of the State of Lithuania 1922 (1922): Kaunas: Spindulys

— (1938): Kaunas: Spindulys

Hernes, G. / *Knudsen,* K. (1991): Lithuania. Living Conditions. A Sociological Study, in: A FAFO-SOTECO report, Aurskog: Norwegian Trade Union Center for Social Science and Research, pp. 71 - 75 and 150 - 152

Lithuanian Women (1994): Vilnius: Lithuanian Department of Statistics

Minogue, K. (1989): The History of the Idea of Human Rights, in: W. Laqueur/ B. Rubin (eds.), The Human Rights Reader, A Meridian Book, pp. 3 - 14

Purvaneckiene, G. (1991): Family in Social Context: Women's View, Paper presented at the 3rd World Family Therapy Congress, 2 - 6 June, Jyvaskyla, Finland, pp. 1 - 2

— (1994): Women in Republic of Lithuania, in: Woman's World 2, pp. 4 - 5

Smith, C. W. (1979): A Critique of Sociological Reasoning. An Essay in Philosophical Sociology, Oxford: Basil Blackwell, pp. 71 - 76

Women in the USSR 1990 (1990): Moscow: Finansy i Statistika

RECHTSTHEORIE, Beiheft 19, S. 435 - 437
Duncker & Humblot, 12165 Berlin

LIST OF THE AUTHORS

Andrini, Simone, Prof., Istituto di Studi Sociali, Facoltà di Scienze Politiche, Università degli Studi di Perugia, Via Elce di Sotto, I-06100 Perugia

Arnaud, André-Jean, Prof. Dr., Directeur de Recherche au CNRS, Directeur du RED&S, Domaine Saint-Louis, F-11160 Rieux-Minervois, aja@reds.msh-paris.fr

Ben Achour, Yadh, Prof., Faculté des Sciences Juridiques, Politiques et Sociales de Tunis (Tunis II), 14, rue Hédi Karray, Ariana, 2049 Tunis, Tunisia

Borsellino, Patrizia, Dott., Istituto di Filosofia e Sociologia del Diritto, Facoltà di Giurisprudenza, Università degli Studi di Milano, Via Festa del Perdono 7, I-20122 Milano, patrizia@server.fildir.unimi.it

Bozo de Carmona, Ana Julia, Prof. Dr., Instituto de Filosofía del Derecho "Dr. José M. Delgado O.", Facultad de Ciencias Jurídicas y Políticas, Núcleo Humanístico de la Universidad del Zulia, Av. Goajira, Ziruma, Maracaibo, Venezuela

Capeller, Wanda, Prof. Dr., Université des Sciences Sociales de Toulouse (Toulouse I), CIRESS - Centre Interdisciplinaire de Recherches et d'Etudes sur les Systèmes Sociaux, Place Anatole France, F-31043 Toulouse Cedex, capeller@univ-tlse1.fr

Castignone, Silvana, Prof., Istituto di Filosofia e Sociologia del Diritto, Facoltà di Giurisprudenza, Università degli Studi di Genoa, Via Balbi 30, I-16126 Genoa

Ciuro Caldani, Miguel Angel, Dr., San Lorenzo 1155 - 8°"A", 2000 Rosario, Argentina

Dais, Eugene E., Prof. Dr., Faculty of Law, University of Calgary, 2500 University Drive, N. W. Calgary, Alberta T2N 1N4, Canada

Edgeworth, Brendan, Senior Lecturer, The University of New South Wales, Faculty of Law, Sydney 2052, Australia, b.edgeworth@unsw.edu.au

Faralli, Carla, Prof., CIRFID, Via Zamboni 27/29, I-40126 Bologna, cirfid@unibo.it

Gambitta, Richard, Ph.D., The University of Texas, Division of Social and Policy Sciences, 6900 North Loop 1604 West, San Antonio, Texas 78249, USA

Gianformaggio, Letizia, Prof., Dipart. di Scienze Giuridiche, Università degli Studi di Ferrara, Corso Ercole I d'Este 37, I-44100 Ferrara

Gunning, Marjet J., Dr., Nassaustraat 26, NL-3583 XH Utrecht, M.J.Gunning@stud.let.ruu.nl

Held, Virgina, Distinguished Prof., City University of New York, Department of Philosophy, 33 W. 42 St., New York, NY 10036, USA

Herrera Zgaib, Miguel Angel, Prof., Calle 125 Bis N. 41 - 60, Apto 503, Santafe de Bogotá, Colombia, mherrera@zeus.uniandes.edu.co

Hocking, Barbara Ann, Lecturer, Faculty of Law/Justice Studies Qut, Victoria Park Rd. Kelvin Grove, Queensland 4059, Australia, b.hocking@qut.edu.au

Jakob, Raimund, Dr., Universität Salzburg, Institut für Rechtsphilosophie, Arbeitsgruppe Rechtspsychologie, Churfürststraße 1, A-5020 Salzburg

Juffras, Angelo, c/o Prof. Oscar Mohl, Pace University, Department of Philosophy and Religious Studies, 41 Park Row, Rm. 310, New York, NY 10038, USA

Kevelson, Roberta, Prof., Center for Semiotic Research in Law, Government and Economics, Pennsylvania State University, Berks Campus, Tulpehocken Road, P. O. 70 09, Reading, PA 19610, USA

Leiser, Burton M., Distinguished Professor of Philósophy and Adjunct Professor of Law, Pace University, Pleasantville, New York, NY 10570, USA

Michaut, Françoise, Prof., Université de Paris X - Nanterre, Centre de Théorie du Droit, 200, Avenue de la République, F-92001 Nanterre Cedex

Moffat, Robert C. L., Prof. Dr., College of Law, University of Florida, Gainesville, FL 32605, USA, moffat@law.ufl.edu

Mohl, Oscar, Prof., Pace University, Department of Philosophy and Religious Studies, 41 Park Row, Rm. 310, New York, NY 10038, USA

Neely, Alfred S., Prof., University of Missouri - Columbia, School of Law, 317 Hulston Hall, 65211 Columbia, MO, USA

Nelken, David, Prof. Dr., Via Gaudenzi 7, I-40137 Bologna, SEN4144@iperbole.bologna.it

Ost, François, Prof. Dr., Académie Européenne de Theorie du Droit, Facultés Universitaires Saint-Louis, Boulevard du Jardin Botanique 43, B-1000 Brüssel

Parascandola, Mark J., Ph.D., Faculty of Philosophy, University of Cambridge, Raised Faculty Building, Sidgwick Ave., GB-CB3 9DA Cambridge

Petev, Valentin, Prof. Dr., Westfälische Wilhelms-Universität Münster, Rechtswissenschaftliche Fakultät, Universitätsstraße 14 - 16, D-48143 Münster

Räikkä, Juha, Ph.Dr., Lecturer, University of Turku, Department of Practical Philosophy, Hämeenkatu 6, SF-20014 Turku, jraikka@utu.fi

Rendtorff, Jacob Dahl, Dr., Centre for Ethics and Law in Nature and Society, Valkensdorfsgade 30, III, DK-1151 Copenhagen K, ethiclaw@inet.uni-c.dk

Simon, Michael Arthur, Prof., Department of Philosophy, State University of New York, Stony Brook, NY 11794, USA

Smith, Alison, Faculty of Law, The Australian National University, Canberra, ACT 2602, Australia

Smith, Patricia, Prof., University of Kentucky, Philosophy Department, Lexington, KY 40506, USA

Sousa e Brito, José, Prof. Dr., Tribunal Constitucional, Rua de o Século 111, 1200 Lisboa, Portugal

Van Dunné, Jan, Prof. Dr., Institute of Legal Decisionmaking, Erasmus University of Rotterdam, Post Box 17 39, NL-3000 Rotterdam, heuvel@vbr@frg.eur.nl

Van Hoecke, Mark, Prof. Dr., Katholieke Universiteit Brussel, Rechtsfaculteit, Vrijheidslaan 17, B-1080 Brüssel

Villar Borda, Luis, Prof., Universidad Externado de Colombia, Departamento de Gobierno Municipal, Bogotá, Colombia

Weinberger, Ota, Prof. Dr. Dr. Dr. h. c., Karl-Franzens-Universität Graz, Institut für Rechtsphilosophie, Rechtssoziologie und Rechtsinformatik, Universitätsstraße 15, A-8010 Graz

Wellman, Carl, Prof. Dr., Washington University in St. Louis, Department of Philosophy, Campus Box 10 73, One Brookings Drive, St. Louis, MO 63130, USA

Wolgast, Elizabeth, Prof. Dr., California State University Hayward, Department of Philosophy, Hayward, CA 94542, USA

Wyduckel, Dieter, Prof. Dr., Technische Universität Dresden, Lehrstuhl für Öffentliches Recht, inbesondere Verfassungsgeschichte, Allgemeine Rechts- und Staatslehre, Staatskirchenrecht, Juristische Fakultät, Bergstraße 53, 01069 Dresden, ludwig@jur.tu-dresden.de

Zvinkliene, Alina, Dr., Lithuanian Institute of Philosophy and Sociology, Lithuanian Academy of Sciences, Saltoniskiy 58, 2034 Vilnius, Lithuania, zvinkli@pub.osf.lt

Beiträge des 17. Weltkongresses der Internationalen Vereinigung für Rechts- und Sozialphilosophie Bologna / Italien General Index

1. Verlag Duncker & Humblot: Beihefte zu RECHTSTHEORIE 1997

Beiheft 17:

Rule of Law. *Political and Legal Systems in Transition.*

Edited by W. Krawietz, E. Pattaro and A. Erh-Soon Tay. Preface by O. Weinberger.

I. Legal State and Legalism in a Multi-Cultural Society. J. Bengoetxea: The Withering Away of the State at the Turn of the Millenium / J. Dalberg-Larsen: Legal Pluralism in a Historical Perspective / Ch. J. Edwards: The Future of Rights and Democracy in a Multi-Cultural Society / A. Molnar: Autonomous Regional Law in Postcommunist State / H. Zahle: Legal Policentricity / K. A. Ziegert: The Cultural Differentiation of Legal Systems. A Theory Design for the Assessment of Legal Change in Post-Communist Societies; **II. Versions of Sovereignty in Modern Legal Systems: New and Old.** W. E. Conklin: The Secret Foundation of Sovereignty in Legal Positivism / R. De George: The Many Faces of Sovereignty / G. Gasparri: Vers des Nouvelles Formes de Souveraineté / J. Habermas: The European Nation State – Its Achievements and Its Limitations. On the Past and Future of Sovereignty and Citizenship / A. Perenic: Must the Transition Necessarily Be an Uncritical Imitation? / S. Tönnies: Der basisdemokratische Diskurs und die Idee der Repräsentation / M. Troper: Le Titulaire de la Souveraineté; **III. Constitutionalism, Legalism and Rule of Law in Transition.** D. Buchwald: The Rule of Law: A Complete and Consistent Set of (Legal) Norms? / J. M. Campbell: The Rule of Law: A Lesser of Two Evils / S. Cotta: Les Droits et l'État de Droit / A. Czarnota: Meaning of the Rule of Law in Post-Communist Societies / E. Lagerspetz: Political Obligation and Constitutional Self-Destruction; **IV. On Membership in Legal Communities: Nationality and Citizenship in Decline.** L. Baccelli: Citizenship and Membership / M. Borri: European Citizenship and National Identities. Some Suggestions from a Comparative Research / D. E. Cooper: Citizenship and Postconventional Consciousness / P. Koller: The Scope of Human Rights / M. La Torre: Citizenship and Beyond. Remarks on Political Membership and Legal Subjectivity / A. Makolkin: Blood Icons, Signs of Exclusion and Citizenship Laws / J. M. Rosales and J. Rubio-Carracedo: To Govern Pluralism: Towards a Concept of Complex Citizenship; **V. On Self-Reproduction in Different Legal Orders.** A. Bröstl: Challenges to the Rechtsstaat-Model in Slovakia / J. W. Harris: China, Hong Kong and Divided Sovereignty after 1997 / Y. Hasebe: The August Revolution Thesis and the Making of the Constitution of Japan / I. Padjen: Constitutionalism and Democracy in International Community: Self-Determination in Former Yugoslavia as a Test / Y. Stoilov: Different Aspects and Levels of the Separation of the Powers

(Eastern European Countries Issues) / G. J. Yacobucci: Democratic Legality and Development in Latin America. A Problematic Relationship / Y. Zheng: Two Challenges Facing the Chinese Legal System at the End of the Twentieth Century.

Beiheft 18:

Changing Structures in Modern Legal Systems and the Legal State Ideology.

Edited by E. Bulygin, B. M. Leiser and M. Van Hoecke. Preface by A. Aarnio.

I. New Legal Cultures and Normative Structures in a Global Community. P. Black: Babel of Cultures: Challenge to Law in the 1990's and Beyond / R. D'Amico: Three Kinds of Argument in Modern Political Philosophy: The Example of Populism / J. F. Doyle: Legal Accomodation of Social Diversity / K. T. Jackson: Sovereignty, Citizenship, and the Global Community: When Domestic Courts Adjudicate International Human Rights / G. Sprenger: Collective Morality and the Legitimation of Law / A. Tarantino: Person, Nature of Institutions and Sovereignty; **II. Rule of Law in National and International Communities.** E. Bader: Theoretical Problems of Democracy and Law with Austria's Joining the EU / U. U. Bindreiter: Motivating the Direct Applicability of Community Law / A. N. Georgiadou: Nouvelles Formes de la Souveraineté et l'Union Européenne / R. Kevelson: Crises in International Law: Signs and Symptoms / L. Morawski: The Rule of Law in the Welfare State; **III. Law and Economics.** Ph. Gérard: Fairness, Consent and Political Obligation / P. Lewisch: Doorkeepers of Justice? The Legal Services of Judges and Lawyers in an Economic Perspective / W. N. R. Lucy and C. Mitchell: The Case for Stewardship / Chr. Schmidt: The Distinction Between "Public" and "Private". An Economic Perspective / H. Wagner: Some Observations to the Relation on Law and Economy / R. Zucker: Democracy and Economic Justice; **IV. Community Consensus and Individual Rights.** A. F. Bayefsky: Cultural Sovereignty, Relativism, and International Human Rights: New Excuses of Old Strategies / G. Gozzi: Fundamental Rights and Democratic Constitution. Trends in the Contemporary Debate in the Federal Republic of Germany / L. Leszczynski: Social Rights in Central and East European Constitutions: A Problem of Method of Regulation / B. Puntervold Bø: Law and Asylum: The Use of Legal Means to Limit the Responsibility of the Nation State Towards Refugees / R. C. Salomone: Individual Rights, Community Consensus, and National Goals: The Challenge for Education in a Pluralistic Society / R. A. Tokarczyk: The Paradigm of Social Contract / G. Xu: Freedom of Migration and Difference Between City and Countryside – From the Point of View of Marxism; **V. Conformity and Deviance in Legal Behaviour – Legal Change in Criminal Law.** M. A. Cattaneo: Punishment and Human Rights / W. Cragg: Mens Rea and Its Twentieth Century Critics / P. J. Hurley: American Criminal Defense in the Next Millennium / H. Kaptein: Jumping to Conclusions in Criminal Law. Facts, Offenses and the Logic of Loose Ends in Between / V. Luizzi: New Technologies, New Punishments, and New Thoughts About Punishment / L. Schulz: Time and Law. How Life-World Acceleration Affects Imputation in Criminal Law.

Beiheft 19:

Consequences of Modernity in Contemporary Legal Theory.

Edited by E. E. Dais, R. Kevelson and J. M. Van Dunné. Preface by D. Wyduckel.

I. Religious and Secularized Forms of Democratic Communities. Y. Ben Achour: Nature, Raison et Revelation dans la Philosophie du Droit des Auteurs Sunnites / R. Jakob: On Everyday Corruption in Politics. Legal-Psychological Considerations Concerning a Problem of Modern Political Culture / A. Juffras and O. Mohl: Democracy versus Theocracy in Israel / B. M. Leiser: On the Evil Influence Religion Exerts upon the Law, and the Benign Rule of Custom in Talmudic Jurisprudence / R. C. L. Moffat: Rights and New Fundamentalisms. New Essays in Toleration / J. de Sousa e Brito: Ethics, Democratic Reason, and Law / E. H. Wolgast: Democracy: The Message from Athens; **II. Modernity of Legal Post-Modernism.** A. J. Bozo De Carmona: Postmodernism, Political Philosophy, and Philosophy of Law / M. A. Ciuro Caldani: Iusphilosophical Understanding of Postmodernity / B. J. Edgeworth: Legal Postmodernization / D. Nelken: The Postmodern Frontiers of Law: Regionalism, Globalisation and Crime / O. Weinberger: Information and Human Liberty; **III. Modern Law and Post-Modern Legal Theories.** S. Andrini: Post Modernism and Sociological-Juridical Theories / A.-J. Arnaud: Some Challenges to Law through Post-Modern Thought / S. Castignone and C. Faralli: Legal Realism in Italy / F. Michaut: Deconstruction and Legal Theory / A. Neely: Law and Science of Chaos at the End of the 20th Century and Beyond / M. Parascandola: Singular Probabilistic Causation in the Law; **IV. Genetic Evolution, Bioethics, and the Law.** P. Borsellino: La Bioéthique: Un Domaine de Confrontation et d'Opposition entre "Modernité" et "Post-Modernité" / R. A. L. Gambitta: Genetic and Technological Transformations, and the Station of the Law / F. Ost: Law, Technology and the Environment. A Challenge to the Great Dichotomies in Western Rationality / J. Räikkä: On Global Environmental Ethics. The Uneasy Case for International Preservation of the Rainforest / J. D. Rentdorff: Legislation, Bioethics, Judgement / M. A. Simon: Law, Technology, and the Environment / M. Van Hoecke: Men, Nature and World View / C. Wellman: Old Rights and New Medical Technology; **V. Post-Modern Identity and Colonization of the Life-World.** W. Capeller: (Dé)Colonisation Culturelle ou "l'Habitude de Signer tout ce qui Est Étranger": Réflexions sur le Post-Modernisme dans un Pays Tropical / M. A. Herrera Zgaib: Typologies of Access to Justice in Colombia (1976 - 1995) / V. Petev: Shall We Need a New Law for the 21st Century? / L. Villar Borda: New Regional and Territorial Arrangement Policy in Colombia; **VI. On Feminist Jurisprudence in a Postmodern Age.** L. Gianformaggio: Time and Work – Privat and Public / M. J. Gunning: In the Right Time: The End of the Woman-Identity in Law or Equality as the Right to Differ / V. Held: Feminist Morality and Rights / B. A. Hocking and A. Smith: Poetic (In)Justice: Women, Relationships, and Nervous Shock Law / P. Smith: Motherhood, Equality, and Legal Change / A. Zvinkliene: Women's Rights in the Lithuanian Constitution.

2. Franz Steiner Verlag: Beihefte zum *Archiv für Rechts- und Sozialphilosophie* (ARSP) 1997

Beiheft 67:
Rights.
Edited by R. Martin and G. Sprenger. Introduction by Z. Bankowski and B. Schaefer.

I. Rights in General. K. Campbell: The Variety of Rights / J. R. Sieckmann: Basic Rights in the Model of Principles / U. Penski: Partikularität des Rechts und Universalisierung von Rechten / G. Holmström-Hintikka: Rights and Responsibilities / C. C. Gould: Group Rights and Social Ontology / M. Pavčnik: Abuse of a Right / H. Matsuo: Historical and Theoretical Intimacy Between the Concepts of Rights and Property; **II. Human Rights.** R. Alexy: Discourse Theory and Human Rights / G. Peces-Barba Martínez: Los Derechos Humanos ante Problemas Clasicos de la Filosofia del Derecho / C. V. Queipo de Llano: Universalism of Human Rights. The Case of Dworkin and his Critics / M. Tallacchini: Human Right to the Environment or Rights of Nature? / D. Galloway: Constitutions, Civil Rights and Outsiders; **III. Various Rights.** J. I. Ugartemendia and J. Bengoetxea: A Right to Disobey? / T. D. Campbell: Communication Rights: Defaming Free Speech / B. Crum: Legal Deliberation about the Right to Free Speech / F. Peonidis: Remarks on a Philosophical Defence of the Right to Freedom of Expression / R. A. Shiner and M. Stephens: Advertising, Free Expression, and Public Goods / E. A. Christodoulidis: What Re-discovery of the *polis*? / W. L. McBride: The Rights of 'Aliens' and of Other Others / L. H. Meyer: Can Actual Future People Have a Right to Non-Existence? / W. Lang: The Concepts of Rights and the Rights of the Unborn / M. Corrado: Self-Defense, Punishment, and the State's Right to Detain / J. G. Francis and L. P. Francis: Land Use in European and North American Communities: The Limits to Autonomy / Ph. Brachet: Les Droits et Obligations des Usagers des Services Publics en France.

Beiheft 68:
Law I: Law, Justice and Culture.
Edited by A.-J. Arnaud and P. Koller. Introduction by T. Campbell.

I. Law and Morality. D. B. Boersema: Rights and Moral Compromise / A. W. Musschenga: Incommensurable Views on the Existence of Ultimate Moral Disagreements / G. Pincione: On the Relative Stringency of Negative and Positive Moral Duties / W. L. Robison: Hard Cases and Natural Law / C. L. Sheng: Law and Morality – Their Main Differences and Degeneration / A. Verza: Law, Morality and Tolerance: Hart and After / R. Wacks: Law's Empire: Judges, Truth, and Moral Accountability / D. Wood: The Moral and Power Dimensions of Law; **II. Justice.** K. L. Avio: Discourse Ethics, Constitutional Contract and the Problem of Implementation: Application to Aboriginal Rights / R. B. Mackay: Restorative Justice: Natural Law, Community and Ideal Speech / A. M. Macleod: Efficiency and Justice / M. C. Pievatolo: An Interpretation of Kant: the Political Neutrality of Justice and the Value of Liberty; **III. Culture.** F. Galindo: Cultural Environment and the Concept of Law / M. Kopperi: Social Fragmentation and Political Culture / N. M. Martínez Yáñez: Linguistic Flaws of the Spanish Debate on the Obligation to Obey the Law / H. Ólafsson: Anthropology and the Possibility of Productive Social Dialogue / P. Riekkinen: The Power of the

Supreme Court and the Death Sentence: "The mystical foundation of the authority" / R. Rosales: Culture, Community and Gender in the Formation of Agency / P. Van Aerschot: Juridification from the Point of View of Modernization.

Beiheft 69:
Law II: Sources of Law and Legislation.
Edited by E. M. M. Attwooll and P. Comanducci. Introduction by J. Bengoextea.

I. Sources of Law. R. J. Allen: Evidence and the Structure of Juridical Proof / A. Brockmöller: Legitimation of Law by a Theory of Sources of Law? On the Current Relevance of Savigny's Theory of Sources of Law / S. C. Hicks: Sources of Law. Towards a New Middle Ages of Law / A. E. Karkoub and M. Heather: Custom as a Source of International Law / F. H. Llano Alonso: Guido Fassò: Articulation of the Law and Jurisprudence within a Plural Conception of Sources / A. Łopatka: Rules of Conduct Established by Physical Creations / M. Paroussis: Legal Standards and the Normativity of Expectations / F. Toepel: Legal Proof and Scientific Explanation / R. Tuomela and M. Bonnevier-Tuomela: Norms and Agreement; **II. Legislation.** B. R. Dorbeck-Jung: Comparative Legislative Studies: a Book of Sketches Towards a Map of Law of the World? / R. S. Summers: The Formal Character of Law – Statutory Rules / E. Virgala Foruria: The Delegated Legislation in Western Europe; **III. Judge-made Law.** J. M. Adeodato: Inconsistency Strategies in Peripheral Judicial Systems: A Form of Alternative Law / V. Iturralde: The Judicial Decisions as a Source of Law in Civil Law: The Spanish Case / M. Karlsson: Criminal Law and Judge-Made Law / D. Kim: Constitutional Justice and Overlapping Consensus: A Reconstruction of Rawls's Political Conception of Justice / D. N. MacCormick: Precedent As a Source of Law / C. A. Mota de Souza: Judicial, Jurisprudential and Summular Law / J. M. Van Dunné: Normative and Narrative Coherence in Legal Decision Making / C. Varga: The Judicial Process. A Contribution to Its Philosophical Understanding; **IV. Interpretation.** F. Quintana Bravo: Interpretation and Sources of Law / J. Raz: Why Interpret? / J. P. Rooney: J. Wróblewsky on Judicial Interpretation / R. Sarkowicz: A Note on "Objective Interpretation" / G. Wihl: The Aesthetic Element in Legal Interpretation.

Beiheft 70:
Legal Systems and Legal Science.
Edited by M. Pavčnik and G. Zanetti. Introduction by H. Ph. Visser't Hooft.

I. Legal Positivism and Natural Law. V. Villa: A Definition of Legal Positivism / D. Radev: Das natürliche und das positive Recht / M. Karskens: Law and Ground / J. R.-Toubes Muñiz: Is Soft Positivism a Positivism? / A. Oladosu: Normative Positivism and Its Modern Critics; **II. Some Examples of Different Theories.** W. Zhiyong: Le Positivisme Juridique dans la Chine Ancienne / M. Luberto: Rationalistic Doctrine of Natural Law in Protestant Reform: the Thought of Philip Melanchton / I. Stewart: Positivist Natural Law in Spencer's Social Darwinism / Chr. B. Gray: Legal Formalism and Metaphysical Form; **III. State, Law and Political System.** G. Bongiovanni: *Rechtsstaat* and *Grundnorm* in the Kelsenian Theory / J. P. McCormick: The Dilemmas of Dictatorship:

3. Verlag CLUEB: Beihefte zum *European Journal of Law, Philosophy and Computer Science*

Volume I:
From Practical Reason to Legal Computer Science. *Part 1: Practical Reason. History of Deontics. Computer Law.*
Edited by A. Artosi, M. Atienza and H. Yoshino. Introduction by N. MacCormick

Volume I:
From Practical Reason to Legal Computer Science. *Part 2: Legal Computer Science.*
Edited by A. Artosi, M. Atienza and H. Yoshino. Introduction by N. MacCormick.

MIX
Papier aus verantwortungsvollen Quellen
Paper from responsible sources
FSC® C105338

Printed by Libri Plureos GmbH
in Hamburg, Germany